한국 근현대 불교사의 재발견

김 순 석

경북 포항시에서 태어나 고려대학교 사학과를 졸업하고 같은 대학원에서 한국사를 전공하여 문학박사 학위를 취득하였다. 한림대학교 부설 태동고전연구소를 수료하고 독립기념관 연구원과 고려대학교 강사를 거쳐 현재 한국국학진흥원 수석연구위원으로 재직 중이다.

저서로는 『일제시대 조선총독부의 불교정책과 불교계의 대응』 『백년동안 한국 불교에 어떤 일이 있었을까』 『불멸의 민족혼 되살려 낸 역사가 박은식』 등이 있으며 한국근현대불교사와 근현대유학사를 공부하고 있다.

한국 근현대 불교사의 재발견   값 33,000원

2014년 12월 22일 초판 인쇄
2014년 12월 31일 초판 발행

저　　자 : 김순석
발 행 인 : 한정희
발 행 처 : 경인문화사
편　　집 : 신학태
　　　　　서울특별시 마포구 마포동 324-3
　　　　　전화 : 718-4831~2, 팩스 : 703-9711
　　　　　E-mail : kyunginp@chol.com
　　　　　홈페이지 : //kyungin.mkstudy.com
등록번호 : 제10-18호(1973. 11. 8)

ISBN : 978-89-499-1054-3　93910
ⓒ 2014, Kyung-in Publishing Co, Printed in Korea
* 파본 및 훼손된 책은 교환해 드립니다.

한국 근현대 불교사의 재발견

김 순 석

景仁文化社

책을 펴내며

한국 근현대불교사는 수많은 질곡을 겪으면서 지속적으로 발전해왔다. 일제강점기 일본 불교의 유입으로 불교계는 큰 시련을 겪었다. 한국 불교계는 선진화된 일본 불교의 교리와 포교방법을 수용하여 교학과 불교계의 융성을 이루지 못하고 내부적으로 갈등과 혼란을 거듭하였다. 일본 불교계는 한국인들에게 자기 종파의 교리를 포교하기 위하여 여러 가지 혜택을 베풀었다. 유치원을 개설하고, 직업인 양성소를 운영하기도 하였다. 이러한 점은 분명 한국인에게 도움이 되는 일이었다. 보다 큰 문제는 이러한 종교적인 시혜의 이면에는 정치권과 결탁된 일본 승려들이 한국인의 반일감정 무마라는 보이지 않는 측면이 있었다. 그렇다고 한국 불교계의 혼란을 일본 불교계의 책임으로 돌리는 것은 바람직하지 못하다. 그러한 책임 전가는 한국 불교계의 흐름을 일본 불교계가 주도한 것으로 만들기 때문이다. 다소간의 혼선이 있었고 외부의 영향을 받았다고 하더라도 한국 불교계는 어디까지나 독자적인 발전을 지속해 왔다.

일제강점기가 시작되는 1910년부터 한국의 유수한 사찰에서는 장래가 촉망되는 젊은 승려들을 선발하여 일본으로 유학을 보내서 일본 불교를 배워오도록 하였다. 그런데 유학을 간 젊은 학승들은 돌아올 때 결혼을 하여 처자식을 데리고 왔다. 일본에서 신문물을 배워 귀국한 젊은 유학승들과 자신을 유학 보내 준 노스님 사이에 소통이 안되는 것이었다. 선진 문물을 보고 배운 젊은 학승들과 깊은 산골에서 평생 전통적인 방법으로 불도를 수행한 노승이 서로를 이해하기는 어려웠다. 불교계에 배은망덕이라는 입에 담기 거북한 말이 떠돌아다닐 때 조선총독부는 처자식을 거느린 대처승들에게도 본사 주지를 할 수 있도록 사법을 개정해 주었다. 일본에서 유학을 하고 온 많은 승려들은 친일 승려로 전락하였고, 이들은 조선총독부의 시책에 협조하였다. 해방이 되기 직전 대처승들의 숫자는 전체 승려의 90%가 넘었다.

해방 이후 불교계는 나름대로 한국 불교의 전통을 회복하는 방안으로 비구승 중심의 승단을 구성할 계획을 가지고 실천 단계에 있었다. 그렇지만 독실한 기독교 신자였던 이승만 은 1954년 5월 '한국 불교의 전통을 회복하라'는 담화문을 발표함으로써 비구·대처승 간의 갈등에 불을 지피고 말았다. 비구승 중심의 승단이 구성되는 과정에서 폭력이 난무하고 사찰을 뺏고, 빼앗기는 일이 비일비재하였다. 비구승과 대처승은 서로 간에 씻을 수 없는 상처를 남기고 결국 대한불교 조계종과 한국불교 태고종으로 분종되는 사태를 맞았다. 현대 불교계에 갈등과 분쟁이 많은 까닭은 여기에서 비롯되었다고 해도 과언이 아니다.

그럼에도 불구하고 한국 불교계는 통일을 전망하는 시기에 많은 곳에서 눈부신 성과를 이룩하였다. 일제강점기부터 누적되어온 모순을 극복하기 위해서 끊임없이 불교계 개혁이 진행되어왔고, 현재도 진행중이다. 남북한 사이에 불교 교류가 진행되었고, 고승과 석학들이 남긴 저술들이 『한국불교전서』로 간행되었다. 『한국불교전서』의 현재 DB화 사업은 조만간 완료될 예정이다. 뿐만 아니라 해인사 장경각의 팔만대장경은 세계 기록유산으로 등재되었을 뿐만 아니라 DB화 작업까지 마쳤다. 근현대 불교계에 많은 아픔이 있었지만 상처없는 역사가 어디 있겠는가. 역사는 과거의 아픈 상처를 딛고 조금씩 앞을 향해 나아가는 법이다. 현재 불교계는 많은 어려움들이 산재해 있다. 예전에 비해서 출가하여 승려가 되겠다는 사람의 수가 현저하게 줄었다. 승려 중심의 교단운영은 재가 불자들과 함께 하는 방안이 모색되어야 한다. 21세기임에도 아직도 봉쇄되어있는 비구니들의 교계 운영 참여를 활성화해야 하는 것도 해결해야 할 문제 가운데 하나이다. 문제를 해결하는 가장 좋은 방법은 그 문제를 구성원 모두에게 공개하고 함께 해법을 찾는 것이다. 여러 사람들의 의견을 수렴하는 과정에서 때로 충돌이 있을 수 있겠지만 입장을 바꾸어서 생각하는 자세로 임한다면 그 결과는 좋을 수 밖에 없다.

이 책에 실린 글들은 학술지에 발표하였거나 또는 단행본에 수록되었던 것들이다. 그런 까닭에 손을 보기는 했었어도 여전히 중복되는 부분이 있음은 어찌 할 수가 없었다. 한 권의 책을 세상에 내놓는다는 것은 설레는 마음도 있지만 한편으로 두렵기도 하다. 설렌다는 것은 연구성과에 대한 평가를 기다리기 때문이다. 평가가 긍정적이든 또는 혹평이든 필자에게 큰 약이 될 것이다. 두려움은 보잘 것 없는 연구성과를 책으로 엮어 세상에 내놓았다는 만용 때문이니 기쁨은 적고, 두려움은 크다.

2014년 12월

영지산 기슭에서 김 순 석

목 차

책을 펴내며

제1부

근대 불교계의 과제와 일본 불교의 침투

제1장
근대 불교 종단의 성립 과정

1. 머리말

불교는 삼국시대에 도입된 이래 1700년에 가까운 세월을 지나면서 토착 종교가 되었다. 고대 사회부터 정교가 분리되어야 한다는 주장이 있어왔지만 실제로는 정치권과 불교 종단은 긴밀한 관계가 형성되어왔다. 정치권의 비호를 받을 때 교단은 번성하였고, 탄압을 받을 때는 피폐되는 상황을 면치 못하였다. 삼국시대는 불교가 도입되어 번성의 일로를 걸었고, 고려시대는 불교가 국교의 위치에서 많은 사찰이 창립되고 5교 9산문이라는 종파가 융성하였다. 조선시대에 들어와서 유례가 없는 대탄압을 받으면서 교세는 위축되어 겨우 명맥을 유지하였다. 조선왕조는 개창 이후 사원전寺院田을 혁파하고 사사노비寺社奴婢를 몰수하였다.[1] 승려들은 도성출입이 금지되었으며[2] 남·북한산성南·北漢山城의 축조築造와 수비守備를 담당해야만 하였다.[3] 많은 양의 한지를 공물로 바쳐야했으며,

---

1) 金甲周, 1983, 『朝鮮時代 寺院經濟研究』, 동화출판공사, 32쪽.
2) 『續大典』「刑典」禁制條(亞細亞文化社, 1983, 424쪽). "僧尼濫入都城者杖一百永屬殘邑奴婢許接人以制書有違律論童女爲尼者治罪還俗竝禁斷而申嚴舊典其勿濫及"
3) 朴容淑, 1981, 「朝鮮朝 後期의 僧役에 관한 考察」, 부산대학교 『論文集』31집, 124~134쪽.

역역役이 과중하여 도망하는 승려들이 많아서 사찰이 빌 지경에 이르렀다고 한다.[4] 조선왕조 정부는 사원전寺院田을 몰수하고 사찰과 승려들에게 가혹한 역역役을 부과함으로써 불교계를 피폐케 하였다. 출가하여 승려가 되는 것을 엄격하게 제한함으로써 승려들의 지위는 하락하여 천민賤民의 지경에 이르렀다.[5]

문호가 개방된 이후 조선왕조 정부는 서구 종교의 포교를 묵인하지 않을 수 없었고, 그에 따라 불교계에 대한 탄압도 완화되어 승려의 도성 출입 해금이 이루어져야 한다는 논의가 일어났었다. 도성해금은 1895년 일본 일련종日蓮宗 승려 사노 젠레이[佐野前勵]의 건의를 수용하여 이루어졌다. 이후 불교계는 조선왕조 정부의 탄압이 완화되고 사사관리서寺社管理署라는 기구를 통하여 국가의 관리 체제로 편입되었다. 이후 불교계의 근대적 자각이 이루어져서 우리나라 최초의 근대적인 종단인 원종이 성립하였다. 근대 최초의 불교 학교인 명진학교明進學校가 운영되면서 불교계는 새로운 모습으로 거듭났다.

그러나 불교계는 원종의 종정이던 이회광에 의해서 1910년 일본 불교 조동종과 연합책동이 시도되면서 불교계의 자주세력들에 의해서 임제종 설립운동이 일어나면서 양분되었다. 결국 원종과 임제종은 조선총독부의 압력으로 해산된다. 조선총독부는 사찰령寺刹令과 사찰령시행규칙寺刹令施行規則을 시행함으로써 불교계로 하여금 식민통치에 순응할 것을 강요하였다. 사찰령의 시행으로 불교계는 30본산제도가 성립되어 본산 주지들의 회합체인 30본산주지회의원이 발족한다. 30본산주지회의원은 1915년 30본산연합사무소 체제로 전환된다. 1919년 3·1운동이라는 거족적인 항일운동을 경험한 조선총독부는 이른바 문화정치라는 기만적인 회유책으로 통치정책을 전환한다. 문화정치는 조선인에게 시행하였던

---

4) 李光麟, 1962, 「李朝後半期의 寺刹製紙業」『歷史學報』 제17·18합집, 201쪽.
5) 鄭珖鎬, 1972, 「李朝後期 寺院雜役考」『史學論志』 제2집, 25~26쪽.

언론·출판의 통제를 완화하고 다소간의 문화활동을 승인하였다. 이러한 분위기 속에서 1921년에 선학원禪學院이 창립된다. 선학원 창립의 주역들은 임제종 설립운동에 가담하였거나 3·1운동에 참여하였던 자주적 성향이 강한 승려들이었다. 이들은 일본 불교의 영향으로 대처승들이 늘어가던 시기에 조선불교의 전통을 수호하려고 하였다. 그러나 선학원은 출범 초기부터 재정적인 어려움을 겪으면서 1934년에 재단법인 조선불교중앙선리참구원朝鮮佛敎中央禪理參究院으로 전환된다. 선리참구원은 제3회 수좌대회首座大會를 계기로 선종禪宗이라는 종단을 발족시키고, 선종종규禪宗宗規와 중앙집행기관中央執行機關인 종무원宗務院 그리고 종회宗會에 해당하는 선의원회禪議員會를 구성한다. 선종의 탄생은 30본산 주지들이 선교양종을 채택한 데 반해서 독자적인 종명을 선포하였다는 점에서 큰 의미를 가진다. 그러나 선종은 30본산 주지들의 반발과 재정적인 난관에 부딪혀 제 기능을 발휘하지 못한다.

30본산 주지들이 중심이 된 30본산연합사무소는 1924년 재단법인 조선불교중앙교무원을 성립시켰다. 그 과정에서 자주적인 총무원 세력과 어용적 성격을 띠는 교무원이 대립하는 갈등을 겪는다. 결국 총무원이 교무원에 흡수 통합되어 출범한 재단법인 조선불교중앙교무원은 조선총독부 시책에 협력하는 면모를 보인다. 1929년에는 조선불교계의 총의를 결집하는 조선불교선교양종승려대회가 개최되어 당면한 모든 현안들을 토의하고 종헌을 제정하고 집행기관인 중앙교무원을 성립시키고 종회를 구성하여 종단으로서의 면모를 일신한다. 그렇지만 승려대회가 진행되는 과정에서 핵심 구성원들이 유고有故·병고病故 등의 이유로 탈락함으로써 처음부터 일정한 한계를 노정하였다. 1941년 총본산 설립운동이 전개됨으로써 불교계는 조계종이라는 종단이 탄생하고, 종정을 옹립하고, 종회를 구성한다. 총본산 설립 또한 조선총독부가 전쟁을 효율적으로 수행하려는 목적을 가지고 설립을 종용한 까닭에 종정에게 종회 의장을 겸직시키는 불순한 의도를 표출하였다. 이렇게 성립된 총본산은 전쟁 수행에 협력할 수밖에 없었다.

근대 불교 교단의 변천을 정리한 선행연구는 거의 없는 실정이며 각 시기별로 개별논문[6]에 언급되어 있는 수준이다. 본고에서는 근대 사회 불교 종단의 성립 과정을 살펴보고자 한다. 이러한 작업은 현재 우리나라 최대 종단인 대한불교 조계종의 연원을 밝히는 데 있어 의미있는 연구가 되었으면 한다.

2. 문호개방 이후 불교계의 상황과 寺社管理署의 설치

문호개방 직후 1877년부터 일본 정토淨土 진종眞宗 대곡파大谷派 동본원사파東本願寺派는 부산에 별원을 설치하여 포교 활동을 시작한다.[7] 1895년 승려들의 도성출입금지가 해제된 것은 조선왕조 정부가 불교의 공식적인 포교를 허용하였다는 뜻이다. 승려들의 도성출입 금지는 당시 사회적인 분위기로 보아서 곧 해제될 상황이었다. 1894년에 발발한 동학농민전쟁東學農民戰爭에서 농민군들이 제출한 폐정개혁안 12개조 가운데 신분제 철폐 조항이 들어있었다.[8] 동학농민전쟁의 영향으로 설치된 군국기

---

6) 근대 교단에 관한 논저는 다음과 같다.
   김광식, 1996, 「1910년대 불교계의 曹洞宗 盟約과 臨濟宗 運動」『韓國近代佛教史研究』, 민족사 ; 2002, 「일제하 불교계 통일운동과 조계사」·「조선불교조계종의 성립과 역사적 의의」, 도피안사.
   김경집, 2000, 「佛教의 國家管理와 教團의 自覺」『한국근대불교사』, 경서원.
   김순석, 2003, 「戰時統制政策과 教團의 대응」『일제강점기 조선총독부의 불교정책과 불교계의 대응』, 경인문화사.
   한동민, 2005, 『'寺刹令'體制下 本山制度 研究』, 중앙대학교 박사학위논문.
7) 김순석, 2003, 『일제강점기 조선총독부의 불교정책과 불교계의 대응』, 경인문화사, 22~27쪽

무처軍國機務處는 사회·경제·사법·군사·교육 등에 걸쳐 약 210개항에 달하는 개혁안을 입안하였다. 군국기무처가 시행해야 할 주요 개혁안에는 승려가 도성에 들어오는 것을 금하는 법을 폐지해야 한다는 내용이 들어 있었다.[9] 대한제국 정부는 1902년 4월 11일 황실의 안녕을 기원하고, 13도 사찰을 관할하기 위해서 동대문 밖에 원홍사元興寺 창건을 승인하고[10] 「포달布達」제80호로 사사관리서寺社管理署를 설치하였다. 이어 4월 15일에 육군 참령 종이품 가선대부 권종석權鍾奭을 관리자로 임명하였다.[11] 그리고 국내사찰현행세칙國內寺刹現行細則 36개조를 발표하였다. 이 법령은 조선왕조 500여년 동안 불교계에 취한 탄압정책을 생각하면 제한적이기는 하지만 불교계의 자율권을 보장하고, 발전을 지향할 수 있는 길을 열어 주었다는 점에서 이 법령은 근대 불교사에서 큰 의미를 지닌다. 오늘날의 관점에서 보면 이 법령은 봉건사회에서 근대 사회로 이행되는 과정에서 나타난 전근대적인 요소가 다분히 남아 있다. 이 법령의 성격은 제정 배경을 설명한 연의演義에 함축적으로 드러나 있는데 그 골자는 다음과 같다. '승려들을 규제하는 법령이 없어 국왕의 감화가 불교계에 미칠 수 없었다. 승려라고 해서 어찌 백성이 아니겠는가. 이제 관리서를 세워 승려들을 감화시키고자 한다'는 것이다.[12] 이 연의는 조선왕조 정부가 취했던 불교계 비하卑下를 그대로 답습하고 있으며 승려들을 어리석은 교화의 대상으로 파악하고 있다. 이 법령은 승려들의 정치에 대한 발언을 엄금하고 있다. 설령 정치권에 부정과 비리가 있다고 하더라도 승려들은 그것을 비판을 해서는 안된다는 것을 명문화하였다. 「국내사

---

8) 吳知泳, 1987, 『東學史』, 大光文化社, 136쪽.
9) 서울대학교 독일학연구소 譯, 1992, 『韓國近代史에 대한 資料』, 신원문화사, 207~209쪽.
10) 『皇城新聞』 1902.1.6, 「創寺法說」.
11) 『官報』 光武 6年 3月 8日.
12) 鄭珖鎬 編, 1999, 『韓國佛敎最近百年史編年』, 仁荷大學校出版部, 431쪽.

찰현행세칙」은 이전 시기에 비해서 불교계의 자주적인 발전 가능성을 보장하는 면도 있다. 그것은 불교계의 수장인 좌교정左敎正을 국가에서 임명하지 않고 승단에서 선출하도록 한 점이다. 일반 승려의 징계포상에 관한 규정은 사사관리서에서 마련하여 시행하도록 하였다. 승려가 현행 범일 때는 그 경중에 따라서 죄가 가벼울 경우에는 자체적으로 해결하고 사안이 중대할 경우에는 관리서에 보고하여 지시를 받도록 하였다. 그리고 사찰 형편에 따라서 학교를 설립하고 승려 중에서 우수한 인재를 선발하여 교육시킬 것을 권장하였다.[13] 인재를 선발하여 교육시킬 것을 권장한 조항은 불교계 발전을 고무시키는 긍정적인 것이었다. 이러한 권유에 따라 불교계는 1906년 원흥사 안에 명진학교明進學校를 설립하고, 근대적인 교육을 실시하게 된다. 나아가서 일반 사원의 제반 잡역을 혁파하라는 것이었다. 관리 및 이속배吏屬輩의 토색적인 행위에 일체 응하지 말라는 것을 명문화하였다. 이것은 불교계의 자율권을 보장한 것이었다. 이제 불교계도 다른 종교 단체들과 비슷한 조건에서 포교와 여러 가지 사업을 할 수 있는 계기를 얻게 된 것이다.

「국내사찰현행세칙」은 원흥사를 수사찰首寺刹로 하고 각 도에 중법산[14]을 두어 전국의 사찰을 일원적으로 통합하게 하였다. 이 중법산은 1911년에 조선총독부가 공포하는 「사찰령시행규칙」에 명시된 30본사와 밀접한 관련을 가진다. 경제적인 부분에 있어서 각 사찰은 관리 대상인 전답·산림 등의 자산과 불상·탑·부도·범종 등 문화재적 성격을 띠는 유

---

13) 鄭珖鎬 編, 앞의 책, 435쪽.
14) 당시에 선정된 16개 중법산은 다음과 같다. 경기좌도(京畿左道) 봉은사(광주)·경기우도 봉선사(양주)·경기남도 용주사(수원)·충청남도 마곡사(공주)·충청북도 법주사(보은)·전라남도 송광사(순천)·전라북도 금산사(금구)·경상우도 해인사(합천)·경상남도 통도사·경상좌도 동화사(대구)·강원남도 월정사·강원북도 유점사·함경남도 석왕사(안변)·함경남도 귀주사(함흥)·평안도 보현사(영변)·황해도 신광사(해주) 등 이다(정광호, 위의 책, 432쪽).

물 목록 3부를 만들어 사사관리서에 제출하게 하였다. 이것은 간승배奸僧
輩들의 농간과 투매를 방지하고자 한 것이었다. 그러나 제출기한과 제출
하지 않았을 경우에 처벌에 관한 사항이 명시되어 있지 않다는 점에서
전근대사회의 법령이 지니는 한계성을 내포하고 있다. 끝으로 국내사찰
현행세칙에 명시되지 않은 부분에 대해서는 관리서의 판정을 기다려서
시행할 것을 규정하였다.

사사관리서는 「국내사찰현행세칙」의 시행을 관리·감독하는 기구였
다. 앞에서 언급한 점들을 미루어 보면 대한제국의 불교정책은 이전 시
기에 비해서 많이 개선되기는 하였지만 아직도 시정되어야 할 많은 부분
이 남아 있었다. 1904년 사사관리서는 소속 부처인 궁내부와 의정부 내
각 사이의 갈등으로 인해서 소관 사무를 내부內部로 이관시키고 폐지된
다.[15] 사사관리서 폐지 원인에 대하여 여러 가지가 거론되기도 하지만
근본적인 것은 불교계가 급변하는 정세 속에서 자주권을 수호할 수 있을
만큼 능동적으로 대처할 만한 역량이 갖추지 못한 데서 찾아져야 할 것
이다. 당시 국내외 정세는 일본이 노골적으로 한반도의 침략을 가속화하
던 시기였고, 대한제국 또한 자주권을 지켜내지 못하던 때였다.

3. 圓宗의 創立과 臨濟宗 운동의 전개

1) 圓宗의 창립

근대 사회에 들어와서 불교계의 탄압이 완화됨으로써 종단 설립의 필
요성이 대두되었다. 1904년 사사관리서가 폐지되고 원홍사마저 폐지하
라는 칙명이 내려졌지만 불교계의 요구로 원홍사는 폐지되지 않고 관할
권이 불교연구회로 이관되었다. 불교연구회는 명진학교를 설립하여 포

---

15) 한동민, 앞의 논문, 『'寺刹令' 體制下 本山制度 硏究』, 35~37쪽.

교사를 양성하고, 불교계의 발전을 도모하였다. 불교계가 자체적으로 발전을 지향하고자 하는 여망은 종단 설립으로 구체화되었다. 1908년 3월 불교계의 대표 52명이 원흥사에 모여 원종圓宗을 설립하고 종정으로 당시 해인사의 대강백 이회광李晦光을 종정으로 추대하였다. 이와 더불어 총무부장에 김현암金玄庵, 교무부장에 진진응陳震應, 학무부장에 김보륜金寶輪·김지순金之淳, 서무부장에 김석옹金石翁·강대련姜大蓮, 인사부장에 이회명李晦明·김구하金九河, 감사부장에 박보봉朴普峰·나청호羅晴湖, 재무부장에 서학암徐鶴庵·김용곡金龍谷, 고등강사에 박한영朴漢永 등을 선임하여 종단 집행부로서의 면모를 갖추었다. 종단의 임원들은 당시 불교계의 중추적인 역할을 하였던 인물들이었다. 원종이 설립될 당시 신문지상에 발표된 '불교종무국 취지서佛敎宗務局 趣旨書'를 살펴보면 종단 설립의 내막을 보다 잘 알 수 있다.[16] 그 요지는 대체로 다음과 같다. '현재 세계 각국은 모두 발전하는데 우리나라만 지지부진하며 각 국의 불교가 모두 흥왕興旺하는데 한국 불교만 어둠 속에서 벗어나지 못하는가. 이러한 때에 각 승려가 경성의 명진학교에 모여 교육의 방침과 포교의 규정을 원만하게 시행하기 위하여 그 사무소를 설립하고 불교종무국이라고 하였다. 각 도 사원의 총람기관總攬機關이요, 전국 승려 활동의 주체가 될 것이라'고 하였다. 이 취지서에 서명한 발기인은 원종종무원의 임원을 중심으로 모두 65명이었다. 새로 탄생하는 종단은 한국 불교계가 안고 있었던 여러 가지 제약을 극복하고 새롭게 면모를 일신하여 교육과 포교에 매진할 것이니 모든 불자들은 적극적으로 동참하여 달라고 당부하고 있다.[17]

원종은 근대 사회 초기에 성립된 종단이었기 때문에 해결해야 할 여러 가지 문제를 안고 있었다. 먼저 전국적인 조직 구성과 교육 및 포교사업의 방향 설정 그리고 국가로부터 종단으로 승인을 받아야 하는 일 등

---

16) 『大韓每日申報』·『皇城新聞』 1908.3.17, 「佛敎宗務局 趣旨書」.
17) 위와 같음

이었다. 이 가운데서 국가로부터 불교 종단으로 승인을 받는 문제는 우선적으로 해결해야 할 과제였다. 원종은 전국 사찰의 주지와 각 도의 지원장支院長 임면권 등 13도 사찰을 총괄할 수 있고, 종단 운영에 필요한 예산 등을 확보하기 위해서 합법적인 권한을 부여받을 필요성이 있었다. 이 문제를 해결하기 위해서 이회광은 일본 불교 세력의 힘을 빌리고자 하였다. 이회광은 당시 대표적인 친일파로 일진회 회장이었던 이용구李容九와 내부대신 송병준宋秉畯의 권유로 일본 조동종 승려로서 정치권과 긴밀한 연관을 가지고 있던 다케다 한시[武田範之]를 원종의 고문으로 영입하였다. 다케다는 명성황후 시해사건에 관련되어 히로시마[廣島] 감옥에 투옥된 경험이 있는 인물이었다. 뿐만 아니라 그는 후일 원종과 일본 조동종을 연합시키려고 이회광을 배후에서 움직인 인물이기도 하다.[18] 이회광은 원종종무원의 인가를 받기 위해서 인가신청서를 1910년 5월 한성부를 통해서 통감부에 제출하였으나 통감부는 끝내 원종종무원을 인가하지 않았다. 그 이유는 일본 불교 세력으로 하여금 한국 불교계를 장악하게 하려는 의도가 내재되어있었지만 실질적으로 제기한 문제는 이러하다. '새로운 사찰의 창립' 허용 여부와 '주지 임용'에 관한 절차 문제 그리고 '종무원의 명칭 사용'에 관한 것 등이다.[19] 통감부는 한국 불교계에서 자체적으로 종단을 구성하여 전국의 사찰을 통솔하게 된다면 그로 인하여 발생되는 문제가 적지 않을 것으로 판단한 듯하다.

원종의 설립 인가가 벽에 부딪히게 되자 종정이었던 이회광은 종단의 인가를 받기 위한 방법으로 일본 조동종과 연합을 시도하게 된다. 그는 이 연합을 위해서 전국 72개 사찰의 위임장을 받아 일본으로 건너가서 1910년 10월 7일 한국 불교 원종과 일본 불교 조동종이 연합하는「연합맹약」을 성립시켰다.[20] 「연합맹약」이 체결되었다는 소식이 불교계에 알려

---

18) 韓晳曦, 1988, 『日本の朝鮮支配と宗教政策』, 東京: 未來社, 59~65쪽.
19) 한동민, 앞의 논문, 53~57쪽.

지자 민족적 성향이 강한 박한영朴漢永・한용운韓龍雲・진진응陳震應과 같은 승려들이 주축이 되어 전개된 임제종 설립운동이라는 불교계의 저항에 부딪히게 된다.

2) 臨濟宗 설립운동의 전개

이회광의 매종책동은 1910년 12월 경 원종종무원 서기에 의해서 통도사에 전해짐으로써 불교계에 알려지게 되었다.[21] 이러한 소식을 들은 박한영朴漢永・진진응陳震應・김종래金鍾來・한용운韓龍雲 등이 중심이 되어 이회광의 매종행위를 저지하고 나섰다. 이들은 1910년 10월 5일 광주光州 증심사證心寺에서 규탄대회를 가지기로 하였으나 참석자가 적어 성사되지 못하였다. 이들은 다음 해 1월 15일 송광사松廣寺에서 승려대회를 열기로 하였다.[22] 이 승려대회 이전인 1911년 1월 6일 김학산金學山・김보정金寶鼎・김율암金栗庵・하회성阿檜城・조언봉趙信峯・김청호金淸浩・장기림張基

---

20) 이능화, 『朝鮮佛教通史』, 하권, 938쪽. 연합맹약 7개조는 다음과 같다.
　一. 朝鮮 全圓宗宗務院衆은 完全且永久히 聯合盟約하여 불교를 확장할 事
　一. 朝鮮 圓宗宗務院은 曹洞宗宗務院에 顧問을 依囑할 事
　一. 曹洞宗務院 조선 원종종무원이 설립인가를 득함에 斡旋의 勞를 취할 事
　一. 朝鮮 圓宗宗務院은 조동종의 포교에 대하여 상당한 편리를 도할 事
　一. 조선 圓宗宗務院은 曹洞宗務院에서 포교사 약간명을 초빙하여 각 首寺에 배치하여 일반 僧侶及靑年僧侶의 교육을 위탁하고 又는 조동종무원이 필요로 인하여 포교사를 파견하는 시는 조선 원종종무원은 조동종무원이 지정하는 地의 寺나 혹 사원에 宿舍를 정하여 一般布教及靑年教育에 종사케할 事
　一. 본 맹약은 쌍방의 意가 不合하면 폐지 혹 개정할 事
　一. 본 맹약은 其 관할처의 승인을 득하는 日로부터 효력을 발생함
　　明治 四十三年 十月 六日
　　조선원종대표자 李晦光　　（인）
　　조동종종무대표자 弘津說三　（인）
21) 高橋亨, 『李朝佛教』, 925쪽.
22) 『東亞日報』 1920.6.28, 「佛教改宗問題(五)」 '先何心後何心'.

林·박한영朴漢永·진진응陳震應·신경호申鏡虛·송종헌宋宗憲·김종래金鍾來·김 석연金錫演·송학봉宋學峰·도진호都振浩 등 15명이 광주군光州郡 서석산瑞石 山 아래 증심사 내에서 총회를 가지고 교학敎學을 쇄신할 것을 가결하였 다. 이들은 이회광의 매종책동을 저지하는 차원을 넘어서 신교信敎의 자 유를 확보하는 것이 신세계 종교인의 의무라고 밝혔다.[23] 이들은 1911년 1월 15일 송광사에서 개최된 승려대회에서 임제종을 탄생시키고 임시종 무원 관장으로 선암사仙巖寺의 김경운金擎雲을 선출하였으나 연로하여 직 책을 수행할 수 없었기 때문에 직무대리로 한용운을 선출하였다. 그리고 임시종무원은 송광사에 두기로 하였다.[24] 임제종 설립의 주역들이 조동 종과의 연합을 반대하는 까닭은 조선 불교의 종지宗旨는 선종이지만 임 제종 계통이기 때문에 같은 선종이기는 하지만 조동종과는 계파가 다르 다는 것이다. 뿐만 아니라 이들은 연합맹약의 내용이 굴욕적이어서 조선 불교를 일본 불교에 예속시키는 매종행위로 규정하였다.[25]

1911년 10월 경 김학산·장기림·한용운 등은 영남의 통도사通度寺·해 인사海印寺·범어사梵魚寺 등 여러 사찰을 찾아가서 통도사·해인사·송광사 를 3본산三本山으로 정하고 범어사에 임시종무소를 두기로 하였다.[26] 임 제종 설립운동은 범어사가 중심이 되어 영·호남지역을 넘어서 중앙에 포교당을 건립하기로 결정하였다. 1912년 3월 경부터 시작된 포교당 건 립 사업은 동년 5월 26일 경성 사동寺洞 28통統 6호에서 개교식을 가지게 된다. 한용운韓龍雲·백용성白龍城이 주축이 되어 거행한 개교식에는 1,300 여 명이 운집하여 대성황을 이루었다.[27]

그러나 조선불교의 정통성 수호를 고집하던 임제종 설립운동이 지속

23) 『매일신보』 1911.2.2, 「佛敎一新의 機」.
24) 김광식, 앞의 책, 『韓國近代佛敎史硏究』, 72~73쪽.
25) 위와 같음
26) 『매일신보』 1911.10.3, 「朝鮮佛敎臨濟宗擴張」.
27) 『매일신보』 1911.5.28, 「布敎堂의 盛況」.

적으로 전개되기에는 한계가 있었다. 1911년 사찰령의 공포로 불교계를 장악한 조선총독부는 임제종의 활동을 용인하지 않았다. 1912년 6월 21일 경성부京城府는 한용운과 이회광 그리고 강대련을 소환하여 양종兩宗의 문패를 철거하도록 하였다. 이에 대해서 원종측은 1912년 6월 17일부터 22일까지 개최된 30본사주지회의에서 대한제국 시기에 성립하였던 원종을 '조선불교선교양종각본산주지회의원朝鮮佛敎禪敎兩宗各本山住持會議院'으로 명칭을 변경하였다고 밝힘으로써 위기를 모면하였고, 임제종은 해산되었다.[28]

원종은 개항기 불교계의 자주적인 노력에 의해서 성립한 근대 최초의 불교종단이었다. 그러나 종정이었던 이회광은 제국주의 세력의 본질을 정확하게 이해하지 못하고 조·일불교朝·日佛敎 연합책동을 벌였다. 이회광의 망동을 저지하기 위한 노력으로 남쪽 지방에서 임제종이 성립되었다. 이로써 불교계는 북쪽의 원종과 양분되는 사태가 벌어졌다. 조선 불교의 정통성을 지키고자 하였던 임제종은 조선총독부의 탄압으로 해산되었다. 그러나 임제종 성립의 중심이 되었던 승려들은 이후 1919년 3·1운동과 1920년대 초반 불교계 개혁세력으로 변모하게 된다.

4. 30본산주지회의원과 30본산연합사무소 체제의 성립과 운영

조선총독부는 1911년 6월 3일자로 사찰령을 공포하고 이어서 7월 8일자로 사찰령시행규칙을 선포하여 9월 1일자로 시행하였다.[29] 사찰령은 조선불교계를 통제하고, 조선총독부의 정책에 순응할 수 있도록 만들어

---

28) 『朝鮮佛敎月報』 제6호, 1912.7, 「雜報」 '門牌撤去', 78쪽.
29) 『朝鮮總督府官報』 부령 제83호, 1911.7.8.

진 악법이었다. 사찰령시행규칙 제2조에 의하면 조선불교계는 30본사와 소속 말사로 재편되었다. 30본사 제도는 1924년 선암사의 말사였던 화엄사가 본사로 승격되면서 31본사 체제가 된다. 30본사 주지의 임면은 조선 총독의 인가를 받아야 했다. 조선총독부는 불교계에 통일기관을 두지 않고 30개로 나누어 관리하고자 하였던 것이다. 30본사는 불교계의 중심 기관이었으며 본사 주지들은 조선 총독과 매년 신년 하례를 함께 하였으며 주임관奏任官의 대우를 받았다.

본사 주지들은 불교계의 여러 사안들을 협의할 수 있는 협의체를 필요로 하였다. 1912년 5월 28일 전원종종무원前圓宗宗務院 임시사무소에서 11개 본사 주지들이 회동하였다. 이들은 동년 6월 17일에 30본사주지회의를 열기로 합의하고 통첩을 발송하였다.[30) 이 회의의 안건은 사법과 사찰령시행규칙 준수, 사법을 통일적으로 제정할 것, 원종종무원 문제 해결, 본원本院 미래 방침을 논정論定할 것 등이었다. 이러한 결의에 따라 6월 17일부터 22일까지 30본사 주지들 가운데 17개 본사 주지[31)들과 7개 본사 주지 대리[32)와 원종종무원의 임원들이 참석한 가운데 식민지 시대 최초의 주지회의가 개최되었다. 이 회의 결과 원종종무원을 해산하고, 종명宗名은 조선시대 『경국대전經國大典』에 명시 된 선교양종禪敎兩宗으로

---

30) 『朝鮮佛敎月報』 제6호, 1912.7, 「雜報」 '會議院會議顚末' 朝鮮佛敎月報社, 57 쪽. 첫째 사법과 사찰령시행규칙을 준봉할 件, 둘째 사법을 齊一토록 제정할 건, 셋째 本院(禪敎兩宗各本山住持會議院을 말함) 과거의 관계를 의결할 건, 넷째 本院 미래 방침을 論定할 것 등이다.

31) 『朝鮮佛敎月報』 제6호, 1912.7, 「雜報」 '會議院會議顚末', 佛敎月報社, 57쪽 姜大蓮(용주사)·羅晴湖(봉은사)·金之淳(전등사)·徐震河(법주사)·張普明(마곡사)·金慧翁(金龍寺)·金萬湖(기림사)·李晦光(해인사)·金九河(통도사)·吳惺月(범어사)·朴徹虛(보석사)·姜九峯(패엽사)·申湖山(성불사)·李順永(법홍사)·趙世杲(건봉사)·金錦潭(유점사)·金崙河(석왕사)

32) 위와 같음, 이 회의에 참석한 7개 본사 주지 대리는 다음과 같다. 金一雲(봉선사)·金耻庵(고운사)·金相淑(위봉사)·朴漢永(백양사)·申鏡虛(대흥사)·李桂湖(월정사)·鄭煥朝(귀주사)

한다는 것이 결정되었다. 그리고 30본산 주지들의 회의체로써 '30본산주
지회의원本山住持會議院'을 성립시키고 본산 주지들의 회의를 정례화 하는
계기를 마련하였다. 대한제국 시기에 성립하였던 원종 종무원은 식민지
시기에 들어와서 30본산주지회의원으로 재편되었다. 30본산주지회의원
체제는 1915년 1월 1일부터 10일까지 각황사[33]에서 개최된 제6차 회의
를 계기로 30본산연합사무소 체제로 전환되었다. 30본산 주지들이 모여
서 30본산연합제규를 논의하는 회의장에 조선총독부 내무부장과 지방국
장과 과장, 다카하시 도오루[高橋亨] 등이 찾아와서 연합제규에 관한 의견
을 전달하였다.[34] 이들은 30본산연합제규가 향후 불교계를 규율하는 내
규가 될 것이므로 각별한 주의를 기울인 것이다.

　조선각본사련합제규朝鮮各本寺聯合制規는 1915년에 2월 25일자로 조선총
독부로부터 승인을 받았다. 그리고 30본산연합사무소의 총회를 개최하
여 초대 위원장으로 수원 용주사龍珠寺의 강대련姜大蓮이 선출되었고, 이
30본산연합사무소 체제는 1920년까지 이어졌다.[35] 30본산연합사무소는
1917년 위원장이었던 김구하金九河를 비롯해서 해인사海印寺 주지 이회광
李晦光, 용주사龍珠寺 주지 강대련姜大蓮, 봉은사奉恩寺 주지 나청호羅晴湖, 위
봉사威鳳寺 주지 곽법경郭法鏡, 범어사梵魚寺 주지 후보자 김용곡金龍谷, 전
등사의 수반首班 말사 화장사華藏寺 주지 이지영李智永, 봉은사奉恩寺의 수
반 말사 신륵사神勒寺 주지 김상숙金相淑, 조선불교총보 기자 권상로權相老
등 9명을 일본 시찰단으로 파견하였다.[36] 이들은 일본 불교 각 종파의

---

33) 각황사는 1909년 조선사찰의 대표 150여 명이 동대문 밖 원흥사에 모여 도성안
　　에 전국사찰의 중심이되는 佛敎總合所를 설립하기로 하고 각도에서 의연금을 걷
　　어 세운 사찰이다(『大韓每日申報』1910.2.8,「佛堂新建」)
34) 『佛敎振興月報』제1호, 1915.3,「朝鮮禪敎兩宗三十大本山住持會議所第四定期
　　總會會議狀況」, 佛敎振興會本部, 71~72쪽
35) 『韓國近世佛敎百年史』제1권「僧團編年」, 民族社, 56쪽
36) 이경순, 2000,「1917년 佛敎界의 日本視察 연구」『한국민족운동사연구』25, 한
　　국민족운동사학회, 58~60쪽

사찰과 교육기관·자선사업기관 등을 돌아보고, 일본 수상을 비롯하여 각계의 명사들을 면담하였으며, 대대적인 환영을 받았다. 이들의 일본 방문은 30본산연합사무소 차원에서 구성되고 추진되었지만 그 배후에는 조선총독부의 후원과 여러 가지 배려가 있었다.[37] 일본 시찰로부터 돌아온 이들은 자연스럽게 친일세력으로 경도되었다.

30본산연합사무소는 강학講學을 위해서 경성에 중앙학림을 두고 각 본사에 지방학림을 둘 것을 결정하였다. 포교 사업은 각 본사에서 임명한 포교사가 경성의 30본산연합사무소에 거주하면서 담당하도록 하였다. 포교방법은 주지회의에서 결정하도록 하였다. 포교에 필요한 경비는 담임 사찰에서 부담하도록 하였다.[38] 1910년대 조선총독부는 불교계의 활동을 규정하는 모든 법령을 만들어 공포하였다. 그리고 불교계 내부에서 자체적인 규약을 만드는 데까지 영향력을 행사하였다. 불교계가 자주적인 발전을 도모할 수 있는 가능성을 제도적으로 봉쇄하였다.

5. 禪學院의 창립과 변천

1) 禪學院의 창립

3·1운동으로 조선인의 대규모 항일운동을 경험한 조선총독부는 1920년대 초반에 이른바 문화정치를 표방하고, 조선인에게 언론·출판을 포함한 다소간의 문화적인 자유를 인정하였다. 이렇게 이완된 통제책으로 인하여 불교계는 조선불교의 전통을 수호하려는 움직임이 일어났다. 이러한 움직임은 1921년에 선학원禪學院의 창설로 나타났다. 선학원은 대처승들이 늘어가고, 교단의 수행 풍토가 무너져 가던 시기에 비구승들이 중

---

37) 『朝鮮佛敎叢報』 제6호, 1917.6, 李能和, 「內地에 佛敎視察團을 送함」 1~4쪽.
38) 『매일신보』 1915.3.2, 「各寺聯合制規」.

심이 되어 건립된 사찰이다. 선학원은 백용성白龍城·송만공宋滿空·오성월吳惺月 등 민족적 성향이 강하던 승려들을 중심으로 불교의 진리를 널리 펴고, 정법正法을 수호하기 위한 목적에서 발족되었다.

선학원 창설의 핵심 인물들은 1910년 임제종 설립운동에 참여하였거나 3·1운동에 가담했던 승려들이 많은 데서 민족적 성향을 읽을 수 있다. 선학원은 재단법인 조선불교중앙교무원 성립에 끝까지 반대하였던 범어사와 석왕사의 노력에 의해서 탄생되었다. 선학원이 창설될 수 있었던 배경은 1920년대 조선총독부의 통치정책이 문화정치로 전환되면서 각종 문화단체의 창립을 용인한 것과 관련이 있다. 1920년대 일본은 조선에서 정치단체를 제외한 문화단체의 설립을 허용하였다. 선학원은 항일적인 성향이 강한 승려들이 주축이 되어서 결성되었다. 그렇지만 조선총독부 당국이 인정하는 범위 안에서 활동할 수밖에 없었기 때문에 일정한 한계가 있었다. 1921년 11월 30일에 선학원을 창설하였던 비구승들은 선풍진작 활동을 전개하였다. 이러한 노력은 선우공제회의 결성으로 나타났다.[39] 1922년 3월 30일에서 4월 1일까지 선학원에서 선우공제회 창립총회가 열렸는데 그 자리에서 논의된 사항은 대체로 다음과 같다. 현재 불교계에는 진정한 수행자는 숫자가 적고, 비구승과 대처승이 뒤섞여 있다보니 일반인들이 진짜와 가짜를 구분할 수 없다. 식민통치하에서 승려들의 처지는 날로 궁색해져서 자기 한 몸을 보전하기도 힘든 상황이다. 그런 까닭에 출가의 목적을 성취하기 위해 비구 선승들이 함께 모여 대책을 마련하자는 취지에서 선우공제회는 창설되었다. 창립총회의 주요 결의 사항을 살펴보면 다음과 같다. 첫째 경성에 선우공제회 본부를 두고 서무庶務·재무財務·수도부修道部의 부서를 설치하고 지방에는 지부를 둔다.[40] 둘째 임원 선출이 있었다.[41] 셋째 유지방법에 대한 결의가

---

39) 鄭珖鎬 編, 1999, 『韓國佛教最近百年史編年』, 「禪友共濟會趣旨書」, 인하대학교 출판부, 248~251쪽

있었는데 경비는 선우禪友의 의연금義捐金과 회사금으로 충당하고 각 지부의 선량미禪糧米 2할과 매년 예산액 중 남는 돈을 저축하여 기본 재산으로 하여 선원禪院을 진흥케 하기로 가결되었다.[42]

1924년 11월 15일 제3회 정기총회가 선학원에서 개최되었는데 임시의장에 한용운이 피선되었다. 주요 의제議題 가운데 선우공제회를 사단법인화 하려는 논의가 구체적으로 진행되었다. 선학원은 사단법인으로 인가받지 못하였는데 자세한 내막은 현재로서는 알 수가 없는 실정이다.[43] 제3회 총회가 열릴 무렵 선우공제회 회원은 통상회원 203명, 특별회원 162명 총 365명이었다. 선우공제회는 1924년 무렵부터 재정난에 봉착하게 된다. 창립총회 때 전임간사의 봉급을 매월 50원씩 지급하기로 하였으나 재정난으로 인하여 제2회 정기 총회 때에는 전임간사의 봉급을 20원으로 삭감하였다.[44] 1924년 1월 5일 통도사·범어사·석왕사가 중심이 되어 운영되던 총무원 회의에서 선학원을 직할로 운영하기로 결정하였다.[45] 그렇지만 동년 4월에 총무원이 교무원과 통합됨으로써 이 결정은 실효를 거둘 수 없었다. 이후 선학원은 1926년 5월 1일자로 범어사 포교소로 전환되었다.[46] 이것은 선학원이 재정난으로 인하여 사실상 활동이

---

40) 앞의 책, 「禪友共濟會創立總會錄」. 지부는 총 19개처로 다음과 같다. 望月寺·定慧寺·直指寺·白羊寺·梵魚寺·佛影寺·乾鳳寺·摩訶衍·長安寺·月精寺·開心寺·通度寺·神溪寺·南長寺·釋王寺·仙巖寺·泉隱寺·龍華寺·海印寺

41) 위와 같음. 본부에는 이사 3인 및 서기 1인을 둔다. 지부는 간사 2인을 두되 해당 지부의 衆望에 의해 선정하기로 한다. 선출된 임원은 다음과 같다. 본부 임원은 서무이사 金寂音·재무부 이사·金石頭·수도부 이사 宋滿空 서기 金用煥이었다. 본회의 사무를 토의하기 위하여 全鮮寺刹을 통하여 평의원 20인이 투표 선출되었다. 선출된 승려는 다음과 같다. 吳惺月·白鶴鳴·康道峰·林(金의 誤記임:필자)石頭·鄭石庵·申幻翁·黃龍吟·李海山·權一鳳·朴古峰·奇石虎·李覺元·李龍河·李戒奉·金南泉·權南鏡·金初眼·金映海·金法融·金敬爽 등 이었다.

42) 위와 같음.

43) 위와 같음.

44) 앞의 문건, 「禪友共濟會第二會定期總會會錄」, 24쪽.

45) 『조선일보』 1924.1.5, 「佛敎總務院總會」.

중단된 것을 뜻한다.

1924년경부터 재정난에 부딪혀서 침체되었던 선학원은 1931년 1월에 김적음金寂音이 선학원을 인수함으로써 중흥의 계기를 맞았다.[47] 그는 송만공의 제자로서 한의학에 능하여 침술과 시약으로 많은 사람들의 병을 고쳐 주었다고 한다. 그는 선학원을 인수한 즉시 큰 방을 거처로 하고 이탄옹李炭翁을 입승立繩[48]으로 하여 참선을 시작케 하니 승려 및 신도는 20여 명에 달했다.[49] 3월 1일에 禪의 대중화를 위해서 남녀선우회가 조직되었다. 회원 수는 약 70여 명이었고, 부인선우회도 조직되었다.[50] 대중포교를 위해서 기관지『선원禪苑』을 간행하였다.[51]

2) 재단법인 朝鮮佛敎中央禪理參究院으로 전환과 朝鮮佛敎禪宗의 창립

선학원은 선의 대중화에 노력하면서 전선수좌대회全鮮首座大會를 개최하여 내실을 기하고자 하였다. 수좌대회는 1931년, 34년, 35년, 39년 등

---

46)『불교』 30호, 1926.12,「官報抄錄」, 佛敎社, 44쪽.

47) 老姿, 1931.10.「禪學院日記招要」『禪苑』창간호, 선학원, 28쪽.

48) 입승이란 禪 수행을 하는 사찰에서 대중 가운데 도덕과 학식이 높은 승려가 소임을 맡는다. 수행의 기강을 확립하는 것이 주요 임무이다(이운허 저, 1988,『불교사전』, 동국역경원, 748쪽).

49) 老姿, 앞의 글, 28쪽.

50) 1935.10,「조선불교중앙부인선원」『禪苑』제4호, 33~34쪽. 부인선우회는 별도의 공간이 없어 불편한 생활을 하였다. 김적음의 도움과 자체 회비를 적립하여 1935년 초에 선학원 옆 안국동 41번지에 이층 양옥을 구입하여 조선불교중앙부인선원을 개설하였다. 매월 한차례 정기 모임을 가지고 설법을 들었다.

51)『禪苑』은 선학원에서 발간하였는데 통권 4호까지 간행되었다. 1931년 10월에 창간호가 발간되었고, 1932년 2월에 제 2호, 1932년 8월에 제 3호가 발간된 이후 선학원이 침체기를 맞으면서 휴간되었다가 1935년 10월에 제 4호가 복간호로 발간되었다.

몇 차례에 걸쳐서 개최되었다. 제1회 대회에서 결의된 내용은 선 수행에 전념하는 비구승들의 처지가 너무 곤궁하므로 중앙선원을 설치해 달라는 건의서를 조선불교선교양종중앙교무원[52] 종회에 제출하였으나 교무원 종회는 예산상의 이유로 부결시켰다.[53] 김적음은 1931년 11월 8일 예전부터 인연이 있던 범어사에 경비 보조를 요청하였다. 범어사 본사 총회에서는 선학원이 요청한 매년 600엔의 경비에 대하여 경제 사정이 어려운 까닭에 매년 200엔씩을 보조하기로 결의하였다.[54]

비구승들은 보다 안정적인 수행풍토를 정착시키기 위하여 재단법인 결성의 움직임을 보였다. 선학원은 10년 전 선우공제회 때 들어온 토지와 신도들의 성금 그리고 새로 각 사찰에서 들어온 토지 등을 모아서 1934년 초 무렵 재단법인 설립 인가를 신청하여 동년 12월 5일자로 조선불교중앙선리참구원朝鮮佛教中央禪理參究院(이하 선리참구원으로 약칭함)으로 인가를 받았다.[55] 1935년 3월 7일 오전 10시부터 8일 오후 4시까지 2일 간에 걸쳐 선리참구원에서 제3차 수좌대회가 개최되었다. 이 대회에서 선리참구원禪理參究院은 禪宗을 탄생시키고 조선불교선종종규朝鮮佛教禪宗宗規에서 규정한 각종 법안을 제정하였다. 조선불교선종종규는 종명宗名・종지宗旨・본존本尊・의식儀式・선원禪院・승려 및 신도僧侶及信徒・선회禪會・종무원宗務院・종정宗正・선의원회禪議員會・재무財政・보칙補則 등 12장 29조로 구성되어있다.[56] 종명을 선종이라고 칭한 것은 큰 의미를 가진다. 왜냐하면 사찰령 체제 하에서 30본사 주지들의 회합체인 30본산주지회의원에

52) 1929년에 개최된 조선불교선교양종 승려대회의 결과로 탄생한 집행기관으로서 교무원과 중앙종회를 의미한다. 조선불교선교양종 승려대회에 대해서는 다음의 논문을 참조할 수 있다. 김광식, 1996, 「朝鮮佛教禪教兩宗 僧侶大會의 개최와 성격」『韓國近代佛教史研究』, 民族社.
53) 老婆, 앞의 글, 29쪽.
54) 日波, 1932.2, 「禪學院日記招要」『禪苑』 제2호, 선학원, 85쪽.
55) 1935.8.3, 『불교시보』 창간호.
56) 金寂音, 1935, 『朝鮮佛教禪宗首座大會會錄』, 禪宗中央宗務院, 22~25쪽.

서 채택한 종명은 조선불교선교양종이기 때문이다. 본산 주지들은 제대로 된 종명을 채택하지 못하였는데 수좌대회에서 선종이라고 종명을 표방한 것은 구체적으로 선종의 어떤 종파를 내세우지 않았지만 조선불교의 연원이 선종에 있음을 밝힌 것이다. 이러한 사실은 선종은 조선총독부와 결탁된 30본산 주지들의 회합체인 30본산연합사무소와는 성격을 달리하며 조선불교계의 독자성을 천명하였다고 할 수 있다. 8개조로 구성된 중앙선원청규中央禪院淸規에 는 제1조에 본원 납자衲子는 무상출입無常出入을 금하고 매월 3일, 8일에 목욕하며 교외에 산보散步할 수 있다고 되어 있다. 제5조는 본 선원은 음주飮酒·식육食肉·흡연吸煙·가요歌謠 등 일체 혼란混亂을 금지禁止한다고 명시하고 있다. 당시 불교계는 일본 불교의 영향으로 대처식육이 보편화 되어 있었다. 이러한 상황에서 청정 계율을 지키는 조선 불교의 전통을 수호하려 하였다는 것은 일본 불교에 동화되지 않고 자주성을 지키려는 노력의 일환이었다. 이 수좌대회에서는 종정을 비롯한 임원들을 선출하였는데 종정宗正은 숫자와 임기를 정하지 않은 종정회를 구성하였다 종정회는 종무원 임원 즉 이사 및 원장·부원장과 이와 같은 수의 선회禪會 전형원銓衡員으로 구성된 협의체에서 전형하여 선회의 동의를 받을 것을 명시하였다. 이 때 선출된 종정은 신혜월申慧月·송만공宋滿空·방한암方漢岩 등이며, 원장은 오성월吳惺月이 선출되었다.[57] 이 시기 조선총독부의 후원을 받은 재단법인 조선불교중앙교무원과는 상반된 성격을 가진 선학원이 새로운 종단을 탄생시켰다는 것은 큰 의미를 갖는다. 그것은 불교계가 식민지 동화정책에 물들지 않고 독자적으로 전통수호를 천명하였기 때문이다.

그러나 선리참구원은 중일전쟁 이후 재정난이 악화되면서 성격도 변화되어 조선총독부 정책에 협조하는 면모를 보이고 교무원과도 협조체

---

57) 『동아일보』 1935. 3. 13, 「佛敎首座大會」. 부원장에는 薛石友, 이사에는 金寂音·鄭雲澤·李兀然, 禪議員에는 奇石虎·河龍澤·黃龍吟이 선출되었다.

제를 형성하는 모습을 보였다. 교무원에서 국방헌금을 모집할 때 선학원[58]에서도 30엔 4전을 납부하였다.[59] 1937년 8월에는 두 차례나 출정부대 송영식에 참석하였으며[60] 1940년 2월 창씨개명령創氏改名令이 실시되자 선리참구원도 무료상담소를 운영하였다.[61] 1941년 9월 3일에는 전국 각 사寺 선원에 공문을 띄워 모금된 황군위문금 159원圓 23전錢을 매일신보사에 납부하였고,[62] 1943년 5월 24일 태고사의 금속류 헌납운동에 참여진유기眞鍮器 1점을 헌납하기도 하였다.[63]

선학원은 재단법인으로 전환하면서 그 성격도 바뀌게 된다. 설립 당시에는 비구승들이 중심이 되어 대처승들이 주류를 이루었던 재단법인 조선불교중앙교무원과 차별성을 보이면서 출발하였다. 그러나 재단법인이 성립된 이후에는 조선총독부의 시책에 협조하는 모습을 보였다. 선리참구원이 제대로 운영되기 위해서는 31본사로부터 지원을 받지 않을 수 없는 상황에 처하였다.[64] 선리참구원은 수좌대회를 통하여 선종을 탄생시켰으나 종정으로 선출된 세 승려 가운데 방한암方漢岩은 1941년 조계종 총본사 태고사의 종정으로 취임하였다.[65] 그리고 송만공宋滿空·김경산金擎山·송만암宋蔓庵은 총본사의 종무고문을 승낙하는 등 여러 가지로 굴절된 면모를 보였다.[66]

---

58) 선학원은 1934년에 재단법인 조선불교중앙선리참구원으로 바뀌었지만 자료에는 선학원으로 나오는 경우가 많다.
59) 『불교시보』 제27호, 1937.10.1, 「在京城各寺庵及布教堂獻金」.
60) 『불교』 신7집, 1937.11, 「교계소식」, 49쪽.
61) 『불교시보』 제60호, 1940.7.15.
62) 『불교시보』 제75호, 1941.10.15, 「선학원의 황군위문금 헌납」.
63) 『불교』 신50집 합집, 1943.7, 「조계종보」, 3쪽.
64) 『禪苑』, 1935.10, 「우리 각 기관의 활동상황」, 31쪽.
65) 『불교』 신30집, 1941.9, 「宗務日誌」, 41쪽.
66) 『불교』 신31집, 1941.12, 「宗務日誌」, 55쪽.

6. 재단법인 조선불교중앙교무원의 설립과 운영

1920년대 조선총독부가 종교계에 취한 정책 가운데 중요한 것은 종교단체가 소유하고 있는 거액의 부동산을 재단법인으로 허가해 주는 것이었다. 그렇게 함으로써 한말 이래 조선에서 외국인 단체의 부동산에는 법인격을 인정치 않는 관례가 있었던 것을 1920년 '종교 및 제사를 목적으로 하는 재산'에 한해 민사령에 따른 공익법인으로서 그 기본재산의 관리·유지하는데 편의를 도모해 주었다. 이러한 일련의 조치는 많은 선교사들을 친일세력으로 전환시켰고, 종교단체를 친일화하는 데 중요한 계기가 되었다.[67] 종교단체의 법인화를 인정하는 것은 종교의 사회적 신용을 높이는 점도 있지만 한편으로는 국가의 감독하에 편입된다는 것을 의미한다. 그러므로 법인은 재산상의 소유권은 보장을 받게 되지만 이사가 바뀔 때마다 관할 관청에 신고하는 것을 비롯해서 매년 법인의 활동 상황 및 자산의 증감 현황 그리고 수입과 지출 상황을 매년 회계연도 말에 조선총독부에 보고하고 감독을 받아야만 하였다. 조선총독부에서는 법인의 상황을 점검할 수 있었기 때문에 종교단체를 보다 쉽게 통제할 수 있었다.[68]

1920년대 초반 조선불교계는 1912년에 성립되었던 선교양종禪敎兩宗 30본산주지회의원을 해체하고 1915년 30본산연합사무소로 그 명칭을 바꾸고 경성부 수송동 각황사에 본부를 두었다.[69] 이 무렵 청년 승려들이 중심이 되어 창립된 조선불교청년회는 관권과 결탁된 일부 주지 계층의 권위적인 행태를 시정하고, 불교계에 당면한 현실을 개혁하려는 운동을

67) 姜東鎭, 1984, 『日帝의 韓國侵略政策史』, 한길사, 87쪽.
68) 尹善子, 1997, 『朝鮮總督府의 宗敎政策과 天主敎會의 對應』, 國民大學校 大學院 박사학위 논문, 156쪽.
69) 『朝鮮佛敎叢報』 제1호, 4쪽.

전개하고 있었다.[70] 불교청년회의 이러한 개혁운동을 일선에서 실천할 수 있는 일종의 전위대로서 조직된 것이 불교유신회였다.[71] 불교유신회는 1921년 12월 20일에 발기인 총회를 열고,[72] 대강의 방침을 결정한 후 21일 간동諫洞에 있는 불교청년회관에서 창립총회를 열고 규칙과 임원 선정 등 기타 사무를 협의 하였다.[73]

불교유신회의 개혁의지는 1922년 1월 6일에 개최된 30본산주지회의에서 종래 30본산주지총회를 '조선불교총회'로 바꾸는 것으로 나타났다. 이어서 1월 7일에 속개된 조선불교도 총회에서는 30본산연합제규는 몇몇 주지들이 전제專制로 하기 때문에 사업이 잘 되지 아니하니 폐지하여야겠다는 안이 제출되자 만장일치로 가결되었다.[74] 30본산연합제규를 폐지한 조선불교도 총회에서는 통일기관으로 후술하게 될 총무원을 두기로 결정하고, 그 아래에 이무부理務部와 사무부事務部를 두어서 이무부에서는 포교와 교육에 관한 일을 사무부에서는 서무庶務와 재정에 관한 일을 하기로 하였다. 교육사업의 일환으로 운영하였던 중앙학림은 50만 원의 기부금으로 재단법인 불교전문학교를 만들고, 종래에 30본산연합회에서 운영해 왔던 동광고등보통학교東光高等普通學校와 신명학교新明學校는 현상태로 유지하기로 했다. 그리고 통일기관을 유지하기 위한 규칙을 제정하기 위하여, 오성월吳惺月 외 14인을 선정하여, 그 해 3월 내로 종헌宗憲을 제정하여 불교도 총회를 열어 통과시키기로 하였다.[75] 곧이어 불교유신회는 통일기관 유지를 위해 총무원 사무를 집행하기 위하여 임시

---

70) 조선불교청년회에 관해서는 다음 논문을 참고할 수 있다. 김광식, 「朝鮮佛敎靑年會의 史的 考察」.
71) 卍海, 1938.2, 「佛靑運動을 復活하라」 『佛敎』(新) 제10호, 2~3쪽.
72) 『매일신보』 1921.12.22., 「僧侶七千餘名을」.
73) 『東亞日報』 1921.12.22., 「佛敎維新創立」.
74) 『東亞日報』, 1922.1.9, 「三十本山 聯合制를 폐지하자는 의견에 일치 불교도 총회 데이일 오후」.
75) 위와 같음

원장 한 사람, 부장 두 사람, 부원 네 사람을 두기로 하였다. 재정통일
문제는 전도全道 900여 사찰의 전 재산을 3등분으로 나누어 3분의 1은
그 절 유지에 쓰기로 하고, 3분의 1은 그 지방의 포교와 교육사업에 쓰
고, 나머지 3분의 1은 경성京城에서 조선朝鮮 전도全道 사찰寺刹을 대표한
불교사업에 쓰기로 만장일치로 가결하였다. 이 때 선임된 임시원장은 곽
법경郭法鏡, 이무부장理務部長 오성월吳惺月, 서무부장庶務部長 이회광李晦光,
부원部員으로는 유석규劉碩規, 황경운黃耕雲, 임석진林錫珍, 김지현金智玄이
선임되었다.[76] 아울러 종헌을 제정하고, 1922년 3월 24일 각황사에서 총
회를 열어 불교개혁에 관한 건의안을 제출하였고, 26일에는 교헌敎憲을
통과시킬 예정이었다. 이렇듯 불교유신회에서는 자체적으로 불교계의
문제들을 정리하려는 독자적인 모습을 보이고 있었다.

그러나 1월 12일에 속개된 30본산주지총회에서 임시의장 홍포룡洪蒲龍
이 불교도총회에서 결의된 통일기관 문제와 재정통일에 관한 문제에 대
해서 사찰령에 위반되는 듯한 말을 하였다. 그러자 돌연히 조선총독부
학무과장 마쯔무라[松村]가 두어 명의 수원隨員과 함께 출장하여 방청을
일체 금지하고, 비밀리에 어떤 훈화를 하여 회의장은 살풍경으로 돌변하
였다.[77] 이러한 상황에서 시바다[柴田] 학무국장은 불교총회의 결정을 인
정하지 않고 만일 청년 승려 가운데서 회의를 방해하는 일이 있으면 경
찰권의 발동으로 제제를 가할 뜻을 비추었다.[78] 조선총독부는 자주적이
고 독자적으로 조선불교계의 모순들을 극복하면서 발전하려는 총무원의
노선에 제동을 걸었다. 조선총독부 학무국에서는 1922년 5월 24일 경에
30본산 주지들을 불러모아 총회를 개최케 하고 이 회의에 참석할 26본산
주지들을 불러서 모종의 지시하였다. 그 내용은 종래 30본산연합제도를

76) 『東亞日報』 1922.1.11, 「佛敎界의 新光明」.
77) 『東亞日報』 1922.1.13, 「任員選擧議論中에」.
78) 위와 같음.

폐지하는 동시에 지난번 10본산[79]에서 설립한 총무원도 폐지하고 새로
운 통일기관을 세워서 불교사업을 하라는 것이었다.[80]

조선총독부의 이런 지시를 받은 30본산의 주지들은 5월 27일 총회를
열어 중앙기관 설립 문제를 토의한 결과 경성에 조선불교중앙교무원朝鮮
佛敎中央敎務院을 두고 30본산 주지 중에 전임리사傳任理事 5명을 두고 서무
庶務·교육敎育·포교布敎·재무財務·사교부社交部의 업무를 처리하게 하되 임
기는 2년으로 하였다.[81]

30본산주지회의는 5월 29일에도 계속되었는데 총무원 측을 배제한 가
운데 회의를 진행하여 교무원에 대한 규칙을 통과하고 불교사업을 위하
여 중앙교무원을 60만원의 재단법인으로 조직하기로 결정하였다. 조직
방법은 전조선 사찰의 소유所有 지가地價 오분지 일을 내어 땅을 팔든지,
삼림을 팔든지 내년 3월 말일 안으로는 완전히 돈을 모아 기본금을 적립
시키기로 결의하였다. 포교에 대한 건은 각황사에 포교사 한 사람을 두
고 일요일 마다 아침 저녁으로 전도를 하고 때때로 불교에 대한 강연을
할 것이며 차차로 보아 포교사 양성소를 설립하기로 결의하였다.[82]

사태가 이렇게 되자 통도사·범어사·석왕사 세 본산은 총무원을 설립
하고 그 이외의 27본산은 교무원을 설립하여 피차 서로 반목하던 중에
교무원 측에서 조선총독부 학무국의 양해를 얻어 재단법인 설립에 관한
허가를 얻어 동광고등보통학교를 경영하고 기타 사업을 집행할 계획이
요, 총무원도 불교학원을 경영하고 기타 교화사업을 구상하면서 교무원
과 대립 중이었다. 두 단체가 모두 각황사 내에 사무실을 두었던 바, 교
무원 측에서는 총무원에 대해서 우리가 인정치 않는 단체이므로 각황사

---

79) 10본사는 通度寺·梵魚寺·海印寺·釋王寺·白羊寺·威鳳寺·奉先寺·松廣寺·祇林
寺·乾鳳寺이다.
80) 『東亞日報』 1922.5.25, 「佛敎紛爭解決乎」.
81) 위와 같음.
82) 『東亞日報』 1922.5.30, 「六十萬圓의 基本으로」.

에 있는 사무소를 다른 곳으로 옮기라고 하고 총무원에서는 각황사를 건축할 때 총무원 측 본사에서도 비용을 부담했으므로 우리도 사용할 권리가 있다고 맞섰다.[83]

한편 교무원 측에서는 1922년 5월에 개최된 30본산주지회의에서 결의된 60만원 재단법인 설립 문제를 계속 추진하여 동년 10월 15일에 당시 총무원을 운영하던 통도사·범어사·석왕사를 제외한 김용사金龍寺 주지 김혜옹金慧翁 등 27개 본산 주지들이 재단법인 조선불교중앙교무원의 설립을 신청하여 1922년 12월 30일자로 조선총독부로부터 재단법인 조선불교중앙교무원의 인가를 받았다.[84]

총무원은 조선총독부로부터 가해지는 압력과 천도교 측으로부터 인수한 보성고등보통학교의 운영난 등 중첩된 압박감에서 벗어나지 못하고 1924년 4월 3일에 총무원과 교무원은 타협을 이루어 30본산이 재단법인 조선불교중앙교무원으로 통합되었다. 재단법인 조선불교중앙교무원 통합이 이루어진 직후에 총무원측의 통도사 주지 김구하金九河와 범어사 주지 오성월吳惺越 등을 새로운 이사로 영입하여 모두 7명의 이사로 증원되었다.[85] 불교계의 개혁과 유신을 목적으로 출범했던 총무원은 2년 3개월 만에 문을 내렸다. 총무원 측을 포함해서 통합을 이루어 낸 중앙교무원은 총무원 측의 보성학교와 교무원에서 운영하던 동광학교를 통합하여 운영하고, 1922년에 강제 폐교되었던 중앙학림을 전문학교로 승격시켜 운영하는가 하면, 권상로로 하여금 『불교佛敎』라는 기관지를 발행하는 면모를 보이기도 하였다.

재단법인 조선불교 중앙교무원은 일제시기 불교계가 만들어낸 통일적

83) 『東亞日報』 1923.2.20, 「事務室 問題로 불교계에도 분쟁」.
84) 『朝鮮總督府官報』 제3153호, 1923.2.16.
85) 『東亞日報』 1924.4.3, 「佛敎敎務院의 發展 六十萬圓의 財團法人成立 法人事業으로 보성고교를 경영」.

성격을 지닌 단체였으므로 이후 조선총독부의 지침을 수용할 수밖에 없었다. 1935년 1월 심전개발운동心田開發運動이 시작되자 동년 7월 28일에 재단법인 조선불교중앙교무원에서는 재경在京 주지들을 중심으로 '조선불교심전개발사업촉진회朝鮮佛敎心田開發事業促進會'를 구성[86]하였는가 하면, 1937년 중일전쟁이 발발하자 조선군사후원연맹을 만들었고, 만주 지방으로 위문단을 파견하는 등의 행적을 남기기도 하였다.[87] 재단법인 조선불교중앙교무원은 1941년 4월 23일 조선총독부로부터 태고사가 조선불교계를 통괄하는 총본산으로 인가를 명칭 변경을 신청하여 1942년 5월 18일 조계학원曹溪學院으로 변경되었다.[88]

7. 朝鮮佛敎禪敎兩宗中央敎務院의 성립

조선불교선교양종중앙교무원은 1929년 1월 3~5일 사이에 각황사에서 개최된 조선불교선교양종朝鮮佛敎禪敎兩宗 승려대회(이하 승려대회로 약칭함)의 결과로 성립되었다. 이 승려 대회는 당시 불교계의 대표가 참여한 가운데 개최되어 종헌宗憲을 제정하고 종회宗會외 집행기관인 중앙교무원中央敎務院을 성립시킴으로써 불교계 통일운동에 기념비적인 성과를 이루었다고 한다. 조선총독부는 불교계를 31본산으로 나누어 각기 개별 관리를 함으로써 통일기관의 성립을 저해하였다. 그간에 통일기관을 설립하려는 노력은 종무원宗務院·총무원總務院·교무원敎務院 등으로 나타나기도 하였지만 본사 주지 계층이 식민지 권력과 결탁함으로써 명실상부한 통일기관으로 성립되지 못하였다.[89] 승려대회가 불교계의 통일운동의 일

---

86) 『佛敎時報』 제2호, 1935.9.1, 「朝鮮佛敎心田開發事業促進發起會」.
87) 『佛敎』 신 제10집, 1938.2, 「敎界消息」 佛敎社, 31쪽.
88) 『朝鮮總督府官報』 제4646호, 1942.7.24.
89) 金光植, 1994, 「朝鮮佛敎禪敎兩宗 僧侶大會의 개최와 성격」 『韓國近代佛敎史硏究』, 民族社, 312쪽.

환이었다는 것은 준비위원이었던 백성욱白性郁이 한 다음과 같은 취지 설명에서 드러난다. "금번今番대회의 근본 목적으로 말하면 종헌宗憲·기타 법규法規를 제정하야 지리산만支離散漫한 현하現下 교계敎界를 통일쇄신하야 기其 장래將來 발전發展을 획책劃策하려 함이외다"[90] 이 무렵 불교계의 통일운동 성격을 띠는 승려대회가 개최될 수 있었던 것은 1920년대 전반기 민족운동세력이 분열되어 있는 상황에서 민족주의자들과 사회주의자들이 민족해방을 위하여 협동해야 한다는 민족협동전선 구축의 분위기에 영향을 받은 듯하다. 민족협동전선 결성은 1925년에 접어들면서 공개적으로 표명되었고, 1927년 2월 신간회가 창립되면서 여러 집단들 사이에 조직적 결집이 이루어졌다.[91]

승려대회는 1928년 11월 14일 각황사에서 재경승려유지대표위원在京僧侶有志代表委員이 회합하여 승려대회 발기인회를 가지고 각 본사에 발기인을 보내라는 공문을 발송하면서 준비 모임이 시작되었다. 이어 동년 11월 30일부터 12월 1일까지 각황사에서 승려대회 발기회를 개최하였다.[92] 7차례의 준비위원회 모임을 가지고 개최된 승려대회에서는 당시의 모든 현안사안이 토의되었다. 승려대회에서 토의된 사안은 다음과 같다.[93]

① 종헌 제정
② 교무원 원칙 제정
③ 교정회법 제정
④ 법규위원회법 제정
⑤ 종회법 제정
⑥ 승니법규 제정

---

90) 『佛敎』 제56집, 1929.2, 「朝鮮佛敎禪敎兩宗僧侶大會會錄」 佛敎社, 125쪽.
91) 이균영, 1996, 『신간회연구』, 역사비평사, 35쪽.
92) 『佛敎』 제54집, 1928.12, 「發起人期成討議」, 佛敎社, 104~116쪽.
93) 앞의 「朝鮮佛敎禪敎兩宗僧侶大會會錄」, 120쪽.

⑦ 교육에 관한 근본책
⑧ 포교에 관한 근본책
⑨ 재정에 관한 근본책
⑩ 사회사업에 관한 문제
⑪ 기강 숙청에 대한 문제
⑫ 불교청년운동의 옹호책
⑬ 세계불교운동에 대한 태도

총 107명의 승려가 참가하여 개최된 승려대회[94]의 결과 종헌宗憲이 제정되었고, 불교계를 상징적으로 대표하는 교정회敎正會가 성립되었다. 그리고 중앙집행기관으로서 중앙교무원과 입법기관으로서 종회宗會가 탄생하였다. 종헌에는 종명宗名·종지宗旨·본존本尊·의식儀式·사찰寺刹·승니 및 신도僧尼와信徒·종회宗會·교무원敎務院·교정敎正·법규위원회法規委員會·재정財政·보칙補則 등의 기능과 역할이 명시되었으며 총 12장 31조로 구성되었다. 당시 교정으로 선출된 승려는 김환응金幻應·서해담徐海曇·방한암方漢岩·김경운金擎雲·박한영朴漢永·이용허李龍虛·김동선金東宣 등 7명이었다. 중앙교무원은 교무원장이 총괄 지휘를 하는 것이 아니고 서무부·교학부·재무부의 3부장部長 체제였다. 서무부장에는 이혼성李混惺, 교학부장에는 송종헌宋宗憲, 재무부장에는 황경운黃耕雲이 각각 피선되었다.[95] 승려대회는 진행되는 과정에서 156명이 참가하기로 된 승려대회에 49명이 불참하였고, 핵심 구성원들 마저 유고有故·병고病故 등으로 탈락하는 면모를 보임으로써 일정한 한계를 가지는 면도 있었다.[96]

---

94) 김광식, 앞의 논문, 「朝鮮佛敎禪敎兩宗 僧侶大會의 개최와 성격」, 326쪽.
95) 앞의 「朝鮮佛敎禪敎兩宗僧侶大會會錄」, 129~130쪽.
96) 앞의 「朝鮮佛敎禪敎兩宗僧侶大會會錄」, 126쪽. 준비위원장이었던 권상로는 행사 당일 사회를 맡았으나 둘째날 有故로 辭免하였고, 준비위원이자 부사회였던 송종헌 역시 병고로 사회를 진행하지 않았고, 서기였던 김낙순 역시 유고로 사임하는 모습을 보였다.

그렇지만 이 승려대회는 중요한 의미를 지닌다. 중앙교무원의 역할을 명시한 종헌의 조문을 살펴보면 다음과 같다. 제6조는 "본 양종은 31본산이 일체로 하야 조선불교를 통리함"으로 명시되어 있다. 제15조는 "본 양종은 교무와 제반 사업을 통변通辨하기 위하야 31본산의 단일기관으로 중앙교무원을 설함"이라고 되어있다. 제26조는 "각 본말사의 소유인 일체 재산을 조선불교선교양종의 소유재산이라 함"이라고 표현하고 있다. 이러한 조문의 내용을 적시하면서 한용운은 승려대회의 의의를 조선불교계의 정수精髓였고 조선불교의 백년대계에 관한 것으로 실로 조선불교계의 획기적인 회합이었다고 평가하였다.[97] 사찰령 체제하에서 불교계의 자발적인 노력에 의해 불교계를 총괄하는 통일기관이 성립하였다는 것은 실로 중차대한 의미를 지닌다. 조선불교선교양종중앙교무원의 성립은 그 명칭이 비록 선교양종 체제에서 벗어나지 못하였지만 조선총독부가 31본산을 개별적으로 관리하던 체제에서 벗어나 31본산을 지휘할 수 있는 통일기관의 탄생을 뜻한다. 조선불교선교양종중앙교무원이 실질적인 권한을 가지려면 조선총독부의 인가를 받아야 했고, 31본산 주지 임면의 인사권을 가져야 했다. 그러나 조선총독부는 통일기관을 인가할 뜻이 없었고 오히려 그 의미를 축소하였다.[98] 그러한 까닭에 중앙교무원은 31본사 주지의 인사권과 재정권을 확보할 수 없었고, 실질적인 활동을 할 수가 없었다.

8. 曹溪宗의 성립

일본은 중일전쟁을 도발한 직후인 1937년 8월 '국민정신총동원운동國

---

97) 韓龍雲, 1933.1, 「佛敎事業의 旣定方針을 實行하라」 『佛敎』 제103집, 佛敎社, 2~3쪽.
98) 김광식, 앞의 논문, 「朝鮮佛敎禪敎兩宗 僧侶大會의 개최와 성격」, 356~357쪽.

民精神總動員運動'체제를 구축하고 모든 국민들에게 전쟁에 적극적으로 협력할 것을 강요하는 이른바 총력전체제로 전환하였다. 전시체제하에서 불교계도 국가통제와 동원체제에 흡수되었고, 태평양전쟁기에 돌입하면서 전 종교계는 광신적인 파시즘체제의 협력자가 되면서 본래의 종교성을 상실하였다.[99] 일본은 전쟁 상황이 악화됨에 따라서 1938년 조선에서 구축된 국민정신총동원체제를 1940년 10월에 국민총력체제로 전환하였다. 전시체제하에서 조선총독부는 산업·경제·문화·종교 등 각 방면의 단체를 총망라해서 통합된 단일기구로서 일원적 지도체제를 확립하였다.[100] 일원적 지도체제 구축은 전쟁상황의 격화와 함께 모든 부분에서 나타났고 불교계도 예외는 아니었다. 불교계의 일원적인 지도체제는 총본사 설립이라는 형태로 나타났다. 총본사 설립은 농촌진흥운동과 함께 실시되었던 심전개발운동과 밀접한 관련을 가진다. 조선총독부는 심전개발운동의 원활한 추진을 위해 각 종교 단체에 연락기관을 세울 것을 종용하였다.[101] 나아가서 별도의 강력한 추진기관 설립이 요구된다는 주장이 제기되었다. 총본사 설립은 심전개발운동과 더불어 일본의 전쟁 수행과 연관성을 가지고 진행되었다.

총본사 설립운동을 조선불교계의 자주적인 노력의 일환으로 보려는 견해도 있다. 총본사의 설립동기를 일본 불교가 조선 불교를 병합하려는 음모를 분쇄하기 위한 것에서 비롯되었다고 한다. 1934년 말에 박문사 주지 우에노[上野]는 "조선불교朝鮮佛敎 통치상 조선 승려들에게만 일임一任 방관할 수 없으니 박문사를 총본산總本山으로 하여 일본 불교에 병합해야 한다"는 합병안을 작성, 중추원에 부의附議하는 사태가 일어났다.[102] 이

---

99) 柏原祐泉, 1990, 『日本佛敎史』 近代, 吉田弘文館, 241쪽.
100) 김운태, 1998, 『日本帝國主義의 韓國統治』, 박영사, 455쪽.
101) 中村進吾, 1936, 『朝鮮施政發達史』, 257쪽.
102) 김법린, 1963.8.·9, 「한국 불교의 독립을 위한 투쟁기 - 조계사는 이렇게 창건되었다 -」 『大韓佛敎』 제41·42호.

러한 음모를 탐지한 김상호가 범어사·통도사 등 유수한 사찰의 원로들
을 설득한 결과 불교계의 총수사찰總帥寺刹로서 총본사가 탄생하였다고
한다.[103]

또 다른 견해는 위의 주장을 수용하면서 1930년대 총본사 설립운동에
서 심전개발운동의 영향을 배제하기는 곤란하다고 한다. 그렇다면 '조선
불교심전개발사업촉진회朝鮮佛敎心田開發事業促進會'의 발기회에 범어사·통
도사의 원로 승려들이 포함되어야 했다고 한다. 그렇지 않으면 두 사찰
원로들의 의견이 재경주지발기회[104]에 반영되었어야 했는데 발기회에
범어사 주지 오리산吳梨山이 포함되어 있었다는 점을 지적하였다. 이러한
전후 사정을 신뢰한다면 총본사 설립운동은 일본 불교도들의 조선불교
병합안을 저지하기 위하여 심전개발운동을 활용한 것이라고 한다.[105] 총
본사의 설립은 박문사가 조선불교계를 통합하려는 움직임을 저지하려는
측과 조선총독부로부터 대표기관 설립을 종용 받은 두 흐름이 1937년 1~2
월 경에 통합된 결과라고 한다.[106] 그 근거로서 지방별 본사 연합체의 구
성을 들고 있다. 경남3본산종무협의회(1934. 9), 경북불교협회(1936. 2),
전남5본산연합회(1937. 1)의 결성이 그것이라고 한다. 전남5본산연합회
는 창립과 동시에 경남 각 본사를 방문하여 통일기관 설립을 논의하였
다. 이 모임에 당시 교무원 이사였던 김상호가 참석하였다고 한다. 이
모임을 통하여 두 흐름이 합류되었다는 것이다.[107] 결국 총본사 설립은

103) 정광호, 1990, 「日本 侵略時期 佛敎界의 민족의식」尹炳奭敎授華甲紀念『韓
    國近代史論叢』, 531쪽.
104) 발기인은 龍珠寺 주지 姜大蓮, 奉恩寺 주지 姜性仁, 梵魚寺 주지 吳梨山, 華嚴
    寺 주지 鄭秉憲, 月精寺 주지 李鍾郁 등 이었다(1935.9.1,『佛敎時報』2호).
105) 김광식, 1994, 「일제하 佛敎界의 總本山 建設運動과 曹溪宗」『韓國近代佛敎
    史研究』, 民族社, 416~417쪽.
106) 김광식, 「조선불교조계종의 성립과 역사적 의의」『조선불교조계종의 창립과 주
    역연구』, 조계사 창건 91주년 학술토론회 발표문, 2001. 10. 24, 9쪽.
107) 김광식, 앞의 발표문, 9~10쪽.

조선불교계에서 정체성을 수호하려는 노력과 대표기관을 설립하려는 자주적인 의지가 결합된 산물이라는 것이다. 그리고 이러한 노력을 조선총독부가 인정할 수밖에 없었다는 것이다.[108]

이러한 논지는 불교계의 자주적인 면모를 찾으려했다는 점에서 의의를 가질 지는 모르지만 총본사가 설립된 시기가 태평양전쟁 발발 직전이라는 점을 고려하면 다음과 같은 점에서 한계를 가진다. 첫째, 불교계의 통일기관 설립 논의는 1920년대 초반부터 있어 왔으며,[109] 1929년 조선불교선교양종승려대회의 결과로 조선불교선교양종중앙교무원이 성립하였다. 그러나 조선총독부가 이 통일기관을 승인하지 않았기 때문에 기능을 수행할 수 없었다. 둘째, 총본사 설립이 본격적으로 논의되던 시기인 1937년은 만주사변 이후 전쟁이 확대 일로에 있던 시기였고, 동년 7월에 중일전쟁이 발발한다. 총본사인 태고사가 인가된 1941년은 태평양전쟁이 발발하던 해이다. 따라서 불교계의 총본사 설립은 일본의 효율적인 전쟁수행이라는 점과 연관시켜 볼 때 합리적인 설명이 가능하다. 셋째, 종헌에 종정宗正으로 하여금 종회宗會 의장직議長職을 겸직하도록 한 데서 효율적인 전쟁수행을 위한 후방의 지원체제 구축이라는 단서를 찾을 수 있다.[110] 넷째, 조선불교총본사설립위원회 위원장이 조선총독부 학무국장 시오바라 토키자부로[鹽原時三郞]였다.[111] 이러한 사실은 총본사의 설립이 조선총독부의 의지에 따라 불교계의 논의를 거치는 형식으로 이루어졌다는 것을 입증한다.

총본사 설립에 관한 논의는 1937년 2월 조선총독부가 31본사 주지들 앞으로 두 가지 사항에 대하여 서면으로 의견을 제출하도록 공문을 시달

---

108) 김광식, 앞의 발표문, 11쪽.
109) 김순석, 앞의 책, 189쪽
110) 『조선불교교조계종태고사법』, 태고사법 제6장 종회 제52조, 1941.5.
111) 『매일신보』 1940.11.29, 「불교의 합동구체화」.

한 이후부터 본격적으로 진행된다. 두 가지 사항 가운데 첫 번째는 조선
불교진흥책朝鮮佛教振興策에 관한 것이었고, 두 번째는 교무원 및 중앙불교
전문학교에 대한 개선책이었다. 조선총독부는 동년 2월 26일과 27일에
이 두 가지 건에 대해서 본사 주지들의 의견을 직접 청취하고자 회의를
개최하였다.[112] 31본사의 주지들은 이 회의에 참석하기 전에 1937년 2월
23일부터 25일까지 사전에 모여서 회의를 개최하였다. 2월 23일 회의에
는 지방에 있는 주지들이 참석하지 못한 관계로 인하여 조선불교선교양
종총본사 각황사 설립과 중앙불교전문학교의 현상 유지를 주요 내용으
로 하는 간부안幹部案을 제의하기로 결정하였다.[113] 31본사 주지들은 24
일에 원탁회를 개최하여 어제 논의하였던 간부안에 대한 의견교환이 있
었다. 이들은 25일에는 총본사 건설안을 가결하는 동시에 기초위원을 선
정하였다. 그리고 내일 있을 조선총독부 회동에 대한 주의사항을 협의하
고 휴회하였다.[114] 이 사전 회의에서 31본사 주지들은 중앙에 31본사를
통괄할 수 있는 중앙통제기관으로써 총본사의 설립이 필요하다는 데 의
견을 모았다.[115]

---

112) 崔錦峰, 1937.4, 「三十一本山住持會同見聞記」 『佛教』 新 第2輯, 불교사, 11쪽.
113) 1937.4, 『불교』 신2집, 「교계소식」, 불교사, 59쪽.
    1. 총본산 건설비 10만원 한도로 하여 금년내로 완성할 것
    2. 총본산 유지비 30만원을 갹출할 것
    3. 명칭은 조선불교선교양종총본산 각황사로 할 것
    4. 교무원 基地 건물을 총본산 건설에 제공하며 현 각황사는 매각하여 총본산
       기지 확충비에 충용함
    5. 교무원 재단은 총본산 완성 후 該 총본산에 귀속케 함
    6. 중앙불교전문학교는 당분간 현상을 유지하되 기숙사 및 예과를 신설할 것과
       학과목 쇄신과 교원 소질 향상을 도모할 것
    7. 총본산 실현 援助方法에 대하여 당국에 건의할 것
114) 1937.4.1, 『불교』 신 제2집, 「교계소식」, 불교사. 이 날 선정된 기초위원은 다음
    과 같다. 李鍾郁, 林錫珍, 李東碩, 崔英煥, 鄭秉憲, 許永鎬, 權相老, 辛太皓, 姜
    裕文, 姜性仁, 金法龍, 韓普淳, 朴昌斗, 金包光.
115) 崔錦峰, 앞의 글 「三十一本山住持會同見聞記」, 10~17쪽.

지금까지 조선총독부는 31본산을 개별적으로 관리하면서 관권 이외의 통제력이 미치는 것을 원치 않았다. 전쟁을 효과적으로 수행하기 위해서는 고도국방 국가체제로 전환이 필요하였다. 이러한 필요성이 불교계에는 총본사체제의 수립이라는 형태로 나타났다. 조선불교계의 여망을 수렴하여 조선총독부가 총본사 설립을 인정하였다는 고도의 기만술책을 사용하였다. 전시 비상시국 체제하에서 조선총독부는 31본사들을 총괄하면서 시달되는 지침을 신속하게 수행할 수 있는 총본사를 필요로 하였다. 31본사 주지들은 조선총독부에서 회의를 마치고 2월 28일부터 3월 5일까지 교무원에서 세 차례의 회의를 가졌다. 이들은 조선총독부에서 검토하였던 사안에 대하여 구체적인 실행방안을 토의하였다. 첫째 날인 28일에는 임시 집행부가 구성되었다. 의장에 이종욱李鍾郁이, 부의장에는 임석진林錫珍이 선출되었다. 본 의안을 심의하기 전에 심사위원 14인을 선정하기로 하였다. 심사위원[116]은 전형위원 5인[117]을 선임하여 그들로 하여금 선정하게 하였다. 선정된 심사위원은 주지회의 안건 제1호부터 제3호[118]까지를 심사하여 보고하게 하였다.

본사 주지회의는 총본사 건설비와 유지비 40만원은 1924년 재단법인 교무원 설립 시에 기금 60만원을 확보하였던 것과 같은 방법으로 하기로 결정하였다. 즉 각 사찰이 분담금을 납부하기로 하였다. 종정宗正과 종무총장宗務總長 그리고 각 부장部長의 선출방법과 임기를 확정하였다. 총본

---

116) 1937.6, 『불교』신 제4호, 불교사, 「교계소식」, '三十一本山住持會議抄録,' 47~
   52쪽 선정된 심사위원은 다음과 같다. 李鍾郁·林錫珍·姜性仁·朴昌斗·權相老·
   李同碩·許永鎬·金法龍·姜裕文·韓普淳·崔英煥·金包光·莘太皓·鄭秉憲.
117) 위와 같음, 선임된 전형위원은 다음과 같다. 車相明·林錫珍·李鍾郁·朴暎熙·金
   靖錫.
118) 『불교』신 제4호, 1937.6, 「교계소식」 '31本山住持會議抄録'. 이 회의는 2월 26
   일과 27일간 조선총독부에서 총본사 건설에 관한 회의를 하고 나서 31본사 주
   지들이 교무원에서 개최한 것이다. 여기서 총본사 건설에 관한 구체적인 사안
   들이 협의되었다.

사의 명칭은 조선불교선교양종총본산朝鮮佛教禪教兩宗總本山 각황사로 하였으며 위치는 경성부 수송정 44번지 재단법인 교무원 기지에 두기로 하였다. 각황사는 매각하여 기지 확장비에 충당하기로 하였다. 현 재단법인 교무원은 총본사 건설이 완료될 때까지만 유지하고 설립이 완료되면 해체하여 총본사에 귀속시키기로 하였다.[119]

총본사가 인가될 즈음에 조선불교총본사설립위원회가 조직되었다. 이 위원회의 설립 목적은 조선불교총본사 설립에 관한 사무처리를 위해서였다. 그런데 그 위원회의 사무소가 조선총독부 학무국 사회교육과에 두어졌다. 총본사설립위원장은 조선총독부 학무국장 시오바라 토키자부로였고, 부위원장은 조선총독부 사회교육과장이었던 계광순桂珖淳과 월정사 주지였던 이종욱李鍾旭이었다.[120] 이 무렵 불교계에서는 종명宗名 개정에 관한 논의가 이루어졌다. 1940년 11월 31본사 주지들이 모여서 총본사 건설에 대한 회의를 열었다. 이들은 종래 조선불교선교양종이라고 사용해 오던 종명을 조선불교 조계종曹溪宗이라고 개정할 것을 결정하고, 태고사太古寺 사법과 함께 인가를 신청하였다.[121]

1939년 5월 총본사건설사무소는 총본사의 사명寺名을 태고사로 확정[122]하고, 조선총독부에 인가를 신청하였다.[123] 총본사의 명칭은 종래에 논의가 되어오던 각황사와 태고사 사이에서 태고사로 확정되었다. 총본사의 명칭이 태고사로 확정된 것은 조계종의 법통을 고려말의 태고화상太古和尚과 연결시키려 한 데서 비롯되었다.[124] 태고사의 인가는 신청

---

119) 위와 같음.
120) 『매일신보』 1940.11.29, 「불교의 합동구체화」.
121) 『불교시보』 제66호, 1941.1.15, 廣田鍾郁, 「各自의 固執을 버리고 全體主義로」.
122) 총본산건설사무소는 총본사 건물은 전라북도 정읍에 있던 보천교의 십일전을 해체하여 옮겨와 총본사 건물을 짓기로 하였다. 1937년 6월에 시작한 공사는 1938년 11월 25일에 완공되어 준공식과 봉불식을 함께 거행하였다(총본산건설사무소, 1938.5, 「총본산건설에 관한 고보」 『불교』신 제14호, 30~37쪽).
123) 『佛教』신 제22집, 1940.3, 「彙報」, 불교사, 43쪽.

한 지 일년의 세월이 지난 1940년 5월에 확정되었다.[125] 총본사 태고사는 그 후로도 1년여의 세월이 흐른 1941년 4월 23일자로 사찰령시행규칙을 개정하여 인가되었다.[126] 현행 사찰령시행규칙에는 31본사만 규정되어 있고 총본사에 관한 규정이 없었기 때문이다. 사찰령시행규칙은 경기도 광주군廣州郡의 봉은사奉恩寺에 경성부의 태고사를 포함시키는 형태로 개정되었다.[127] 태고사법은 5월 1일자로 인가되었다.[128] 총본사는 종래에 본사가 없었던 경성부에 태고사라는 1개의 본사를 추가한 데 지나지 않았다. 1941년 6월 5일 태고사에서 31본사 주지 회의가 열렸다. 종정 선거를 실시한 결과 방한암方漢岩이 당선되었고,[129] 종무총장은 월정사 주지였던 이종욱이 내정되어 10월 3일자로 총본사는 인가되었다.[130]

불교계는 이제 총본사, 본사 그리고 말사로 분류되었다. 조선총독부는 총본사가 전국의 본말사를 통괄·지휘 감독하게 하였다.[131] 태고사는 31 본사를 총괄하는 최고 기관임에도 종정에게 31본사 주지의 임면권이라든지, 사찰 재산 처분권을 인가하는 등의 실질적인 권한은 부여하지 않았다. 이러한 점은 조선총독부가 총본사를 31본사의 통제관리를 통하여 보다 효율적인 전시체제를 수행을 하기 위한 수단으로 이용하려 한 것이라고 이해된다.

---

124)『불교시보』제70호, 1940.5.1, 金山泰洽(김태흡의 창시개명한 이름),「曹溪宗旨」.
125)『불교』신 제25집, 1940.7,「휘보」'總本山認可內示', 45쪽. 이 기사에 따르면 1940년 5월 6일 鹽原학무국장이 31본산 주지 대표 이종욱씨를 招致하여 총본산 인가문제에 대하여 "총독 및 정부총감의 최후 결재가 끝났다"고 하였다. 그리하여 "총본사 인가는 다만 사무적 수속만 남았으므로 그 실현은 목전의 사실이다"라고 하였다고 한다.
126)『조선불교교조계종태고사법』, 1941.5.
127)『朝鮮總督府官報』제4273호, 1941.4.23.
128)『朝鮮佛敎曹溪宗總本寺太古寺法』, 社敎 第23號, 1941.4.23.
129)『불교시보』제71호, 1941.6.15,「총본사 태고사 주지선거」.
130)『불교』신 제31호, 1941.12, 불교사,「종무일지」, 55쪽.
131) 앞의 책,『조선불교교조계종태고사법』, 제9조.

9. 맺음말

개항기 한국 불교 교단은 조선왕조 시대의 혹심한 탄압에서 벗어나 국가 관리 체계에 편입됨으로써 제한적이긴 하였지만 자율적으로 발전할 수 있는 계기를 맞이하였다. 원종은 1908년 불교계 내부의 필요성에서 탄생한 종단이었다. 원종은 우리나라 최초의 근대 불교학교인 명진학교의 운영을 통하여 시대적인 요구에 부응하는 포교사를 양성하고, 기관지를 발행하는 등 전국 사찰을 통솔할 수 있는 체제를 갖추었다. 그러나 종정인 이회광은 민족의식의 결여로 인하여 일본 불교 조동종과 연합을 시도함으로써 민족적 성향이 강한 승려들의 반발을 불러 일으켰다. 이러한 사태는 임제종 설립운동이라는 형태로 나타났고, 종단은 양분되었으며 결국 일제강점기 들어와서 조선총독부의 지시에 의해 모두 해산되게 된다. 조선총독부는 1911년 사찰령과 사찰령시행규칙 시행으로 30개 본사를 개별적으로 관리하였다. 사찰령이 시행되고 난 이후 1912년 성립된 30본산연합회의소에서 30본산 주지들은 종명을 조선불교선교양종 체제를 수립함으로써 근대 사회에 성립하였던 원종 체제는 조선시대로 회귀하게 되었다. 30본산회의소 체제는 1915년 30본산연합사무소 체제로 전환된다. 일제는 1919년 3·1운동이라는 거족적 항일운동을 경험하고 나서 이른바 문화정치로 통치정책을 전환한다. 문화정치는 조선인에게 언론·출판을 비롯해서 다소간의 문화적인 자유를 허용하였다. 뿐만 아니라 종교단체에 재단법인의 설립을 허가해 주었다. 이러한 분위기 속에서 선학원은 자주적 성향이 강했던 비구승들에 의해서 설립되었다. 이들은 조선 불교의 전통인 청정한 계율을 수호하고자 하였다. 선학원은 설립된 지 얼마 지나지 않아서 재정난에 봉착하게 된다. 재정난을 타개하기 위한 방편으로 선학원은 1934년에 재단법인 조선불교중앙선리참구원으로 전환된다. 선리참구원은 1935년 제3차 수좌대회를 계기로 선종을 탄생

시켰다. 선리참구원은 30본산 주지들이 조선불교선교양종 체제를 구축
하였던 데 반해서 선종을 출범시킴으로써 자주적인 종단을 수립하였지
만 재정적인 문제와 조선총독부의 압력으로 독자성을 지켜내기 어려웠
다. 선리참구원은 1937년 중일전쟁 발발 이후부터 성격도 변화하여 조선
총독부의 시책에 협조하지 않을 수 없었다.

　1920년대 들어서 조선총독부가 종교계에 재단법인의 설립을 허용하
자 불교계는 1924년에 재단법인 조선불교중앙교무원을 설립하였다. 재
단법인 조선불교중앙교무원은 성립과정에서 민족적 성격이 강한 총무원
과 어용성이 강한 교무원 사이의 갈등이 있었으나 결국 조선총독부의 후
원을 받은 교무원 측이 총무원을 흡수하게 된다. 종교계에 법인 설립을
인가한다는 것은 종교계의 신인도를 향상시키는 점도 있지만 다른 한 편
으로는 감독 관청의 관할하에 편입되는 것이므로 조선조선총독부의 간
섭과 통제로부터 자유로울 수 없었다. 1929년 조선불교선교양종 승려대
회를 계기로 조선불교중앙교무원이 성립하여 종헌을 제정하고, 불교계
현안 문제에 대해서 토의하는 자리를 가지게 된다. 승려대회는 진행과정
에서 주요 구성원들이 유고·병고를 이유로 탈락하게 되고 나약한 면모
를 보임으로써 한계를 노정하였다.

　일제강점기 불교계는 1937년 중일전쟁의 발발 이후 전시체제로 돌입
함으로써 종교성을 상실하고, 광신적 파시즘의 협력자가 되었다. 1941년
조계종이 성립되고 총본사 태고사가 탄생하게 된다. 총본사의 성립 자체
가 조선총독부의 효율적인 전쟁수행이라는 과제를 달성하려는 목적에
내재되어 있었기 때문에 일제강점기 조계종은 일제의 전쟁수행에 협력
하는 역할을 할 수밖에 없었다. 근대 불교 교단의 변천과정에서 주목하
여야 할 것은 불교계에는 친일세력과 항일세력이 언제나 함께 있었다는
사실이다. 1910년 연말에 시작된 임제종 설립운동에서부터 1941년 조계
종이 탄생하기까지 이러한 현상은 계속된다. 그 과정에서 항상 친일 세

력이 주도권을 장악하게 된다. 그것은 식민지 치하에서 당연한 귀결일지 모르지만 간과해서는 안 될 것은 소수 저항 민족 세력들의 저항은 식민 통치에 반영되어 통치의 강도를 약하게 하고, 방향을 수정하게 하였다는 것이다.

제2장
統監府 시기 佛敎界의 明進學校 설립과정

1. 머리말

근대사회에 불교계가 당면한 문제는 조선시대 지배층으로부터 받았던 수탈과 억압의 피해의식에서 벗어나 자주적으로 근대화하는 것이었다. 불교계의 근대화는 의식과 제도면에서 이루어져야 했다. 의식의 근대화는 자유·평등을 근간으로 하는 서구 근대사상을 수용하는 것이었고, 제도의 근대화는 새로운 종단을 만드는 것과 승려들에게 근대적인 교육을 시킬 수 있는 교육기관을 만드는 것이었다. 의식과 제도의 근대화는 밀접한 관련을 가진다. 근대화된 교육기관에서 의식교육이 이루어질 수 있기 때문이다.

불교계에서 승려 교육은 중요한 의미를 지닌다. 교육은 인재를 양성하는 것이고, 사람은 조직과 사회를 움직이는 주체이기 때문이다. 한용운은 교육의 정도에 따라 문명의 성패가 결정된다고 하였다. 그는 승려 교육에 있어 세 가지를 강조하였다. 첫째, 보통학 즉 교양학은 사람에게 의복이나 음식과 같은 것처럼 필수적이라고 하였다. 둘째, 사범학師範學이니 교육에 있어서 스승만큼 중요한 것이 없는데 세계 정세를 판단할 수 있는 스승이 없음을 탄식하였다. 셋째, 외국 유학이다. 문명의 선진국에 가서 배우고 그것을 번역하여 널리 유포시킬 때 큰 발전이 있을 것이라고 하였다.[1] 이렇듯 근대 불교 교육에 대한 이해가 중요함에도 아직까지 이 분야에 대한 연구성과는 많지 않은 편이다. 불교계 최초의 근대 학교는 1906년에 불교연구회佛敎硏究會에서 세운 명진학교이다. 현재 대한불교 조계종 종립 대학인 동국대학교의 전신인 명진학교에 관해서는 근대 불교사를 서술하는 몇 편의 논문[2]에 간략하게 언급되어 있다. 이들 논문에서 명진학교는 불교계 최초의 근대 교육기관으로서 청년 승려들의 교육을 통하여 교단을 근대화하는 데 기여하였다고 한다.

명진학교에 관한 본격적인 연구는 남도영南都泳에 의해서 이루어졌다. 그는 명진학교에 관한 일련의 논문[3]에서 설립과정과 교과과정·학생 모집방법, 나아가서 졸업생들의 동향까지도 규명하였다. 그는 당시 불교계의 흐름을 개화파開化派·보수파保守派·중도파中道派로 구분하고 각 파의 주장을 비교하였다.[4] 개화파는 선진 일본의 예에 따라 사원조직寺院組織을 근대화하고 교육제도를 개혁해서 사회문제에 적극 참여하자는 승려들로 강대련姜大蓮·진진응陳震應·김지순金之淳·김구하金九河 등이라고 한다. 보

---

1) 1973, 『韓龍雲全集』 제2권 「論僧侶之敎育」, 新丘文化社, 106쪽.

2) 鄭珖鎬, 1988, 「日帝의 宗敎政策과 植民地佛敎」 『近代韓國佛敎史論』, 民族社.
   朴敬勛, 1988, 「近代佛敎의 硏究」 『近代韓國佛敎史論』, 民族社.
   柳炳德, 1975, 「日帝時代의 佛敎」, 朴吉眞博士華甲紀念 『한국불교사상사』, 원광대학교출판부.
   金光植, 1996, 「1910년대 불교계의 曹洞宗 盟約과 臨濟宗 運動」 『韓國近代佛敎史硏究』, 民族社.

3) 南都泳, 1975, 「近代佛敎의 敎育活動」, 朴吉眞博士華甲紀念 『한국불교사상사』, 원광대학교출판부.
   南都泳, 1977, 「開化期의 寺院敎育制度」, 南溪曹佐鎬博士回甲紀念論叢 『現代史學의 諸問題』.
   南都泳, 1980, 「韓國寺院敎育制度」(상)·(중), 『歷史敎育』 27·28집.
   南都泳, 1981, 「舊韓末의 明進學校」 『歷史學報』 90.
   南都泳, 1997, 「승가교육사와 강원」 『講院總覽』, 대한불교조계종 교육원.

4) 南都泳, 1977, 「開化期 寺院敎育制度」, 南溪曹佐鎬博士回甲紀念論叢 『現代史學의 諸問題』, 150쪽.

수파는 일본 불교의 한국 포교를 반대하고 전통 불교의 중흥을 도모하자는 주장을 하였다. 대표적인 승려로는 나청호羅晴湖·김용곡金龍谷·서학암徐鶴庵 등이었다. 중도파는 한국불교의 후진성을 자인하되 그 정신을 잃지 않고 선진 일본의 발달된 포교방식을 도입하여 한국불교의 부흥을 도모하자는 승려들로 홍월초·이보담·이회광·김석옹 등이었다고 한다.[5]

남도영은 명진학교의 설립 동기를 개항 이후에 유입된 개신교 계열에서 근대 교육을 실시함에 자극을 받은 승려들의 자각에 의해서 설립되었다고 한다. 특징적인 점은 승려에게 속학俗學 즉 신학문新學問을 교육하였다는 점이라고 한다. 1910년 한일강제병합 이후에 보다 근대적인 학교인 전문학교로 발전되지 못하고 사범학교로 개편되었다고 한다. 그 원인은 학교 경영을 둘러싼 불교계의 대립과 무능, 통감부와 일본 불교 종파의 간섭 때문이었다고 보았다. 이러한 그의 연구는 근대 사회 불교계의 교육활동을 주체적으로 해명하였다는 데 의미가 있다. 그러나 그는 통감부와 일본 불교 종파의 간섭이라고 막연히 언급함으로써 이 부분에 대한 해명의 여지를 남겨 놓았다.

필자는 이러한 선행 연구성과를 바탕으로 통감부가 일본 불교 종파들의 포교사업을 제도적으로 후원한 반면 한국 불교의 포교는 억압한 정책의 일단을 살펴보고자 한다. 그리고 명진학교가 설립되는 데 있어 일본 정토종의 역할을 검토하고자 한다. 나아가서 전국적으로 확산된 불교학교 설립운동을 점검하고자 한다. 문호개방 이후 일본 불교계는 정치권과 결탁하여 포교사를 파견하여 정세를 염탐하고, 민심을 회유하는 역할을 수행하였다. 1905년 을사늑약 이후 일본은 통감부統監府를 설치하고 일본 불교 세력의 한국 포교를 장려하는 한편 한국 불교계의 교세 확장을 저지하였다.[6] 한국 불교계는 치밀한 계획 아래서 조직적으로 침투해 오는

---

5) 위와 같음.
6) 金淳碩, 2003, 『조선총독부의 불교정책과 불교계의 대응』, 경인문화사, 25쪽.

일본 불교 세력의 의도를 파악하기에는 근대 사회에 대한 인식이 부족하였고, 일본에 경도되는 경향이 있었다.

2. 통감부 시기 일본 불교 세력의 한국 불교 침탈

러일전쟁에서 승리한 일본은 한국에서 독자적인 지배권을 확립하기 위해서 통감부를 설치하고 통감정치를 시행하였다. 이 시기 일본에서는 군부의 정치적 발언권이 강하였는데 군부 실세는 죠오슈항[長州藩]이었다. 초대 통감 이토 히로부미[伊藤博文]는 죠오슈항 출신이었다.[7] 통감부 종교정책의 기본 방침은 다음과 같다. 첫째, 한국 교화를 시정의 기본 방침으로 삼는다. 둘째, 외국 선교사들과는 친화 관계를 유지하며, 국민교화를 담당하는 교화사敎化師의 역할을 담당하게 한다. 셋째, 정치와 종교는 엄격히 분리하여 종교는 정신적 방면에서 국민계몽과 교화를 담당하게 한다. 넷째, 종교가 이러한 기능에 충실할 때 정부가 재정을 지원한다는 것이었다.[8]

통감부 종교정책은 종교를 정치권과 분리하여 종교 본연의 임무에 충실하게 한다는 것이었고, 그를 위해서 필요하다면 재정적인 지원을 아끼지 않는다는 것이었다. 이러한 정책은 어디까지나 종교를 정치적으로 이용하는 범위 안에서의 일이었다. 통감부는 이러한 목적을 달성하기 위해서 한국 불교계의 지도자들을 회유하기 위하여 일본 시찰단으로 파견하였다. 통감부는 1907년에 이능화李能和 등 30여 명의 불교계 지도자들을 일본으로 파견하여 각급 관공서를 시찰하게 한 바 있다.[9] 이후에도 여러

---

7) 高橋幸八郎 1992, 외, 車泰錫·金利進 譯, 『日本近代史論』, 知識産業社, 192~
   195쪽.
8) 朝鮮總督府 編, 1983, 『朝鮮總督府施政年報』, 大正7년(1918)~9년(1920), 國學
   資料院, 149쪽.
9) 李能和, 1917, 「內地에 佛敎視察團을 送함」 『朝鮮佛敎叢報』 제6호, 3쪽.

차례 시찰단 파견은 이루어졌다.[10] 초기 시찰단 파견은 사전에 일본 정부와 연락을 취해서 여행자의 신분에 걸맞는 대접을 하고, 일본 정관계政官界의 주요 인사들과 면담을 주선하는 등 치밀한 회유책이 내재되어 있었다. 통감부가 시찰단 파견을 지원한 목적은 발달된 일본의 문물을 체험하게 함으로서 부지불식간에 일본에 대하여 호감을 갖게 하여 한국 병합을 자연스럽게 유도하려는 데 있었다.[11]

일본 불교 종파들은 개항 직후 정치권과 결탁하여 한국에 포교사를 파견하여, 포교소·별원·사찰들을 건립하고 포교사업을 전개하였다.[12] 1877년 정토淨土 진종眞宗 대곡파大谷派 본원사本願寺파가 부산에 상륙한 이래 이후 중요한 정치적 사건이 있을 때마다 단계적으로 침략을 강화하였다.[13] 이들 종파들은 앞을 다투어 한국에 학교를 설립하고 일본인뿐만 아니라 한국 학생들을 모집하여 일본어와 근대적인 교과목들을 가르쳤다.[14] 일본 불교 각 종파는 한국에서의 개교사업開教事業을 장수가 전투에 임하는 것과 같은 비장한 각오로 임하고 있었다.[15] 일본 불교 세력은 개항장을 중심으로 유치원과 소학교를 세우고, 한국 학생들에게 일본 불교사상과 위생적인 생활 방법, 재봉裁縫·양재洋裁, 구두 만드는 법 등의 실업교육을 실시하였다.[16] 일본 포교승은 한국 학생들에게 이러한 교육을 시키기 위해서 한국어를 습득하고 풍속을 익혀 자연스럽게 접근을 시

10) 鄭珖鎬, 앞의 논문, 81쪽.
11) 姜東鎭, 1984, 『日帝의 韓國侵略政策史』, 한길사, 50~52쪽.
12) 金淳碩, 1994, 「開港期 日本佛教宗派들의 韓國浸透」『한국독립운동사연구』제8집, 144쪽.
13) 金淳碩, 앞의 책, 22~24쪽.
14) 南都泳, 1984, 「近代佛教의 教育活動」, 崇山朴吉眞博士古稀紀念 『韓國近代宗教思想史』, 원광대학교출판국, 278~279쪽.
15) 廣安眞隨, 1903, 『淨土宗開教誌』序, 東京: 淨土宗傳道會. "余嘗曰夫開教事業猶勇將之臨戰陳也凡爲勇將者智仁勇缺其一則不足以爲眞勇矣智以可斷也勇以可決也仁以可懷也斷而匪進則其勝也不可得其焉也"
16) 大谷派本願寺朝鮮開教監督部, 1927, 『朝鮮開教五十年誌』, 148~160쪽.

도하여 한국인의 배일 감정을 희석시켰다.[17]

정토종淨土宗은 1897년에 부산에 상륙하여 포교[18]를 시작한 이래 1905
년에는 전국에 신도수가 수만 명에 달하고 각 부군府郡에 학교를 설립하
여 포교하고 있었다.[19] 일본은 1905년 11월 을사5조약을 체결하고 난 다
음 통감부를 설치하고 본격적으로 일본 불교 세력의 한국 포교를 후원하
였다. 통감부는 1906년 11월 17일자로 「종교宗敎의 선포宣布에 관한 규칙
規則」을 발표하였다.[20]

---

17) 金淳碩, 앞의 논문 「開港期 日本佛教宗派들의 韓國浸透」, 135쪽.
18) 앞의 책, 『淨土宗開教誌』, 66쪽.
19) 『皇城新聞』 1905.7.18, 「淨教擴張」.
20) 宋炳基, 1972, 『統監府法令資料集』, 국회도서관, 234~235쪽.
　　「종교의 선포에 관한 규칙」(1906.11.17 통감부령 제45호)
　　제1조 帝國의 神道·佛教 기타 종교에 관한 교·종파로서 포교에 종사하고자 할
　　　　때는 해당 管長 또는 그에 준하는 자가 한국의 관리자를 선정하고, 이력서를
　　　　첨부해서 다음 사항을 구비하여 통감의 인가를 받아야 한다.
　　　　1. 포교 방법
　　　　2. 포교자 감독방법
　　제2조 前條의 경우를 제외하고 제국의 신민으로서 종교의 선포에 종사하고자 할
　　　　때는 종교의 명칭 및 포교 방법에 관한 사항을 갖추어 이력서를 첨부하여 관
　　　　할 이사관을 경유하여 통감의 인가를 받아야 한다.
　　제3조 종교의 용도로 제공하는 寺院·堂宇·會堂·說教所 또는 講義所 類를 설립
　　　　하고자 할 때는 교·종파의 관리자 또는 前條의 포교자는 다음 사항을 구비하
　　　　여 소재지 관할 이사관의 인가를 받아야 한다.
　　　　1. 명칭 및 소재지
　　　　2. 종교의 명칭
　　　　3. 관리 및 유지방법
　　제4조 교·종파의 관리자 또는 제2조의 포교자 기타 제국의 신민으로서 한국 사
　　　　원의 관리위촉에 응하고자 할 때는 필요한 서류를 첨부하여 그 사원 소재지
　　　　의 관할 이사관을 경유하여 통감의 인가를 받아야 한다.
　　제5조 각 조의 인가 사항을 변경하고자 할 때는 다시 인가를 받아야 한다.
　　제6조 교·종파의 관리자 또는 제2조의 포교자은 소속 포교자의 氏名 및 자격을
　　　　관할 이사관에게 届出해야 하며, 포교자의 이동이 있을 때도 같다.
　　　　부　칙

「종교의 선포에 관한 규칙」은 통감이 포교자의 자격을 인가하게 되어 있으므로 표면상으로는 일본 종교의 포교를 제한하는 것처럼 보인다. 그러나 그 내용을 자세히 살펴보면 이 규칙은 일본 불교와 신도의 포교를 합법적으로 장려하고 있다. 왜냐하면 이 규칙은 무자격자가 포교하는 것을 금하고 있기 때문이다. 관습과 풍속이 다른 이국異國에서 포교에 종사하기 위해서는 일정한 교육을 받고 자격을 갖춘 포교자가 포교에 나서야한다. 그렇지 않고 자격이 없는 사람이 포교에 나섰다가는 자칫 불신감을 형성할 수 있기 때문이다. 구체적인 사례는 1908년 정토진종淨土眞宗 본원사파本願寺派의 개교총감開敎總監이었던 오오타니 송호[大谷尊寶]가 통감부 총무장관 쯔루하라 사다키치[鶴原定吉]에게 제출한 청원서[21]에서 찾을 수 있다.[22]

> 本派 本願寺는 內務省의 인가를 받은 寺法에 근거한 자격을 검증 받은 승려에게 布敎傳道를 허가하고 있다. 혹 무자격자가 포교에 종사하거나 유자격자라고 하더라도 포교에 태만한 자가 포교에 종사한다면 정치적인 의도에서도 벗어나고 宗議에도 어긋날 수 있으므로 관리자인 拙者(개교감독을 말함)가 곤혹스러움을 감당할 수 없으므로 이 같은 이유로 獨立布敎를 요청한다.

오오타니가 언급한 본원사本願寺 사법寺法 세칙에 의하면 "포교사는 임무를 감당할 수 있는 자를 조사해서 교사검정조규敎師檢定條規의 규정規定에 따라 교사敎師 또는 교사시보敎師試補에 임한다"[23]라고 되어 있다. 「종

제7조 이 규칙은 明治 三十九年 十二月 一日부터 시행한다.
제8조 이 규칙을 시행할 때 현재 포교에 종사하거나 또는 제3조 혹은 제4조의 규정에 해당하는 자는 이 규칙 시행후 3개월 이내에 각 조의 인가 사항을 제출하여야 한다.
21) 정부기록보존소 소장문서, 「御願」 『宗敎ニ關スル雜件綴』 1906~1909.
22) 위와 같음.
23) 위와 같음.

교의 선포에 관한 규칙」은 일본 불교의 포교를 통제하는 것이 아니라 자격이 있는 승려로 제한함으로써 오히려 원활한 포교가 이루어지도록 제도적으로 보장해 주는 것이었다.

「종교의 선포에 관한 규칙」은 통감부가 일본 사찰이 한국 사찰을 병합할 수 있도록 유도하는 계기가 되었다. 무자격자가 포교에 종사할 경우 정치적인 의도에서 벗어난다는 것은 한국인이 일본 포교사를 불신할 경우 통감부의 정책 불신으로 이어질 수 있다는 우려의 표명이다. 이러한 발언은 통감부가 정책적으로 일본 불교의 포교사업을 후원하였다는 것을 입증한다. 이 규칙이 발표된 이후에 한국 사찰이 일본 사찰에 관리를 위탁 경우가 많았음은 이미 널리 알려진 사실이다.[24] 평안북도 영변寧邊 묘향산妙香山 보현사普賢寺 주지 박보봉朴普峰은 사찰의 모든 권리를 종파宗派를 알 수 없는 일승日僧 후루가와 다이고우[古川大航]에게 양도한다는 계약서를 작성하였다. 이 계약서를 두고 내부內部와 통감부統監府 사이에 여러 차례 교섭이 있었으나 끝내 사찰은 양도되고 말았다.[25] 뿐만 아니라 서본원사파西本願寺派에서는 국내 수사찰首寺刹인 원흥사元興寺를 장악하여 그 지배하에 두려다가 한국 승려들의 반대로 좌절된 일까지 있었다.[26]

이 경우와는 반대로 한국 사찰에서 일본 사찰에 보호를 요청한 경우도 있었다. 관악산冠岳山 연주암戀主庵에서는 승려들이 사리에 어두워 세력가들에게 박해를 당하는 경우가 있어 이러한 것을 예방하기 위해서 사찰의 기물과 산림을 일본 본원사本願寺에 위탁하였다.[27] 평안남도 순안군

24) 鄭珖鎬, 2001, 『일본 침략시기의 한·일불교관계사』, 아름다운 세상, 89~90쪽.
金淳碩, 1994, 「開港期 日本佛敎宗派들의 韓國浸透」 『한국독립운동사연구』 제8집, 140~141쪽.
徐景洙, 1988, 「日帝의 佛敎政策」 『近代韓國佛敎史論』, 民族社, 111쪽.
25) 『大韓每日新聞』, 1908. 3. 4, 「寺亦讓日」.
26) 1965, 『韓國佛敎最近百年史』 제3권 「寺庵編年」, 民族社, 1~2쪽.

順安郡 법흥사法興寺에서는 군내의 부호배들이 군수와 공모하거나 군리群吏들과 협의하여 승려를 능멸하고, 불상을 불태우고, 사찰 부근에 묘지를 쓴 사실에 분노하고 있었다.[28] 법흥사 주지는 본당 부근에 묘지를 쓴 사람들의 명단을 적고, 별지에 도면을 첨부하여 승려들이 사찰 재산을 보존할 수 있도록 해달라고 본원사本願寺에 청원서를 제출하였다.[29]

한국 사찰이 관리청원을 하는 또 다른 이유는 의병들로 인한 피해 때문이었다. 사찰에서 의병들과 일본 군인들이 충돌할 경우 총격전이 벌어지고 사찰이 불에 타는 사례가 많았는데 그 가운데 일부를 살펴보면 각주와 같다.[30] 의병들은 사찰을 찾아와서 군량미를 요구하기도 하였는데 승려들은 위협에 못 이겨 요구를 수락하고는 나중에 경찰에 신고한 경우도 있다.[31] 이러한 현상은 불교가 조선왕조 정부로부터 탄압을 받았기 때문에 사회의식을 함양할 만한 교육과정을 갖추지 못하였다. 그 결과 승려들이 민족의식을 갖기보다는 현실에서 느끼는 불편을 감내하기 어려웠기 때문이라고 생각된다.

3. 명진학교의 설립과정과 운영

명진학교의 설립동기에 대해 남도영은 문호개방 이후 포교의 자유를

---

27) 『皇城新聞』 1907.5.23, 「寺權讓渡」.
28) 정부기록보존소 소장문서, 「請願」 『宗敎ニ關スル雜件綴』, 1906~1909.
29) 위와 같음.
30) 『大韓每日申報』 1907.10.22, 「海印屯聚」.
　　『大韓每日申報』 1907.10.22, 「地方消息」.
　　『大韓每日申報』 1907.10.26, 「禪界兵火」.
　　『皇城新聞』 1907.10.29, 「地方消息一通」.
　　『皇城新聞』 1907.10.30, 「地方消息一通」.
　　『皇城新聞』 1907.11.3, 「安國寺沒燒」.
31) 高橋亨, 『李朝佛敎』, 寶蓮閣, 912쪽.

얻게 된 개신교 계열에서 학교를 세워 근대식 교육을 하는 데 자극을 받은 불교계의 인사들이 주축이 되어 설립하였다고 한다.[32] 그는 명진학교가 설립되는 데는 일본 정토종의 영향이 컸다고 막연하게 언급하였다.[33] 명진학교가 설립되는 과정에 나타난 일본 정토종의 영향과 불교계 학교 설립의 지방 확산 그리고 재원조달에 관한 부분을 중심으로 검토하고자 한다.

명진학교 설립의 목적은 설립취지서에 잘 나타나 있다. "개화된 시대에 심산유곡深山幽谷에서 부귀공명을 버리고 자기 한 몸을 수양하는 것은 더 이상 의미가 없다. 수신修身과 치인治人은 사람과 더불어 그 도道를 함께 하고, 일을 일으키는 것도 다른 사람들과 더불어 해야 한다. 학업에 정진해서 확실하게 도를 이루면 밝지 않음이 없으며, 공이 이루어지지 않음이 없고, 이름이 영광스럽지 않음이 없을 것이다"[34]라고 하였다. 불교계가 근대 사회에 적응하기 위해서는 더 이상 세속을 떠나 은둔해서는 포교를 할 수 없다. 승려가 중생을 제도하기 위해서는 세속의 진리를 배워 그들과 함께 할 때 비로소 그 뜻을 이룰 수 있다. 승려가 세속의 학문을 배우는 것은 세속화 되는 것이 아니라 포교를 하기 위해서 현대 학문의 흐름을 알기 위한 것이다. 그러기 위해서는 승려들에게 세속의 학문을 가르쳐야 할 필요성이 있으므로 명진학교를 설립한다는 것이다.

명진학교의 설립 주체는 1906년에 창립된 불교연구회佛敎硏究會이다.[35] 불교연구회는 일본 정토종의 종지로 만들어진 단체이며 홍월초洪月初·이보담李寶潭 등이 중심 승려였다.[36] 정토종은 1898년 경성京城에 교회소敎會所를 설치한 이래 한국에서 교세 확장에 주력하고 있었다. 정토종에서

---

32) 南都泳, 1980, 「舊韓末의 明進學校」『歷史學報』 제90집, 94~98쪽.
33) 위의 논문, 127~130쪽.
34) 『大韓每日申報』 1907.8.17, 「明進學校 趣旨書」.
35) 東大七十年史刊行委員會, 1976, 『東大七十年史』, 東國大學校出版部, 9~10쪽.
36) 李能和, 1982, 『朝鮮佛敎通史』 下卷, 寶蓮閣, 936쪽.

명진학교 설립을 종용한 단서는 1902년 대한제국 수사찰首寺刹이었던 원홍사元興寺 창건식에서 찾을 수 있다.[37]

정토종 개교사였던 히로야스 싱스이廣安眞隨는 원홍사 창건식에 초청을 받아서 연설을 하였다. 그의 연설 가운데 "불법 중홍은 伽藍의 건립에 있는 것이 아니라 지식 발전에 있다. 지식을 발전시키려면 먼저 승려의 지위를 향상시키고 성문의 출입을 자유롭게 하고 경성에 불교학교를 세워 승려를 교육시켜야 한다. 승려 가운데 우수한 자를 선발하여 일본 정토종 학교에 유학시킨다면 수 년 내에 한국 불교는 면모를 일신하게 될 것"이라는 구절에서 경성에 학교를 세우려는 의지를 엿 볼 수 있다.[38]

일본 정토종은 경성에 불교 학교를 세우려는 계획을 불법연구회를 통하여 실현하고자 하였다. 히로야스가 1906년 7월 17일에 작성한 「재한국정토종현황在韓國淨土宗現況」에 의하면 포교소가 12개소[39]·일본인 포교사 12명·포교사 보조원 5명·일본인 신도 약 3,690명·한인韓人 교회教會 183개소·교회소속학교 5개교[40]이다. 이 가운데 경성에 명진학교가 포함되어 있다. 히로야스는 대한大韓 황실皇室의 축전祝典을 받들고 명진학교 교사校舍로 활용하기 위해서 원홍사를 임차하고자 하는 청원서를 내부대신 이지용李址鎔에게 제출하였다. 이 문서에는 명진학교가 정토종 부속附屬으로 나타나있다.[41]

정토종이 명진학교를 설립하는 데 중요한 역할을 하였다는 것은 불교연구회에서 내부內部에 제출한 청원서에 대한 기록을 살펴보면 보다 잘

---

37) 廣安眞隨, 1903, 『淨土宗開敎誌』, 淨土宗傳道會, 31~32쪽.
38) 위와 같음.
39) 정부기록보존소 소장문서, 「在韓國淨土宗現況」『宗敎ニ關スル雜件綴』 1906~1909. 京城·仁川·開城·水原·釜山·馬山浦·大邱·群山·江景·平壤·鎭南浦·海州.
40) 위와 같음. 開城學堂·京城 明進學校·海州 日語學校·群山 日語學校·大邱 日語學校.
41) 정부기록보존소 소장문서, 「請願書」『宗敎ニ關スル雜件綴』 1906~1909.

알 수 있다. 이 청원서에는 정토종 개교사開教師를 중심으로 경향京鄉의
승려들을 모아서 연구회를 창설하고 학교를 만들어 신학문상의 교육방
침을 실행하기 위해서 제출한다는 내용이 담겨 있다.[42]

명진학교 교장을 지낸 이능화李能和가 쓴 『조선불교통사朝鮮佛敎通史』에
학생들을 모집하기 위해서 전국 수사찰首寺刹(중법산中法山)에 보낸 「발문
제도수사통문發文諸道首寺通文」을 보면 이러한 사실을 보다 분명하게 알
수 있다.[43]

> 하물며 지금 많은 異敎들이 곳곳에서 일어나 각자의 宗敎를 숭상하고 불
> 교를 훼손시키고 田畓을 빼앗아 학교에 부속시키고 학비로 삼고 있다고 한다.
> 진실로 통탄할 일이다 … 이것은 우리 승려가 세계상의 학문에 통달하지 못
> 하고 사물에 둔한히 했기 때문이다. 지금 淨土宗 開敎使 히로야스[井上玄眞]
> 씨가 한국불교가 쇠퇴한 것을 보고 개탄을 금치 못하면서 말하기를 만약 이
> 상황을 구제하고, 불법을 일으키려면 신학문을 쓰는 것이 제일이라고 한다.
> 그런 까닭에 硏究會와 普通科學校를 만들어 정부의 인가를 받았다.

위의 인용문에서 알 수 있듯이 명진학교는 승려들에게 신학문을 가르
쳐서 포교 인재를 양성하려는 목적에서 설립되었다. 그런 까닭에 불교학
보다는 일반 과목의 비중이 높았다. 주당週當 20여 시간을 일반학에 배당
하여 주로 포교학·외국어·외국역사·측량학·농업초보·산술·이과·도서·

---

42) 『大韓每日申報』 1906.2.15, 「僧校請願」 ; 『皇城新聞』 1906.2.14, 「僧侶學校」 ;
   『皇城新聞』 1906.2.27, 「淨土得認」.

43) 앞의 책, 『朝鮮佛敎通史』 下卷, 936~937쪽. 「發文諸道首寺」 "惟我佛敎 自中夏
   至東方 于數千年 法綱衰弛 僧侶之困迫 未有如今日也 爲韓國僧侶者 孰無憤
   怨之心哉 況今多般異敎 處處蜂起 各自宗崇 而破毀佛敎 奪其田畓 附屬學校 而
   以爲學費云 言念及此 誠極痛駭 若此不已 無窮患亂 不意之變 從此而起 池魚之
   殃 將及於大小寺刹 究其原因 則我僧侶 不達於世界上學問 等閒於事物之所致也
   今者 日本淨土宗開敎使 井上玄眞氏 見韓國佛敎之衰弛 慨歎不已 曰若欲濟弱扶
   强 興旺佛法 權用新學問爲最云云 故仍設硏究會普通科學校 而稟承政府之認許
   矣 …"

수공·체조 등을 이수하도록 하였다. 학생들은 원흥사에서 숙식을 하고 학업에 열중할 수 있도록 배려되었고, 지紙·필筆·묵墨 등 학용품 일체는 불교연구회에서 지급되었다.[44)

교과과정이 불교학에 치중되지 않은 것은 명진학교의 입학 자격 조건이 강원講院에서 대교과大敎科를 졸업한 승려로 한정하였기 때문이다.[45) 대교과는 강원 최고의 과정이었으며 수업 연한이 10여 년에 달했기 때문에 이들은 세속의 학제로 말하자면 이미 대학을 졸업한 사람들이었다. 따라서 명진학교는 대학원 과정이 되는 셈이다.[46) 이들은 당시 불교계 최고의 엘리트였고, 졸업 후에 불교계에서 중추적인 역할을 하였다.『동대칠십년사東大七十年史』에 수록된 명진학교 졸업생 명단과 이력[47)에서

---

44) 앞의 책,『東大七十年史』, 14쪽.
45) 앞의 책,『東大七十年史』, 14쪽, 277쪽.
46) 南都泳, 1977,「開化期의 寺院敎育制度」, 南溪曹佐鎬博士回甲紀念論叢『現代史學의 諸問題』, 148~149쪽.
47) 앞의 책,『東大七十年史』, 621~622쪽.
　　「明進學校 同窓名單」
　　제1회 姜大蓮　30본산연합사무소위원장, 중앙학림장
　　　　 姜龍船　영명보통학교장
　　　　 權相老　중앙불교전문학교 교수
　　　　 金東宣　유점사 주지
　　　　 金禪隱　성불사 주지
　　　　 朴海雲　건봉사 주지
　　　　 安震浩　상원사 강원 강주, 卍商會 사장
　　　　 李鍾郁　조계종 종무총장
　　　　 崔鏞植
　　　　 崔煥虛　석왕사 주지
　　　　 韓龍雲　명진측량강습소장, 기미독립선언서에 서명한 민족대표 33인 중한 사람
　　제2회 金南坡　오산학교 교원, 동화사 주지
　　　　 金相淑　30본산연합사무소 재무
　　　　 金幻應　백양사 강원 강주
　　　　 朴普峰　보현사 주지

그러한 사실을 알 수 있다. 명진학교 직제와 강사진을 살펴보면 다음과 같다.[48]

校長	李寶潭 初代	불교학
	李能和 2代	어학·종교사
	李寶潭 3代	
	李晦光 4代	
學監	李敏設	역사·지리·철학
講師	陳鎭應	불교학
	朴東眞	종교학·불교학·철학·포교법
	李命七	算術·理科·測量學·語學
	申敏永	법제·경제학
療監	金寶輪	불교학·체조

　　이상의 교강사敎講師 외에 수시로 전공 강사가 초빙되었는데 현채玄采는 역사를 가르쳤고, 정토종 개교사 이노우에 겐싱[井上玄眞]은 일본어를 교수하였다고 한다. 특강에는 장지연張志淵·윤치호尹致昊·윤효정尹孝貞 등 사회 명사들이 초빙되기도 하였다.[49] 이노우에는 명진학교가 설립되는 데 결정적인 역할을 한 사람이다. 일본 경찰에서는 이노우에의 정체를 잘 알 수 없었기 때문에 신원조회를 실시하였다. 그 결과 이노우에는 야마구치현[山口縣] 시모노세키[下關市] 유곡사酉谷寺의 주지로서 1906년 2월 정토종 포교관리자로서 본산의 명을 받아 현재 개교사장開敎使長으로서 포교에 힘쓰고 있다. 작년 5월에 한국인들에게 정토종淨土宗 포교 목적으로 명진학교를 세우려고 목하目下 출원出願하고 동대문 밖 영풍정暎楓亭

　　　　徐震河 법주사 주지
　　　　李雪月
　　　　李雲坡 건봉사 강원 강사
48) 앞의 책, 『東大七十年史』, 14쪽, 277~279쪽.
49) 南都泳, 앞의 논문, 「舊韓末의 明進學校」, 117쪽.

소재 원흥사를 빌려 종교에 관한 법어法語(일어日語) 및 보통학과普通學科를 교수하고 있는데 현재 생도는 20여 명이다. 승려 요시하라 모토아키[吉原元明]는 교편敎鞭을 잡고 있다. 또 한인교회韓人敎會를 세워 운영하는 데 목하目下 회원이 약 3만명 가까이 된다. 그의 성품에 대해서는 어떤 악평도 없다.[50]

이노우에는 정토종 본산의 명을 받아 한국 개교에 나서 포교사업에 진력하면서 포교 방법의 하나로 명진학교를 설립하려고 수속중이라는 것이다. 그리고 성품에 대해서 악평이 없다고 한 것은 일본 경찰의 입장에서 조사를 진행하였기 때문에 나온 결과일 것이다. 그러나 이노우에가 직접 명진학교 설립에 나섰던 것은 아닌 것 같다. 홍월초·이보담과 같은 한국 승려를 통하여 인가 신청을 하였던 것 같다. 그 까닭은 내부內部가 한국 승려 교육을 전담하는 중앙교육기관을 일본인에게 허가하기는 곤란하였을 것이기 때문이다.

명진학교의 운영은 설립 초기에는 승려들의 특별보조금 586.30원[51]과

---

50) 정부기록보존소 소장문서, 1907.4.3,「淨土宗 管理者 身元 取調復命」『宗敎ニ關スル雜件綴』, 1906~1909.

51) 『大韓每日申報』1907.1.22,「明進學校 特別 補助記 本部事務所 任員秩」.
洪月初 100원, 李寶潭 20원, 朴大恩 30원, 朴震海 20원, 金愚堂 10원, 朴宜龍 4원, 李相贊 10원.
『大韓每日申報』1907.1.23,「明進學校 特別 補助記 各寺 任員記」.
韓桂雲 20원, 崔完海 3원, 崔西庵 20원, 宋華月 4원, 張煥菴 2원, 金慧月 1원, 崔德月 4원, 李寶潭 10원, 姜隱庵 1원, 崔錦담 4원, 金靈雲 30전, 趙普應 1원, 리림성 50전, 崔雲庵 1원金英庵 1원, 申碧化 50전, 崔德庵 50전, 崔印空 50전, 楊懶虛 50전, 李月河 50전, 具尙仁 50전, 李興雲 50전, 鄭敬法 1원, 李普心 50전, 李漢雲 2원, 安德察 50전.
『大韓每日申報』1907.1.24,「明進學校 特別 補助記 白蓮寺 任員秩」.
金東菴 20원, 李寶潭 10원, 趙敬雲 12원, 趙箕城 4원, 尹性海 2원, 金西輪 4원, 金西翁 2원,洪漢谷 4원, 姜碧城 2원, 兪還明 4원, 金西湖 4원, 崔德菴 2원, 張錦月 1원, 金漢月 2원, 吳寶峯 1원,金錦月 1원, 朴廣虛 1원, 이춘파 1원, 朴法菴 1원, 鄭戒明 1원, 金南修 1원, 李允和 1원.

각 사찰에서 기부한 토지의 수입으로 이루어졌다. 일본 불교 세력들은 그들이 세운 학교를 운영하기 위해서 한국 사찰의 전토田土를 침탈하였다. 이즈음 불교연구회는 정토종의 영향을 받아서 설립된 것과 신도들에게 '정토종교회장淨土宗敎會章'이란 배지를 달게 한 것 등이 문제가 되어 이보담李寶潭은 교장직을 사퇴하였으며 학교의 운영은 원종종무원圓宗宗務院으로 이관되었다.[52] 원종은 경향京鄕의 승려 대표 52명이 1908년 3월 원흥사元興寺에 모여 설립한 한국 근대 최초의 불교 종단이다. 이들은 이회광李晦光을 대종정으로 선출하였고 원종종무원이라는 기구를 만들어 종단의 사무를 주관하게 하였다.[53] 이회광은 잘 알려진 대로 1910년 강제 병합 직후 원종圓宗과 일본 불교 조동종曹洞宗과 연합을 시도하여 물의를 일으킨 바 있다.[54] 1920년에도 일본 일본 임제종臨濟宗과 연합을 획

『大韓每日申報』 1907.1.27, 「明進學校 特別 補助記」.
安國寺 會員: 金大輪 2원, 朴應三 2원, 津寬寺 任員: 講師 김완선 6원, 評議員 孫松菴 4원, 會員秩: 嚴慶雲 16원, 崔香岳 20원, 林鶴松 1원, 崔桂月 1원, 宋漢景 1원, 鄭應虛 20원, 李德松 20원, 林影性 1원, 池敬念 40전, 張龍城 60전.
『大韓每日申報』 1907.1.29, 「明進學校 特別 補助記」.
興國寺 任員: 鄭慧用 20원, 會員: 全海松 2원, 張應燾 2원, 李虎峯 1원, 日憲 1원, 崔斗惺 10원, 李贊湖 1원, 李妙覺 1원, 정덕오 10원, 重興寺 任員: 贊成員 조조하 4원, 會員秩 崔寬喜 4원.
『大韓每日申報』 1907.1.30, 「明進學校 特別 補助記」.
文殊庵 會員: 李映月 10원, 元興庵 會員: 全影雲 1원.
『大韓每日申報』 1907.1.31, 「明進學校 特別 補助記」.
普光寺 任員: 贊成員 趙應松 2원, 評議員 金應城 20원, 金元波 2원, 會員秩: 김금호 10원, 金碧山 1원, 金仁聲 1원, 朴碧峯 1원, 朴靑峯 1원, 金貴蓮 1원, 崔龍般 1원, 鄭龍海 1원, 申奉碩 1원, 柳藏潤 15원, 金德信 1원, 朴道安 1원, 任奉蓮 1원, 極樂庵 主掌 首座 2원
계: 586.30원
52) 앞의 책, 『朝鮮佛敎通史』, 935쪽.
53) 高橋亨, 1929, 『李朝佛敎』, 寶華閣, 920~930쪽.
54) 金光植, 1996, 「1910년대 불교계의 曹洞宗 盟約과 臨濟宗 運動」『韓國近代佛敎史硏究』, 民族社, 59~71쪽.

책[55]하여 불교계를 떠들석하게 한 적이 있는 대표적인 불교계 친일 승려의 한 사람이다.[56] 이회광은 원종의 대종정과 명진학교의 교장을 겸하면서 부설기관으로 명진측량강습소明進測量講習所를 개설[57]하여 근대 지식을 전수하였으나 별다른 전환점을 마련하지는 못하였다.

명진학교는 불교계의 혼란과 경험 미숙으로 말미암아 운영 주체가 바뀌고, 재정난이 겹친 데다가 사립학교의 모든 사항을 규제하는 사립학교령私立學校令[58]의 영향으로 일시적으로 폐교가 되었다가 1909년 11월경에 다시 개교하게 된다.[59] 정토종에서 원흥사에 세워진 명진학교에 자본을 출연하였다는 기록은 찾을 수 없다. 정토종이 교세를 확장하는 과정에서 정신적으로 한국인을 지배하려는 야심에서 한국 불교계에 명진학교 설립을 종용한 것으로 파악된다. 통감부 시기는 한국을 병합하는 준비작업이 진행되던 때였다. 이 시기 불교정책의 특징은 일본 불교계가 한국 불교계를 장악하도록 법령을 정비하고 지원하는 것이었다. 1910년 조선총독부가 설립되면서 일본 불교 세력을 통해서 한국 불교계를 장악하려던 통감부의 불교정책은 1911년 사찰령을 공포함으로써 직접적인 지배체제로 전환되게 된다.[60]

4. 불교학교 설립의 지방 확산

일본의 침략이 날로 격화되어가던 통감부 시기에 불교계의 근대화를 지향하면서 명진학교를 설립하였던 불법연구회는 학교 설립을 전국적으

---

55) 『東亞日報』 1920.6.24, 「佛教改宗問題」.
56) 임혜봉, 1993, 『친일불교론』, 민족사, 72~76쪽.
57) 앞의 책, 「韓龍雲年譜」 『韓龍雲全集』 제6권, 385쪽.
58) 宋炳基 1971, 외 3인, 『韓末近代法令資料集』, 國會圖書館, 277~279쪽.
59) 『皇城新聞』 1909.11.9, 「明進開教」.
60) 金淳碩, 2003, 『일제시대 조선총독부의 불교정책과 불교계의 대응』, 경인문화사, 27쪽.

로 확산시키고자 하였다. 불교계의 지방 학교 설립이 활기를 띨 수 있었던 것은 천주교와 개신교의 포교가 확산되는 데 자극을 받았다. 1910년 2월 학부學部의 인가를 받은 천주교 학교는 46개교였으며, 인가를 받지 못한 학교가 78개나 되었다고 한다.[61] 1909년까지 개신교 계열에서 세운 학교는 40여개[62]에 이르고 한국인이 세운 사립학교는 86개교나 된다.[63] 한국인이 세운 학교는 「사립학교령私立學校令」이 공포되기 이전인 1906년부터 1908년 사이에 가장 많이 설립되었다.[64] 통감부는 일본 문화의 移入이 한국을 근대화하는 수단이라고 생각하고 한국인의 '일본인화'를 한국 교육의 목표로 삼았다.[65] 그러나 이 시기 사립학교가 많이 생겨난 것은 일본 제국주의의 실상을 깨닫고 민족의 자주성을 되찾으려는 노력이 활발하였음을 말해준다.

특히 일본 불교 세력은 개항장을 중심으로 많은 학교들을 세우고[66] 한국인을 대상으로 교육을 실시하였다. 이들은 유치원·소학교를 세워 감수성이 예민한 어린 학생들에게 일본 문화를 주입시키고 보습학교補習學校를 세워 실업교육을 통하여 현실에서 직업을 얻을 수 있는 교육을 통하여 청소년들에게 호감을 얻고자 하였다.[67]

명진학교 2대교장이었던 이능화와 학감 이민설李敏設 그리고 불교연구회 도총무都總務인 이보담李寶潭 등은 청년 교육의 시급함을 깨닫고 각 도 사찰에 지교枝校를 설치할 수 있도록 학부學部에 청원하였다.[68] 학부에서

61) 俵孫一, 1910, 『韓國敎育の現狀』, 學部, 55~56쪽.
62) 孫仁洙, 1983, 『韓國近代民族敎育의 理念硏究』, 文音社, 39~40쪽.
63) 孫仁洙, 위의 책, 55~57쪽.
64) 孫仁洙, 위의 책, 48~58쪽.
65) 鄭在哲, 1985, 『日帝의 對韓國植民地敎育政策史』, 一志社, 196쪽.
66) 앞의 책, 『朝鮮開敎五十年誌』, 148~160쪽. 정부기록보존소 소장문서, 『宗敎ニ關スル雜件綴』, 1906~1909.
67) 앞의 책, 『朝鮮開敎五十年誌』, 149~151쪽.
68) 『大韓每日申報』 1907.4.20, 「學訓各寺」.

는 이 청원을 받아들여 13도 관찰부觀察府에 훈령訓令을 내려 각 군 관하管
下 사찰 내에 학교를 세워 교육하게 하였다. 학교를 세울 형편이 못되는
사찰에 교육을 받아야 할 어린 승려가 있으면 가까운 공사립학교에 입학
시켜 인재를 양성케 하였다. 사찰 전답과 사암寺庵 기지基地를 임의로 참
탈하는 자가 있어 사암을 유지하기가 불능한 경우가 있으니 이를 엄금하
고, 명진학교에 부속시켜 교육을 진흥케 하라고 훈령하였다.[69]

불교계의 학교 설립이 지방으로 확산된 것은 건봉사乾鳳寺 봉명학교鳳
鳴學校 설립취지서設立趣旨書를 살펴보면 승려 교육이 당시 불교계의 당면
과제였음을 알 수 있다. "우리 나라는 유불선儒佛仙 삼도三道가 정립하여
왔다. 그러나 세 가지 도道는 모두 현실 생활에서 크게 도움이 되지 못하
니 그 어느 것이 우리의 혼미함과 두려움을 밝혀 줄 촛불이 될 것이며
미혹의 나루를 건네 줄 뗏목이 될 수 있을 것인가. 이와 같이 어둡고 혼
미하였기 때문에 동방 예의지국禮儀之國이 하루 아침에 외국의 멸시를 받
고, 외국인의 압제를 받는 것은 부녀자와 어린아이도 아는 사실이다. 세
계 정세를 널리 알지 못하는 것을 스스로 부끄러워해야 한다. 동서양의
신역사를 살펴본다면 어찌 한송漢宋의 통감通鑑 몇 편을 고집할 것이며,
피아국彼我國의 시국기관時局機關을 구별하려면 여러 가지 현상의 개화만
단開化萬端을 알아서 국가의 인재들이 함께 대처해야 할 것이다. 현하懸河
의 웅변雄辯에 대책을 마련해서 그들에게 맞서야 할 것이니 이미 대비책
이 마련되어 있으니 누가 우리를 모멸할 수 있겠는가. 충군애국忠君愛國
과 생민생업生民生業이 이것을 버리고 어디로 갈 것이며, 이것을 버리고
무엇을 할 것인가"[70]

외국인의 압제로부터 벗어나기 위해서는 기존의 학문 체계로는 한계
가 있다. 서양 문명의 실체를 알기 위해서는 인재 양성이 시급하다는 것

---

69) 위와 같음.
70) 『皇城新聞』 1907.1.26, 「江原道 杆城郡 金剛山 乾鳳寺 鳳鳴學校 趣旨書」.

이다. 불교계가 오랜 미몽에서 깨어나 근대 사회에 적응하는 과정에서
겪을 수밖에 없는 필연적인 과제였다. 이러한 현상은 불교계 뿐만 아니
라 당시 사회가 안고 있었던 시대적 과제였다.

일본 정토종에서는 중앙에 있는 명진학교의 설립을 후원하였을 뿐만
아니라 지방의 불교학교 확장에도 관심을 기울였다. 1907년 일본 정토종
은 부속사업으로 통도사通度寺와 협의하여 사찰내에 사립 명진학교 설립
을 보조하였다. "정토종은 통도사에 학당學堂을 세우고 사립명진학교라
명명하였다. 이는 조선 청년 승려의 포교 및 보통교육을 겸하고 일반 청
년 자제에게도 교육을 실시하려는 것이었다. 그 경영은 통도사 대표자와
정토종 개교원이 협의하여 공동으로 경영하고 정토종 개교사를 파견하
여 주재시키면서 사업을 총괄하고 경비의 약간을 정토종에서 보조한다.
졸업생 중에 성적이 우수한 자는 일본에 유학시킨다. 현재 문부성文部省
인가認可 중학교에 재학하는 학생도 수명에 이른다"[71] 이처럼 일본 정토
종은 한국에서 포교사업을 진행하는 데 있어서 교육사업에 중점을 두고
있었다. 결국 한국 불교를 장악하는 데 있어 가장 중요한 것이 승려이며,
그 승려를 교육시키는 데 일본 정토종의 교리를 가르치는 것이 중요하다
고 판단하였다.

명진학교의 운영은 개교한 지 얼마되지 않은 시점부터 재정난 때문에
원만하지 못하였던 것으로 생각된다. 왜냐하면 전국 각 사찰에서 명진학
교 기부금 때문에 원성怨聲이 있었던 것에서 그러한 사실을 알 수 있다.
무주茂朱 적상산赤裳山 안국사安國寺의 승려 용운龍雲과 응봉應峯 등은 명진
학교에서 보조를 청하기에 3천원을 의연義捐하였는 데 이후에도 학교를
빙자해서 금전을 요구하므로 견딜 수 없으니 엄금시켜 달라고 학부에 청
원하였다.[72] 뿐만 아니라 안동군安東郡 봉정사鳳停寺의 승려 탄주坦珠는 홍

---

71) 靑柳南冥, 1911, 『朝鮮宗敎史』, 朝鮮硏究會, 139쪽.
72) 『皇城新聞』 1907.6.15, 「何弊不生」.

월초가 교육을 칭탁해서 돈과 재물을 강요하니 엄단해 달라고 내부에 청
원[73]한 사실에서 재정난이 심각했음을 알 수 있다. 명진학교를 세운 홍
월초는 전국의 사찰을 돌면서 학교 설립을 권유하였고, 이를 받아들인
사찰에서는 청년 승려들을 모아 불교학과 신학문을 연구·강습하였다.
그리고 일본인 교사를 초빙하여 일반 과목과 일본어를 강의를 하게 하였
다.[74] 홍월초는 이 공로를 인정받아서 조선시대 불교계 최고의 직위였던
북한총섭北漢總攝 곧 도총섭으로 13도의 사찰과 승려들을 총괄하게 되었
다. 이보담李寶潭은 명진학교 부총무副總務로 천망薦望되었다.[75]

명진학교는 친일시비와 재정난으로 인해서 관리권이 불교연구회에서
원종종무원으로 이관되었다. 자세한 내막은 알 수 없지만 그 과정에서
일시적인 휴교를 하였고, 1909년 11월 경에 다시 문을 열었다. 1910년
3월에 고등전문학교高等專門學校로 명칭과 체제 변경 신청을 하였으나 동
년 4월에 불교사범학교佛敎師範學校로 인가됨으로써 새로운 체제로 재편
되었다.

통감부 시기 전국 불교학교 일람표

학 교 명	설립 연도	설립 주체	수록 자료	비 고
明進學校	1906	奉先寺·德寺·聖寺(경기도)	大韓每日申報 1906. 6. 15	
明立學校	1906	海印寺(경남)	大韓每日申報 1906. 11. 15	
明化學校	1906	龍珠寺(경기도)	皇城新聞 1906. 11. 26	
普通明進學校	1906	釋王寺(함남)	皇城新聞 1906. 12. 25	

73) 『皇城新聞』 1907.5.20, 「僧訴僧斂」.
74) 『皇城新聞』 1906.12.15, 「俗寺文化」.
　　『大韓每日申報』 1906.12.21, 「山門設校」.
75) 『大韓每日申報』 1906.12.28, 「兩氏 望薦」.

鳳鳴學校	1906	乾鳳寺(강원도)	大韓每日申報 1906. 8. 1	
明新學校	1906	通度寺(경남)	朝鮮佛敎月報 제4호 73쪽	
釋王學校	1906	釋王寺(함남)	大韓每日申報 1906. 12. 21	
明正學校	1906	梵魚寺(부산)	韓國佛敎最近百年史 제2권 「敎育編年」 7쪽	
昇仙學校	1906	仙岩寺(전남)	海東佛敎, 제7호, 82쪽	
大興學校	1906	大興寺	『朝鮮諸宗敎』, 153쪽	
鳳翔學校	1907	威鳳寺(전북)	大韓每日申報 1907. 4. 17	
慶興學校	1907	大乘寺·金龍寺 南長寺·龍門寺	皇城新聞 1907. 1. 10	경북
楡新學校	1907	楡岾寺(강원도)	大韓每日申報 1907. 5. 12	
普通明進學校	1907	神溪寺(강원도)	大韓每日申報 1907. 7. 12	
普昌學校	1908	積石寺(경기도)	皇城新聞 1908. 6. 21	
海明學校	1908	海印寺(경남)	大韓每日申報 1908. 7. 4	
直明學校	1908	直指寺(경북)	大韓每日申報 1908. 11. 13	
南洞夜學	1909	南長寺(경북)	大韓每日申報 1909. 3. 7	
南明學校	1909	南長寺(경북)	大韓每日申報 1909. 3. 25	
普明學校	1909	松廣寺	韓國佛敎最近百年史 제2권 「敎育編年」 12쪽	
新明學校	1909	華嚴寺·泉隱寺 泰安寺·觀音寺	韓國佛敎最近百年史 제2권 「敎育編年」 10쪽	
江明學校	1909	大源寺	조선불교월보 제4호 73쪽	

5. 맺음말

이상에서 통감부 시기 불교계의 교육활동에 대해서 검토하였다. 그 결과를 요약하면 다음과 같다. 일본 불교 세력을 개항 직후부터 정치권과 결탁하여 한국에 침투하여 경쟁적으로 교세를 확장하였다. 이들은 중대한 정치적 사건이 있을 때마다 교세확장의 발판으로 삼았고, 단계적으로 침략을 강화하였다. 일본은 러일전쟁이 끝난 직후 을사5조약을 체결하여 한국을 보호국으로 삼고 통감부를 설치하고 한국을 강제로 병합하기 위한 준비 작업을 시작하였다. 모든 제도와 체제를 근대화한다는 명목하에 침략에 용이한 방향으로 개편하였다.

1906년 통감부는 「종교의 선포에 관한 규칙」을 공포하였다. 이 규칙의 내용은 일본 종교를 포교하는 데 있어서 통감이 자격을 인정하는 포교사에 한하여 포교를 허락함으로써 표면적으로는 포교를 제한한 것처럼 보였다. 그러나 실제로는 일정한 교육 과정을 이수한 전문 포교사에게만 포교를 승인하여 합법적으로 보장된 포교를 통하여 교세를 확장하는 것을 보장해 준 것이었다. 그와 더불어 한국 사찰을 병합할 수 있는 길을 열어 줌으로써 일본 불교 세력은 한국에서의 포교를 마치 전투에 임하는 장수가 오로지 승리만을 목적으로 하는 것처럼 사찰 병합에 나섰다. 그 과정에서 민족의식이 결여된 일부 승려들은 일본 사찰에 관리를 위탁하는 과오를 범하기도 하였다.

통감부는 한국 불교계를 장악하기 위해서는 일본 불교 세력을 후원하여 한국인을 정신적으로 지배하고자 하였다. 정토종 개교사였던 이노우에는 당시 한국 불교 지도자들에게 오늘날 불교가 이렇게 침체된 원인은 승려들이 도성출입을 할 수 없고, 근대 교육을 받지 못해서 무지한 때문이라고 하였다. 그는 근대 신학문을 가르칠 수 있는 불교학교의 설립을 종용하였다. 그리고 학업 성적이 우수한 청년 승려들에게는 일본 정토종

에서 세운 학교에 유학할 수 있는 기회를 제공하겠다고 하였다. 당시 한
국 불교계의 지도자들은 이들의 제안을 수락하여 명진학교를 세우고 불
교학 보다는 근대 서구학문에 역점을 두었다. 명진학교의 입학 자격은
일반 강원에서 대교과를 졸업한 13세부터 30세까지의 청년 승려에 한하
였다. 교과과정은 불교학보다 일반 과목에 치중되어 있었다. 그 까닭은
이들은 이미 불교계에서 시행하는 교육과정 가운데 최고 과정을 이수한
청년 엘리트들이었기 때문이다. 이수과목 가운데 일본어가 있었다는 사
실과 그 강사가 정토종 개교사였다는 사실은 교과과정에서 학생들을 친
일적인 성향으로 유도할 수 있는 기회를 제공하였다. 명진학교를 졸업한
졸업생들은 이후 불교계에서 중추적인 역할을 하였다.

　식민지 시대 불교계에서 친일적인 성향을 가진 승려들이 많았던 것은
명진학교 교사진에 일본인이 있었다는 사실과 이회광과 같은 승려가 교
장을 지낸 데도 있지 않았을까 한다. 졸업생 가운데는 한용운과 같은 대
표적인 항일 승려도 있기는 하지만 대부분이 본사 주지를 지내거나 교계
의 주요한 직위를 역임하였던 점에서 그러한 추론을 해 볼 수 있다.

　문호개방 이후 한국 불교계는 서구로부터 유입되어 확산되고 있던 천
주교와 개신교 세력이 각종 학교를 세워 근대교육을 실시하는 데 자극을
받았다. 특히 정치권의 보호를 받은 일본 불교의 침투로부터 한국 불교의
정통성을 수호하기 위해서 불교계의 근대 교육실시는 절박한 과제였다.

　그러나 명진학교는 아이러니 하게도 그 일본 불교 정토종의 영향으로
성립되었다. 명진학교는 설립 초기부터 재정난을 겪었으며, 친일 시비로
말미암아 운영 주체가 불교연구회에서 원종종무원으로 이관되었다. 관
리권이 원종종무원으로 넘어간 뒤에도 이 문제는 여전히 남아 있었다.
이 과정에서 일시 학업을 중단하는 사태를 맞게 되고, 1910년 3월에 고
등전문학교로 신청하였으나 동년 4월에 불교사범학교佛教師範學校로 인가
를 받게 됨에 따라서 문을 내리게 되었다.

제3장
朝鮮佛教團 研究(1920~1930)

1. 머리말

1910년 조선을 강제 병합한 일본은 이후 10년간 가혹한 무단정치를 실시하여 탄압 일변도의 강경책으로 조선인을 억압하였지만 1919년 3·1 운동과 같은 거족적인 저항을 겪고나서 강압 일변도의 정책에서 내용상으로는 동일하지만 형식상으로 변모된 식민정책을 채택하였다.

3·1운동을 겪고 난 직후인 1919년 9월 폭탄 세례 속에 부임한 사이토 마코토[齋藤實] 총독은 한민족의 끈질긴 민족해방 투쟁을 종식시키기 위해 그 역량을 분산시키고 이간시켜서 자체 내부의 갈등을 유발시키는 정책을 취하지 않을 수 없었다.

소위 문화정치文化政治로 불리우는 식민지 유화정책의 본질은 조선인들 가운데 친일파 내지는 친일단체를 조직, 양성하여 3·1운동 이후의 반일기운을 가라앉히려는 것과 독립운동가를 적발하고, 민족운동전선을 분열시키는 데 그 목적이 있었다.

조선불교단朝鮮佛教團은 이러한 일제의 친일파 육성책에 힘입어 1920년에 발족한 조선불교대회朝鮮佛教大會가 1925년 5월에 확대 재편된 단체로 일제 말기까지 지속하였다고 추정되는 조일朝日 재가在家의 불교신도들이 중심이 되어 조직한 불교 외호단체外護團體로서 그 구성에 있어서는 당시 조일朝日 불교계의 거물들이 두루 망라되었다. 일본 불교계의 조동종曹洞宗, 정토종淨土宗 등 각종各宗 관장管長들과 친일 거두인 박영효朴泳孝, 이완용李完用, 권중현權重顯 등이 고문으로 추대되어 있었으며, 최남선崔南善, 이능화李能和, 한창수韓昌洙, 한상용韓相龍 등 다수의 유력한 친일 조선인들이 상담역相談役, 이사理事, 평의원評議員들로 참가하였다.

조선불교단은 조선인들을 정신적으로 동화시키는 데 그 목적을 두고 각종 사업을 전개하였다. 그 중에서도 특히 우수한 학생들을 선발하여 일본에 유학시킴으로써 그들을 친일세력 형성의 선봉에 세우려 하였다.

이러한 조선불교단에 대한 기존의 연구는 거의 이루어지지 않았다. 다만 정광호鄭珖鎬가 『근대近代 한일불교관계사연구韓日佛敎關係史研究』[1]에서 그 성격을 일종의 문화선전단체로 규정하면서 구성과 목적을 소략하게 언급하고 있는 정도일 뿐이다.

조선불교단의 전모를 알 수 있는 것으로는 동단同團에서 월간으로 발행한 기관지 『조선불교朝鮮佛敎』가 현재 남아 있다. 그러나 전량이 모두 남아 있는 것은 아니고 현재 1924년 5월 11일 창간호부터 1936년 6월 1일에 발행한 제 121호까지 총 77권이 현존하고 있다.[2]

본고에서는 1920년 조선불교대회의 창립에서부터 1931년 만주사변 발발 이전까지를 검토하려고 한다. 그 이유는 일본의 식민정책이 1920년대의 문화정책과 1931년 만주사변 이후 중국 대륙 침략을 감행하던 시기에 전개되는 전쟁 시기의 불교정책은 그 내용이 다르기 때문이다.

따라서 본고에서는 1920년대 문화정책기에 조선불교단의 전모를 살펴보는 것을 통하여 1920년대 일제가 실시했던 문화정책의 일단을 조망

---

1) 鄭珖鎬, 1994, 『近代韓日佛敎關係史硏究』, 仁荷大學校出版部, 176~182쪽.
2) 『朝鮮佛敎』는 1924년 5월 창간호부터 제12호까지는 타블로이드판이고, 제13호부터 제100호까지는 국배판이다. 제101호부터 제121호까지는 다시 타블로이드판으로 간행되었다. 이 잡지는 1996년 민족사에서 간행한 『한국근현대불교자료전집』속에 포함되어 있다.

하는데 일조를 기하고자 하며 1930년대 이후 조선불교단의 성격은 후일
을 기약하고자 한다.

조선불교단의 성격을 규명함에 있어서는 동단에서 파견했던 유학생들
의 귀국 이후의 행보가 중요함에도 불구하고 자료의 부족으로 말미암아
해명하지 못하였다.

2. 朝鮮佛敎大會의 창립

일본 불교계의 조선 침투는 개항 직후부터 시작되었다. 개항기에 파
견된 포교사들은 일본 승려들 가운데도 엘리트에 속한 사람들이었으며,
그들의 임무는 주로 조선의 정치 정세를 염탐하고 조선인의 반일 감정을
무마하는 것이었다.[3]

개항 초기부터 조선에 침투한 일본 불교는[4] 1910년 8월 조선을 강제
로 병합한 이후 1911년 6월에 사찰령을 반포하여 조선불교계의 교권을
장악한 뒤에 불교계의 친일화를 지속적으로 추진하였다. 1914년 11월에

---

3) 拙稿,「開港期 1994, 日本 佛敎宗派들의 韓國 浸透」『한국독립운동사연구』8,
  134쪽.
4) 개항기 일본불교의 한국침투에 관한 연구는 아래의 논고를 참고할 수 있다.
  鄭珖鎬, 앞의 책.
  韓晳曦, 1988,『日本の朝鮮支配と宗敎政策』, 東京:未來社.
  朴敬勛, 1988,「近世佛敎의 硏究」『近代韓國佛敎史論』, 佛敎史學會 編, 民族
  社.
  徐景洙, 1982,「日帝의 佛敎政策」『佛敎學報』19輯, 佛敎學會.
  柳炳德, 1975,「日帝時代의 佛敎」『崇山朴吉眞博士華甲紀念 韓國佛敎思想史』,
  圓光大學校出版部.
  李光麟, 1993,「開化僧 李東仁」『開化黨硏究』, 一潮閣.
  徐景洙, 1975,「開化思想家와 佛敎-僧 李東仁을 중심으로-」『崇山朴吉眞博
  士華甲紀念 韓國佛敎思想史』, 圓光大學校出版部.
  拙稿, 앞의 논문.

친일승 이회광李晦光, 강대련姜大蓮 등은 불교진흥회佛敎振興會[5]를 만들었는가 하면, 1917년에는 이완용, 권중현權重顯 등 친일 거두들이 중심이 되어 불교진흥회의 후신으로 불교옹호회佛敎雍護會[6]를 만들어 조선과 일본의 친선을 도모한다는 미명하에 친일행각을 자행하였다.

이러한 상황 속에서 1919년 3·1운동을 겪고 난 이후 1919년 9월 2일 강우규姜宇奎 의사의 폭탄세례를 받으며 부임한 사이토 총독은 조선의 통치정책을 종래의 무단정치에서 문화정치로 형식적인 변화를 시도하였다. 사이토 총독은 조선에서 거세게 일어나는 독립운동을 무마시키기 위해서 친일세력 육성책을 택했다. 사이토는 취임하자, 곧 「조선朝鮮의 민족운동民族運動에 대對한 대책안對策案」[7]이란 문서 속에 보이듯이 조선인의 민족운동을 탄압하기 위한 대책을 세우고, 조선통치의 성패는 "친일적 인물의 확보에 있다"고 단정하고 우선 "몸과 목숨을 걸고 일을 하려는 중심적 인물"을 어떻게 얻어내느냐는 문제를 고민하였다.[8]

사이토는 이들 친일파를 앞세워 친일여론의 조성, 친일단체의 조직, 독립운동가의 적발과 정보수집, 민족운동을 파괴하기 위한 테러활동, 대외선전, 해외유학생의 감시, 독립운동자에 대한 설득, 회유, 투항권유 등의 방법을 동원하여 민족운동전선을 분열시키면서 지배체재의 강화를 꾀했다.[9]

종교계에 나타난 사이토의 친일세력 양성책은 1920년 4월 「포교규칙布敎規則」을 개정[10]해서 교회당敎會堂, 설교소說敎所, 강의소講義所 설립의 허가주의許可主義를 계출주의屆出主義로 개정함과 동시에 제반 복잡한 수

---

5) 佛敎振興會本部. 1915.3.15, 『佛敎振興會月報』 第1號.
6) 『朝鮮日報』 1920.7.8.
7) 『齋藤實文書』 중 「朝鮮民族運動に 對する 對策案」, 일본국회도서관.
8) 姜東鎭, 1984, 『日帝의 韓國侵略政策史』, 한길사, 191쪽.
9) 강동진, 앞의 책, 191쪽.
10) 『朝鮮總督府官報』 제2294호, 1920.4.7, 「布敎規則」, 朝鮮總督府令 第59號.

속을 생략해서 표교의 편의를 도모할 수 있게 하였다.[11] 이어서 종교단
체의 법인격法人格을 인정하여 종교단체의 재산을 민사령民事令에 의해 공
익법인으로 허가해 줌으로써 기본재산을 관리, 유지할 수 있도록 하였
다.[12] 불교계의 친일화를 위해서는 다음과 같은 6개의 사안을 제시했다.[13]

> 첫째, 사찰령을 개정하여 京城에 총본산을 설치하고 그것으로써 三十本山을
> 통합하는 제도를 만들 것
> 둘째, 總本山에는 管長을 두고 그 자리는 親日主義者로 충당할 것
> 셋째, 불교의 진흥을 촉진하는 목적으로 단체를 만들어 총본산을 옹호하는 기
> 관으로 삼을 것
> 넷째, 上述한 단체는 본부를 경성 총본산 내에 두고 지부를 각 본산 소재지에
> 설치하고 그 회장은 居士중 親日主義者이면서 德이 있는 사람으로 충당
> 할 것
> 다섯째, 이와 같은 단체에서는 다음과 같은 사업을 하게 할 것, "一般 民人의
> 敎化, 罪人의 感化, 慈善事業, 기타"
> 여섯째, 총본산과 각 본산 및 불교단체에서는 相談役으로서 인격을 갖춘 內地
> 人을 고문으로 둘 것 등이다.

1920년대 조선총독부의 종교정책은 위에서 언급한 바와 같이 주로 신
도수가 늘어나는 종교에 대하여 직업적 친일파를 침투시켜 교단을 분열
시키고 약체화를 노렸다. 따라서 문화정치기의 기성 종교는 이와같은 분
열과 친일화 공작으로 그 영향이 약화되고 종교 내 민족주의 세력은 이
탈 또는 개량주의화 하는 결과를 초래했다.[14]
조선불교대회朝鮮佛敎大會[15]는 이러한 분위기 속에서 탄생하게 되었다.

---

11) 『施政三十年史』, 朝鮮總督府, 208쪽.
12) 앞의 책, 208~209쪽.
13) 앞의 문서, 「朝鮮民族運動に對する對策案」.
14) 申淳鐵, 1994. 「일본의 식민지 종교정책과 불법연구회의 대응」, 文山 金三龍博
   士古紀 念特輯 『圓佛敎思想』 第17·18輯. 747~748쪽.

조선불교대회의 창립은 경도제국대학京都帝國大學을 졸업하고 1904년에 한국으로 건너와서 남대문에서 조지야[丁子屋][16]란 주식회사를 경영하던 고바야시 겐로꾸[小林源六][17]와 친일 조선인 이원석李元錫[18]과 1924년에 조직된 일선日鮮 융화단체였던 "동민회同民會[19]"의 실무담당자 나카무라 겐

---

15) 조선불교대회는 조선불교단의 전신으로서 1920년 9월에 조직된 단체이다. 조선불교단의 존속 기간이 언제까지 였는지는 현재로서는 정확히 알 수 없으나 일제 말기까지 존속했던 것으로 추정된다. 그것은 1940년 10월에 조선불교단의 기관지인『朝鮮佛敎』를 발행한 朝鮮佛敎社에서『神道と朝鮮』이란 책이 발간되었다.『朝鮮佛敎』창간호 발행 時에 사장은 조선불교단 상무이사인 고바야시 겐로쿠(小林源六)였고, 主幹과 편집 겸 발행인은 나카무라 겐타로(中村健太郎)이었다. 그러나 1927년 12월 1일에 발행된『朝鮮佛敎』제 44호에는 나카무라가 주간으로 되어있는데 1929년 1월 1일에 발행된『朝鮮佛敎』제 56호에는 사장이 나카무라로 나오고 있다. 1928년 1년 사이에 조선불교사 사장이 바뀐 것이다. 그 시점이 정확하게 언제였는지는 45호부터 55호까지가 결본이어서 알 수가 없다. 그런데 1940년 10월 조선불교사에서 발행된『神社と朝鮮』에는 사장이 나까무라로 되어있다. 조선불교단이 일제 말기, 즉 패망 시점까지 존속했으리라고 추정할 수 있는 것은 식민지시기 전 기간에 걸쳐서 주식회사나 법인이 설립되면 설립등기와 理事들의 교체, 법인의 명칭 변경, 주소이전, 해산 등이『朝鮮總督處官報』에 일일이 공고되고 있다. 그런데 조선불교단은 1925. 6. 13일자 同官報에 재단법인 설립등기 사실이 공고된 이후로 1940년 10월 1일부터 1945년 8월까지의『朝鮮總督處官報』에서 재단법인 조선불교단 해산 공고를 찾아볼 수 없기 때문이다. 조선불교단의 전모를 알 수 있는 것으로는 同團에서 월간으로 발행한 기관지『朝鮮佛敎』가 현재 남아 있다. 그러나 전량이 모두 남아있는 것은 아니고 현재 동국대학교 도서관에 1924년 5월 11일 창간호부터 1935년 10월 1일에 발행한 제 115호까지 총 76권이 국내에 현존하고 있다.『朝鮮佛敎』는 처음에는 타블로이드 版으로 전체 12면 가운데 9면은 日文으로 3면은 한글을 혼용하였으나 제 13호부터는 한글판은 없어지고 日文 전용으로 되었다. 창간호부터 제 33호(1926. 12)까지는 매월 11일에 발간되었으나 제 34호(1927)부터는 국판으로 발간되었으며 발행 날짜도 매월 1일로 바뀌었다.l 그러다가 101호(1929)부터는 다시 타블로이드 판으로 바뀌고 있다(104쪽 각주 3 참조).

16) 조지야[丁子屋]는 小林源六이 운영하던 양복점이었다. 1939년 小林家에서는 지금 서울 명동 롯데 영플라자 자리에 조지야라는 백화점을 열었다.

17)『朝鮮年鑑』1943.12, 부록 朝鮮人名金錄, 57쪽.

18) 강동진, 앞의 책, 169~170쪽.

19) 강동진, 앞의 책, 244~245쪽을 살펴보면 同民會는 1924년 4월 15일 京城公會堂

타로[中村健太郞] 등이 주축이 되어 창립하였다.

조선불교대회는 불교 외호기관外護機關으로 조직되었기 때문에 회장을 비롯해서 회會의 간부들은 모두 속인俗人들이었다. 그러나 속인만으로는 포교사업에 많은 문제가 있었기 때문에 부인 회원을 위해서는 조선 승려 내에서 강사를 초빙하여 설교하고, 남자 회원을 위해서는 조선 승려 외에 일본측 승려와 명사名士를 초대해서 강연회를 열었다.[20]

조선불교대회의 발기는 1920년 9월 이른바 조선불교를 부흥시킨다는 것을 목적으로 내걸고 조선과 일본의 제명사諸名士를 망라해서 발회發會하였으며, 이 대회에서는 장래의 발전계획을 도모했다. 이어서 1922년 11월 10일 경성京城 묘심사妙心寺에서 이사회를 개최하였다. 이어서 1922년 11월 20일에는 조선호텔에서 발회식을 거행하고 회장에 권중현權重顯, 부회장에 이원석李元錫, 총무에 고바야시, 이사에 나카무라, 고문에 이완용, 박영효, 고토 쯔이강[後藤瑞巖] 등을 선임하였다.[21] 당시 『동아일보』 기사를 보면 다음과 같은 사실이 전한다.[22]

朝鮮佛敎大會에서는 今 二十日(日曜) 下午 二時부터 市內 長谷川町 朝鮮 『호텔』에서 本會開會式 兼第一會 강연회를 개최.

또한 조선불교대회에서는 1922년 7월 23일에 봉불식을 거행하고, 취지서를 배포하였다는 사실을 같은 『동아일보』의 다음과 같은 기사에서 볼 수 있다.[23]

에서 발회식을 올린 '日鮮융화'를 표방한 친일단테로써 그 취지서를 살펴보면 "안으로 융화의 열매가 아직도 여물지 못하고 걸핏하면 공연히 감정에 치달아 서로 등을 대고 미워하며 시기하는 경향이 있다"에서 보이듯이 일본과 조선이 같은 臣民이라는 궤변을 선전하려는 단체였음을 알 수 있다.

20) 『朝鮮佛敎』 제2호, 1924.6.11, 2쪽.
21) 『朝鮮佛敎』 창간호, 1924.5.11, 11쪽.
22) 『東亞日報』 1920.11.20.

시내 長谷川町에 잇는 朝鮮佛敎大會에서는 오는 이십삼일에 奉佛式을 거행할 터이라는대 당일 오전 아홉시에 일반 승려와 회원 삼천여명이 모히어 삼현육각과 가진 풍류를 잡히고 채색 儀杖과 寶輦으로 행렬을 지어 그 회관으로부터 본명 이뎡목 영락뎡(永樂町) 수표다리 종로 이뎡복 남대문 등을 지나 다시 그 회관에 도라와 봉불식을 거행하고 취지서도 배부하리라더라.

조선불교대회의 창립 구도는 기본적으로 일본이 조선을 식민지로 병합한 구도와 동일하다고 할 수 있다. 미개한 나라인 조선을 계도시키고, 발전하게 하여 동아시아에 있어서 어깨를 나란히 할 수 있는 국가로 만들어야 할 사명이 일본에게 있다는 것이다. 이러한 구도는 『조선불교』 창간호에 실린 대곡파 본원사 조선포교감독朝鮮布敎監督 나가노 다까토시 [中野高淑]가 쓴 아래의 「내선불교도內鮮佛敎徒는 동일同一한 불제자佛弟子이다」라는 제호題號의 글 속에 잘 나타나 있다.[24]

조선의 불교는 이미 망했다. 겨우 形骸를 유지할 뿐이다. 진실로 불교의 생명을 保持하고 있는 것은 內地의 불교라고 할 수 있다. 그것은 제 삼자로부터 공평하게 보더라도 내지 승려에 의해서 조선의 불교는 부흥은 되지 않으면 안된다. 또 부흥시켜야 할 의무가 있다고 할 수 있다.

조선불교계는 일본이 조선을 강제로 병합한 이유에 비로소 소생하였다는 느낌을 받게 한다. 이러한 논조는 『조선불교』의 주간主幹인 나타무라가 동지同誌 창간호에 쓴 「승려僧侶의 약점弱點과 무자각無自覺」을 살펴보면 더욱 분명하게 드러난다.

나카무라는 조선시대의 불교는 정치상의 관계로부터 비상한 압박을 받았기 때문에 승려들의 자질이 떨어졌다고 하면서 승려가 되는 사람은

---

23) 『東亞日報』 1922.7.17.
24) 中野高淑, 「內鮮佛敎徒は同一の佛弟子である」 『朝鮮佛敎』 창간호, 3쪽.

죄인罪人의 자식이나 고아孤兒나 버려진 아이들이었기 때문에 승려 신분은 칠천七賤 가운데 하나로 전락하였다고 하였다. 뿐만아니라 노예보다심한 대우를 받았으니 그것은 도성출입이 금지되었었기 때문이라고 하고 있다.[25]

이러한 조선의 승려들은 일본 승려에 의해서 도성출입이 허락[26]되어졌으며 강제병합 이후에는 일약 신분이 상승하여 30본산 주지들은 매년조선 총독이 베푸는 신년 하례에 참석할 정도까지 되었다고 하고 있다[27]

그런데 홍미있는 일은 이러한 친일단체에 민족주의 사가史家로 분류되는 황의돈黃義敦, 권덕규權悳奎와 같은 인물이 조선불교대회의 초빙을 받아 강연을 하고 있다는 점이다.[28] 동아일보 다음 기사를 보면 그러한 사실을 알 수 있다.[29]

금 이십오일 오후 칠시부터 댱곡천뎡 그 회관에서 다음과 같이 강연한다고
朝鮮에 밋친 佛敎의 影響　　　　權悳奎
慈悲世界　　　　　　　　　　　黃義敦
三界平等에 善住하라　　　　　　李寅相

뿐만 아니라 불교계의 비타협적 민족주의자로 분류되고 있는 백초월白初月과 같은 인물도 조선불교대회에 초빙되어 강연을 하고 있다. 백초월은 승려 관련 독립운동에 광범위하게 참여하였으며, 1938년 일경에게체포되었다가 석방된 후 1941년 임시정부와의 연락과 독립자금조달 혐의로 체포되어 3년형을 선고 받고 옥중투쟁을 전개하다가 민족해방을 1

---

25) 中村三笑,「僧侶の弱點と無自覺」『朝鮮佛敎』, 창간호, 2쪽.
26) 拙稿, 앞의 논문, 137쪽.
27) 中村三笑, 앞의 글.
28) 朴杰淳, 1993.「日帝下 民族主義史學과 植民史學의 高麗時代史 인식론 비교」『한국독립운동사연구』제7집, 281쪽.
29)『東亞日報』1923.1.25.

년 앞 둔 1944년 6월 청주淸州 감옥에서 옥사하였다.[30] 1924년 12월에 조선불교대회에서 개최한 강연회에서 강연한 백초월과 권덕규 그리고 이회광의 강연 제목을 살펴보면 다음과 같다.[31]

> 불교대회강연회 십오일 오후 칠시부터 당사동에 있는 妙心寺에서 다음과 가치 강연
> 一心萬能　　　　　　白初月
> 朝鮮佛敎에 對하야　權悳奎
> 唯我獨尊의 母　　　李晦光

백초월과 같은 인물이 그 강연에서 친일적인 강연은 하지 않았다고 하더라도 조선불교대회에서 주관하는 강연회의 초청 연사가 되어 강연하였다는 사실 자체만으로도 조선불교대회가 얼마나 교묘하게 독립운동 전선에 분열정책을 썼는가를 알 수 있다고 하겠다.

조선불교대회의 성격에 대해서 정광호는 "단체(조선불교대회)의 목적이 한국인들의 불교를 통한 정신적 계몽을 촉구하기 위한 것이었다.[32]"고 규정하였다. 조선총독부는 3·1운동에서 천도교, 기독교, 불교 등 종교단체가 여전히 큰 잠재력을 지니고 있었다는 것을 인정하는 한편, 이들 종교단체를 재편하고 어용화 하기 위한 방법의 하나로 외곽단체의 결성을 통하여 종교계를 장악하려고 하였다.[33] 조선불교대회는 그러한 분위기 속에서 발족되었던 것이다.

---

30) 金昌洙, 1992, 「日帝下 佛敎界의 抗日民族運動」, 伽山李智冠스님 華甲紀念論叢 韓國佛敎文化思想史 下, 91~93쪽.
31) 『동아일보』 1924.12.14
32) 정광호, 앞의 책, 176~177쪽.
33) 강동진, 앞의 책, 388쪽.

3. 朝鮮佛敎團의 성립과 조직

1920년 후반에 성립된 조선불교대회는 1920년 4월에 개정된 포교규칙에 의해서 종교단체의 법인격法人格 취득이 가능해지자 진작부터 조선불교대회의 법인화가 논의되기 시작하다가 1924년 5월 24일 임시총회를 개최하여 회장이었던 권중현權重顯의 사퇴의사를 받아들이고 새로운 회장에 이윤용李允用(이완용의 형)을 선출하고, 다음과 같은 사항들을 결정하였다. 첫째, 삼백만원 재단법인 조직의 건, 둘째, 회관 기지基地 매입의 건, 이와 함께 조선불교대회 측은 이날 총회의 결정에 따라 경성京城 다실정茶室町 123번지 협성학교協成學校 기지 262평을 매입하였다.[34] 재단법인 설립 문제는 오래전부터 논의되어 왔던 문제로 애초에는 1924년부터 향후 10개 연간에 걸쳐서 3백 만원의 재단財團을 만들 예정이었으나 전후 사정이 어떠했는지는 잘 나타나 있지 않지만 1924년 하반기부터 재단법인 설립에 대한 논의가 본격화되었다.

조선불교대회의 재단법인 결성 문제는 1924년 9월 26일 동경은행 구락부에서 교오라 게이꼬[淸浦奎吾:子爵), 시부자와 에이찌[澁澤榮一:子爵), 노나까 고오지꾸[野中高寂:鮮銀總裁), 미야오[宮尾:東拓總裁), 이찌끼[市來:日銀總裁), 스스끼[佐佐木:臺銀頭取), 마쯔모토[松本:日銀副總裁), 미쯔이[三井], 미쯔비시[三菱] 기타 은행가 8인과 시모무라[下村:宗務局長), 후루하시[古橋:總督府 事務官), 미찌이끼[道重:增上寺 管長), 조선불교대회 상무이사常務理事 이원석李元錫 등이 모여 회의한 결과 만장일치로 조선불교단의 재단법인 조직을 결정하고 시부자와 자작子爵과 노나까 선은총재鮮銀總裁, 미야오 동척총재東拓總裁 세 사람을 집행위원으로 선출했다.[35]

조선불교대회는 조직변경을 단행하였으므로 회장 이윤용, 부회장 마

---

34) 『朝鮮佛敎』제2호, 1924.6.11, 2쪽.
35) 『朝鮮佛敎』제6호, 1924.10.11, 9쪽.

에다 노보루[前田昇], 상무이사 고바야시, 나카무라, 이사 야마토 요지로[大和與次郎] 등은 사이토 총독을 방문하여 역원役員 취임 인사를 했다.[36]

조선불교대회를 재단법인으로 만들기 위해서 상무이사였던 이원석은 1924년 봄부터 동경으로 건너가서 귀족원의장貴族院議長 도쿠가와 에이사토[德川家達], 궁내성종질요총재宮內省宗秩僚總裁 도쿠가와 요리미찌[德川賴倫], 가토 다카아카[加藤高明], 교오라 게이꼬, 시부자와 에이찌 및 시모오카 주우지[下岡忠治] 등과 기타 조선의 제명사諸名士들에게도 찬동을 구했다.[37]

1924년 10월 2일 오후 4시부터 장곡천정長谷川町 조선불교대회 회관에서 이사회를 개최하여 다음과 같은 사항을 의결하였다.[38]

첫째, 조선에서의 기금 모집의 건
둘째, 불교대회를 재단법인으로 변경하는 건
셋째, 役員總會 개최의 건

이사회의 결의에 의하여 1924년 12월 6일 역원총회役員總會에서는 조선불교대회의 재단법인 조직 건을 만장일치로 결의하였다. 이어서 1925년 5월 6일 조선총독부로부터 재단법인 인가가 나왔고 5월 20일자로 등기를 마쳤다.[39] 조선불교단이 재단법인으로 인가됨과 때를 같이하여 『조선불교』도 종래의 타블로이드판에서 국판으로 바뀌고 종래에 3내지 4면씩 실리던 한글은 기사는 자취를 감추고 일문 전용으로 바뀌었다.

재단법인 조선불교단의 목적은 "조선에 있어서 불교의 진흥 보급을 도모하고, 인심을 교화선도 하며, 민중의 복지를 증진하는 것"으로 하고, 앞의 두가지 항목 이외에도 필요에 따라서 부대사업으로서 교육자선 기

---

36) 위와 같음.
37) 『朝鮮佛敎』 제8호, 1924.12.11, 10쪽.
38) 『朝鮮佛敎』 제9호, 1925.1.11, 15쪽.
39) 『朝鮮總督府官報』 제3847호, 1925.6.13.

타 사회사업을 행할 수 있도록 되어 있었다.[40] 재단법인으로 인가될 당
시 조선불교단의 본부는 경기도 경성부京城府 장곡천정長谷川町 17번지에
두었고 기본재산을 살펴보면 다음과 같다.[41]

土地 : 京畿道 京城府 茶屋町 百二十三 番地의 垈地 262 坪
建物 : 同地上에 있는 朝鮮式 木造 瓦葺 平家建 1棟(建坪 32坪 1合)
　　　　　　　　同　　　　　　　　　　　　 1棟(建坪 19坪 1勺)
　　　　　　　　同　　　　　　　　　　　　 1棟(建坪 7坪 6勺)
　　　　　　　　同　　　　　　　　　　　　 1棟(建坪 3坪 3合 1勺)
　　　　土造鐵板葺平家建　　　　　　　　 1棟(建坪 3坪 5合 6勺)
現金 : 85,335圓

　　재단법인 조선불교단 단장은 이윤용李允用이었으며, 부단장은 한창수
韓昌洙와 마에다였다. 고문으로는 박영효, 이완용, 권중현, 도쿠가와 이에
사토[德川家達], 이하영李夏榮, 교오라 게이꼬, 도쿠가와 요리미치[德川賴倫],
오카다 료헤이[岡田良平], 시부자와 에이찌였다. 창립 당시 임원들의 구성
비율을 살펴보면 〈표 1〉과 같다.
　　표에서 보이듯이 교무고문과 교무상담역에는 조선인은 하나도 없다.
그리고 상담역은 한국인이 7명인데 비해서 일본인은 53명이나 되며 평
의원 숫자도 일본인이 14명이나 많은 것을 알 수 있다. 침체된 조선 불교
를 부흥시키기 위해서 창립되었다고 하는 조선불교단의 임원 비율에서
한국인과 일본인의 비율은 일본인이 거의 세 배에 가깝도록 많다.
　　조선불교단에 대한 조선불교계의 반응은 어떠했을까? 먼저 30본산
(1924년에 구례求禮 화엄사華嚴寺가 본사로 승격하여 나중에는 31본산이
됨) 주지들은 『조선불교』의 창간을 축하하는 축하 광고를 『조선불교』 창

---

40) 『朝鮮佛教』 제14호, 1925.6.11, 52쪽.
41) 『朝鮮佛教』 제14호, 1925.6.11, 51~52쪽.

간호 제 1단 아래에 싣고 있다. 식민지 시대에 30본산 주지 임명권을 조선 총독이 가지고 있었으니 어쩔 수 없는 일이라고 하자.

<표 1> 조선불교단 역원 구성표[42]

	고문	교문고문	상담역	교무상담역	이사	감사	평의원	계
한국인	5	·	7	·	7	1	33	53
일본인	5	17	53	13	7	2	47	144
계	10	17	60	13	14	3	60	197

그런데 1910년 10월 조선 불교 원종圓宗과 일본 불교 조동종과의 합병

---

42) 『朝鮮佛教』제13호,1925.5.11, 61~62쪽에 보이는 任員陣의 명단은 아래와 같다.

단장 男爵 李允用, 부단장 韓昌洙, 부단장 前田昇

고문: 侯爵 朴泳孝, 公爵 德川家達, 侯爵 德川瀨倫, 侯爵 李完用, 子爵 李夏榮, 岡田良平, 子爵 權重顯, 子爵 淸浦奎吾, 子爵 澁澤榮一, 下岡忠治, 男爵 閔泳綺

교무고문: 磯野日筵, 泉智等, 伯爵 大谷光演, 大谷尊由, 大西良慶, 吉田源應, 高楠順次郎, 武藤範秀, 山下現宥, 五葉愚溪, 新井石禪, 佐伯定胤, 澤柳政太郎, 北野遠峰, 道重信敎, 澁谷隆敎, 廣瀨賢信

교무상담역: 石堂惠猛, 桂本瑞俊, 太田深澄, 大谷愍成, 奧 博愛, 岡田敎篤, 高林玄寶, 龍山嚴雄, 栗木智堂, 窪川旭丈, 旭純 榮, 木下寂善, 湯澤龍岳,

이사: 白寅基, 富田儀作, 男爵 李允用, 常務 李元錫, 男爵 韓昌洙, 韓翼敎, 常務 中村健太郎, 釘本藤次郎, 大和與次郎, 前田 昇, 常務 小林源六, 吳斗煥, 黃井初太郎, 申應熙, 芮宗錫

감사: 和田常市, 韓相龍, 山口太兵衛

평의원: 石原磯次郎, 尹泰榮, 橋木茂雄, 播本恒太郎, 服部豊吉, 白寅基, 白樂三, 西川篤次郎, 堀內滿輔, 方奎煥, 富田儀作, 張友植, 張斗鉉, 陳內茂次, 李允用, 李仁用, 李圭元, 李容汶, 李承煥, 劉 銓, 梁在昶, 大村友之丞, 大村百藏, 大庭讓太郎, 度邊應次郎, 和田常市, 韓昌洙, 韓翼敎, 韓相龍, 兼古禮藏, 芳林徹, 田中半四郎, 高橋章之助, 中江富十郎, 中村健太郎, 信澤定吉, 山口太兵衛, 前田昇, 嚴柱益, 元惠常, 福永政次郎, 小林源六, 小杉謹八, 近藤 修, 吳斗煥, 後藤虎雄, 洪奭鉉, 高義駿, 寺西嘉彦, 寺尾猛三郎, 荒井初太郎, 新井虎太郎, 秋山督次, 佐藤虎次郎, 澤村九平, 佐佐木正太, 金明濬, 金漢奎, 金漢睦, 金性湛, 漁允油, 宮林泰次, 志岐信太郎, 申翂均, 申錫麟, 申應熙, 執行猪太郎, 進 辰馬, 望月勉, 芮宗錫, 杉市郎平

이 이루어지자 여기에 반대해서 임제종을 설립해서 조선 불교의 정통성
을 천명하는 데 앞장섰던 석전石顚 박한영朴漢永도 『조선불교』 창간호에
「불교佛教와 조선현대朝鮮現代」라는 글을 기고하고 있다. 물론 그 내용에
있어서 일제의 불교정책을 찬양하는 성격은 없지만 박한영이 기고한 글
은 조선불교계의 자기 반성적인 의미가 강한 내용을 싣고 있다. 그 맨
끝부분의 일부를 옮겨보면 다음과 같다.

> "朝鮮 現代에 佛教의 本體가 如上悲劇慘雲아빠저 잇스니 萬事一生의 회춘
> 의 희망이 잇다하면 元氣를 漸次 復蘇케 할 방법이라 하겠는대 그것은 目前
> 에 爽利케 뵈이지 안코 效能이 遲晚하야 傍人의 煩悶을 惹起할지니 그러타고
> 抛置하고 現風雲中에 一團이 되야 佛教의 本體와 朝鮮의 兩相忘함이 엇떠할
> 까? 悲觀하게 된 北山寒雪이 昨夜春風及雨中에 모다 鎭盡함을 杞人憂天의 石
> 生의 悲腸牛騷도 따러 同消하엿스면 어떠할가 만은 쓸대업는 一柄談草를 한
> 끗을 少敍하고 來日에 치노라.[43]"

1921년 일제의 각종 통제와 모순을 극복하고 당시 불교계가 직면하고
있는 시대적 과제를 해결하려는 문제 의식을 가지고 설립되었던 선학원
창설[44]을 주도 하였던 김남천金南泉도 역시 비슷한 논조의 글 「조선불교
계朝鮮佛教界의 소감所感」을 싣고 있다.[45]

『조선불교』에는 임원의 직책과 명단만 자주 언급될 뿐 기구표라든가
하급 실무직원의 직책과 이름은 언급되지 않으므로 현재로서는 정확하
게 그 조직 구성을 알 수가 없다. 다만 조선불교 창간호에 포교布教, 편집
編輯, 사회社會, 재무財務, 서무庶務가 각기 서로 관계를 맺어 상당한 성적
을 올렸다.[46]는 문귀에서 포교부, 편집부, 사회부, 재무부, 서무부가 있었

---

43) 石顚山人, 「佛教와 朝鮮時代」 『朝鮮佛教』 창간호, 5쪽.
44) 金光植, 1994, 「日帝下 禪學院의 運營과 性格」 『한국독립운동사연구』 제8집, 284.
45) 南泉和尙, 「朝鮮佛教의 所感」 『朝鮮佛教』 창간호, 5쪽.
46) 『朝鮮佛教』 창간호, 11쪽.

을 것으로 추측된다.

　조선불교단은 재단법인으로 인가되기 이전인 조선불교대회 때부터 지부 설립계획을 추진하였다. 1925년 1월에 발간된 『조선불교』 제17호에 실린 지부규정 총 5장 25조 가운데 주요한 항목만 살펴보면 다음과 같다.

　　第1條 : 本團의 지부는 각 道및 內地 樞要地에 둔다.
　　　　　 : 道支部는 필요에 따라 本團의 승인을 얻어서 府, 郡, 島에 地方部를
　　　　　 面, 洞, 町, 里에 分區를 설치할 수 있다.
　　第6條 : 지부에는 다음과 같은 役員을 둔다.
　　　1. 支部長 : 總裁가 위촉하고 團長의 지휘를 받아 部務를 總理함
　　　2. 支部部長 : 總裁가 위촉하고 지부장을 보좌하며 지부장이 사고가 있을
　　　　 때는 지부장의 직무를 대리함
　　　3. 敎務主任 : 團長이 위촉하고 지부장의 命을 받아 敎務를 掌理함
　　第15條 : 支部 이하의 경비는 寄附金品 기타의 수입으로 충당함, 단 寄附를
　　　　 勸誘募集할 때는 本團의 승인을 받을 것[47]

　조선불교대회의 지부설치에 관한 조항을 살펴보면 지부는 한국 내의 지부와 일본 지역 지부로 나누어진다. 한국 내에서의 지부 설치요건은 다음과 같다.

　　첫째, 각 도청 소재지 기타 樞要地에 지부를 설치 할 것
　　둘째, 會의 발전에 수반한 각 府郡 소재지 기타 추요지의 부락에 점차 포교소
　　　 를 설치하고 단 당분간 포교소는 各 宗의 포교소를 임시로 차입할 것
　　셋째, 부락 집회소 혹은 양잠 乾繭場을 사용 할 것
　　넷째, 종래 건견장 또는 부락 집회소의 시설이 없는 곳에서는 본회의 사회사
　　　 업인 양잠의 장려에 수반해서 다소의 보조를 주어서 시설을 하도록 할
　　　 것[48]

---

47) 『朝鮮佛敎』 제17호, 1925.9.11, 46~48쪽.
48) 『朝鮮佛敎』 제8호, 1924.12.11, 「朝鮮佛敎大會 實行案」 11쪽.

조선내의 지부 조직 방법으로는 첫째, 도지사道知事의 추천으로 지방 중심 인물로서 불교의 독신篤信한 조선인으로 지부장을 삼을 것, 둘째, 지사知事, 내무부장, 재무부장, 경찰부장, 군소, 경찰서장, 상업회의소 회두會頭, 조합관리자, 학교 교장, 각종주임各宗主任, 기타 관민의 유지를 고문, 상담역 찬조원 등의 명의로써 후원자로 삼을 것 등이다.[49]

일본에 설치하는 지부로는 도쿄[東京], 오오사카[大阪], 교토[京都], 고베[神戶], 후쿠오카[福岡]의 5대 도시로 정했다. 그 이유로는 도쿄는 일본의 수도인 까닭이고, 오오사카는 조선인이 많이 살고 있는 까닭이며, 교토는 불교 근원지이기 때문이고, 고베와 후쿠오카는 오오사카와 같은 이유 때문이었다.[50]

일본 지부장으로는 사정이 허락하는 한 조선인 중에서 명망가로써 임명하고, 임원은 일본인과 조선인 가운데서 합동으로 조직할 것이며, 일본인은 가장 활동력이 있고 신용이 있는 사람으로 지부장을 보좌케 할 것이며, 일본 지부의 유지 경비는 본부로부터 지급한다고 되어있다.[51]

조선에서의 지부는 1925년 9월 27일 평양지부를 필두로해서 신의주지부, 대구지부, 부산지부의 순으로 지부가 정비되기 시작해서 1928년까지는 전국 각 도에 지부 설치를 완료할 예정이었다. 실지로 이 계획은 다소간의 차질은 있었지만 대체로 계획대로 실행이 되어서 1929년 10월에는 전국적인 지부조직이 정비되었음이 확인되고 있다.[52]

조선불교단은 1927년 7월에 단장인 이윤용이 사임함에 따라 후임으로 부단장이었던 한창수가 단장으로 취임하였다. 한창수는 1907년 다이쇼오[大正]가 황태자로 내한했을 때 영접의원을 맡았고, 매국내각의 서기관

---

49) 위와 같음.
50) 위와 같음.
51) 위와 같음.
52) 『朝鮮佛教』 제65호, 1929.10.1, 50쪽.

장으로 이완용을 도왔으며 강제 병합 이후에는 남작男爵의 작위를 받았고, 이후 중추원中樞院 찬의贊議, 이왕직장관李王職長官을 지냈다.[53] 다음으로 그러면 조선불교단의 운영 경비는 어떻게 조달되었을까? 다음에서 그 사실을 알 수 있다.

> 貴族을 비롯해서 內鮮의 有志가 顧問과 相談役이 되었으므로 여러 가지로 배려되었다. 특히 총무 고바야시와 그중에서도 李完用, 朴泳孝, 야마토 요지로, 다까하시 쇼노스게(高橋章之助), 한상룡, 吳斗煥, 李仁用, 芮宗錫, 李圭元 등의 諸氏는 열심히 도와 주었다. 아 ㅣ 와같은 특별회원이 있어서 회의 유지를 원조하는 사람이 3백여명이고, 특히 또 금년에는 교오라(淸浦) 수상을 비롯해서 각 국무대신, 各宗 官長, 실업가 등의 찬조원이 수십명에 달해서 통상회원은 현재 약 5천명이지만 회비 등은 걷지 않고 있다.[54]

조선불교단은 1920년 9월에 성립했던 조선불교대회가 1925년 5월에 재단법인으로 확대 개편된 단체로써 그 인물 구성에 있어서는 일본의 전직 수상이 고문으로 있었는가 하면, 정계, 재계의 실력자들이 대거 역원役員, 상담역相談役, 고문 등의 자격으로 포진하고 있었다.

조선측에서는 을사오적들 가운데 한 사람인 권중현權重顯이 조선불교대회의 회장으로 선출되었고, 이완용의 형인 이윤용이 조선불교단 단장을 역임하기도 하였다. 그런가 하면 1908년에 설립되어 일본이 패망하는 그 순간까지 한국 농촌 경제를 피폐시켰던 동양척식회사의 설립 당시 이사 겸 조사부장을 맡았던 한상용韓相龍[55]과 이완용 등이 고문으로 된 것만 보아도 이 단체의 성격은 짐작하고도 남음이 있다.

---

53) 林鍾國, 1982, 『日帝侵略과 親日派』, 靑史, 91쪽.
54) 『朝鮮佛敎』 제2호, 1924.6.11, 「朝鮮佛敎大會より」, 2쪽.
55) 林鍾國, 앞의 책. 112쪽.

4. 朝鮮佛敎大會의 주최

이 조선불교대회는 재단법인 조선불교단의 전신인 조선불교대회가 아니고 조선불교단朝鮮佛敎團과 경성불교각종연합회京城佛敎各宗聯合會, 조선불교중앙교무원朝鮮佛敎中央敎務院의 세 단체가 연합해서 1929년 10월 11일부터 동년 10월 13일까지 조선총독부 대大홀과 근정전 및 훈련원 마당에서 개최한 행사를 말한다. 이 대회는 조선 및 일본의 고승들과 일본 고위층과 조선총독부의 고위 간부들이 대거 참여해서 성대하게 치러진 그들이 말하는 '조일불교교류행사朝日佛敎交流行事'였다.

조선불교대회 발기의 남상濫觴은 1926년 9월 조선불교단의 부단장인 마에다 노보루[前田昇]가 도쿄와 교토에서 불교연합회의 간부들과 만났던 자리에서 시작되었다. 일본 불교관련자들이 열렬한 찬동을 표했고 원조에 인색하지 않겠다는 약속을 함으로써 이루어졌다.[56] 그러나 사실은 그 이전에 조선불교대회의 발의가 조선 측에서 먼저 있었지만 일본 종교가들이 동의해 오지 않음으로 인해서 무산된 적이 있었다.[57]

조선불교대회는 1927년 4월부터 대회의 준비 작업을 시작하였다.[58] 조선불교대회 개최의 필요성에 대해서 대회 주최 측의 하나인 조선불교단에서는 대체로 다음과 같은 이유를 들고 있다.[59]

> 현재 조선의 종교가는 사회적으로 충분히 일한다고 하기에는 다소 곤란한 사정이 있고 內地의 종교가에게 있어서도 여러 가지 계획되어진 것은 있습니다만, 이것 또한 생각과 같이 실행할 수 없는 것이 현실입니다. 요컨대 內鮮 모두 충분히 일할 수 없는 실정입니다. 여기서 먼저 조선의 종교가가 충분히

---

56) 佐佐木淨鏡, 1930, 『朝鮮佛敎大會記要』, 朝鮮佛敎團, 92~93쪽.
57) 佐佐木淨鏡, 앞의 책, 5~6쪽.
58) 『朝鮮佛敎』 제38호, 1927.6.1, 44~46쪽.
59) 佐佐木淨鏡, 앞의 책, 3쪽.

활약하기 위해서도 내지 종교가의 협력이 어느 정도까지 필요하고, 또 내지 종교가도 조선에서 활약하는 데는 혼자서는 충분히 할 수 없는 것이 있으므로 양측은 서로를 기다리지 않으면 안된다고 생각합니다.

조선의 불교는 오랫동안 탄압 속에서 지내왔기 때문에 활성화되지 못했고, 일본의 포교사들이 조선에서 활동하기에는 아직 불편하고 익숙하지 못한 것들이 너무 많기 때문에 조선 승려들을 친일화해서 이용할 필요가 있다는 것이다.

실질적으로 조선불교대회를 개최하기 위한 삼단례三團禮의 교섭은 1928년 7월 5일 조선불교단 사무소에서 개최되었다. 이 회의에 참석한 사람들의 명단은 다음과 같다.

京城佛教各宗聯合會	幹事	히사이에 지미쓰(久家慈光)
同		고토 즈이강(後藤瑞巖)(代)
朝鮮佛教中央教務院	理事	李混惺
朝鮮佛教團	副團長	마에다 노보루(前田 昇)
同	理事	張憲植
同		다카하시 쇼노스케(高橋章之助)
同		나카무라 켄타로(中村健太郎)
同		야마토 요지로(大和與次郎)
同		吳斗煥
朝鮮總督府 宗教課長		洪承均[60]

1928년 8월 13일에 제 2회 발기자發起者 회의를 조선불교단 사무소에서 가지고 명칭, 초대자의 범위 및 대우, 개최시기, 준비위원의 명렬名列, 각 통신기관通信機關에 대회개최의 발표를 위한 건, 각 방면의 유지 및 공중公衆에게 대회 개최의 발표를 위한 건, 준비위원회에 대례大禮의 구체안

---

60) 佐佐木淨鏡, 앞의 책, 11~12쪽.

작성의 건, 마에다의 구체안[61]을 일제히 내지內地 각 방면에 교섭하는 건 등을 결정했다.[62]

1928년 9월 13일에 역시 조선불교단 사무소에서 제 1회 준비위원회를 개최하고 여기에서 대회의 목적 및 명칭 등을 비롯해서 다음과 같은 사항을 결정하였는데 대회 목적은 다음과 같이 천명하고 있다.[63]

> 本會는 內鮮佛敎徒의 交情親睦을 두텁게 하고 朝鮮의 佛敎를 促進하기 위하여 서로 提携하고 協力, 進步의 길을 모색함으로써 半島文化의 발달에 이바지하여 民衆의 福祉增進에 貢獻함을 目的으로 함.

이 준비위원회는 대회 명칭을 '조선불교대회朝鮮佛敎大會'라고 확정[64]하고, 대회의 준비위원장에는 조선불교단장인 한창수를 선임하였다.[65] 문제는 공사 다망한 일본 13종단의 56개파[66]의 관장과 한국의 31본산 주지들을 어떻게 한자리에 모이게 하느냐는 것이었다.

그래서 관장管長 혹은 관장 다음의 지위에 있는 유력한 사람들을 모이게 하고, 조선의 31본산은 궁벽한 곳에 처해 있으므로 각 본산의 의견을 도저히 모을 수 없으므로 경성에 있는 중앙교무원中央敎務院의 의견을 참조해서 이사理事, 기타의 찬동을 얻었다.[67]

---

61) 1928년 8월 13일 조선불교단 사무소에서 열린 제 2회 發起者 모임에서 마에다는 조선불교대회를 개최하는데 있어서 일본 각 宗派와 佛敎聯合會 및 文部省과도 신중한 협상이 필요함으로 1928년 가을 京都에서 개최되는 大典을 기회로 이 大典에 참석하여 문부성과 타협할 필요가 있었다. 이러한 사실에 대해서 준비위원을 선정해서 구체적인 案을 결정할 필요가 있었으므로 출석자들이 협의 한 결과 마에다에게 준비위원 선정등 구체안을 일임 하기로 결정했다.
62) 佐佐木淨鏡, 앞의 책, 12~13쪽.
63) 佐佐木淨鏡, 앞의 책, 13~16쪽.
64) 위와 같음.
65) 佐佐木淨鏡, 앞의 책, 23쪽.
66) 佐佐木淨鏡, 앞의 책, 6쪽.
67) 佐佐木淨鏡, 앞의 책, 6~7쪽.

1929년 8월 23일 오후 6시 경성호텔에서 각 신문 및 통신 기자단을 초치招致하여 불교대회 준비 예정을 발표하였다.[68] 당시 『매일신보』에 실린 조선불교대회 개최 안내 내용과 찬조회 조직 기사가 보이는데 대회 경비 조달을 위한 찬조회 조직 기사 내용을 살펴보면 다음과 같다.

> 別項 朝鮮佛敎大會를 찬조하야 其 目的을 완성케 하고자 男爵 韓昌洙, 마에다 노보루, 토찌로 (釘本藤次郎), 이시하라 이소지로(石原磯次郎), 張憲植 諸氏의 발의로 朝鮮佛敎大會 贊助會를 조직하고 각 방면의 찬조를 청할터인데 본회 목적은 佛敎大會에 상당한 多額의 경비를 要함이오. 此에 經濟的으로 援助코자 하는 것으로서 左記規程에 의하야 贊助會員에게 紀念品을 贈與한다더라.
>
> 一. 金 十圓 以上 醵出者 (三十一本山 寫眞帖 一册)
> 二. 二十圓 以上 醵出者 (三十一本山 寫眞帖 一册, 管長及諸高德師의 揮毫一枚) 이하 생략[69]

조선불교대회는 1929년 10월 11일 조선총독부 건물 대홀에서 개최되었다. 대회의 개최는 남산에 있는 조선신궁朝鮮神宮 참배에서부터 시작되었다. 오전 8시 신궁참배소神宮參拜所에 모여 신궁의 안내로 신궁 참배를 마치고 대회를 시작하였다.[70]

조선불교대회에 참가한 사람들을 살펴보면 일본 불교계의 13종단 28개파의 관장 및 그 대표자가 참석하고 있으며, 사이토 총독 이하 조선총독부의 고위 관리와 일본의 고승 석학 90여 명, 조선 31본산 주지 등과 중국과 독일에서도 대표가 파견되고 있으며, 대부분은 한국과 일본의 유력 인사 500여 명이 참석하였다.[71]

---

68) 佐佐木淨鏡, 앞의 책, 30쪽.
69) 『每日申報』 1929.8.25.
70) 佐佐木淨鏡, 앞의 책, 34쪽.

조선불교대회에는 임제종 설립운동을 주도했던 구례求禮 화엄사의 주
지 진진응陣震應(陳震應의 誤記임; 필자)이 조선불교대회의 개최를 축하하는
기념식사를 행하고 있는 점이 돋보인다.[72]

이 대회의 제 2일날은 훈련원 마당에서 순난횡사무연자추조법회殉難橫
死無緣者追弔法會(비명에 죽은 연고緣故가 없는 사람들을 추도하는 법회法會)를 개최
하였다. 이 행사는 일본에는 국난國難으로 인해서 죽은 사람들은 야스쿠
니[靖國] 신사에서 어엿하게 제사를 지내고 있었다. 사변事變이나 천재지변
으로 죽었을 때도 때때로 연고가 없는 망령을 위로하는 제사가 행해지고
있다. 조선에는 야스쿠니 신사가 없는 까닭에 이러한 일들이 이루어지지
않았다라고 하면서 고승대덕이 모이는 것을 이용해서 계획한 하나의 부
대사업이었다.[73]

이 대회는 효과를 극대화하기 위해서 개최 시기를 총독정치 20년의
시정을 기념하기 위해서 1929년 9월 12일부터 10월 31일까지 개최되었
던 조선박람회 기간에 맞추고 있다. 이 기간 동안에 한국을 방문하는 일
본 불교계의 고승들 가운데 일부를 위촉하여 한국의 각지를 순회하면서
강연을 하는 순회강연 일정을 계획을 계획하고 있었다.[74] 조선불교대회
에서는 다음과 같은 결의문을 채택하였다.[75]

> 우리 佛教徒는 일층 親睦을 圖謀하고, 朝鮮에 있어서 佛教의 普及興隆에
> 노력하며, 精神文化의 發揚에 공헌할 것을 期함.

---

71) 『경성일보』1929.10.12. 참석인사들은『朝鮮佛教』第65號, 1929.11, 50~52쪽과
   『朝鮮佛教大會記要』의 96~104쪽을 비교해 보면 약간의 오차가 있음을 알 수
   있다.
72) 佐佐木淨鏡, 앞의 책, 52~54쪽.
73) 佐佐木淨鏡, 앞의 책, 8~9쪽.
74) 『朝鮮佛教』제64호, 1929.9.1, 49쪽.
75) 佐佐木淨鏡, 앞의 책, 124~127쪽.

이러한 현상은 일반적으로 제국주의가 식민지 경영에 실시하는 온갖 '문화적 시책'이 궁극에는 민족운동 억압에 관련되는 전시효과를 노리는 것이었다. 일본은 3·1운동 후 조선에서 얼마간의 '문화적 시책'을 표방한 행사를 베풀었다.[76) 미술전람회, 품평회, 박람회 등이 그것으로 1929년 10월의 조선박람회도 그 가운데 하나이다.

조선불교대회는 불교계에도 적지 않은 영향을 주었다. 1927년 조선불교대회가 준비된다는 소식에 접한 불교계에서는 서둘러 1928년 11~12월경에 조선불교선교양종朝鮮佛敎禪敎兩宗 승려대회僧侶大會의 발기대회 및 발기대회준비회 등을 가지고 1929년 1월 3~5일, 각황사覺皇寺에서 승려대회를 개최하였다.[77)

김광식金光植은 「조선불교선교양종「朝鮮佛敎禪敎兩宗 승려대회僧侶大會의 개최와 성격」이란 논문을 통하여 승려대회가 불교계의 자주성을 확립하려하였다는 점에서 긍정적으로 평가하였다.[78)

조선불교계의 인사들 가운데 이회광李晦光, 김구하金九河, 이능화李能和 등은 조선불교대회의 준비과정에서부터 관여하였다.[79) 조선불교선교양종 승려대회에 참석했던 많은 인사들이 조선불교대회에 참석하였다. 또 승려대회에는 참석하지 않았던 사람들이 조선불교대회에 참석하는 인사[80)들도 있는 것으로 보아 조선불교선교양종 승려대회는 많은 한계가 노정된 행사였다고 하겠다.

조선불교대회는 위축되어 형해形骸를 남기고 있던 데 지나지 않던 조

---

76) 강동진, 앞의 책, 65쪽.
77) 金光植, 1995, 「朝鮮佛敎禪敎兩宗 僧侶大會 개최와 성격」 『한국근현대사연구』 제3집, 209쪽.
78) 金光植, 앞의 논문, 247쪽.
79) 佐佐木淨鏡, 앞의 책, 19~23.쪽
80) 이 점에 대해서는 1929.2, 『佛敎』 第56號, 120~123쪽과 『朝鮮佛敎』 第65號, 1923.29 11, 50~52쪽 그리고 『朝鮮佛敎大會記要』의 96~104쪽을 비교해 보면 알 수 있다.

선불교와 오랫동안 관민官民의 압박과 모멸 속에 존재가치를 상실하고 있던 조선승려들이 부활의 기회를 얻었다고 평가하는 사람도 있었다.[81]

하지만 내선內鮮 불교도들의 친목을 어떻게 도모할 것인가? 또 정신문화의 발양에 공헌하는 방법은 무엇인가? 조선에 있어서 불교의 보급흥륭普及興隆은 어떠한 방법으로 도모할 것인가? 즉 결의문에 대한 구체적인 실천방법이 논의되지 않았다는 측면에서 실패에 가까웠다고 평가하는 사람들도 있었다.[82]

조선불교대회는 조선불교의 부흥이라는 명분을 내걸었지만, 식민지 문화회유책의 일종으로 구상되었던 1929년 9월 12일부터 10월 31일까지 개최되었던 조선박람회朝鮮博覽會 기간에 맞추어 개최된 문화 선전행사였다고 할 수 있다.

더구나 1929년은 정토진종淨土眞宗 대곡파大谷派 동본원사東本願寺에서 오꾸무라 엔싱[奧村圓心]과 히라노 게이쓰이[平野惠粹]를 1877년 8월 부산에 파견[83] 한지 52년째 되는 해로서 대곡파의 법주法主 오오따니 고쵸[大谷光暢]가 조선개교朝鮮開敎 50년 기념 법요식을 거행하기 위해서 입국하였다.[84]

조선불교대회는 3일간의 일정으로 진행되었지만 실질적으로는 첫날 하루 동안의 행사였다고 할 수 있다. 둘째 날은 훈련원에서 순난횡사무연자추조법회殉難橫死無緣者追弔法會가 진행되었고, 셋째 날은 박람회 관람이 이루어졌기 때문이다.

하루 동안 치러진 행사에서 오전에는 대회장 선출과 각계 대표의 인사로 지나갔으며 순수하게 불교계의 문제를 거론한 것은 오후 한나절 동안에 이루어졌다고 할 수 있다.

---

81) 吉田無堂,「朝鮮佛教大會의 私見」『朝鮮佛教大會記要』, 127쪽.
82)『中外日報』1929.11.5, 河村道器,「朝鮮佛教大會 私言」.
83) 拙稿, 앞의 논문, 134쪽.
84)『京城日報』1929.9.4.

이러한 행사는 사전에 미리 치밀한 일정이 짜여져야 가능한 것이다. 조선불교대회는 총독정치와 문화시책을 선전하기 위한 조선박람회 계기 행사의 일종이었다고 하겠다. 조선불교대회는 예불로 시작하지 않고, 조선신궁 참배를 먼저 시작한 것으로 보아서도 이 대회의 성격이 '충량忠良한 신민臣民'을 만들기 위한 식민지 정책에 순응하기 위하여 계획된 행사였음을 보여준다.

5. 朝鮮佛敎團의 사업과 성격

1910년대 무단정치 아래서 독립운동가들은 어떠한 합법적인 민족운동도 할 수가 없었기 때문에 많은 이가 종교단체에 몸 담았다. 또 3·1운동에서 천도교, 기독교, 불교 등 종교단체가 대중결집의 매체로서 큰 역할을 했으며, 3·1운동 이후에도 종교 단체는 여전히 큰 잠재력을 가지고 있었다.[85]

이른바 문화정치를 표방한 1920년대 일제의 종교정책은 종교단체를 분열, 어용화하는 방향으로 설정되었다.[86] 조선불교단은 조선총독부의 이러한 조선지배 정책의 소산으로 탄생한 단체였다.

조선불교단에서 발행한 기관지 『조선불교』에는 일본 불교계의 소식 뿐만 아니라 일본 불교단체가 한국에서 벌이는 여러 가지 사회사업들을 적극 홍보, 찬양하고 있으며, 한국 불교계의 동향도 알리고, 나아가서는 조선총독부의 시책도 게재하고 있다. 조선불교단은 1925년 5월 기관지인 『조선불교』에 다음과 같은 사업을 수행한다고 밝히고 있다.

    1. 강연회, 강습회 및 활동사진회 개최

---

85) 강동진, 앞의 책, 388쪽.
86) 위와 같음

2. 조선인 포교사의 양성
3. 각종 불교 단체와의 연락 및 후원
4. 기관신문의 발행 및 불교상의 유익한 圖書, 印刷物의 간행
5. 불교에 관한 연구 및 조사
6. 敎育, 慈善 기타 필요하다고 인정되는 사회사업에 관한 施設 또는 補助
7. 불교상 공로가 있는 자의 表彰
8. 內地 佛教見學員의 파견
9. 기타 本團의 목적을 달성하기 위해서 필요한 사항[87]

강연회는 1920년 조선불교단이 창립된 이래로 매월 6회 내지 10회에 걸쳐 개최하였다. 1924년 6월에 발간된『조선불교』를 살펴보면 강연 횟수가 336회에 달하고 강연에 참석한 연인원이 68,118명이라고 집계[88]되고 있고, 당시의『동아일보』에도 강연회 안내 기사[89]가 자주 실리고 있었다.

견학원은 1925년부터 매년 5명씩 선발되어 교토와 나라(奈良)를 중심으로 한 일본 불교 유적지를 중심으로 짧게는 12일에서 길게는 20여 일간 파견되었다.[90]

그런데 일본 시찰단 파견을 본격화시킨 것은 3·1운동 후인 1920년대 전반기였다. 시찰단 파견의 목적은 조선인에게 일본 문화의 선진성을 선전하기 위해서 되도록 관공리, 교원 등에게 시행하였다.[91]

시찰단으로 선발되어 일본을 다녀온 사람은 귀국 후 '보고연설회'를 개최할 의무가 있었으며 청중들에게 일본의 '선진성', '강대성'을 선전해

---

87)『朝鮮佛教』제13호, 1925.5.11, 59쪽.
88)『朝鮮佛教』제2호, 1924.6.11, 2쪽.
89)『東亞日報』1923.6.5, 1923.6.15, 1923.6.25, 1923.7.5, 1923.7.15, 1923.7.25일자에 조선불교대회의 강연 안내 기사가 실리고 있다. 그러나 1925년 재단법인 조선불교단 발족 이후 동아일보와 조선일보 공히 조선불교단에 관한 기사는 거의 찾아보기가 힘들다.
90)『朝鮮佛教』제18호, 1925.10.11, 33쪽.
91) 朝鮮行政編輯總局,『朝鮮統治秘話』, 139쪽.

야만 했다. 이것은 조선총독부가 그들을 여론 주도층으로서 지방의 친일 여론 조성에 이용하려 했던 것으로 어용잡지 『조선朝鮮』에는 자주 보고 회 기사가 실렸다.[92]

조선불교단의 사업 가운데서도 가장 심혈을 기울였던 것은 교육사업 教育事業과 포교사업布教事業이었다. 교육사업의 시급함에 대해서는 다음 과 같은 『조선불교』 사설에서 그 단면을 엿볼 수 있다.

> 조선에서 긴급을 요하는 것은 정신의 振興보다 심한 것이 없다. 정신의 진 흥은 불교도의 각성을 기다리지 않으면 안된다. 그런데 불교는 그 단초를 학 교 교육에서 출발하지 않으면 안된다. 이와 같이 論窮할 때 조선불교 대학의 意義가 큰 것을 알고 그것을 창설하는 것을 소홀히 할 수 없는 것을 통감한 다.[93]

이와 비슷한 논조의 발언은 1929년 조선불교대회 석상에서도 보인다. 증상사增上寺 관주貫主 미찌시게 노부노리[道重信教]의 다음과 같은 발언에 서 그러한 사실을 엿 볼 수 있다. "현상現狀의 조선에 있어서 불교를 포교 하는 가장 좋은 방법은 깊고, 넓은 불교의 복음福音을 서민庶民 사이로 끌 어 내리는 불교주의 사회사업을 제창하는 바입니다." 여기에 이르러 의 장議長은 미찌시게의 의안議案을 제출케 하였다.

> 一. 朝鮮 全土에 民衆的 佛壇을 安置할 것
> 二. 京城府內에 內鮮共學의 종교대학을 설립할 것[94]

이것을 만장滿場에게 묻자 일동박수一同拍手로서 응답했다. 그러나 일 제는 조선에 대학을 설립하는 것에 대해서는 1922년 제2차 교육령이 공

---

92) 강동진, 앞의 책, 50쪽.
93) 『朝鮮佛教』 제4호, 1924.8.11, 「朝鮮佛教大學 創設의 急務」, 1쪽.
94) 佐佐木淨鏡, 앞의 책, 56쪽.

포된 이후 1924년 경성제국대학[95]에 예과豫科를 개설하였다. 1926년에 법학부와 의학부를 개석하여 충량한 일제의 주구走狗를 양성하는 곳으로 만들었을 뿐, 종교대학을 설립하는 것을 허용하지 않았다. 일제는 조선인이 대학교육을 받는 것을 원치 않았기 때문이다. 왜냐하면 조선인이 고등교육을 받으면 식민통치의 모순을 깨닫게 될 것이고, 그것의 민족운동으로 연결되는 것을 두려워하였기 때문이다.

반면에 친일파를 양산하기 위한 유학생 선발은 조선불교대회 때부터 지속적으로 이루어져 왔으며, 선발 자격기준은 점차 강화되고 있었다. 1924년 5월에 포교사 양성을 위해 김윤하金崙河(長安寺), 김동진金東鎭(南長寺), 유희진柳熙鎭(傳燈寺) 등 세 명의 유학생을 선발하였다.[96]

1926년 1월부터는 포교 유학생 선발기준이 강화되어 갑甲·을乙종으로 나누어서 『조선불교』지에 광고를 통하여 공개로 선발하였는데 인원은 한 번에 10명 안팎이었고 지원자 자격 기준도 당시 사회에서 엘리트 계층에 속하는 사람으로 한정하고 있다.[97]

포교 유학생 모집 자격 기준으로 갑甲종은 일본 전문학교에 파견하여 졸업후 약 1년간 지정한 일본의 사원에서 포교사로서 필요한 실습을 거칠 것을 요구하였다. 나이는 18세 이상 30세 이하로 규정하고, 고등보통학교 졸업 또는 그과 동등한 학력을 가진 자를 선발하였다.[98]

을乙종은 일본 각종各宗 본산에 파견해서 사원寺院에서 포교사로서 필요한 훈육訓育을 받을 것을 요구하였다. 나이는 25세 이상 35세 이하로써 보통학교 졸업 또는 그 이상의 학력을 가지고 현재 승적僧籍이 있는 자를 선발하였다.[99]

---

95) 경성제국대학에 관해서는 다음의 논고를 참조할 수 있다. 張世胤, 1992,「日帝의 京城帝國大學 설립과 운영」『한국독립운동사연구』제6집.

96) 『佛敎』제1호, 1924.8,「佛敎月旦」, 71쪽.

97) 『朝鮮佛敎』1926.1.11, 제21호, 91쪽.

98) 위와 같음.

포교생으로 선발된 학생들에게는 식비, 수업료, 교과서, 제복, 제모 등
학업에 필요한 일체의 것들이 제공되었다. 침구寢具, 평상복平常服, 기타
일상의 잡비는 본인이 부담하는 것으로 하였다.[100] 이들의 입학과 성적
및 졸업에 관한 사항이『조선불교』의 지면에 자주 소개되고 있으며 이후
로 포교학생 선발은 매년 이루어졌다. 포교 유학생들의 소요 경비는 일
년에 약 5·6백만원으로 책정되었다.[101]

1926년 조선불교단의 예산규모와 세부사업비 지출을 살펴보면 〈표 2〉
와 같다.

〈표 2〉朝鮮佛敎團 1926年度 事業槪況[102]　　　(단위: 원)

사업명	세부항목	예산액	비고
강연회의 개최	정기강연 특별강연	538	
강습회의 개최		770	
교 화 사 업	교무고문 순회포교 활동사진 花祭 추석회	4,550	추석에 조상의 정령을 弔喪
기관잡지의 발행		6,000	
포교학생 파견		7,800	
사 회 사 업		1,000	
일본불교견학단		600	
지 부 설 치	일본支部 조선支部	2,760	
계		24,018	

---

99) 『朝鮮佛敎』제21호, 1926.1.11, 91쪽.
100) 『朝鮮佛敎』제34호, 1927.2.1, 목차 앞의 광고면
101) 『朝鮮佛敎』제15호, 1925.7.11, 6쪽.
102) 『朝鮮佛敎』제22호, 1926.2.11, 「朝鮮佛敎團 大正十五年度 事業槪況」57~59
　　쪽.

〈표 2〉에서 보이는 바와 같이 전체 예산 가운데 가장 많은 비율을 차지하는 것이 포교학생 유학비용이며 그 백분율은 32.4%나 소요되고 있음을 알 수 있다. 이것은 1920년대 조선총독부의 친일파 양성책의 단면을 볼 수 있는 자료라고 할 수 있다.

조선불교단에서 벌인 사업 가운데서 1925년 소위 을축년 홍수 때의 구호사업은 특기할 만하다. 잘 알려진 바대로 을축년의 홍수는 1925년 7월 28일자 경무국 발표에 따르면 사망자만도 공식집계된 숫자 4,028명에 이르고 이재민은 8만명이 넘었다.[103]

대홍수가 발생하자 조선불교단에서는 즉각적으로 구호 물품을 모집하였다. 현금 1,684원 80전과 냄비 1,050개, 국자(杓子) 235개, 칠륜七輪(풍로) 65개 등 다수의 물품을 모은 조선불교단에서는 급박한 상황 속에서도 백미白米 50석을 매입하여 1천개의 백미대白米袋를 제작해서 한 부대에 5승升씩을 담아서 "불佛의 혜惠"라고 먹으로 써서 1천 세대에 나누어 주었다.[104]

뿐만 아니라 용산龍山 효창원孝昌園 골프장에 5동棟의 바라크 건물을 짓고 이촌동, 마포 방면의 한국인 이재민 약 2천 여명과 일본인 수명數名을 수용하였는가 하면, 동년 8월 17일에는 경성 공회당에서 경성각종불교연합회와 합동으로 '전선수해사망자추도회全鮮水害死亡者追悼會'를 개최하였다.[105]

조선불교단은 친일파를 양성하고, 한국 불교계의 저항의식을 약화시키려는 의도가 다분히 내재되어 있었기 때문에 민족운동에 대해서는 다분히 부정적이었을 뿐만 아니라 준엄한 경고를 보내고 있다.

『조선불교』제2호에 실린 논설을 살펴보면 "1919년 3월 전선全鮮에 걸

---

103) 『朝鮮佛教』 제16호, 1925.8.11, 41쪽.
104) 『朝鮮佛教』 제16호, 1925.8.1, 50~51쪽.
105) 『朝鮮佛教』 제17호, 1925.9.11, 42~45쪽.

쳐서 조선독립운동朝鮮獨立運動이 봉기한, 그 경거輕擧, 그 망동妄動은 바로 종교적 훈련의 결핍으로 인한 것으로도 관찰된다. 또 우리들은 일천 칠백만 새로운 형제와 인연을 맺은 이상은 서로 간에 사랑받고 싶다. 사랑하고 또 사랑받는 사랑에는 문화의 정도를 같은 수평선으로까지 끌어 올리지 않으면 안된다. 형은 형으로서 아우는 아우로서 세계의 대지를 활보하고 싶다고 말할 것까지도 없이 입기에 적당한 옷과 먹기에 적당한 식물食物과 살기에 적당한 집을 일본과 같은 모양의 것으로 하고 싶다고 말하는 것은 아니지만 형은 천품天品을 발휘하고 아우는 성능性能을 완성한다면 그것으로 좋은 것이다."[106]

일본이 식민지 통치의 실상을 은폐하기 위해서 그들이 만들어낸 종교적 훈련을 잘 따랐다면 3·1운동과 같은 독립운동도 일어나지 않았을 것이고, 무수한 희생도 없었을 것이라는 논리이다.

그들이 말하는 종교적 훈련이란 무엇을 말하는가? 요컨대 그것은 종교를 통하여 식민지 통치체제를 수용하고 그들의 지배논리에 순응하는 것을 의미한다.

이러한 식민지 통치 논리는 사이토 총독의 연설에서도 잘 드러난다. 사이토는 1925년 6월 8일 경성호텔에서 열린 재단법인 조선불교단 창단 피로연에서 다음과 같이 말하였다. "이 사업은 심甚히 필요한 것으로 우리의 희망에 부응하고 있는 것이라고 말하는 것 한마디를 부가하고 싶다고 생각합니다."[107]라고 하였다.

조선불교단이 식민통치를 적극 옹호하고 있었다는 것은 『조선불교』의 주간인 나카무라가 1926년 2월 11일 이완용이 죽었을 때 『조선불교』에 실은 다음의 글에서 잘 나타난다.

---

106) 『朝鮮佛敎』 제2호, 1924.6.11, 李智光, 「向上會館の 使命に就して」, 14쪽.
107) 『朝鮮佛敎』 제15권, 1925.7.11, 8쪽.

만약 候(이완용을 가리킴)가 없었더라면 日韓併合의 계획은 이렇게까지
원만하게 이루어지지 못했을 것이다. 明治 四十(1907)년 七月 日韓協約의 체
결로부터 明治 四十三(1910)年 八月 日韓併合에 이르기까지의 候의 慘憺했던
苦心과 헌신적 용기는 다른 사람이 도저히 엿볼 수 있는 것이 아니다. 우리
朝廷이 候를 待함에 특별한 대우를 한 것은 진실로 당연한 것이었다. 그러나
조선인 중에는 心事를 諒解하지 못할 뿐만 아니라 매국의 거두로 변모되어
그것 때문에 후는 이래로 자객의 표적이 되어 한번은 자객의 毒刃에 걸리어
命을 잃을 뻔했다.[108]

나카무라는 조선불교계에서 1929년 1월 각황사에서 '조선불교선교양
宗朝鮮佛教禪教兩宗 승려대회僧侶大會'를 개최하여 전조선불교도全朝鮮佛教徒
의 총의로 종회宗會와 종헌宗憲을 제정[109]하자 즉각적인 반응을 나타냈
다. 나카무라는 「조선칠천朝鮮七千의 승려僧侶에게 경고警告함」이란 글에
서 다음과 같이 조선 승려들의 자주적인 움직임을 경고하고 있다.[110]

그런데 그 후의 정보에 의하면 이 大會의 幹部중에는 僧侶의 本分을 忘却
하고 승려가 해서는 안되는 匪謀를 써서 全然 邪道에 墜墮하여 惡魔의 使徒가
되어 國家社會를 좀먹고, 佛을 배반하며, 法에 反하는 佛敵이 되었으니 天道
가 어찌 그 사사로움을 함께 할 것이며, 端正하지 못한 것은 官憲의 察知하는
바 되었으니 某某승려들은 그 간계를 실행하기에는 이르지 못했던 것이다.
과연 그렇다면 실로 중대한 大事라고 하지 않을 수 없다.

조선불교단은 창립 이래로 각종 강연회, 강습회를 개최하였고, 포교
유학생들을 선발하여 그들의 식민정치에 순응하는 세력을 양성하려고
하였고, 1925년에 을축년 대홍수 때에는 많은 한국인들에게 혜택도 베풀
었다. 1929년에는 총독정치 20년을 찬양하는 일종의 문화선전사업인 '조

---

108) 『朝鮮佛教』 제23호, 1926.3.11, 中付建太郎, 「李一堂候の薨去」 2~4쪽.
109) 金光植, 앞의 논문, 245~246쪽.
110) 中付建太郎, 1929.4.1, 「朝鮮七千の僧侶に警告す」 『朝鮮佛教』 제59호, 2~4쪽.

선박람회'의 기간에 맞추어 조선불교대회를 개최하기도 하였다.

조선불교단은 일본 정계와 밀접한 관련을 가지고 있었으며, 1920년대 사이토 총독이 표방한 문화정치의 핵심 사업인 친일파 양성책의 일환으로 탄생한 일본 사람들이 주축이 되어 노골적인 친일적 성향을 가진 사람들이 가담한 단체였다.

6. 맺음말

이상에서 1920년대 조선불교단의 성립과 사업 및 성격에 대해서 살펴보았다. 조선불교단은 1920년 9월에 재조선 일본 불교신도들과 친일인사들이 중심이 되어 조직되어 1920년 4월에 개정된 포교규칙에 의해서 종교단체의 법인격 취득이 가능해지자 1925년 5월에 재단법인 조선불교단으로 확대 개편된 단체였다.

조선불교단은 전직 일본 수상과 실업가, 유수한 일본 은행 총재 등 당시 일본의 정계, 실업계, 학계의 주요 인사들의 전폭적인 지지를 받으면서 성립하여 조선총독부의 친일파 양성정책에 부응하여 친일적 분위기와 여론을 형성하는데 기여하였다.

1910년대 이른바 무단정치 시기에 일본의 식민지 불교정책은 1911년 6월 사찰령을 시행함으로써 전국에 30개의 사찰을 본산本山으로 지정하고 그 30본산의 주지 임명권을 조선총독이 가짐으로써 승려계층을 친일화 하였다.

1919년 3·1운동이 천도교, 기독교, 불교 등 종교단체가 중심이 되어 발발하자 당황한 일본은 조선총독을 경질시키고, 종래 무단정치에서 문화정치로 정책을 바꾸었다. 실제로 내용면에서는 무단정치와 문화정치가 다를 것이 없었지만 문화정치의 특성은 조선에 친일파와 친일단체들을 양성하여 식민통치를 정당화시키고 민족운동전선을 분열, 약화시키는 것이었다.

조선불교단은 1919년 9월에 부임한 사이토 총독이 표방한 소위 문화
정치의 일환인 친일단체 양성책의 일환으로 탄생된 단체였다. 일제는
1920년에 들어와서는 일본인과 조선인 재가불자들을 중심으로 조선불교
단을 통하여 조선의 불교도들을 친일화 하고자 하였다.

조선불교단은 각종 강연회와 구호사업을 통하여 조선 민중들에게 환
심을 사려하였고, 1925년 7월의 을축년 홍수 때에는 많은 인명을 구하기
도 하였다. 또 우수한 조선의 청년들을 선발하여 일본에 유학시킴으로써
그들로 하여금 총독정치를 찬양하게 하고 나아가서 민족운동전선을 분
열시키려 하였다.

1929년 10월에는 조선불교대회를 개최하여 조선과 일본의 많은 고승
과 석학들을 초빙하여 성대한 행사를 베품으로써 식민지 경영의 문화시
책을 과시하기도 하였다. 조선불교단의 교육과 구호사업의 효용성을 인
정한다고 하더라도 식민지 치하의 조선민족의 절대 과제가 민족해방임
을 전제로 한다면 민족해방을 부정하는 그 어떠한 은혜나 혜택도 부정적
인 평가를 면할 수 없다. 그러한 은혜나 혜택의 이면에는 민족해방 투쟁을
약화시키고, 식민통치를 정당화하려는 의도가 내재되어있기 때문이다.

제4장
1930년대 전반기 在朝鮮 일본 불교계의 동향
-『朝鮮佛敎』誌에 나타난 활동을 중심으로-

1. 머리말

필자는『한국독립운동사연구』제 9집(1995)에「조선불교단연구朝鮮佛敎團研究」라는 논문을 발표한 바 있다. 일제는 1910년대 무단정치를 통하여 조선을 지배해왔지만 1919년 3·1운동의 발발로 조선인의 대규모 저항에 직면하였으며, 그 결과 통치정책을 수정하지 않을 수 없었다. 1920년대에 들어와서는 식민지 통치를 이른바 문화정치라는 미명하에 친일파를 대거 양성하여 민족운동 세력을 분열·약화시키고 나아가서 억압과 통제로 대변되는 식민통치의 실상을 은폐하려고 하였다.

조선불교단은 1920년대 조선총독부의 친일파 양성책의 일환으로 재조선在朝鮮 일본인들과 이완용·한창수·한상용 등 친일파 인사들이 대거 참여하여 성립시킨 불교외호단체佛敎外護團體였다. 1920년대 조선불교단의 주요 사업은 조선 불교계의 주요 인사들을 선발하여 일본에 시찰단으로 파견하였고, 조선의 우수한 학생들을 선발하여 유학생으로 파견하였으며, 학교를 세워서 조선문화와 조선인의 열등성을 강조하고 상대적으로 일본문화의 우수성을 찬양하여 식민정책을 옹호하는 것이었다.[1] 그

---

1) 김순석, 1995,「朝鮮佛敎團研究」『한국독립운동사연구』제9집, 125~148쪽.

리고 조선불교단은 각종 강연회·강습회와 활동사진을 상영하는 등의 문화사업을 통하여 친일파를 양성하는데 일정하게 기여한 단체였다.[2]

본고에서는 1924년 5월 재조선 일본 불교계 인사들과 친일적 조선인들로 구성되었던 조선불교단의 기관지로 발행을 시작한 『조선불교朝鮮佛敎』 지[3]에 실린 글들을 통하여 1930년대 전반기 조선에 진출해 있던 일본 불교계에서 수행하였던 식민지에서의 종교적 역할을 규명하고자 한다. 본고의 대상시기는 1931부터 1936년까지로 설정하였다. 그 이유는 주 자료인 『조선불교』 지가 1936년 6월 호까지 남아있기 때문이다. 1936년 1월 호와 6월 호 두 권만 남아있으므로 1930년대 전반기라고 표현하였다.

일본 사회에서는 1931년 만주사변을 계기로 일본정신에 대한 연구가 왕성하게 일어났다.[4] 그 원인은 당시 사회가 물질만능주의 풍조로 기울어 첫째도 물질, 둘째도 물질이 독차지해서 황금을 숭배하는 생각이 만

---

2) 위와 같음.
3) 필자가 1995년 「朝鮮佛敎團硏究」를 집필할 당시에 『朝鮮佛敎』誌는 1924년 5월 11일 창간호부터 1935년 10월 1일에 발행된 제 115호까지 76권이 현존하고 있다고 하였으나 그 후 소장처인 동국대학교 도서관측의 노력으로 더 많은 책들이 발견되어 1996년 민족사에서 발간한 한국근현대불교자료전집 전 69권 가운데 25권부터 36권까지 수록되어 있다. 현재 1936년 6월 1일에 발간된 121호까지 가운데 모두 112권이 남아있다. 그런데 1930년 12월 1일에 79호가 발행되고 80호부터 84호까지 5권은 현재 남아있지 않다. 85호는 1933년 1월에 발간된다. 만 2년간 『朝鮮佛敎』誌가 5권 밖에 발행되지 못한데는 필시 무슨 곡절이 있을 것이나 현재로서는 알길이 없다. 그리고 그 외의 결호는 107호, 116호, 119호, 120호이다. 『朝鮮佛敎』誌는 창간 당시에는 조선불교단의 기관지로 출발하였으나 1928년 6월 1일 제 50호를 기점으로 조선불교단으로부터 독립하여 조선불교사가 독립하여 1928년 8월 1일 제 51호부터는 조선불교사에서 『朝鮮佛敎』誌가 발간되고 있다. 동 잡지가 조선불교단의 기관지였을 때는 매달 발간되었으나 조선불교사에서 발행되고 난 다음부터는 재정난에 봉착하여 매달 발행되지 못하는 경우가 발생하게 되었다(72쪽각주 15 참조).
4) 『朝鮮佛敎』 제103호, 1934.10, 佐佐木四方志, 「眞日本」 3쪽.

연하게 되었고, 사회주의 사상이 들어와서 적화운동이 생겨나게 된 데 있었다.[5]

이러한 상황에서 국민정신을 회복하기 위해서 강조되는 것이 교육과 종교정책이었다. 교육과 종교를 밀접하게 한다는 것은 종교의식을 학교에 도입한다는 것이 아니라 물질만능, 과학만능의 사고에 젖어있는 머리를 교육을 통해서 예지를 밝혀야 하는 사명이 종교가에게 있다고 강조하기 위한 것이었다. 따라서 비상시국을 당면해서 정신국방을 강화하기 위해서 중요한 의식을 종교에서 찾고 있다.[6]

일본 당국자들은 서양 백인들의 동양침략에 대해서 일본 불교도들이 가져야 할 자세는 두 가지 중대한 책무가 있다고 하였다. 그 하나는 일본이 끝까지 정의공도正義公道에 입각하고 있다는 것을 중외中外에 밝히는 것이다. 그것은 일본인들이 서양 백인들에 비해서 인류가 실현해야 하는 숭고한 이상을 지표로 하고 있다는 것을 알리는 것이었다. 다른 하나는 일본이 동양의 맹주라는 자각을 가지고 서양 세력에 대항하기 위해서는 동양에 있는 전 유색인종의 단결을 강조해야 한다는 것이다. 특히 일본과 중국 양국이 불교도라는 이름하에 제휴 협력할 것을 제창하고 있다.[7]

일제는 1920년대의 산미증식계획 실패의 원인 가운데 하나가 조선 농민들의 자발적인 참여의 결여에 있다고 판단하고, 1930년대에 들어와서 피폐해진 조선의 농촌을 부흥시키기 위해서는 조선농민들의 자발적인 참여를 유도하는 정책을 수립하지 않을 수가 없었다. 그 대안으로 대두된 것이 '심전개발운동心田開發運動'[8]이었다.

---

5) 中村健太郎, 1933.1, 「國難と佛敎的信念涵養の急務」『朝鮮佛敎』 제85호, 18쪽.
6) 中村健太郎, 1934.9.1, 「精神的國防の急」『朝鮮佛敎』 102호.
7) 江田俊雄, 1933.5, 「非常時局と佛敎徒の態度」『朝鮮佛敎』 88호, 14~15쪽.
8) 심전개발운동은 학계에서 개념 정리가 이루어진 용어는 아니지만 1930년대 일제가 시행하였던 정책 명칭이고, 본고에서 자주 사용되는 용어이므로 이후부터는 따옴표를 생략함.

일제는 1935년부터 본격적으로 시작된 심전개발운동을 통하여 조선
민중을 정신적인 면에서 식민정책에 이용하고자 하였다. '심전개발운동'
은 일본 파시즘 세력에 의해서 크게 선전되었던 천황제 이데올로기를 조
선민중들에게 주입시키는 데 크게 기여한 운동이었다.[9]

이러한 천황제 이데올로기의 강화는 일제가 1937년 중일전쟁을 일으
키면서부터 '황민화'[10]정책이라는 이름하에 본격적으로 시작되었다. '황
민화'정책이란 조선사람을 일본인으로 만드는 동화정책이었다. 동화정책
은 조선사람을 경제적으로나 문화적으로 일본 사람의 수준으로 만드는
것이 아니라, 그들이 지배하기에 편리하도록 충량한 신민, 곧 '황국신민'
으로 만드는 것이었다.[11] 그것은 시간이 흐름에 따라 여러 가지 부분에
서 강화되어갔다. 황민화정책이 본격적으로 시행되면서 조선불교계에도
직접적인 압력이 가해져서 일본의 천황폐하天皇陛下 성수만세聖壽萬歲 패牌
를 본당에 장식하는 것이 강요되기에 이르렀다.[12]

『조선불교』지는 당시 조선에 들어와 있던 일본 불교계에서 발행한 가
장 유력한 잡지였다. 재단법인 조선불교단 창립 당시 고문들의 명단을
살펴보면 전직 수상 교오라 게이꼬[清浦奎吾]·귀족원貴族院 의장 도쿠가와
에이사토[德川家達] 등을 비롯하여 일본 정계·재계·군인 등 각계의 유력한
인물들로 구성되어 있었다.

『조선불교』지의 필진들도 일본 불교계에서 정토종淨土宗 포교감독布敎

9) 한긍희, 1996.6, 「1935-1937년 일제의 '심전개발'정책과 그 성격」 『한국사론』 35,
서울대학교 국사학과.
　김순석. 2000, 「1930년대 후반 조선총독부의 '心田開發運動' 전개와 조선불교계」
『한국민족운동사연구』 25.
10) 주 8번과 같은 이유로 따옴표를 생략함
11) 宮田節子, 1985, 『朝鮮民衆と「皇民化」政策』, 未來社. 이 책은 국내에서 번역본
으로 출간되었다. 宮田節子 著, 李熒良 譯, 1997, 『朝鮮民衆과 「皇民化」政策』,
一潮閣, 103쪽.
12) 中濃教篤, 1976, 『天皇制國家と植民地傳道』, 國書刊行會, 195쪽.

監督 히사이에 지미쓰[久家慈光][13)를 비롯해서 학계에서는 식민사학 형성에
큰 역할을 하였던 동경제대東京帝大 교수 구로이다 가쓰미[黑板勝美],[14) 뒤
에 제 7대 조선총독으로 부임하는 육군대장 미나미 지로[南次郎][15) 등 유
력한 인사들이 주류를 이루고 있다. 따라서 『조선불교』지의 분석은 이
시기 조선에서 일어났던 일본 불교계의 흐름과 일본 불교 교단이 조선총
독부 정책에 호응하여 활동하였던 상황을 잘 알 수 있다.

　본고에서는 1930년대 전반기 일제가 만주사변 이후 전쟁 확대를 준비
해 가는 과정에서 재조선 일본 불교계가 조선 민중들에게 어떤 역할을
하였는가를 검토하고자 한다. 나아가서 일제의 대륙침략에는 어떻게 기
여하였는 가를 살펴 보고자 한다.

2. 만주사변과 재조선 일본 불교계의 당면 과제

1) 만주사변과 재조선 일본 불교계

　1931년 9월에 일어난 만주사변은 일본 제국주의의 그 후 진로를 결정
했을 뿐만 아니라, 한국 지배정책에서도 질적인 전환을 가져오게 하였
다.[16) 일본에 의한 만주영유滿洲領有는 중국과의 전쟁은 물론 구미제국歐
美諸國과의 전쟁을 야기할 수 있는 가능성이 컸고, 따라서 그것은 중국과
대미소전對美蘇戰을 수반할 것으로 보였다.[17)

　일본은 국제사회에서 고립되었고, 나름대로 대안을 제시하지 않을 수

13) 久家慈光, 「心田開發機關을 設けよ」『朝鮮佛教』제110호.
14) 黑板勝美, 1933.6, 「朝鮮佛教の特色を知れ」『朝鮮佛教』제 89호, 8~9쪽.
15) 南次郎, 「大事を斷ずるは 復にあり」『朝鮮佛教』제86호, 6~8쪽
16) 宮田節子, 1980, 「日帝下 한국에 있어서의 農村振興運動」, 안병직·박성수 외, 『한
　　국근대민족운동사』, 돌베개, 175쪽.
17) 三谷太一郎, 1992, 「滿洲國國家體制と日本の國內政治」『近代日本と植民地』2,
　　岩波講座, 181쪽.

없었다. 그 해결책으로 대두된 것이 국민총동원체제 구축이었다. 임제종에서 세운 임제대학臨濟大學 학장이었던 고토 쯔이강[後藤瑞巖]은 국난극복의 방안에 대해 다음과 같이 말하였다. "이번에 신만주국의 출현에 의하여 일본은 국제적으로 고립되었습니다. 처음부터 시세가 여하튼 해결할 방법이 없으므로 이렇게 된 바에는 국민총동원으로써 이 고립을 광영光榮되게 하지 않으면 안됩니다. 그리고 그 목적달성을 휘해서는 동양문명의 진정신眞精神에 입각하지 않으면 안되게 되었습니다"[18]라고 하여 국제적 고립에서 벗어나기 위한 방법으로써 전국민을 동원하는 총동원 체제 구축만이 대안이라고 제시하기에 이르렀다.

당시 일본은 1929년 세계공황의 여파로 경제적 위기 상황을 맞이하고 있었으며 1917년 러시아혁명의 결과로 사회주의 사상이 요원의 불길처럼 일본 사회에 번져 나감으로 인하여 곤경에 처하게 되었다. 1931년 만주사변을 계기로 해서 재정국난財政國難·경제국난經濟國難·사상국난思想國難이라고 하는 3대 국난을 맞이하여 그 어느 때보다도 위기 의식이 팽배해 있었다. 일본 국민들은 이 국난을 타개할 수 있는 일대영웅一大英雄의 출연을 기대해 마지 않는 실정이었다.[19]

조선불교사 사장인 나카무라 켄타로[中村健太郞]는 당시 일본이 처한 사상계의 위기 상황을 다음과 같이 묘사하고 있다.

우리나라는 현재 마치 噴火山上에 앉아 있는 것과 같은 실정으로 지금에 와서 그 火脉을 제거하고, 그 폭발을 제거하지 않으면 일본 국민의 생명은 안전을 보장할 수 없을 전도로 비상한 때입니다. …중략… 게다가 사상계를 보면 국민은 모두 물질만능주의에 경도되어 첫째도 물질, 둘째도 물질이라고 하는 것으로 가득 차서 무작정 黃白(금전)을 숭배하고 黃金을 위해서는 절조도 버리고, 主義도 없고 大和魂은 어디에 있는지 의심하지 않을 수 없습니다. 여

---

18) 『朝鮮佛敎』 제88호, 1933.5, 後藤瑞巖, 「東洋文明の眞精神に立脚」 6쪽.
19) 『朝鮮佛敎』 제85호, 1933.1, 「國難と佛敎的信念の涵養及び其方法」 29~30쪽.

기에 사회주의가 일어나서 위험사상이 발생하여 赤化運動이 생겨났습니다.[20]

나카무라는 비상시 국난을 극복하기 위한 자력갱생의 실현에는 종교적 신념을 함양하는 것으로써 근본을 삼지 않으면 안된다고 하였. 그는 현재의 외교국난·경제국난·사상국난을 구제하기 위해서는 국민전체가 불교적 신념을 확립하여 금강불괴金剛不壞의 대정신으로써 난국을 돌파하여 더욱 국위國威를 발양해서 총동원령을 내리지 않으면 안된다[21]라고 하였다. 1929년 대공황의 여파로 경제공황에 직면하였으며 특히 농촌공황은 극에 달했다. 이러한 상황을 해결하기 위해서 군부의 일부 청년 장교들이 수상 관저를 습격하여 이누가이 쓰요시[大養毅] 수상을 습격한 쿠데타가 발생하였다.[22]

이에 일제가 취한 비상대책은 농촌공황을 총동원체제를 확립함으로써 수습하고 동시에 대외위기에 대처하는 체제를 형성하는 것이었다. 일제는 1932년 7월 우가키 가즈시게[宇垣一成]가 총독으로 부임하면서 농촌진흥운동農村振興運動이라는 새로운 농촌통제책을 실시하였다.[23]

1932년에 시작된 농촌진흥운동은 전체 조선농촌을 대상으로 관官의 강력한 지도와 조직력이 뒷받침되어 다분히 '국민운동'의 색채를 띠면서 나타났다. 농촌진흥운동은 단순한 경제운동이 아니라 일본정신을 기초로 하여 농가갱생운동을 전개한 것이며, "유용有用한 황국신민皇國臣民의 육성育成"을 최종목표로 하였다.[24]

일제의 이러한 시책은 당시 강원도지사였던 이범익李範益의 다음과 같

---

20) 『朝鮮佛敎』 제85호, 1933.1, 中村健太郎, 「國難と佛敎的信念涵養の急務」 18쪽.
21) 위의 책, 19쪽
22) 高橋幸八郎 외, 車泰錫·金利進 역, 1992, 『日本近代史論』, 지식산업사, 286쪽
23) 朝鮮總督府, 1944.3, 『朝鮮の國民總力運動 – 附大日本婦人會朝鮮本部槪況』, 2쪽.
24) 金英喜, 1996.6, 『1930·40년대 日帝의 農村統制策에 관한 硏究』, 숙명여자대학교 박사학위논문, 59쪽,

은 말 속에 잘 나타난다. "이러한 국난을 타개하는 길은 필경 자력갱생
운동에 철저하게 근거한 민심의 진작경장振作更張에 있다는 것을 믿는 것
이다. 그렇게 하기 위해서는 일본과 조선이 함께 신앙의 대상인 불교에
로 귀의함으로부터 그것을 계기로 하여 더욱 나아가는 것이 가장 의의가
있는 것이다"[25]라였다. 그는 불교를 통해서 자력갱생운동의 진흥을 기하
고 나아가서는 국난을 타개하는 활로를 찾고자 하였다.

1930년대 전반기에 일본이 사상적인 면에서 당면했던 문제는 만주사
변으로 점령한 만주의 문화를 연구해서 만주통치에 효율성을 기하는 것
이었다 다른 하나는 1920년대부터 일본 사회에서 요원의 불길처럼 번져
나가기 시작했던 사회주의 사상을 척결하는 일이었다. 그러면서도 일본
인들은 항상 백인들의 인종적 우월감을 경계하고 있었다. 일제는 1931년
만주사변을 일으켜 국익선國益線을 만주지방까지 확대하였다. 그리고 만
주에 아시아 이외의 세력들이 접근하는 것을 불허하고 만주를 중국 대륙
침략의 발판으로 삼았다.

이러한 인식은 당시 지식인들에게도 호응을 얻고 있었다. 동국대학교
의 전신인 중앙불교전문학교中央佛教專門學校 교수였던 에다 도시오江田俊
雄는 이렇게 말하였다. "일본은 일찍이 일청日清·일로日露전쟁을 치르면
서 만몽滿蒙의 들판에서 많은 피를 흘리고 막대한 국가 재산을 소비했고
만주 개발을 위해서 많은 자금을 투여했지만 만주는 생명선이랄까 또는
아시아의 것에 대해서는 아시아 이외에서 간섭할 수 없다"[26]라고 하여
아시아에 있어서 열강 세력의 접근을 경계하였다.

일제의 조선지배정책은 조선민중의 '동화정책同化政策'이었다. 그 가운
데 종교정책은 천황제 이데올로기를 중심축으로 해서, 일제의 팽창정책
에 따라서 통제가 강화되어 가는 과정으로 이해하여야 할 것이다.

---

25) 『朝鮮佛教』 제88호, 1933.5, 李範益, 「精神の作興暢達が急務」 6~7쪽.
26) 江田俊雄, 앞의 글, 16쪽.

일제가 식민지 조선에서 취한 종교정책의 궁극적인 목적은 국가신도 체제國家神道體制를 확립하는 것이었다. 그리고 일제는 모든 종교에 있어서 기본적으로는 보호주의를 표방했다. 그러나 그 보호주의는 식민지 지배정책에 순응하는 한에 있어서는 정책적으로 일정하게 배려하였지만 저항하거나 불온한 움직임이 보일때는 가차없는 탄압으로 나타났다.[27] 일제의 종교정책 목적은 국가신도 보급을 통하여 조선인의 사상통일을 기하고 식민지 지배에 순응하는 충량한 신민을 만드는데 있었다. 그러나 처음부터 식민지 조선에서 신도를 보급하는데는 많은 문제가 있었다. 조선인의 정서에 신도는 생소한 것이었기 때문이었다. 그 다음으로 일제가 택한 것이 불교였다.[28]

1930년대에 들어와서 재정적·경제적·사상적으로 위기를 맞고 있었던 일본과 식민지 조선사회에서 함께 국난을 타개할 수 있는 방법으로 제시된 것이 불교였다. 그것은 1933년 5월에 조선불교사에서 『조선불교朝鮮佛教』지 창간 10주년을 맞이하여 당시 사회 저명인사들이 기고한 축사 가운데 강원도지사였던 이범익李範益의 다음과 같은 글에 잘 나타난다.

> 지금 우리나라는 內外的으로 모두 多事多難이 至極해서 소위 비상시국을 맞이하고 있는 중이지만 이 난국을 타개하는 길은 필경 自力更生運動에 의거한 민심의 振作更張에 있다고 믿습니다. 이에 있어서 사상계의 동요와 경제계의 불황이 수반되어 근래에 갑자기 荒廢萎微를 초래한 민중의 정신생활의 내용을 충실히 하는 것과 함께 作興暢達을 기도하는 것은 目下의 급무입니다. … 內鮮이 함께 신앙의 대상인 불교에 귀의하는 것으로부터 그것을 계기로 하여 더욱 더 그 걸음을 나아갈 수 있다는 것은 가장 意義있는 것이라는 것과 더불어 그것 또한 조선에 있어서 이 道에 책임있는 것으로 특히 기대하는 바입니다.[29]

---

27) 김순석, 1988, 「일제의 종교정책 – 불교정책을 중심으로」 『僧伽教育』 제2집, 대한불교조계종 중앙교육연구원, 184~185쪽.

28) 김순석, 위의 논문, 203~204쪽.

일제는 일본 정신을 일으킬 수 있는 것은 오직 신도라고 생각하고 있었다. 하지만 조선민중의 교화에 적당한 것은 종교의 문화 사상에서 보거나 종교의 성질에서 보더라도 불교라는 것에 대해서는 의심할 바가 없었다. 일본 당국자들은 신도와 불교에 대해서 치밀하게 고찰해 본다면 진실로 일본 정신의 발흥勃興을 보는 것은 어렵다[30]고 판단하였다. 조선민중들에게는 먼저 불교를 통해서 사상적으로 교화를 하고 난 다음에 불교와 밀접하게 습합된 일본 신도의 보급을 통하여 식민지 지배정책에 동화시키겠다는 것이었다.

2) 『조선불교』지의 발행 현황과 조선불교단의 성격 변화

1920년대에 들어와서 이른바 문화정치라는 미명 아래 조선인들에게 표면적으로는 언론·출판의 자유를 허용하는 듯했지만 내용면에 있어서는 간섭적인 자유에 지나지 않았다. 따라서 경찰 당국이 검열과 삭제를 자행하고, 나아가서 압수押收·발행정지發行停止·발행금지發行禁止 처분을 마음대로 내릴 수 있었고, 조선인들이 경영하는 잡지는 극심한 자금난과 지나친 검열제도로 인한 집필자 확보의 어려움으로 인해서 창간호가 종간호終刊號가 되고 고작해야 2·3호를 발행하였고, 1년을 꼬박 계속 발행하기란 흐린 하늘에서 별보기였다.[31]

이러한 상황하에서 『조선불교』지는 1920년 9월에 발족한 조선불교대회가 재단법인 조선불교단朝鮮佛敎團으로 확대 개편하는 문제가 거론되기 시작하던 1924년 5월에 창간되어 제 12호까지는 타블로이드판으로 발행

---

29) 『朝鮮佛敎』 제88호, 1933.1, 李範益, 「精神の作興暢達が急務」, 6~7쪽.
30) 『朝鮮佛敎』 제103호, 1934.10, 中村健太郎, 「佛敎復興の機」, 1쪽.
31) 金根洙, 1974, 「1920年代의 言論과 言論政策」 『日帝治下 言論·出版의 實態』, 永信아카데미 韓國學硏究所, 603~609쪽.

되었다. 1925년 5월 6일자로 재단법인 인가와 함께 국배판 책자로 바뀌었다.[32)]

『조선불교』지는 당시 조선에서 일본인이 발행하였던 가장 유력한 불교 잡지였으며, 발행 부수는 1934년 3월에 2,000부를 발행하여 조선 각지와 일본 그리고 대만, 상해, 만주, 하와이, 샴(지금 태국)까지 보내지고 있었다. 그런데 1934년 불탄佛誕 2,500 주년을 맞아 배로 증간增刊해서 조선농촌청년을 교화시키는데 노력하고 싶다고 하고 있다.[33)]

당시 조선에서 발행되던 신문·잡지·통신 등은 일본인이 발행하던 것과 조선인이 발행하던 것으로 대별될 수 있는데 1930년 현재 일본인이 발행하던 신문은 31종 123,029부 잡지는 11종 27,756권, 통신은 8종 1,650부였고, 조선인이 발행하던 신문은 6종 89,960부, 잡지는 5종 3,058권이었으며, 조선인이 직접 외국으로부터 소식을 받을 수 있는 통신사는 없었다.[34)]

1930년에 조선인들이 발행하였던 잡지의 전체 수량이 3,058권이었는데 비해서 1934년 『조선불교』지의 발행부수가 2,000권에 달하고 있으며, 1934년 불탄 2,500을 맞이하여 수량을 배로 증가시키겠다고 하였다.

『조선불교』지가 재정적으로 조선불교단으로부터 독립하기 전인 1928년 6월까지는 한 호도 결호缺號가 없었으나 이후부터 조선불교사는 재정난에 부딪치게 되어 『조선불교』지를 매월 발행하지 못하는 달이 많아지게 되었다.

『조선불교』지가 조선불교단으로부터 독립하게 된 1928년 7월에 제 51호가 나오지 못하고 다음 달인 8월에 나오게 된 것은 오랫동안 재정적인 후원을 받아왔던 모체로부터 분리된 혼란한 상황 때문이었다. 1930년 12

---

32) 김순석, 1995, 「朝鮮佛敎團研究」『한국독립운동사연구』 제9집, 133쪽.
33) 『朝鮮佛敎』 제98호, 1934.3, 「名士訪問記」 29쪽.
34) 永信아카데미 韓國學研究所, 1974, 『日帝治下 言論·出版의 實態』, 39~44쪽.

월 1일자로 제 79호가 나오고 난 다음에 만 2년 사이에 80호부터 84호까지 5호가 발행되고 1933년 1월 1일에 제 85호가 발행되었다. 이 시기에 발간된『조선불교』지는 현재 전하지 않고 있다. 그리고 1935년 12월 1일자 제 117호부터는 팜플릿 형태로 발간되고 있다.

『조선불교』지의 성격으로 보아서 조선총독부의 방침을 어김으로써 정간되었다고도 보기 힘들다. 그렇다면 조선불교단 내부에 중요한 변화가 있었음을 짐작할 수 있다. 이러한 사실은 1933년 1월호에 게재된 나가지마 타다토시[中島忠利]의 글에서 짐작할 수 있다. "본년本年(1932) 10월에 재단법인 조선불교단이 해산되고 동일 목적의 관음신앙을 목표로 하는 조선불교단이 창설되었다"[35)]라고 한데서 재단법인 조선불교단의 성격이 바뀌었음을 알 수 있다.

그러나 재단법인 조선불교단이 완전히 해산된 것 같지는 않으며, 성격이 관음신앙을 신봉하는 단체로 바뀐 것 같다. 그 이유는 1933년 8월호에 법상종法相宗 관장管長인 오오니시 료오게이[大西良慶]가 조선불교단사교朝鮮佛敎團司敎라는 직책으로「연緣」[36)]이라는 글을 싣고 있기 때문이다.

이 시기에 오면 조선불교사도 재정난에 직면하여『조선불교』지의 발행에 어려움을 겪고 있다. 그것은 1934년 9월에 발행된『조선불교』지의 편집후기에 다음과 같은 사실에서 알 수가 있다고 하겠다. "그저 괴로운 것은 이 원고도 게재하고 싶고, 저 원고도 실을려고 욕심을 부려보지만 지면이 충분하지 못해서 어떻게 할 수 없는 것입니다."[37)]

---

35)『朝鮮佛敎』제85호, 1933, 中島忠利,「國難と佛敎的の信念び涵養及其方法」, 29~30쪽. 식민지 시대에는 법인의 등기인가와 해산 및 정관변경·理事 선임과 경질까지도『朝鮮總督府官報』가운데 '商業及法人登記'란에 실리고 있다. 그런데 1987년 아세아문화사에서 영인하여 발행된『朝鮮總督府官報』에 조선불교단의 해산과 성격변화에 관한 사항이 1933년도 10월 이후의 관보 '商業及法人登記'란에 게재되어 있지 않다. 그런데 1934년 1월 11일자 관보의 58~64쪽이 누락되어 있으므로 혹시 누락된 부분에 기록이 있을는지는 알 수 없다고 하겠다.

36)『朝鮮佛敎』제91호, 1933.8.1, 大西良慶,「緣」, 2~3쪽.

이러한 현상은 1935년에 심전개발운동이 전개되면서 보다 심각한 형태로 나타난다. 조선불교사에서는 『조선불교』지의 재정적인 후원을 위해서 '지우회誌友會'라는 후원회를 조직하기에 이른다. '지우회' 규약을 보면 다음과 같다.[38]

> 첫째, 불교주의佛教主義의 정신운동 기관인 월간 잡지 『조선불교』의 독자를 '지우誌友'라고 칭함.
> 둘째, '지우회'는 언제·어느 곳에서든지 다음과 같은 사업을 행하고 심전개발에 정진하는 것으로 함. 1. 간담회, 2. 신앙좌담회, 3. 성전독송회聖典讀誦會, 4. 좌선회坐禪會, 5. 강년회.
> 셋째, '지우회원'은 『조선불교』지 구독료 외의 회비를 요要하지 아니함.
> 넷째, '지우회'에는 후원인 약간명을 둔다.
> 다섯째, '지우회' 사무소는 경성부 주교정舟橋町 140번지 조선불교사에 두고 희망에 의해서 곳에 따라 지부를 둘 수 있다.

그리고 '찬조회규약'을 보면 회원을 찬조회원과 특별찬조회원가 있었다. 찬조회원은 연 5원, 특별찬조회원은 일시에 50원 이상을 낼 수 있는 사람으로 한다고 규정하였다.[39]

당시 『조선불교』지 한 권의 값은 25전錢이었으며, 6개월 구독료는 1원 35전, 1년 구독료는 2원 60전이었다. 당시 『동아일보』 한달 구독료가 1원이었으며, 『조선일보』는 80전이었다.[40] 1933년 파인巴人 김동환金東煥이 발행하였던 잡지 『삼천리三千里』의 한권 값은 20전이었고, 6개월 구독료는 1원 10전, 1년 구독료는 2원 10전[41]이었으며, 1935년 『학등學燈』의 경우는 한 권에 10전, 6개월 구독료는 50전, 1년 구독료는 1원이었다.[42]

---

37) 『朝鮮佛教』 제102호, 1934.9.1, 「編輯後記」.
38) 『朝鮮佛教』 제113호, 1935.8, 「社報」.
39) 위와 같음.
40) 『동아일보』 1925.11.5 ; 『조선일보』 1925.5.12.
41) 『三千里』 1933.10.1.

조선불교단이 창단될 당시 그들이 내세운 목적은 "조선불교朝鮮佛敎의 상호 교류와 조선에 있어서 불교의 진흥보급을 도모하고, 인심을 교화선 도 하며, 민중의 복지를 증진하기 위한 것"이었다.

조선불교단은 일제의 친일파 양성책의 일환으로 성립한 단체였다. 따라 서 기관지인 『조선불교』지의 발간 목적 역시 조선불교단의 그러한 사업을 홍보하는 것이었다. 조선불교단의 본래 목적이 조일불교의 상호 교류와 조선에서 친일파 육성책의 일환에서 비롯된 단체이므로 일본 불교계와 조 선불교계의 사정을 소개하고 있다.[43] 드물기는 하지만 친일적인 조선인의 글도 싣고 있고, 뿐만아니라 민족적 성향이 강한 승려들인 방한암[44]·송 ·만공[45]·백용성[46] 등을 찾아가서 인터뷰를 한 내용도 싣고 있다.

창간 당시 조선불교사 사장은 고바야시 겐로쿠[小林原六][47]였고, 주간主 幹은 나카무라 켄타로[中村健太郞]였으나 1929년 1월에 발간된 제 56호에는 사장과 편집겸 발행인이 나카무라로 바뀌어있다.[48]

이러한 사실은 1928년 8월에 발간된 『조선불교』 제51호의 맨 끝 편집 자가 쓴 '『갱신호更新號』의 후後에' 부분에 다음과 같이 나타나고 있다. 『조선불교』는 아직도 겨우 이유離乳할 정도 밖에 안되는데 갑자기 여태 까지 낳아주고, 길러준 부모인 조선불교단으로부터 영양물營養物과 식이 食餌가 중단되었다고 하였다. 이것으로 조선불교단으로부터 재정적으로 독립하게 되었다는 사실을 알 수 있다.[49] 1931년 만주사변 이후 1932년

42) 『學燈』 1935.11.1.
43) 『朝鮮佛敎』 창간호, 1924.5.11.
44) 『朝鮮佛敎』, 相馬勝英, 「方寒巖師をたづねて」, 14~19쪽.
45) 『朝鮮佛敎』, 一記者, 「宋萬空禪師と一問一答」 6쪽.
46) 『朝鮮佛敎』 제89호, 1933.6, 沈斗煥, 「白龍城師を訪ねて」, 31쪽.
47) 1925.1, 『朝鮮佛敎』 제9호, 1면 (하단 광고).
48) 『朝鮮佛敎』 제56호, 1929.1.1, 中村健太郞, 「昭和四年の新生を迎ふるに當りて」. 당시 나카무라는 조선불교단 理事로서 조선불교단과 깊은 관련이 있는 인물이었다.
49) 『朝鮮佛敎』 제51호, 1933.8.1, 編輯子, 「更新號の後に」 49쪽.

10월경에 조선불교단은 내부적으로 큰 변화가 있었을 것으로 추측되지만 현재로서는 자료상의 한계로 자세한 내막은 알 길이 없다.

3. 재조선 일본 불교계의 '心田開發運動' 참여

1929년 미국의 증시 폭락에서 비롯된 경제공황의 여파는 1930년 세계대공황으로 이어졌다. 이미 일본 자본주의의 구조 속에 편입되어있던 조선의 농촌은 심각한 타격을 받지 않을 수 없었다. 1920년대 산미증식계획으로 미곡단작구조米穀單作構造가 심화된 상황에서 농업공황으로 인한 농산물의 가격 폭락은 식민지 농촌사회에 적지 않은 모순을 폭발시켰다.[50]

일제는 1920년대 산미증식계획 실패 원인의 하나로 계획 자체가 조선의 농업사정을 이해하지 못하고 세워진데 있었으며, 조선농민의 자발적인 참여가 없었다고 분석하였다. 일제는 1930년대 농업정책을 조선농민의 자발적인 참여를 유도하는 방향으로 전환하였다.[51]

우카기 총독은 이러한 방침 아래서 1930년대에 들어와서 황폐해진 조선농촌을 구제한다는 명목으로 '농어촌진흥운동'[52]과 '자력갱생운동' 실시 계획을 발표하고 11월에 시행하였다.[53]

일제는 농촌진흥운동을 통하여 조선의 사상계에 대한 지배력을 확보

---

50) 金英喜, 앞의 논문, 48쪽.
51) 이정은, 1992,「日帝의 地方統治體制 수립과 그 성격」『한국독립운동사연구』제6집, 271~272쪽.
52) 이 시기 농촌진흥운동에 관해서는 다음 논문들을 참고할 수 있다. 宮田節子, 1973,「朝鮮における農村振興運動」『季刊現代史』2호 ; 宮田晶子, 1981,「戰時體制下朝鮮の農村振興運動」『歷史評論』377호 ; 靑野正明, 1911,「植民地期朝鮮における農村再編成政策の位置付け」『朝鮮學報』136집 ; 金英喜, 1996,「1930·40년대 日帝의 農村統制政策에 관한 研究」, 숙명여자대학교 박사학위논문.
53) 朝鮮總督府, 『施政三十年史』, 303쪽.

할 필요가 있다고 판단하고, 이를 전면적으로 강화하기 위해서 '심전개 발운동心田開發運動'을 실시하였다.[54]

심전개발이 본격적으로 거론되기 시작한 것은 1935년경부터였다. 1월 10일에 있은 조선총독부 부국장部局長 회의에서 우가키 총독이 훈시한 9가지 항목 가운데서 심전개발에 관한 것은 다음의 두 가지였다. "첫째, 정신작흥精神作興, 자력갱생自力更生 기타 전년부터 착수해왔던 일은 신년과 더불어 크게 박차를 가해서 촉진을 도모할 것, 둘째, 겸해서 희구希求되는 심전개척心田開拓에는 본년本年은 다시 수보數步를 진척시킬 것"[55]이라고 하였다.

심전개발운동은 1931년 만주사변 발발 이후 어려워진 경제난과 정국불안을 신앙심을 통해 극복하기 위하여 입안된 사상통제책의 일환이었다.

이러한 목적을 달성하기 위해서 우가키는 조선민중들에게 신앙심을 함양시키기 위해서는 결국은 신도神道·유교儒教·불교佛教·야소교耶蘇教 등 기존의 종교 조직을 활용하는 방안을 검토하였다.[56] 우가키는 그 가운데서도 특히 조선시대를 통하여 정치적으로 억압되어 왔던 불교를 정치적으로 소생시켜 실행할 것을 고려하였다[57]라고 생각하였다.

일제가 조선에서 궁극적으로 달성하고자 하였던 종교정책의 목표는 국가신도國家神道의 보급이었다. 그렇다면 왜 불교가 심전개발운동을 추진하는데 있어서 부흥시켜야 할 종교로 선택되었는지를 살펴보아야 할 것이다.

당시 조선에서 유력한 종교로서는 기독교·유교·불교·천도교를 들 수 있다. 그 가운데 기독교는 유일신을 섬기는 배타적인 종교였기 때문에

---

54) 김영희, 앞의 논문, 87~88쪽.
55) 『宇垣一成 日記』 2권, 1935.1.16(1988, 국학자료원, 990쪽).
56) 『宇垣一成 日記』 1935.1.30(1988, 국학자료원, 997쪽).
57) 위와같음.

신도神道와 결합되기는 어려운 점이 있었다. 유교는 1915년 8월 16일 부령府令 제 83호로 공포된 '포교규칙布敎規則'[58]에 의하면 종교의 범위에서 제외되었다.[59] 식민지 시기 일제가 가장 두려워하였던 종교인 천도교는 신흥종교인 유사종교로 분류하여 경무국에서 관할하도록 하였다.

불교는 오랜 세월 동안 조선왕조 정부로부터 탄압을 받아왔고 게다가 "일본 정신인 신도神道는 불교와 잘 융합하는 형태로 지내왔다. 불교는 일본 민족의 근본 사상에 접했던 정신운동이고 불교의 부흥이 아니면 진실의 골수를 나타내었다고 말할 수 없다."[60]라고 하였다. 이 말은 국가 신도의 사상과 의식 및 절차 등을 조선인들에게 적응시키는 데는 시일이 필요하였다는 것이다. 그 대안으로 대두된 것이 일본과 조선에서 함께 오랫동안 신봉해 온 불교였다.

조선총독부는 심전개발운동의 원활한 수행을 위하여 사회과의 일부로 축소되어 있던 종교계를 종교과로 독립시키자는 의견이 대두[61]하였으나 실제로 이루어진 것 같지는 않다. 1936년에는 조선총독부 직제 기구표에 종교과가 독립되어있지는 않다.[62] 일제가 내건 심전개발의 목적을 살펴 보면 다음과 같다.

1. 國體觀念을 명징할 것
2. 敬神崇祖의 사상 및 정신을 양성할 것
3. 보은·감사·자립의 정신을 양성할 것[63]

---

58) 『朝鮮總督府官報』 1915, 朝鮮總督府 府令 제83호. 포교규칙에 의하면 종교는 神道·佛敎·基督敎로 규정디었다.
59) 김순석, 앞의 논문, 「일제의 종교정책」, 193~194쪽.
60) 『朝鮮佛敎』 제103호, 1934.10.1, 中村健太郎, 「佛敎復興の機」 1면.
61) 『佛敎時報』, 1935.9.1.
62) 『朝鮮總督府施政年報』 제19권, 1936, 朝鮮總督府及所屬官署分里一覽表.
63) 『佛敎時報』 1936.2.1, 金晶海, 「心田開發의 三大原則에 就하야」.

그리고 그 실행 방법으로는

一. 종교 각파各派 및 교화제단체教化諸團體는 상호 연락 제휴함으로써 실효를 거둘 것

一. 지도적 입장에 있는 자는 솔선하여 이에 노력하고 일반에게 시범을 보일 것이다.

그 세목은 별지요항別紙要項을 기준으로 하여 이의 실현을 도모하는 한편 각 지방의 사정에 응하여 적절한 시설을 더함으로써 목적의 달성을 기할 것이라고 하였다. 별지 요항을 장황하게 붙여 심전개발운동의 요지·목표·실행방법 등을 자세히 설명하고 있다.[64]

당시 조선에 들어와 있던 일본 불교계에서는 조선총독부의 심전개발운동에 적극 호응하여 각종 강연회·토론회·좌담회·순회강연회·아침수양회 등을 통하여 재조선 일본인들과 조선인들에게 조선총독부의 시책에 동참할 것을 선전하였다.

조선불교사에서는 심전개발의 일단으로써 경성부내京城府內 장사동長沙洞 묘심사妙心寺에서 1935년 7월 5일부터 9일까지 5일간의 일정으로 새벽 5시부터 7시까지 아침수양회를 개최하였다.[65] 그리고 "삼가 황조황종皇祖皇宗의 국은國恩과 부모사장父母師長의 교양의 은덕恩德을 감사하게 받들겠습니다" 등을 내용으로 하는 '조감문照鑑文'을 외우게 하였다. 아침수양회는 좌선坐禪·성곡독송聖曲讀誦·다례茶禮·강화병감화講話竝感話·조식朝食 등의 일정으로 진행되었고 참가비는 1원이었다. 이후로도 아침수양회에 대한 광고가 『조선불교』지에 가끔씩 실리고 있음을 볼 수 있다.

---

64) 岩下傳四郞 편, 『大陸神社大觀』, 156~157쪽, 손정목, 「조선총독부의 신사보급·신사참배 강요정책 연구」 『한국기독교와 신사참배문제』, 김승태 엮음, 1992, 한국기독교역사연구소, 261쪽.
65) 『朝鮮佛敎』 제112호, 1935.7.1, 「朝の修養會開催」.

1935년 5월 30일에는 1924년 이래 조선불교단 고문이자 일본 법상종 관장管長인 오오니시가 조선으로 건너와서 향후 3년간 전 조선을 순회하면서 경성부청京城府廳을 비롯해서 각 사찰, 경찰서, 학교 등을 방문하여 연설, 강연회, 좌담회 등을 개최하고 그 일정을 일지日誌 형식으로 이후에 발행되는 『조선불교』지에 게재하였다.[66]

조선총독부는 조선농민들의 자발적인 참여를 통하여 농촌부흥운동을 도모하려는 계획을 수립하였다. 그 대안으로 대두된 것이 농촌진흥운동이었다. 심전개발운동은 이러한 운동과 연계 선상에서 특히 종교 단체를 중심으로 전개되었다. 이것은 조선의 민중들로 하여금 종교적인 신앙심을 통해서 식민지 지배정책에 순응하도록 강요된 것이었다. 재조선 일본 불교계에서는 심전개발운동에 적극적으로 참여하여 조선인들로 하여금 식민정책에 협력하도록 하는데 공헌하였다.

4. 1930년대 전반기 재조선 일본 불교계의 사업과 성격

1) 교육 및 빈민구제 사업

1930년대 조선총독부의 조선지배 방침은 조선인을 대륙침략의 첨병으로 동원하는 것이었다. 그리고 일본 제국주의에 복속시키기 위하여 보다 강력한 황민화정책을 뚜렷이 내세운 것이 특징이다.[67]

일본 불교 교단의 식민지 조선에서 역할은 각 교단의 교세 확장과 더불어 본국의 식민지 경영에 협력하는 것이었다. 일본 불교 교단은 종교

---

66) 『朝鮮佛教』제112호, 大西良慶, 「心田開發行」; 『朝鮮佛教』제110호, 「敎化の栞」.
67) 박경식, 앞의 책, 333~335쪽.

적인 색채를 띠고 있었기 때문에 노골적인 약탈행위에 참여할 수는 없었다. 따라서 일본 불교 교단은 학교설립을 통한 교육사업 및 빈빈 구호사업 등을 통해서 조선인들의 배일감정을 약화시키는 것이었다. 나아가서 일제가 도발한 전쟁 일선에 나아가서 장병들을 위문하고 그 장병들이 전쟁터에서 용감하게 죽을 수 있도록 정신력을 강화시키는 역할을 담당하였다.

재조선 일본 불교계에서 실시한 교육사업으로는 포교목적으로 열리는 각종 일요학교와 야학 등 여러 가지가 있었다. 그 가운데 정토淨土 진종眞宗 본파본원사本派本願寺에서 경영하던 용곡여학교龍谷女學校를 확장 이전하면서 용곡龍谷 여자전문학교女子專門學校를 신설하여 조선인의 동화를 꾀하였다.

淨土 眞宗 本派本願寺에서 경영하던 龍谷高等女學校가 若草町에 本堂과 나란히 세워져 있어서 비좁은 부지에서는 쌍방이 감당할 수가 없게 되어서 이전처를 물색한 결과 黃金町에 예전 師範學校의 농장 땅을 얻어 이곳으로 이전 신축하여 크게 면목을 개선하였다. 이 학교는 일본인과 조선인의 共學으로 3분의 1가량이 조선여학생인데 容貌·態度·마음가짐 등의 同化가 현저하여 조선에 있어서 여자교육상 흥미있는 결과를 내고 있어서 이번에는 다시 전문학교를 倂置하는 계획이 있다고 하였으니 크게 우리의 뜻을 얻은 試圖이다. … 龍谷女專의 출현은 확실히 時宜適切한 좋은 계획이다 종교선전의 前哨로서 교육의 방법 특히 여자교육이 지극히 현명하고도 효과있는 것이므로, 일찍 外敎에 힘을 기울여 왔지만 이미 경성에 있어서 그 萌芽가 두 세 개 발생되었기 때문에 불교측으로써도 크게 분발해서 훌륭한 것이 없어서는 안될 것이다.[68]

본파본원사에서는 여자고등학교의 운영에서 일정한 성과를 거두고 이제는 여자전문학교를 세울 계획을 하기에 이르렀다. 당시의 교육상황에

---

68) 『朝鮮佛敎』 제90호, 1933.7.1, 金剛山人, 「京城敎界風聞錄」, 42~43쪽.

서 조선에서 여자들이 전문학교를 다닌다는 것은 극히 제한된 소수에 지나지 않는 것이지만 그렇다고 하더라도 조선여학생들에게 일본식 교육기관을 설립하여 일본 정신을 주입시켜서 상당한 효과를 내었다는 것은 그만큼 조선인이 일본의 시책에 호응도가 높아졌다는 것이고, 그것은 결국 민족의식의 약화를 초래한 것을 의미하는 것에 지나지 않는다고 할 것이다.

1920년 10월에 일본의 유력인사들이 모여서 만든 화광교원和光敎園은 학원부學園部·교화부敎化部·염매부廉賣部·조사부調査部 등을 두고 무숙자無宿者를 보호하고 실업자 및 생활 곤란자困難者들에게 식사, 이발 등을 염가로 제공해 주는 곳이었다.[69]

화광교원은 1933년 5월에 사회부를 중심으로 해서 각종 사회사업을 속행續行하였는데 직업소개·노동자 숙박·토막거주자土幕居住者의 이주보호 등의 사업을 하였다. 밤에는 여중양성女中養成의 야학을 개강해서 가정부家政婦로서 지식훈련 없이도 취직의 편의를 계획하는 등 세민보호사업細民保護事業을 시행하는 단체였다.[70]

화광교원은 경성부내 암癌이라고 불려졌던 토막민 정리사업을 구상하고 있었다.[71] 화광교원은 부내府內 고양군 한지면漢芝面 아현리阿峴里 산1번지에 17,000평을 평당 70전에 매입하고 토막민의 안주지로 삼고자 하였다.

토막土幕이란 일정한 깊이로 땅을 파고 그 위에 삼각형으로 짚을 덮은 움집형과 거적으로 된 온돌을 갖춘 가옥형으로 크게 나눌 수 있다. 토막민이란 바로 이런 집에서 사는 빈민들을 가르키는 것이다. 이들 토막민들은 전국 각처의 도시 및 그 주변의 공유지나 민유지의 공지에 불법적

---

69) 『朝鮮佛敎』 제2호, 1924.6.11, 「社會事業和光敎園」, 11면.
70) 『朝鮮佛敎』 제88호, 1933.5.1, 「大海一瀾」 49쪽.
71) 『朝鮮佛敎』 제91호, 1933.8.1, 「土幕民に樂園」 7쪽.

으로 토막을 짓고 살고 있었다. 이들은 인간으로서는 최저라 생각되는 비참한 빈곤생활을 하고 있었다.[72]

일제강점기 언제부터 토막민이 생겼는지는 정확하게 밝힐 만한 자료는 없었다. 다만 한일강제 병합 이후에 실시된 토지조사사업의 결과로 농촌에서 토지를 잃고 쫓겨난 농민들이 토막민으로 전락한 부류가 많았다고 한다. 이들 토막민들은 날품팔이나 지게꾼으로 생계를 유지하고 있었다. 그들은 도시에서 집을 마련할 만한 재력이 없었고 그렇다고 식민지배 당국이 그들을 수용할 만한 시설을 마련해주지도 못하였다.[73] 토막촌이 본격적으로 사회적으로 문제가 되기 시작한 것은 1910년부터 1918년 사이에 실시된 토지조사사업이 끝난 1920년대 초엽부터라고 할 수 있다.[74]

식민지시기의 도시빈민으로서의 토막민은 식민지 지배의 소산물이었고 따라서 도시 주변에 형성된 토막민촌은 곧 식민지지배의 치부이기도 했다. 그러나 식민지 경제구조가 이들을 어떤 형태로건 수용할 만한 조건에 있지 못했고, 따라서 그 치부를 감추기 위해서 도심지에서 먼 곳으로 옮겨가게 하는 방법 밖에 없었다.[75]

이러한 빈민구제 사업에 손을 댄 일본 불교 정토진종개교원淨土眞宗開敎院이 개설한 빈민구제 교화기관인 화광교원과 진종眞宗 대곡파大谷派의 빈민 교화기관인 향상회관向上會館은 식민지배 당국의 사회사업 보조금을 지급 받아서 토막민 대책을 실시하였지만 그다지 큰 효과를 거두지는 못하였다.

토막민을 일정한 장소에 집결시켜 교화·지도하는데는 성공했지만 도

---

72) 강만길, 1995, 『일제강점기 貧民生活史 연구』, 창작과비평사, 238~239쪽.
73) 강만길, 앞의 책, 240~241쪽.
74) 『동아일보』 1925.3.25.
75) 강만길, 앞의 책, 280쪽.

시계획적 고려가 적용되지 않았고 빈민가의 건설에 대한 지도가 부족하였다. 아현정·홍제정·돈암정 수용지와 같이 실로 잡연雜然한 부락이 산정山頂·산복山腹에 모이게 되었다. 화광교원은 당시로서는 최선을 다한 것이라 생각할 수 있지만 그 수용지가 높은 곳에 선택되어 택지조성 및 도로율이 불충분했던 것은 실로 유감으로 인식하였다.[76] 토막민 구제사업은 조선 빈민들에게 근본적인 대책을 세워 주지 못한 일시적인 미봉책에 지나지 않았다.

이러한 사실은 정토淨土 진종眞宗 대곡파본원사大谷派本願寺에서 가장 대규모의 본격적인 사회사업정책의 하나로 실시된 향상회관向上會館에 의한 홍제동 향상대向上臺의 토막민 대책을 살펴보면 알 수 있다. 사회사업 시설로는 8부 14종목이 있다고 내세우고 있었지만 실제로 실시되고 있는 것은 약 3백 명의 토막민 아동을 수용하고 있는 소학小學 정도의 대곡학교大谷學校뿐이었다. 입학지원자가 수용인원보다 많았으므로 아동의 능력보다 그 가정의 경제적 부담력에 따라 선발하고 있었으며 경영주체의 의도에 따라 다분히 일본 불교의 포교목적이 교육에 적용되고 있었다.[77]

1930년대 재조선 일본 불교 교단에서는 조선인들을 위한 교육사업으로 학교를 짓고, 빈민구제 사업을 벌이는 등 여러 가지 일들을 전개하고 있었다. 그 내용은 식민교육을 강화하고 나아가서 교단의 교세 확장을 위한 포교사업의 성격을 띠었다.

2) 사상강화 및 장병위문

1930년대 일본 사회는 1917년 러시아혁명의 성공으로 말미암아 유입된 사회주의 사상의 만연과 1929년의 세계 경제공황의 여파로 위기의식

---

76) 長鄕衛二, 1938.2, 「土幕民と其處置に就いて(2)」『同胞愛』, 12면.
77) 강만길, 앞의 책, 284~285쪽.

이 팽배해 있었다. 이러한 위기의식을 타파하는 방법으로 일본의 국민정
신인 신도의 역할이 강조되었다. 만주사변이 발발하고 난 다음에 우가키
총독은 국가적 위기의식을 조장하기 위하여 신도의식에 의한 기원제祈願
祭와 전몰자위령제戰歿者慰靈祭를 해마다 개최하였다.[78]

1932년 11월 10일에 전국에 걸쳐 일제히 '국민정신작흥조서봉독식國民
精神作興詔書奉讀式'을 거행케 하고 그 후 매년 그 때가 되면 수일간씩 민심
작흥民心作興 기간을 설정하여 각종행사를 거행하였다.[79] 식민지 조선에
서는 일본은 신도를 보급시키기 위한 전단계로써 신도와 밀접하게 결합
되어 있었던 불교를 동원하였다.

조선에서 포교활동을 하던 일본 불교계에서는 정부시책에 적극 호응
하여 전장으로 장병위문을 나가고, 전몰장병위령제를 지내고 신사참배
에 참여하였다. 이런 사실은 아래 글에 잘 나타난다.

> 일본은 아시아의 맹주로서 一大使命이 있다. 불교의 정신이 멸망했던 국
> 가들을 지도해야 한다는 것이다. 그래서 신흥만주국에 대해서는 이 불교의
> 정신으로서 문화를 건설해서 王道樂土의 光輝를 발하게 하지 않으면 안된다.
> 만약 완전한 문화가 건설되지 않으면 실패한다. 우리들은 이 근본 의의를 잘
> 이해해서 滿蒙의 천지에서 활동하지 않으면 안된다. 따라서 아시아의 맹주인
> 일본은 머지않아 세계평화의 기초를 쌓지 않으면 않된다.[80]

이러한 의식의 근저에는 일본이 동아시아를 재패하는 것이 마치 세계
평화를 건설하는데 이바지 해야하는 것처럼 생각하고 있었던 것이다.

재조선 일본 불교계에서는 예부터 국난을 만났을 때는 먼저 승려들이
자신의 신명을 아끼지 않고 국난극복에 앞장섰다.[81]는 사실을 강조하였

---

78) 김승태 엮음, 1992, 「1930년대 기독교계 학교의 「신사문제」소고」『한국기독교와
　　신사참배문제』, 한국기독교역사연구소, 367쪽.
79) 朝鮮總督府, 『施政30年史』, 369쪽.
80) 『朝鮮佛敎』 제93호, 1933.10.1, 「吾等使命」 1쪽.

다. 전쟁기에 불교가 정신강화 운동에 앞장서겠다는 의지를 보이고 있는 것을 볼 수 있다.

"한풍寒風이 부는 거친 만몽滿蒙의 들판에서 싸우는 병사는 의식衣食이 부족한 가운데 있어서도 아무런 불평없이 생명을 걸고 싸웠던 것이다. 이것은 인생생활은 물질의 만족을 얻지 못하면 하루도 지낼 수 없는 바이지만 우리들은 서로 다급한 때가 된다면 그 부족을 극복할 수 있다는 위대한 정신력을 가지고 있다고 생각하지 않을 수 없다."[82]라고 하는데서 전쟁터에서 물자부족을 정신력으로 극복해야한다는 것이 시대적 당면과제였다는 것을 알 수 있다. 일제는 그러한 과제를 해결하기 위해서 후방에 있는 사람들도 정신적인 면에서 내핍생활을 강요하였다. 일본 불교계가 보다 구체적인 행동으로 전쟁참여에 나섰던 것으로는 다음과 같은 사실을 들 수 있다.

임제종 묘심사妙心寺 경성별원에서는 1932년 11월 11일과 12일에 화원법왕花園法王의 제사와 개산조開山祖의 기일忌日을 엄수하고 13일에는 재만 장사위문在滿將士慰問의 탁발托鉢을 수행하였다.[83] 재조선 일본 불교계에서는 전쟁물자의 구입과 구호품을 조달하기 위하여 거리로 탁발 행각을 나서야 할 정도로 전쟁 수행에 적극적으로 동참하기에 이르렀다.[84]

일본은 일찍이 일청日淸·일로日露전쟁을 치르면서 만몽滿蒙의 들판에서 많은 피를 흘리고 막대한 국가 재산을 소비했고 만주 개발을 위해서 많은 자금을 투여하였다. 일본은 생명선이랄까 또는 아시아의 것은 아시아 이외에서 간섭할 수 없다[85]라고 하면서 아시아에 있어서 열강 세력의 접근을 경계하고 있었다.

81) 『朝鮮佛敎』 제89호, 1933.6.1, 壬生雄舜, 「自力更生 佛敎信念, 確持」, 15쪽.
82) 위와 같음.
83) 『朝鮮佛敎』 제58호, 1933.1.1, 「妙心寺別院で在滿將士慰問托鉢」, 41쪽.
84) 『조선불교』 88호, 1933.5.1, 16쪽.
85) 위와 같음.

1932년 3월에 열렸던 일련종日蓮宗 정기 제26회 종회宗會에서 관장 사케이 니쯔싱[酒井日愼]이 내린 교지敎旨에서 다음과 같이 말하고 있다.

> 이 가을을 당하여 우연히 滿蒙에서 大事變이 발발해서 支那에 抗日 세력이 날로 惡化되고 東亞의 천지가 갑자기 암담해졌으니 드디어 膺懲하는 義軍이 출동하기에 이르렀다. 세계 列國의 움직임은 我國의 正義를 오인하고 도리어 시기의 눈으로 보고 있다. …중략… 안으로는 파당의 무리가 서로를 비난하고 그 위에 左翼의 赤禍와 右翼의 白狄가 서로 紛亂하여 民生이 크게 편안하지 못하니 이렇게 내우외환이 교차하는 시기에 나라가 크게 위태롭도다. 이럴 때 의지할 수 있는 것은 本化(일련종의 교화 : 필자)의 大敎이니 각별히 만주국의 건설을 살피고 금일 宗門은 率先하여 敎線을 확장하고 …云云.[86]

이러한 교지를 받은 종회에서는 시바다 이찌노우[柴田日能] 종무총감의 시정방침에 다음과 같이 나타내고 있다.

> 만주사변 발발과 함께 만주 주재 開敎師에게 匪賊과 싸우면서 제국의 생명선을 死守하는 忠勇義烈한 皇軍將士를 위문하고 …중략… 開敎地 布敎 補助費도 전례없이 많이 요구했으며, 적극적이고, 본격적인 포교 방책을 수립하고 있다.[87]

이러한 현상은 일련종에만 국한된 상황이 아니없음은 앞에서 언급한 임제종 묘심사의 예에서 본 바와 같다. 따라서 일본의 거의 모든 불교 종단에 파급되었다고 보아도 무리는 아니라고 생각된다. 물론 조선에서 일어난 상황은 아니고 일본에서 일어난 상황이지만 그것이 일련종 종단본부에서 일어난 일이므로 식민지 조선에는 그대로 적용되지 않을 수 없었다.

---

86) 中濃敎篤, 앞의 책, 200~201쪽.
87) 위와 같음.

5. 맺음말

이상에서 1930년대 전반기 재조선 일본 불교계에서 발행한 『조선불교』 지에 나타난 사실들을 중심으로 재조선 일본 불교계 활동을 살펴보았다. 『조선불교』지는 일본인 불교도들과 친일적 성향이 강한 조선인 불교도 들이 연합하여 성립시킨 초선불교대회로 출발하여 1925년에 재단법인 조선불교단으로 변모된 종교단체에서 발행한 기관지였다.

『조선불교』지는 1928년 8월에 조선불교단으로부터 독립하여 독자적 으로 운영되었다. 식민지치하에서 극심한 언론 통제책으로 인하여 정간 과 휴간이 반복되던 조선인 잡지와는 대조적으로 1934년에 2,000부의 발 행 부수를 가진 월간지였다. 그 성격은 일제의 조선인 '동화정책'을 적극 적으로 홍보하고, 조선인들을 식민통치 체제에 순응하도록 하는데 기여 하였다고 할 수 있겠다.

일본 불교 제종파의 연합적인 성격으로 출발한 조선불교단은 1932년 10월을 기점으로 성격이 관음종 신앙을 중심으로 하는 단체로 전환한 것 같지만 현재로서는 자료의 부족으로 그 전모를 밝힐 수 없다.

1930년대 일본 사회는 1917년 러시아혁명의 성공으로 유입되기 시작 한 사회주의 사상이 급속도로 확산되기 시작하였으며, 1931년에 만주사 변을 도발하여 전쟁상황으로 돌입함으로써 재정적으로 매우 궁핍한 사 태에 직면하였다. 이러한 상황을 극복하기 위해서는 정신적으로 내핍생 활이 강조되지 않을 수 없었고, 모든 국민들이 전쟁수행에 동참하는 국 민총력체제의 수립이 요청되었다.

재조선 일본 불교계에서는 1931년 이후 가속화되는 팽창정책에 순응 하여 제6대 우가키 총독의 부임이래 진행되었던 농촌 진흥운동의 일환 으로 전개되었던 심전개발운동에 적극적으로 참여하였다. 이들은 전국 적으로 순회 강연을 실시하고 좌담회·토론회·강연회 등을 개최하였다.

재조선 일본 불교 교단은 종교단체였기 때문에 노골적인 침략행위에 나설 수는 없었다. 그들의 주요 활동은 학교를 세워서 교육을 통해서 자라나는 조선의 청소년들에게 그들의 지배논리로 윤색된 교육을 시킴으로써 식민지 지배체제에 순응할 것을 가르쳤다.

조선에 들어와 있던 일본 불교 교단에서는 조선에서 구호 사업의 일환으로 토막민과 같은 최하층 빈민 구제 사업을 벌이기도 하였다. 토막민은 토지조사사업과 같은 약탈적 사업의 결과로 빚어진 식민통치의 산물이었다. 그렇기 때문에 그들이 벌인 빈민 구제사업도 인도적인 차원에서 근본적인 대책을 수립한 것이 아니라 수탈과 억압을 특징으로 하는 식민통치를 은폐하기 위한 미봉책에 불과하였다.

재조선 일본 불교계가 벌인 교육사업은 조선인을 식민통치체제에 순응하게 하기 위한 것이었다. 그들이 벌인 빈민구제 사업은 교단의 교세 확장과 선전을 위한 포교사업의 일환이었다. 그나마 항구적인 대책을 세웠던 것이 아니고 미봉책에 불과한 것이었다.

1931년에 만주사변이 발발하자 재조선 일본 불교계에서는 자발적으로 만주로 승려들을 파견하여 장병들을 위문하고 나아가서 전쟁수행에 직접적인 도움을 주기 위해서 탁발 행각에 나서기까지 하였다.

일제의 식민지 종교정책의 궁극적인 목적은 국가신도國家神道의 보급을 통한 황국신민화에 있었다. 그러나 일본의 신도가 조선에 정착되기에는 일정한 시간이 필요하였고, 무엇보다도 신도체제가 조선인의 정서에 맞지 않는 것이 문제였다. 그 대안으로써 조선과 일본에서 오랫동안 함께 신봉하여 온 불교가 채택되어졌다.

따라서 정치권과 결탁된 일본 불교계에서는 식민지 포교활동과 조선인들의 배일 감정을 약화시키는데 적극적으로 나서게 되었다. 이러한 현상들은 여러 부면에서 종교 본래의 모습을 탈색시키는 형태로 나타났다.

재조선 일본 불교계에서는 만주사변이 발발하자 만주로 승려들을 파견하여 장병들을 위문하게 하고 또 전쟁물자를 구입하데 도움을 주기 위하여 거리로 나서서 탁발을 하기도 하는 충성심을 보였다. 1930년대 재소선 일본 불교계에서는 이러한 사업들을 통하여 식민지 지배정권과 밀착된 관계를 형성하였으며, 일본 승려들은 직접적으로 조선인들과 접촉하여 식민통치에 순응하는 이른바 충량한 신민에 되게하는 작업에 앞장섰다고 할 수 있다.

제2부

근대 불교 개혁론

제1장
白鶴鳴의 禪農一致와 근대 불교개혁론

1. 머리말

백학명(1867~1929)은 근대 불교계의 고승이지만 아직까지 그의 사상과 행적은 주목받지 못하고 있다. 그 까닭은 그가 남긴 자료가 많지 않은 탓도 있지만 근대 불교사를 연구하는 학자의 수가 적은 데도 원인이 있고, 자료의 부족으로 연구자들의 관심을 끌지 못한 탓도 있다고 하겠다. 하지만 근래에 그의 평전[1]이 발간되었는가 하면 몇 편의 논고가 발표[2] 되어 세간의 관심을 끌기 시작하였다. 최근에는 그의 문집인 『학명집鶴鳴集』[3]이 출간되어 향후 연구가 지속될 수 있는 계기가 마련되었다. 그는 한말에 태어나서 일제시기를 살다간 불교계의 선각자로서 승려들이 생산 활동에 종사하지 않고 유식遊食하는 풍조를 자성自省하고 선풍禪風을

---

1) 박희선 편저, 1994, 『환학의 울음소리』, 불교영상회보사.
2) 김광식, 2000, 「근대 불교개혁론의 배경과 성격」『근현대불교의 재조명』, 민족사 ; 2005, 「백학명의 불교개혁과 선농불교」『불교평론』, 겨울.
   김종진, 2004.8, 「근대 불교혁신 운동과 불교가사의 관련 양상 - 鶴鳴의 가사를 중심으로 -」『동양학』제36집 ; 1998, 「학명의 가사 〈선원곡〉에 대하여」『동악어문논집』33집, 동악어문학회.
   최영희, 2000, 「학명선사의 불교문학 연구」『국어국문학』126, 국어국문학회.
   임기중, 2000, 『불교가사원전연구』, 동국대학교출판부.
3) 聖寶文化財研究院, 2006.1, 『鶴鳴集』.

진작시키고자 하였다. 뿐만 아니라 그는 일본 불교의 유입으로 조선불교
를 일본 불교에 동화시키려는 조선총독부의 불교정책으로 대처식육이
만연되어 가던 시기에 조선불교의 정통성을 수호하려고 노력하였다.
1920년대 후반 전국 사찰의 주지들은 대부분 대처승들이었으며 그들은
처자를 거느린 까닭에 수행승들을 뒷바라지 하기 보다는 사찰 재산을 개
인적인 용도로 유용하였다.[4] 비구승들은 대처승의 증가로 곤궁하여진
현실을 타개하고 자립 방안을 마련하기 위해서 1922년 선학원에서 선우
공제회를 결성하였다. 비구승들이 선우공제회를 결성한 것은 식민지 체
제하에서 수행승으로서의 면모를 일신하고 중생을 제도하겠다는 결의를
다졌다는 데 큰 의미가 있다.[5] 백학명도 선우공제회 창립 취지에 공감하
여 발기인으로 동참하였다.[6] 뿐만 아니라 그는 승려들이 계戒·정定·혜慧
삼학三學을 중심으로 수행할 것을 주장하였다. 백학명은 주지가 사찰 재
산을 농락하지 못하도록 해야 한다고 하였다. 그는 주지는 불법만 관장
하게 하고 사찰사무 처리를 위하여 공동사무원을 둘 것과 승려들은 단체
생활을 할 것, 선영先靈의 위토位土와 법답法畓을 바로 잡을 것, 승려는 반
드시 장삼을 착용할 것 등의 개혁안을 제시하였다.[7] 백학명은 예술적인
자질이 풍부해서 「백양산가」·「왕생가」·「해탈곡」·「선원곡」 등 많은 가
사를 남겨 국문학에 크게 기여하였다.[8] 그의 가사에 대한 국문학계의 평
가는 가사를 부르면서 하는 노동을 통해서 자신의 참모습을 발견하고,
노동하는 가운데 화두를 참구하는 선禪 수행이야말로 새시대의 희망을

---

4) 김광식, 1998, 「1926년 불교계의 帶妻食肉論과 白龍城의 건백서」『한국 근대불
　교의 현실인식』, 민족사, 181~183쪽.
5) 김광식, 1996, 「일제하 禪學院의 운영과 성격」『한국 근대불교사 연구』, 민족사,
　106쪽.
6) 1996, 「禪友共濟會創立總會錄」『近代佛敎其他資料(3)』(한국근현대불교자료총
　서 65권), 민족사, 3~11쪽.
7) 白農遺稿, 1930.5, 「獨살림 法侶의게 勸함」『佛敎』제71호, 12~14쪽.
8) 앞의 책, 『鶴鳴集』.

구현하고 불교혁신을 지향하는 것이었다고 한다.[9] 그는 그림에도 조예
가 깊어 여러 점의 달마상을 남기고 있는데 그에 대한 평가는 현존하는
'달마삼보達摩三寶' 가운데 하나로 손꼽힐 정도라고 한다.[10]

  백학명의 이렇게 탁월한 행적에도 불구하고 그에 대한 연구는 지극히
소략하다. 김광식은 백학명이 주장한 선농일치를 농사가 곧 참선이라고
하면서 현실 불교계의 모순을 극복하고자 한 선각자로 평가하였다.[11] 백
학명에 대한 연구는 역사학계 보다는 국문학계에서 보다 많이 진행되었
다. 김종진은 백학명의 가사 연구를 통하여 그가 창작한 가사를 노동의
고단함을 잊게 하고, 생산성을 높일 뿐 아니라 화두를 궁구하게 함으로
써 선 수행을 투철하게 하는 방편으로 이해하였다.[12] 선행 연구는 백학
명의 선농일치를 불교개혁론의 일환이라고 평가하였으나 선과 농사를
같은 비율로 해석하여 농사짓는 것이 곧 선 수행이라는 등식으로 연결시
켰다.[13] 그러나 이러한 해석은 농사짓는 것이 선 수행을 제대로 하기 위한
방편이었다는 점에서 본다면 달리 해석될 수 있는 여지가 있다고 본다.

  필자는 이러한 선행연구를 바탕으로 백학명의 선농일치 추구를 그의
불교개혁론의 구체적인 실현으로 보고자 한다. 백학명의 선농일치 지향
을 농사 짓는 것과 선 수행을 같은 비율로 등치시킨 것이 아니라 선 수행
을 우위에 둔 것으로 보고자 한다. 이러한 점은 그가 승려의 본분사를
강조하였다는 점에서 볼 때 보다 분명하게 드러난다. 불교는 깨달음을

---

9) 김종진, 앞의 논문, 「근대 불교혁신 운동과 불교가사의 관련 양상 – 鶴鳴의 가사
   를 중심으로 –」.
10) 然觀, 「鶴鳴啓宗 大禪師 行狀」『鶴鳴集』, 105쪽.
11) 김광식, 앞의 논문, 「백학명의 불교개혁과 선농불교」.
12) 김종진, 앞의 논문, 「근대 불교혁신 운동과 불교가사의 관련 양상 – 鶴鳴의 가사
   를 중심으로 –」.
13) 김광식, 앞의 논문, 「백학명의 불교개혁과 선농불교」.
   김종진, 앞의 논문, 「근대 불교혁신 운동과 불교가사의 관련 양상 – 鶴鳴의 가사
   를 중심으로 –」.

통하여 자신과 중생 제도를 근본 목적으로 하는 종교이다. 백학명은 농사짓는 일을 실천하는 과정에서 일종의 노동요적인 성격을 띠는 가사를 불렀다. 뿐만 아니라 범패梵唄도 시세에 적합한 것으로 학습하고, 찬불讚佛·자찬自讚·회심回心·환향곡還鄕曲 등을 새로 짓기도 하였다.[14] 백학명은 궁극적으로 깨달음을 추구하였으며, 그 깨달음을 바탕으로 중생들을 제도하고자 하였다. 이러한 목적 달성을 위하여 농사 짓는 일을 수행의 한 방편으로 삼았으며, 실행 방법에 있어 가사를 부르게 함으로써 노동 생산성을 향상시키는 동시에 수행 효과도 높이고자 하였다는 점을 밝히고자 한다.

2. 백학명의 생애와 현실인식

1) 백학명의 생애

백학명은 1867년 전라남도 영광군 불갑면 모악리에서 부친 백낙채白樂彩와 한양 조씨 사이에서 4형제의 맏아들로 태어났다.[15] 어려서는 비교적 가세가 넉넉하여 동네 서숙書塾에서 15~16세까지 한학을 수학하였다. 16세에 부친의 병고로 가세가 기울어 양친과 아우들의 생계를 위하여 인근 마을의 조필방造筆房에서 붓을 받아 전국을 돌면서 붓장사를 하여 생계를 유지할 수 있는 논밭 몇 두락을 장만하였다고 한다. 20살이 되던 해에 부친상을 당하여 예로써 장례를 치렀다. 그 후 그는 편모의 봉양을 아우들에게 맡기고 명산 대찰을 구경할 생각으로 각지를 방랑하였다. 어느날 순창 구암사龜岩寺에 들렀는데 때 마침 설두雪竇 유형有炯의 설법과 문하의 제자들이 수행하는 모습에 감명을 받아 출가를 결심하게 되었다

---

14) 「內藏禪院 規則」, 앞의 책, 『鶴鳴集』, 102쪽.
15) 然觀, 앞의 글, 「鶴鳴啓宗 大禪師 行狀」, 105쪽.

고 한다. 이후 고향으로 돌아와 불갑사佛甲寺의 환송幻松에게 출가하고 금화錦華에게 구족계具足戒를 받았다. 그의 법명은 계종啓宗이며, 학명鶴鳴은 법호이지만 속명이 무엇이며 가계가 어떻게 되는지는 전하는 바가 없어 현재로서는 알 수가 없다. 그의 법계法系는 백파白坡 긍선亘宣의 7대 손孫이고 유형의 증손이 된다.[16] 그후 그는 지리산 영원의 벽송사碧松寺, 조계산 송광사松廣寺·선암사仙巖寺 등지에서 수행하였다. 그는 스승인 금화의 뒤를 이어 선암사와 운문암雲門庵에서 강회를 개설하니 찾아오는 제자들이 많았다고 한다.[17] 설강을 한 지 2년 만에 홀연히 생각하기를 "설사 천 권의 경론經論을 강의 한다고 할지라도 또한 선가禪家의 제이기第二機에 떨어지고 마니 어찌 생사를 대적할 수 있으랴"라고 하고 참선 공부에 몰입하였다. 백학명은 이후 10여년 간을 참선에 몰두한 끝에 1912년 부안 월명암에서 마침내 깨달음을 얻었다고 한다. 그 후 거처를 백양사로 옮긴 그는 당시 주지였던 송만암의 백양사 재건을 지원하면서 함께 동거 수선同居修禪하였다.[18]

백학명은 일제의 간섭으로 조선불교계가 질곡에 찬 모습으로 전락한 현실을 개탄하고 현실개혁 방안을 모색하기 위해 1914년 중국과 일본 방문길에 오른다.[19] 백학명은 떠나기 전에 "내가 타방他方의 여러 곳을 방문하여 두루 관찰한 후에 피차彼此를 참작하여 차방此方에 실현하리라"는 각오를 가지고 외유길에 오른다.[20] 중국 소주를 방문하여 선승禪僧 비은費隱과의 문답을 통하여 선지禪旨를 떨쳤다. 중국 방문을 마친 백학명은 다시 일본으로 건너가 임제종 본산의 관장 석종연釋宗演을 만나서 다음과 같은 법거량을 나누었다.[21]

---

16) 박희선 편저, 앞의 책, 『흰학의 울음소리』, 20~21쪽.
17) 앞의 책, 『鶴鳴集』, 107~108쪽.
18) 김광식, 앞의 논문, 「백학명의 불교개혁과 선농불교」, 208쪽.
19) 고암, 2006.12, 「다시 보는 학명 선사의 선농불교」 『禪文化』, 45쪽.
20) 앞의 책, 『鶴鳴集』, 108쪽.

석종연 문 : 이미 白鶴이라면 어찌하여 검은 옷을 입었습니까?

백학명 답 : 어느 곳에서 백학을 봅니까?

석종연 문 : 온 十方이 백학의 집이 아닌 곳이 없으니 和尙께서는 높은 하늘의 울음을 울어 주십시오.

백학명 답 : 세계가 모두 백학이니 老和尙은 어느 곳에서 安心立命하십니까?

석종연 문 : 안심입명의 일은 보통 차 마시고 밥 먹는 일이니 화상께서 向上 一句를 일러 주십시오.

백학명 답 : 소나무가 너무 늙어서 학이 깃들기 어렵습니다.

석종연 문 : 좋은 말씀입니다. 참으로 외로운 학이 가을 하늘에서 운다 할 만합니다.

백학명 답 : 소승의 허물이 많았습니다.

그리고 나서 석종연은 "영산회상에서 일찍이 만났었는데 오늘 다시 와서 도용道容을 뵙습니다. 한 마디 말을 하기도 전에 뜻을 먼저 아시니 가을 바람 부는 옛 절에 학의 울음이 청아합니다"라고 백학명의 경지를 극찬하였다. 석종연의 이러한 찬사에 백학명은 "사방에 푸른 바다요, 다시 구름 한 점 없는데 초연超然히 그 가운데 능가楞伽(석종연의 號)가 있습니다. 실로 주住하기 어려운 곳에 누가 능히 주住하겠습니까. 만고萬古의 정신精神은 자신에게 있을 뿐입니다"라고 함으로써 석종연의 경지를 인정하고 찬사에 답하였다고 한다.[22]

당시는 일제강점기였고 일본 불교계는 조선불교계를 경시하던 시기였다. 그런데 임제종의 관장은 별로 알려지지 않았던 조선불교계의 백학명이라는 승려를 만났고, 서로 간의 선문답을 통하여 상대를 인정하는 평가를 내렸다. 이러한 점에서 백학명의 선에 대한 깊이를 짐작할 수 있으며 조선불교계에 참다운 선승이 있다는 것을 일본 불교계에 각인시켰다는 점에서 큰 의미가 있다고 하겠다. 일본과 조선의 두 걸출한 선승의

---

21) 앞의 책, 『鶴鳴集』, 28~30쪽.

22) 위와 같음.

만남은 일본 언론에 보도되기도 하였다고 한다.[23] 그 해 가을 귀국한 백
학명은 1915년부터 부안 월명암의 조실로 추대되어 선원을 개설하고 후
학들을 제접하였다.[24] 그는 월명선원 문설주에 '득도자물입得度者勿入 부
득도자입不得度者入'이라고 써 붙이고 10년 기한으로 산문 밖을 밟지 않기
로 맹세하였다고 한다.[25] 그가 도를 깨친 사람은 들어오지 말고, 도를
깨치지 못한 사람만 들어오라고 한 것에서 조선불교 개혁을 기존의 승려
들보다는 새로 입문한 승려들을 중심으로 전개하겠다는 의지가 숨어있
다고 하겠다[26]

백학명은 1919년 3·1운동이 일어날 무렵 원불교 교주인 박중빈朴重彬
이 월명선원을 방문하였을 때 10여 일을 함께 머물렀다고 한다. 백학명
은 박중빈의 청에 의해 원불교 제2대 종법사宗法師인 송규宋奎를 상좌로
받아들여 명안明眼이라는 법명을 주고 1922년까지 함께 기거하면서 가르
침을 주었다고 한다. 그리고 마땅한 주석처가 없던 박중빈에게 부안扶安
실상사 부근에 3칸의 오두막집과 전답을 마련하여 주었다. 그 후 천왕봉
아래 거북바위 옆에 터를 내어주고 두 칸의 초당을 짓게 하고 직접 '석두
암石頭庵'이라는 편액을 걸어 주었다. 이 때부터 박중빈은 스스로 석두거
사라고 칭했다고 한다.[27]

1921년 백학명은 비구승들이 중심이 되어 건립된 선학원[28]에서 선우

---

23) 고암, 2006.2, 「다시 보는 학명 선사의 선농불교」『禪文化』, 선문화사.
24) 『朝鮮佛敎界』 第一號, 1916.4, 「官報」, 75쪽
25) 위와 같음
26) 앞의 책,『鶴鳴集』, 79~82쪽
27) 앞의 책,『鶴鳴集』, 109쪽
28) 선학원에 대해서는 다음 논문을 참조할 수 있다.
　　정광호, 1994, 「韓國 전통 禪脈의 계승운동 - 禪學院을 중심으로 -」『近代韓日
　　佛敎關係史硏究』, 인하대학교출판부.
　　김광식, 1996, 「일제하 禪學院의 운영과 성격」『韓國近代佛敎史硏究』, 民族社.
　　김순석, 2003, 「禪學院의 전통 禪脈 계승운동과 '帶妻食肉' 금지론의 전개」『조
　　선총독부의 불교정책과 불교계의 대응』, 경인문화사.

공제회가 창립될 때 발기인으로 참여하였다. 선우공제회는 진정한 수행
자는 숫자가 적고, 비구승과 대처승이 뒤섞여 있어 수행승과 대처승을
구분을 하기 힘든 상황에서 비구승들이 자구책을 마련하고, 선풍을 진작
시키기 위해서 발족되었다.[29] 백학명이 선우공제회의 주요 구성원으로
참여한 데서 그가 전통불교를 수호하고 일본 불교의 대처식육 풍습에 반
대하였다는 사실을 알 수 있다. 이러한 사실은 그가 불교계가 대처승 중
심으로 변해가는 현실에서 비구승 중심의 승단 재건을 희망하고 있었다
는 것을 알 수 있다.

1923년 백학명이 월명암에서 머물 때 한용운의 내방을 받는다. 한용
운은 월명암 아래에 있는 양진암에 머물면서 백학명을 만나서 이야기를
나누었다. 한용운은 양진암을 떠나면서 백학명에게 두 수의 한시를 전하
였다고 하는데 한시의 내용은 다음과 같다.[30]

양진암을 떠나며 학명 선백에게 드리다(養眞庵臨別 贈鶴鳴禪伯)

(1)

세상 밖에 천당은 드물고	世外天堂少
인간 세상에는 지옥이 많아	人間地獄多
장대 끝에 선 형국에서	佇立竿頭勢
한 걸음 나아가지 않으면 어찌 하리오.	不進一步何

(2)

일을 하려면 어려움이 많고	臨事多難處
도인을 만났으나 곧 헤어져야 하니	達人足別離
세상 일은 참으로 이와 같구나	世道固如此
남아는 그것을 감당할 수 있어야 하리	男兒任所之

---

29) 鄭珖鎬 編, 1999.8,「禪友共濟會創立總會錄」『韓國佛敎最近百年史編年』, 인하
　　대학교출판부, 250~256쪽.
30) 앞의 책,『鶴鳴集』.

　백학명과 한용운의 만남에서 무슨 이야기가 오고 갔는지 구체적으로
전하는 바는 없지만 한용운이 다녀 간 이후 백학명은 이틀 밤낮을 고민
한 끝에 내장사로 내려왔다고 한다. 이후 백학명은 내장사 중창 불사를
일으키고 선농일치를 실천하는데 본격적으로 나서게 되었다. 아마도 백
학명은 한용운이 시 속에 언급한 것처럼 백척간두에서 진일보하는 심정
으로 불교개혁에 앞장 서기로 한 것으로 보인다.[31] 백학명은 1925년 백
용성이 경기도 양주군 도봉산 망월사에서 시작한 만일참선결사萬日參禪結
社에 조실로 참여하였다. 이 만일참선결사는 본 명칭이 정수별전선종활
구참선만일결사회精修別傳禪宗活口參禪萬日結社會인데 백용성이 주축이 되어
결성되었다. 백용성은 계율 파괴와 선禪의 침체를 우려하고 당시 불교계
의 막행막식莫行莫食의 행태를 시정하고자 이 결사를 단행하였다.[32] 백학
명의 현실 참여는 1927년 각황사[33]에서 주관한 중앙선원의 회주로 참여
하는 것으로 이어진다. 각황사는 1909년 12월에 전국의 승려 150여명이
원흥사元興寺에 모여 한성漢城 중앙에 사찰을 건립하기로 하고 전국의 사
찰로부터 성금을 모아 1910년에 건립된 사찰이다. 각황사는 이 무렵 포
교 중심 사찰로 전환되면서 그 내부에 선원禪院을 두었다. 각황사에 중앙
선원이 설치된 목적은 조선내의 운수雲水 선납禪衲을 모집하여 안거安居를
실행함으로써 선풍을 진작시키려는 데 있었다.[34] 백학명이 중앙선원의
회주로 추대된 점으로 미루어 보아 불교계에서 그가 차지하는 비중이 컸
다는 점과 그의 노선이 개혁적이었으며 대중 지향적이었다는 사실을 알
수 있다. 이렇듯 사회 전면에서 왕성한 활동을 하던 백학명은 1929년 3
월 27일 자신의 죽음을 미리 예감하고 제자 고벽古碧을 정읍 장터로 보내

---

31) 김광식, 앞의 논문, 「백학명의 불교개혁과 선농불교」, 219~220쪽.
32) 『佛教』 제15호, 1925.9, 「精修別傳禪宗活口參禪萬日結社會」, 42~45쪽.
33) 각황사에 관해서는 다음 논문을 참고 할 수 있다. 김광식, 2003, 「각황사의 설립
　　과 운영」 『대각사상』 6.
34) 『佛教』 제34호, 1927.4, 「覺皇寺 教堂을 禪院으로 결정」, 51~52쪽.

광목 네 필과 짚신 네 죽을 사오게 하여 자신의 장례에 쓸 채비를 하게하
고 세상을 떠났다.[35]

2) 현실인식

백학명이 살았던 시대는 외세의 침략으로 전통적인 가치관이 붕괴되
고 이질적인 문화가 밀려드는 때였다. 그런 까닭에 조선 사회는 극심한
혼란에 빠졌으며, 국권을 회복하고 전통을 수호하고자 하는 노력들이 다
양하게 전개되었다. 불교계는 조선시대 극심한 탄압에서 벗어나 나름대
로 자율적인 발전을 도모하였지만 이 또한 일본 불교 세력의 침투로 변
질되고 왜곡되었다.[36] 이러한 시기에 태어나 현실 불교계의 혼란한 모습
을 목격한 백학명은 그 모순을 불교 교리에 순응하는 방향으로 개혁하고
자 하였다. 그가 남긴 글들을 살펴 보면 당시 불교계에서 모순으로 느꼈
던 점들은 대체로 다음과 같은 점들이다. 그것은 승려들의 의식, 계율에
관한 문제, 주지들의 횡포에 관한 문제, 승려들의 무위도식, 대처승의 증
가로 인한 선풍의 타락 등이다.

첫째, 승려들의 의식에 관한 문제는 이미 한용운이 『조선불교유신론』
에서 신랄하게 지적한 바 있다. 한용운은 내 자신 속에 있는 마음의 문제
에 대해서 결론을 내리기 위해 참선을 하려고 모여든 승려들 가운데 진
정한 선객은 10%에 불과하고, 먹기 위해 들어온 자가 20%요, 어리석고
게으른데다가 먹기 위해 들어온 자가 70%나 된다고 하였다.[37] 백학명은
한용운 보다 더 날카로운 어조로 자질을 갖추지 못한 승려들을 다음과

---

35) 박희선 편저, 앞의 책, 『휘학의 울음소리』, 55쪽.
36) 김순석, 2003, 『일제강점기 조선총독부의 불교정책과 불교계의 대응』, 경인문화
   사, 17~27쪽.
37) 韓龍雲 著, 李元燮 譯, 1983, 『朝鮮佛敎維新論』, 만해사상연구회, 51~54쪽.

같이 질타하였다.[38]

> 近日에 우리 조선의 승려되는 자로 말하면 승려라는 것이 어떤 것인지도
> 알지 못하고 부처와 祖師의 本意가 어떠한 것인지도 알지 못하고 거의 대부
> 분이 出家入山하는 날부터 몸만 한적한 雲林에 집어 던지고 눈은 재물과 이
> 익의 주선에 혈안이 되어 一出一入이라도 公을 빙자하여 私를 영위하거나 남
> 에게는 손해를 입히면서 자기만 이롭게 하여 오직 이런 일에만 종사한다. 그
> 중에도 심한 자는 사찰의 常住物을 濫用濫食하여 절과 자신이 敗亡하는 지경
> 에까지 이르게 되니 … 다만 某甲이라는 승려 名色만 있을 뿐이로다.

백학명은 불교가 제 역할을 하려면 무엇보다도 승려들이 본분사를 투
철하게 인식하지 않으면 안된다고 하였다. 그렇지만 현실의 승려들 가운
데는 출가의 목적을 분명하게 가지고 출가한 사람 보다는 목적 의식이
없이 출가한 승려가 많음을 탄식하였다.

둘째, 백학명은 목적 의식을 갖지 못하고 출가한 승려에게서 계戒·정
定·혜慧 삼학 수행에 정진하여 깨달음을 얻어 중생을 제도하려는 승려의
의무를 기대할 수 없다고 보았다. 승려들이 계율을 지키지 못하면 막행
막식莫行莫食을 일삼게 된다는 것이다. 백학명은 대처승들이 날로 늘어가
는 현실을 개탄하면서 부인이 있거나 자식이 있는 자는 어떤 부류의 대
중에 속하는지 명백히 나누라고 하였다.[39]

셋째, 주지들의 횡포를 들고 있다. 일제강점기 31본사 주지는 조선총
독의 인가를 받아야 취임할 수 있었다. 본산 주지들은 조선총독부와 긴
밀한 관계를 유지할 필요가 있었다. 이러한 이유로 인하여 친일 성향을
띠는 본사 주지가 많았다.[40] 이러한 태생적 한계를 안고 있는 주지의 성

---

38) 白農遺稿, 앞의 글, 「獨살림 法侶에게 勸함」, 12~13쪽.
39) 위와 같음.
40) 김순석, 앞의 책, 51~58쪽.

격을 백학명은 다음과 같이 규정한다. '주지는 불법에 주지함이라. 자기의 정법에 주지하여 자기의 정법안으로 타인에게 불법을 널리 베풀어 전하며 조사祖師의 도를 밝게 드러냄이 원래 주지의 목적이며, 의무이다. 현재의 주지들은 하나의 절을 점령하면 그 날부터 자기의 마굴魔窟로 변화시켜 첫째로 재산을 농락하고, 인권人權을 마음대로 하며, 기타 크고 작은 일을 마음대로 처단한다. 나아가서 공을 빙자하여 사를 경영하다가 끝내는 눈 밝은 선지식으로부터 무수한 타격을 받다 쥐구멍도 찾지 못한다'라고 하였다.[41)]

넷째, 승려들의 무위도식을 비판하였다. 백학명은 항상 승속僧俗 남녀男女를 불문하고 유의유식遊衣遊食하는 것을 승낙勝樂으로 알고 작은 이타심과 공익성이 결핍된 것은 지식이 낙오된 우리의 악습이라. 불교도로 말하면 의타심과 방일함이 더욱 심해서 금일에 납자衲子가 되면 명일부터 손을 놓고 한가한 승려가 되려함은 전반의 통병通病이라고 지적하였다. 승려들은 신도들의 공양물로 의식衣食을 해결하고, 수행에 전념하는 것이 고대부터 불법의 대강大綱이었다. 그러나 시대가 내려 오면서 이러한 형태의 수행법이 문제가 있음이 지적되어 중국의 백장百丈 회해懷海는 "일일부작一日不作 일일불식一日不食"이라 하여 선농일치를 실천하였다.[42)] 백학명은 백장청규를 모범으로 삼아 불교계의 개혁을 실현하고자 하였다.

백학명은 일본 불교의 유입으로 수행 풍토가 어지러워진 상황에서 선풍을 진작시키고자 하였다. 그의 이러한 노력은 1921년 선풍진작을 목적으로 창설된 선학원을 중심으로 활동하던 승려들이 조직한 선우공제회에 참여하는 형태로 나타난다. 선우공제회는 1922년 3월 30일에서 4월 1일까지 선학원에서 창립총회를 개최하였는데 창립취지서를 살펴보면 다음과 같은 목적을 알 수 있다. '비구승들은 대처승들과 뒤섞여 있어 생

---

41) 白農遺稿, 앞의 글, 「獨살림 法侶의게 勸함」, 14쪽.
42) 우더신 지음, 주호찬 옮김, 2008, 『한권으로 읽는 불교』, 웅진씽크빅, 245쪽.

활이 어려워져 자기 한 몸도 보전하기 힘든 상황이다. 선우공제회는 비구승들이 스스로 활로를 개척하고, 선풍을 진작시켜서 중생들을 고해에서 제도하고자 창립을 선언한다.[43] 선우공제회의 발기인은 오성월吳惺月·이설운李雪耘·백학명白鶴鳴·한용운韓龍雲 외 79명으로 나타난다.[44] 백학명은 모든 일에서 근본 목적을 중시하여야 하며 자신이 처한 현실에서 최선을 다 하려는 노력을 기울이는 것이 중요하다고 생각하였다. 그의 이러한 행보는 일제의 불교정책이 조선불교를 일본화 하여는 데 맞서서 조선불교의 정통성을 확보하려는 노력으로 평가할 수 있다.

3. 근대 불교 개혁론

백학명의 근대 불교 개혁론은 불교계의 현실 인식에서 비롯되었다. 그는 개혁을 주장하기에 앞서 중국과 일본을 방문하여 주변국의 불교계 상황을 돌아보았다. 이러한 그의 주변국 불교계 탐방이 구체적으로 그의 개혁론에 어떻게 반영되었는지를 밝힐 만한 내용은 그가 남긴 글 속에서는 나타나지 않는다. 다만 그가 중국과 일본의 고승들과의 면담을 통하여 조선불교계의 위상을 높였다고 하겠다. 그는 불교계를 운영하는 주체인 승려들이 본분사인 수행에 투철하지 못하고 사리사욕을 추구하는 현실을 안타깝게 보았다. 그는 승려가 어떤 사람인지도 모르고 출가한 자들이 수행에는 힘쓰지 않고 취재聚財에 골몰하는 승려를 어떻게 교화할 것인가 하는 문제에 대해서 제시한 대안은 이러하다. 그는 불법의 성쇄와 사찰의 존망은 승려의 진퇴에서 찾을 수 있는데 본분을 버리고 지엽적인 것을 추구하고 공적公的인 것을 빙자해서 사적私的인 것을 추구하고

---

43) 1996, 「禪友共濟會創立總會錄」『韓國近現代佛教資料全集』 제65권, 民族社, 3~5쪽.
44) 위와 같음.

정도를 벗어나서 사도邪道로 들어가는 데서 시작된다고 하였다. 불교계
가 바로 서려면 자가自家의 본면목本面目과 불조佛祖의 정지견正知見과 사
찰의 청규淸規와 승려의 정율의正律儀를 바로 잡아야한다. 그렇게 되면 사
찰마다 바른 곳으로 돌아가고 모든 승려들이 여법如法하게 되면 천하의
모든 것이 승화僧化, 사화寺化, 법화法化, 불화佛化될 줄로 생각한다.[45]

　백학명은 모든 승려가 오직 도道를 닦으며, 덕德을 밝히고, 공심公心을
행하며, 정도正道로 돌아가기를 쉬지 않고 행한다면 평등한데 이를 수 있
다. 평등한데 이르면 그의 깨달음은 인연이 없는 사람과도 서로 조화를
이룰 수 있고 인연이 있는 사람을 제도할 수 있다고 하였다. 이렇게 되면
승려들은 옛 조사에게도 부끄러울 것이 없으며 불조佛祖와 더불어 손을
마주 잡을 수 있을 것이다라고 하였다.[46] 그리고 계戒·정定·혜慧 삼학三學
은 불법의 본원本源이며, 승려 수학修學의 의무라고 할 수 있는데 삼학 수
행에서 벗어난 자는 승려로 간주하기 어렵다고 하였다. 그는 승려들에게
삼학을 장려하자면 먼저 모사某寺는 율원律院, 모사某寺는 선원禪院, 모사某
寺는 강원講院이란 간판을 분명하게 달아야 하며, 모승某僧은 율사律師, 모
승은 선사禪師, 모승은 강사講師라는 명칭을 분명하게 해야 한다는 정명사
상正名思想을 피력하였다. 그러기 위해서 그는 전진후진前進後進으로 이 삼
학에 들어오지 않는 자는 여하히 간주한다는 규정이 정해야져야 한다고
하였다.[47] 백학명은 개혁의 선결 조건으로 승려들이 수행에 철저해야 하
며 그렇게 하려면 삼학에 힘써야 한다고 주장하였다. 그리고 사찰과 승
려들의 성향을 살펴서 바른 명칭을 사용하도록 하는 것이 중요하다고 하
였다. 그의 이러한 주장은 불교계 발전을 위하여 선택과 집중이라는 차
원에서 시사하는 바가 크다. 율사가 되려면 어느 절의 어떤 율사를 찾아

---

45) 白農遺稿, 앞의 글, 「獨살림 法侶의게 勸함」, 13~14쪽.
46) 위와 같음.
47) 위와 같음.

가서 수행해야 하며, 선사가 되려면 어떤 선사를 찾아가야 하고, 강사가 되려면 어떤 고승을 찾아가야 하는 지를 밝혀서 각자의 역량을 살펴서 특기를 살려야 한다는 점에서 의미있는 대안을 제시하였다고 할 수 있다.

승풍이 타락해 가는 현실에서 백학명은 비구승과 대처승의 역할을 분명하게 구별해야 한다고 하였다. 그가 이런 주장을 할 무렵 조선불교계는 일본 유학승들로부터 대처식육帶妻食肉의 풍습이 유입되어 대처승들이 급격히 증가하던 시기였다. 조선총독부는 대처승들도 31본산 주지가 될 수 있도록 각 본사로 하여금 사법寺法 개정을 하도록 지시하였다.[48] 이러한 사태에 직면한 백용성白龍城은 1926년 5월과 9월 두 차례에 걸쳐 조선총독부와 내무성에 승려들의 대처식육을 금지해 달라는 건백서를 조선의 유력한 승려 127명의 서명을 받아 제출하였다.[49] 백학명이 이 건백서에 서명하였는지의 여부는 서명한 승려들의 명단이 전하지 않는 까닭에 확인할 길이 없다. 백용성은 이 건백서에서 대처식육은 불교 교리에 어긋날 뿐 아니라 조선불교를 망하게 하는 것이라고 규정하고 적극적으로 반대 운동을 전개하였다.[50] 그러나 조선총독부는 이러한 건의를 묵살하고 1926년 11월 승려들에게 대처식육을 허용하여 대처승들이 본사 주지가 될 수 있는 길을 열어 주었다.[51]

백학명은 수행승들의 뒷바라지를 해야 하는 주지들이 관권만을 무서워하고 일반 승려들에게는 무소불위의 권력을 행사하는 횡포를 경계하였다. 일제강점기 본사 주지들은 조선총독의 인가를 받아야만 취임할 수 있었다. 그런 까닭에 본사 주지들 가운데는 관권과 타협하여 친일 행각

---

48) 『매일신보』 1926.11.26, 「寺刹主持의 選擧資格 改定」.
49) 김광식, 1998, 「1926년 불교계의 帶妻食肉論과 白龍城의 건백서」 『한국근대불교의 현실인식』, 민족사, 188~189쪽.
50) 위와 같음.
51) 김순석, 앞의 책, 150~152쪽.

을 벌인 승려들이 많았다.[52] 특히 본사 주지는 말사 주지의 인사권을 가지고 있었기 때문에 대단한 자리였다. 백학명은 주지들의 이러한 권한을 제한하지 않으면 불교계가 바로 설 수 없다고 보았다. 그는 이러한 주지를 불법佛法 주지가 아니라 사찰 주지이며 사찰 주지가 아니라 개인 주지이며 개인 주지일 뿐 아니라 재권財權, 인권人權, 사견邪見, 마행魔行을 좌주우지左住右持 한다고 하였다.[53] 이러한 비리의 원인이 모두 재산으로부터 발생함으로 주지는 불법만을 주지하게 하고 재산과 기타 사무는 사찰 공동 사무원을 두어서 돌아가면서 업무를 수행하도록 하여야 한다고 하였다.[54]

백학명은 본분을 망각한 승려들의 행태를 비판하였다. 그는 승려가 삭발하고 먹물 옷을 입은 본래 뜻은 번뇌를 끊고 생사를 초월하여 불법을 배워 중생을 제도하는 데 있다고 보았다. 그런데 본분사는 알지 못하고 승명속심僧名俗心으로 땅을 사서 영리를 취하고 자신을 살찌우는 행위를 일삼으니 승려의 면목은 어디에서 찾을 것인가. 승려들은 스스로 생각하고 자신을 제도하여 자기를 버리고 남을 이롭게 하는데 힘쓰며 토지에만 종사하지 말고 불법에 헌신하여 일체를 회향하여야 한다.[55] 그는 승려들이 이러한 행위를 하는 것은 겉모습이 제대로 갖추어 지지 않은데서 비롯되니 반드시 장삼을 입고 출입하여야한다고 하였다.[56]

백학명은 불교계의 이러한 현실을 직시하고 대안으로 내장사에 선원을 설치하고 내장선원규칙內藏禪院規則을 제정하여 실천하였다. 내장선원규칙을 살펴보면 다음과 같다.[57]

---

52) 夢庭生, 1932.12, 「危機에 直面한 朝鮮佛敎의 原因 考察」 『불교』 제101·102합호. 25쪽.
53) 白農遺稿, 앞의 글, 「獨살림 法侶의게 勸함」, 14쪽.
54) 위와 같음.
55) 위와 같음.
56) 위와 같음.

一. 禪院의 목표는 半禪半農으로 함
一. 禪會의 主義는 自禪自修하며 自力自食하기로 함
一. 회원은 新發意나 新出家를 모집함
　　단 舊參 衲子도 勤性이 有한 이는 選入함
一. 略
一. 叢林의 正規에 依하야 衣食을 圓融으로 함
一. 日用은 오전 학문 오후 노동 야간 좌선 三段으로 完定함
一. 동안거는 坐禪爲主 하안거는 학문과 노동 위주로 함
　　단 안거증은 3년 후 수여함
一. 梵音은 시세에 적합한 청아한 범패를 학습하며 또 讚佛, 自讚, 回心, 還鄕
　　曲 등을 新作하여 唱하기로 함
一. 破戒, 邪行, 懶習 기타 廢習은 일체 엄금함

　　백학명이 주창한 선농불교의 의지가 잘 나타난 내장선원 규칙은 근대
불교사에서 승단의 자립의지를 천명하였다는 점에서 중요한 의미를 지
니는 규칙이다. 각 조문에 담긴 내용을 살펴보면 첫째, 반농반선을 선언
한 것은 이미 언급하였듯이 일하면서 수행한다는 것을 천명하였다. 승려
가 수행하는 궁극적인 목적이 깨달음을 얻고 중생을 제도하는데 있다고
한다면 실천의식은 무엇보다도 중요하다. 내장선원 규칙 제1조에 반선반
농을 명시한 것은 선원이므로 선 수행을 맨 먼저 거론한 것은 당연하다
고 하겠다. 하지만 반농반선을 농사짓는 일과 선 수행을 같은 비중으로
이해하는 것은 곤란하다. 왜냐하면 당시 백양사는 백학명이 황무지를 개
간해서 사찰 재정을 보충할 정도로 넉넉하지 못하였다.[58] 그런 까닭에
당시 사찰에서는 이판승과 사판승의 구별이 없이 농사 짓는 일은 생활의
일부였다고 볼 수 있다. 그렇지만 선 수행과 농사일을 같은 비중으로 볼
수는 없다. 왜냐하면 선 수행을 농사일과 같은 비중으로 다룰 경우에 선

57) 姜裕文, 1928.7, 「內藏禪院一瞥」, 『佛教』 제46·47합집, 83쪽.
58) 柳錦海, 1929.4, 「內藏寺故鶴鳴禪師靈骨及舍利通牒」, 『佛教』 제62호, 49~52쪽.

승과 농부는 구별되지 않는다. 만일 농사일을 우위에 둔다면 선승은 출가하여 승려가 되지 말고 농부가 되었어야 한다. 농사일을 하는 것도 선 수행의 한 방편이므로 수행으로 보아야 한다. 그렇다면 반선반농은 표현상으로 보면 절반은 선 수행을 하고 절반은 농사를 짓는다는 것이다 내용상으로 보자면 농사짓는 순간에도 선승의 의식 속에는 수행이 계속되고 있다. 선승이 된 것은 출가자로서 수행에 정진하여 불도佛道를 이루겠다는 의지가 있는 것으로 본다면 선 수행이 농사일보다 중시되어야 한다. 그렇다면 반농반선에서 농사 짓는 일은 선을 수행하고, 먹고 사는 문제도 함께 해결하기 위한 방편으로 이해하여야 한다. 둘째, 자선자수自禪自修하며 자력자식自力自食한다는 것은 수행하면서 농사짓겠다는 뜻으로 수행을 빙자해서 놀고 먹지 않겠다는 것이다. 이것은 수행도 부지런히 하면서 농사도 열심히 짓겠다는 근면함을 중시하는 조문이다. 셋째, 내장선원의 회원은 기존 승려보다는 이제 막 출가한 승려를 수용하겠다는 뜻으로 이 조문은 불교계를 이끌고 갈 새로운 혁신 세력의 등장을 기대하고 있었다고 생각해 볼 수 있는 조문이다. 넷째, 이 조문은 생략되어 있어 내용은 알 수 없으나 승려라면 누구나 지켜야 할 지극히 당연한 의무 조항이 아니었을까 추측된다. 다섯째, 의식衣食을 원용으로 한다는 것은 구성원의 의식을 공동 생산하여 함께 공유하겠다는 뜻으로 화합된 승가의 모습을 지향하고 있었다고 하겠다. 여섯째, 하루 일과는 오전에는 경전를 공부하고, 오후에는 농사를 짓고 밤에는 좌선을 하겠다고 하였다. 그는 하루 일과 배분을 삼등분하여 오전과 밤에는 불도를 수행하고, 오후에는 농사를 짓겠다는 뜻이기 때문에 3분의 2는 수행에 할당하고, 3분의 1은 생업에 배당하겠다는 뜻으로 선 수행을 농사일 보다 우위에 두고 있음을 알 수 있다. 일곱째, 동안거는 좌선위주坐禪爲主 하안거는 학문과 노동 위주로 한다는 것은 여름과 겨울의 계절적인 특성에 따라 수행과 노동을 탄력적으로 병행하겠다는 뜻이다. 다섯째 조문과 같은 의미

로 해석할 수 있다. 단서 조항의 안거증은 3년 후에 수여한다는 것은 안
거에 참여한 승려를 면밀히 관찰하여 일종의 자격을 검증하는 장치라고
하겠다. 여덟째, 범음梵音은 시세에 적합한 형태로 학습한다는 것은 변화
와 혁신이 요구되는 시기에 범패와 찬불讚佛, 자찬自讚, 회심回心, 환향곡還
鄕曲 등을 신작하여 부르기로 하였다. 이것은 새시대의 희망과 불교혁신
의 과제를 노래에 담았다고 한다.[59] 아홉째 파계破戒, 사행邪行, 뇌습懶習
기타 폐습廢習은 일체 엄금한다는 내용은 승풍이 타락하여 가던 시기에
승려로서의 자질이 부족한 사람은 퇴출시키겠다는 의지의 표현으로 승
가의 위상을 확립하고 수행 풍토를 정착시키겠다는 의지의 표현으로 이
해된다.

　여기서 선농일치를 잠시 살펴보고자 한다. 선농일치는 중국의 백장百
丈 회해悔海(749~814)가 "하루 일하지 않으면 하루 먹지 않는다(一日不作 一日
不食)"이라고 한데서 유래하였다. 그런데 선승에게 농사는 수행의 한 방
편일 뿐이다. 선승이 농사를 짓는 것은 경제적인 문제를 해결하고, 건강
을 유지하기 위함이다. 선승은 농사일을 할 때 한 순간도 화두를 놓지
않는다. 뿐만 아니라 잠을 자는 순간까지도 선수행에 몰두한다. 전통사
회가 농경사회였기 때문에 선농일치라는 말이 생겨난 것이다. 선승의 수
행목적은 깨달음을 얻는 것이기 때문에 선수행을 중시한 것이고 농사짓
는 것은 그 다음 문제였다. 선농일치는 선수행을 위해 농사일을 방편으
로 병행한다는 뜻이라고 본다.

　내장선원은 승려들의 의식衣食을 자체적으로 해결하면서 노동하면서
수행하는 것을 원칙으로 한다는 것을 알 수 있다. 백학명은 내장선원 운
영을 통해서 당시 불교계에 늘어나고 있던 대처승들과 차별을 선언하였
다. 그의 이러한 면모는 조선총독부에서 친일승들을 양산하기 위해서 대

---

59) 김종진, 앞의 논문, 「근대 불교혁신 운동과 불교가사의 관련 양상 - 鶴鳴의 가사
　　를 중심으로 -」, 158쪽.

처승을 본사 주지로 임명할 수 있도록 사법을 개정하도록 전국의 본사에 지침을 시달한 것과 정면으로 배치된다. 내장선원 규칙은 원칙적으로 노동보다 수행을 위주로 승가 본연의 위상을 확립하겠다는 의지가 잘 드러남을 보여준다.

4. 禪農一致의 주창

백학명의 선농일치 주장은 앞서 살펴본 바와 같이 불교계의 현실인식에서 바람직한 개혁의 일환으로 제시된 것이었다. 그는 승려들의 자질이 구도의 열정으로 가득차 있기 보다는 먹고 살기 위한 하나의 방편으로 출가한 자들이 많기 때문에 저하되어있다고 보았다. 이러한 불교계의 현실에서 새로운 대안을 제시하기 위해서 주창한 것이 선농일치였다. 그는 선농일치를 실천하기 위해서 직접 농기구를 들고 논밭에서 일을 하였다. 그가 농사일을 하면서 노동요적인 성격을 띠는 가사를 여러 편 지어 불렀다. 그가 지어 부른 '선원곡禪園曲' 가운데는 이런 구절이 보인다.[60]

노동하고 운동하니	신체따라 건강하다.
靜中공부 그만두고	動中공부 하여보세
야아우리 동무님네	땅파면서 노래하세
호미잡고 한번파니	一生參學 이 아닌가
호미잡고 두번파니	이팔청춘 좋은 때라
호미잡고 세번파니	三生인연 반가워라
호미잡고 네번파니	四大色身 허망하다
중략	
우리요중 공부사람	나의면목 살펴보세
훔쳐잡은 호미자루	뿌리없는 목불인가

---

60) 앞의 책, 『鶴鳴集』, 59~62쪽.

꽝꽝맞는 쇳소리는	변치않는 철불인가
뭉텅뭉텅 흙덩이는	다함없는 토불인가
짜갈짜갈 돌소리는	아주생긴 석불인가
토불석불 묻어두고	나의眞佛 무엇인가
空山月夜 杜鵑새는	그저故國 不如歸라
勞働상에 나못보면	거저勞働 거짓勞働

위의 '선원곡'에서 보이듯이 그는 농사 일에 종사하는 것이 곧 참선
수행하는 방법 가운데 하나라는 것이었다. 농사일과 참선의 화두를 결부
시킨 이러한 가사는 노동이 바로 수행이라는 것이다. 그의 이러한 면모
는 어묵동정語默動靜 행주좌와行住坐臥의 순간에도 화두를 놓지 않는 조사
선의 실천이었다. '참선곡'에서는 불교적인 면모가 더 두드러지게 나타난
다.[61]

생사대사 무서워라	유정무정 허망하다
생로병사 네가지로	동서남북 대문달아
胎生濕生 四生으로	지옥아귀 三惡道에
鐵網짓고 鐵車지어	無常殺鬼 몰아내어
기약없이 잡아가니	뉘아니갈 장사있나
이하 생략	

백학명은 승려 수행의 궁극적인 목적은 진리를 깨닫는 것에 있지만
그 방법으로써 종래 선방에서 좌선만 하는 것이 아니고 노동하면서 화두
를 참구함으로써 깨달음을 증득해야 한다고 하였다. 노동과 참선은 두
가지가 아닌 하나라는 것이다. 그가 선농일치를 주장하게 된 배경은 수
행도 하지 않고, 일하지도 않으면서 놀고 먹는 승려들을 분발시켜 수행
에 정진시키고자한 것이었다. 그런 까닭에 승려가 승려 다울려면 계율을

---

61) 앞의 책,『鶴鳴集』, 64~65쪽.

엄격하게 지키고, 수행을 엄격하게 하여야 한다는 것이 그의 일관된 지론이다. 백학명은 내장사 주지로 부임한 직후 법당과 선실을 건축하여 도량을 확장하고 연지蓮池를 준착濬鑿하였으며 산 입구의 황무지를 개간하여 양답良畓 수십 두락을 개척하여 그로부터 40여석의 세입을 보게 되었다고 한다.[62] 이렇게 마련된 농토를 산 아래 마을 사람들에게 소작을 주고 산림으로 연료를 충당케 하니 동네 사람들이 그를 아버지처럼 여겼다고 한다. 그는 이러한 인연을 바탕으로 주민들에게 포교를 전개하여 노소를 불문하고 모두 천수경 등을 외우게 하였다고 한다. 그는 병중에도 사찰을 정리하기 위하여 불사를 벌였다고 한다. 뿐만 아니라 그에게 법화法化를 많이 받은 청신淸信 남녀 60~70명에게 법설法說과 만사輓詞 형식의 사구게四句偈를 지어 주고 매일 어린 손상좌들에게 창가와 서화 등을 가르쳐 주고, 또 그려 주었다고 한다.[63] 백학명은 손수 가래를 들고 도량을 왕래하면서 묵은 정원을 손보고 황폐한 밭을 정리하는데 젊은 사람보다도 더 열성적이었다고 한다.[64]

백학명의 선농불교 주의는 기존의 참선 수행 방법과는 다른 노동을 하면서 그를 통하여 깨달음을 추구하는 것이었다, 이러한 선농일치 수행은 승려들의 건강을 도모할 수 있었고, 그를 통하여 사찰의 전답이 늘어나는 효과를 가져왔다. 늘어난 전답을 마을 사람들에게 소작지로 분배함으로써 마을 사람들과 유대 관계가 강화되었다. 이렇게 마을 주민들과 강화된 유대 관계는 포교로 이어졌으며 마을 사람들은 그를 부모처럼 여겼다고 한다. 그가 주창한 선농일치 불교는 선리禪理를 보이고 교학敎學을 가르치며 농업에 힘쓰게 하되 가무歌舞까지 겸비된 것이었다. 이러한 수행 방법은 일하면서 글을 읽고, 선을 참구하게 되면 몸과 마음이 쾌활

---

63) 柳錦海, 앞의 글, 「內藏寺故鶴鳴禪師靈骨及舍利通牒」, 49~53쪽.
63) 위와 같음.
64) 安舟峰, 1929.4, 「追慕白鶴名先師」 『佛敎』 제62호, 53~54쪽.

하게 된다. 실로 이 방면에 최신안시업最新案試業인 동시에 이상적인 선원이라고 생각된다. 농토에서 대자연의 향내를 맡으면서 흙을 일구면서 노래하고 밝은 창 아래서 불경을 읽고 범패를 부르고 고요한 산에서 선리를 참구할 때 인생의 지식을 이에서 얻을 것이며, 인생의 풍취風趣를 여기서 얻을 것이다. 이렇듯 노래하면서 일하고, 일하면서 선 수행하는 것은 이상에 가까운 듯하나 가장 사실적이며 효과적인 것이라고 할 것이다.[65]

5. 맺음말

백학명은 한말에 태어나서 일제시기를 살다간 불교계의 선각자였다. 그가 살았던 시기는 나라가 망하여 우리의 고유한 전통과 사상이 일제의 강압적인 정책에 의하여 변형되고 왜곡되던 때였다. 불교계도 일본 불교의 영향을 강하게 받았으며 그 결과 승려들이 결혼하고 육식을 하는 풍습이 날로 만연하게 되었다. 조선총독부가 본사 주지들의 인사권을 장악하고 있었기 때문에 관권의 눈치를 살피지 않을 수 없었던 주지들은 사찰 재산을 개인적으로 유용하는 일을 자행하고 있었다. 그는 주지들의 권한을 제한하지 않고는 불교계가 바로 설 수 없다고 보고 주지는 불법만을 관장하게 하고 재산과 기타 사무는 사찰 공동 사무원을 두어서 관리하도록 해야 한다고 하였다. 이러한 때 백학명은 조선불교의 전통을 회복하고 승가 본연의 자세를 확립하며 교리를 충실하게 지키는 방향에서 불교계 전반에 대하여 개혁안을 제시하였다.

백학명의 개혁 노선은 조선불교의 전통회복과 선농일치의 실현이라고 할 수 있다. 그는 조선불교의 전통회복을 위해서 대처승들의 만연으로

---

65) 姜裕文, 1928.7, 「內藏禪院一瞥」 『佛敎』 제46·47합호, 83쪽.

처지가 어려워진 비구승들이 활로를 모색하기 위해서 만들어진 선우공제회에 참여하였다. 그가 선우공제회에 참여한 것은 대처승들이 늘어가는 현실에서 비구승 승단의 중심이 되어야 한다는 의식이 강하였기 때문이라고 할 수 있다. 그는 선의 침체와 승려들이 막행막식으로 계율이 파괴되는 것을 보고 선과 율의 균형을 이루기 위해서 백용성이 단행한 만일참선결사에 참여하였다. 그는 중앙의 각황사에 마련된 중앙선원의 회주로 참여하여 대중 포교에 힘썼다. 백학명의 이러한 현실 참여는 승려는 깨달음을 얻은 뒤에는 중생을 제도하는 것으로 회향해야 한다는 불교 근본 목적에 충실한 것이었기 때문이다. 그는 목적의식을 갖지 않고 출가한 승려에게서 중생 제도는 기대할 수 없다고 하였다. 그런 승려는 이름만 승려일 뿐 사리사욕을 취하는데 급급하니 속인과 다를 것이 없다. 목적 의식없이 출가한 승려가 많은 까닭은 불교계가 인재양성과 지식 계발을 제대로 하지 못한 현실에서 비롯되었으므로 현실을 개혁해야 하는 이유가 여기에 있는 것이다. 그는 불교계가 제대로 위상을 갖추려면 승려들이 계율을 엄격하게 지키면서 수행에 철저해야 한다고 하였다. 깨달음을 얻은 승려는 자기를 버리고 중생을 제도하는 방향으로 회향을 해야 자기 본분을 다하는 것이다.

백학명이 느낀 불교계의 폐단 가운데 가장 큰 것은 승려들이 생산활동에 종사하지 않고 의식衣食 문제를 해결하는 것이었다. 그는 이 문제를 내장사에 내장선원을 만들고 내장선원 규칙을 제정하여 실천하고자 하였다. 내장선원 규칙은 일하면서 수행하는 선농일치를 지향하는 것이었다. 내장선원 규칙은 승려들이 계율을 엄격하게 지키고 자기 수행에 철저하면서 중생들 제도하는 것이었다. 그는 일하는 현장에서 불교 교리와 접맥시킨 가사를 부르게 함으로써 노동의 고단함을 잊게 하고 승려들의 체력 단련을 도모하고, 생산량을 증대시키는 새로운 방법을 도입하였다. 이러한 그의 새로운 노동법은 농토를 개간하여 농지 증대와 생산량의 증대로 나타났다. 그는 이렇게 늘어난 농토를 인근의 마을 사람들에게 소작으로 나누어 주고 포교의 계기로 삼았다. 그의 선농일치는 농사지으면서 수행한다는 것이었지만 궁극적인 목적은 진리를 깨닫고 중생을 제도하는 것을 우위에 둔 것이었다. 그의 선농일치는 승려들의 건강을 도모하고, 쾌활한 심신의 상태를 유지하게 함으로써 수행 효과를 높이는 것이었다. 내장선원 규칙은 승단이 자생적으로 자립을 선언한 것이므로 근대 불교사에 있어서 중요한 의미를 가지는 규칙이다. 백학명 개혁안의 요체는 승려의 삼학 수련 철저, 계율 엄수, 대중 포교 지향, 화합된 승가 구현, 선농일치의 지향으로 요약될 수 있다. 그의 이러한 노력은 일제의 강압에 의해 불교계가 친일의 노선을 걷고, 승풍이 타락하여 시기에 조선불교의 전통을 회복하려는 지난한 자기 성찰이었다. 백학명의 이러한 노력은 불교계 전반에 호응을 얻어 적극적으로 실행되지는 못하였지만 뜻있는 승려들의 지지를 얻어 낼 수 있었고, 그의 선농불교 실천은 근대 불교사에서 큰 의미를 지닌다.

제2장
韓龍雲과 白龍城의 근대 불교개혁론 비교 연구

1. 머리말

근대 사회가 시작되면서 불교계는 조선시대 억불정책抑佛政策의 영향
에서 벗어났지만 시대적인 흐름에 뒤떨어짐으로써 교육제도와 포교방법
그리고 승려들의 전근대적인 의식 등 개선되어야 할 많은 모순점을 안고
있었다. 불교계가 당면한 과제는 이러한 모순을 극복하고, 근대적 교단
을 수립하는 것이었다. 그런데 불교계는 개항과 더불어 밀어 닥친 서구
문명의 충격에 맞서 대내적으로는 근대적인 모습으로 거듭나야 하는 문
제와 대외적으로는 서구 종교와 일본 불교의 침략으로부터 정통성을 수
호해야 하는 이중적 과제에 봉착하였다. 불교계는 이러한 당면 문제를
해결하기 위해서 현실을 개혁하려는 움직임이 있었다. 대표적인 불교계
의 개혁론자들로는 한용운韓龍雲・백용성白龍城・이영재李英宰・권상로權相老・
박한영朴漢永・박중빈朴重彬 등을 들 수 있다.[1] 현실 개혁을 주장하는 승려
들과 불교 학자들은 자신의 관점에서 문제점들을 파악하고, 나름대로 그
해결책을 제시하였다.

당시 불교개혁론자들의 주장은 개인적 차이가 있지만 대체로 다음과
같은 점들이 개혁되어야 한다고 주장하였다. 첫째, 의식의 개혁이다. 불

---

1) 김경집, 2001, 『韓國近代佛敎改革論硏究』, 진각종종학연구실, 44쪽.

교계가 정신적으로 자각하지 못하였기 때문에 근대화되지 못했다는 것이다. 둘째, 교육의 부재이다. 승려들이 교육을 제대로 받지 못한 까닭에 불교계의 발전이 이루어질 수 없었다. 셋째, 구습을 타파하고, 불교의식佛教儀式과 제도를 개혁해야 한다. 불교의식에 기복적인 요소가 많은 것이 발전의 장애가 되기 때문에 번잡한 의식儀式을 개혁하여야 한다. 넷째, 불교 대중화의 문제이다. 불교의 궁극적인 목적은 중생제도에 있으므로 많은 사람들이 진리를 알 수 있도록 대중화하여야 한다. 다섯째, 외국에 유학생을 파견하여 선진문물을 배워오도록 해야 하며 해외 포교에 나설 수 있는 기반을 마련해야 한다는 것으로 집약될 수 있다.[2]

본고에서는 한용운과 백용성의 개혁론 가운데 포교론과 승려의 결혼관을 중심으로 점검해보고자 한다. 한용운과 백용성의 개혁론을 비교 검토의 대상으로 삼은 까닭은 두 승려가 1919년 3·1운동 당시 불교계를 대표해서 이른바 민족대표로 참여하였고, 이후의 행적도 일제와 타협하지 않고 독자적이고, 지속적으로 개혁 활동을 전개하였기 때문이다. 포교론과 승려의 결혼관을 검토의 대상으로 삼은 까닭은 포교론은 불교계가 예나 지금이나 가장 역점을 두고 진행하는 사업이므로 포괄적이기 때문이다. 두 승려는 포교의 필요성을 공감하면서 추구하는 방법에 작은 차이가 있는 이를테면 공통점이 많은 부분이다. 승려의 결혼관은 두 승려가 정반대의 견해를 가지고 있었기 때문에 공통점과 차이점의 비교를 통하여 두 승려의 개혁론을 잘 살필 수 있기 때문이다. 한용운의 개혁론에 관한 연구성과[3]는 비교적 많은 편이나 대체적인 경향은 『조선불교유신

---

2) 김경집, 위의 책, 46~53쪽.
3) 한용운의 개혁론에 관한 주요한 연구성과는 대개 아래와 같다.
   박노준·인권한, 1960, 『만해 한용운 연구』, 통문관.
   임중빈, 1974, 『한용운 일대기』, 정음사.
   고은, 2000, 『한용운평전』, 고려원.
   신동욱·김열규, 1982, 『한용운연구』.

론朝鮮佛敎維新論』에 나타난 근대적인 면모를 부각시키고, 승려의 결혼문
제를 들러 싼 평가들이다. 『조선불교유신론』은 당시 지식인들 사이에서
수용되기 시작하였던 사회진화론의 영향을 받아서 집필되었다. 그의 개
혁론은 승려의 교육·참선·포교·사원의 위치·승려의 결혼문제 등 불교계
의 모순들을 혁신적으로 개혁하고자 하였다. 나아가서 그는 비록 식민지
치하라고 하더라도 외국에 유학승들을 파견하여 선진문물을 배워와야
하며, 조선불교계가 해외포교에 나서야 한다고 주장하였다. 이러한 그의
개혁론은 당시로서는 너무나 급진적이었기 때문에 수용되기 어려웠다.
그의 개혁론은 먼 미래를 내다본 것이었기에 세월이 지날수록 진가를 발
휘하고 있다.

　백용성의 개혁론에 관한 연구는 한용운에 비해서 많이 소략하다[4] 백

　김광식, 2004, 『첫키스로 만해를 만난다』, 도서출판 장승.

　_____, 2011, 『만해 한용운연구』, 동국대학교출판부.

　_____, 1998.12, 「근대 불교개혁론의 배경과 성격」『종교교육학연구』.

　_____, 2003.6, 「韓龍雲의 民族意識과 '朝鮮佛敎維新論'」『한국민족운동사연구』
35.

　_____, 2003, 「조선불교유신론과 현대 한국불교」『불교평론』통권 제16호, 가
을호.

　徐景洙, 1981.9, 『한용운사상연구』, 卍海思想研究會.

　柳圓坤, 1992, 「『朝鮮佛敎維新論』과『조선불교혁신론』의 성립 배경 연구」『한
국종교』, 제17집.

　崔柄憲, 1993.8, 「日帝佛敎의 浸透와 韓龍雲의 『朝鮮佛敎維新論』」, 震山韓基
斗博士華甲紀念『韓國宗敎思想의 再照明』.

　梁銀容, 1993, 「近代佛敎改革運動」『韓國思想史大系』6, 한국정신문화연구원.

　서재영, 2002.12, 「1910년 전후의 시대상과『조선불교유신론』의 意義」『義相萬
海研究』창간호, 의상만해연구원.

　정광호, 2003, 「조선불교유신론 집필의 배경과 개혁방향」『불교평론』통권 제16
호, 가을호.

4) 지금까지 진행된 백용성의 개혁론의 연구성과는 다음과 같다.

　한보광, 1993, 「용성선사의 불교개혁론」『회당학보』2.

　한보광, 1998, 「龍城스님의 前半期 生涯」『大覺思想』창간호.

　한보광, 2001, 「龍城스님의 후반기 생애(2)」『大覺思想』제4집.

용성에 관한 연구는 1998년 대각사상연구원이 창립되고, 『대각사상』 창
간호가 발간되면서 활기를 띠게 된다. 대체적인 연구경향은 역경사업譯
經事業과 선농불교禪農佛教 그리고 대각교운동大覺教運動 에 관한 평가들이
라고 할 수 있다. 그는 불교계의 개혁을 포교와 역경사업을 통하여 불교
를 대중화하는데 두어져야 한다고 하였다. 그는 1926년에 당시 승려들의
대처식육帶妻食肉 현상을 개탄하면서 계율을 지킬 것을 주장하였다. 그는
승려들의 의식이 개혁되어져야 한다는 점에서는 한용운의 주장에 공감
하지만 불교의 대중화에 더 역점을 두고 있다. 그는 불교의 대중화를 위
해서 한문으로 된 경전을 한글로 번역 출간하는 역경사업에 심혈을 기울
였다.[5] 삼장역회三藏譯會라는 번역단체를 조직하여 『금강경金剛經』·『화엄
경華嚴經』과 같은 많은 경전들을 번역함으로써 대중 포교에 기여하였다.

두 승려는 불경을 한글로 번역하는 역경사업이라든가 포교의 대중 지
향과 같은 여러 가지 현안 사항에 대해서는 의견을 같이 하였지만 승려
의 결혼 문제에 있어서는 극명한 차이를 보여주고 있다. 한용운은 포교
방법의 하나로 승려들이 결혼을 해야 한다고 주장한 반면 백용성은 승려
들이 결혼하고 육식을 하게 되면 그것은 조선불교의 전통을 말살하는 것
이라고 판단하고 승려들이 대처식육帶妻食肉을 금지해야 한다고 하였다.
그는 승려들의 대처식육을 금지해 달라는 건백서를 두 차례에 걸쳐 조선
총독부에 제출하였다.

한용운과 백용성의 개혁론은 당시 불교계가 안고 있던 문제를 해결하

홍윤식, 1998, 「大覺教運動의 歷史的 位置」, 『大覺思想』 창간호.
김광식, 1997, 「1926년 불교계의 帶妻食肉論과 白龍城의 건백서」, 『한국독립운
동사연구』 제11집.
김광식, 1998, 「白龍城의 獨立運動」 『大覺思想』 창간호.
김광식, 1999, 「白龍城의 禪農佛教」 『大覺思想』 제2집.
김광식, 2002.5, 「白龍城의 불교개혁과 대각교운동」 『새불교운동의 전개』, 도피
안사.
5) 김광식, 2000, 「白龍城의 禪農『佛教』 『근현대불교의 재조명』, 민족사, 20~21쪽.

기 위한 방안들이었지만 한계점 또한 없지 않다. 이들은 승려들의 결혼 문제를 불교계 내부에서 자체적으로 해결하려고 한 것이 아니라 조선총 독부에 제출하여 식민지 통치 권력이 법으로서 해결해 주기를 원하였다 는 점이다. 이러한 면모는 이들이 불교계의 반봉건적인 모순을 극복하려 는 데는 적극적인 모습을 보였지만 해결 방안으로 식민지 통치 권력의 힘을 빌려서 하였다는 점에서 반제국주의 인식에는 투철하지 못하였다 고 할 수 있다. 당시 불교계는 전 교계를 통합할 수 있는 구심점을 가지 지 못하였기 때문에 국가 권력만이 이 문제를 해결할 수 있다고 생각하 였던 것 같다. 한용운의 이러한 인식은 1910년대를 지나면서 수정되지만 백용성의 제국주의 본질에 대한 이해의 결여는 1920년대 후반까지 지속 되었던 듯하다. 한용운과 백용성 두 승려의 개혁론은 한국 근대 불교사 에서 큰 의미를 가짐에도 불구하고 지금까지 개별적으로 진행되어왔다. 그렇기 때문에 두 승려 개혁노선의 공통점과 차별성을 인식하는 데는 다 소 문제가 있었다. 본 연구는 두 승려의 개별연구를 바탕으로 개혁론의 공통점과 차이점을 비교 검토함으로써 근대 불교사 이해에 도움이 되고 자 한다.

2. 근대 불교계 개혁론 대두의 배경

근대 사회 불교계에 개혁론이 대두되던 시기는 제국주의 세력인 열강 들이 이권 침탈을 위하여 각축을 벌이던 때였다. 개항 이후 열강세력의 등장은 한국 사회에 충격과 혼란을 가중시켰지만 한편으로는 새로운 시 대인식과 각성을 촉구하는 원동력이 되기도 하였다. 조선후기부터 유입 되기 시작한 천주교는 전통적인 관습에 반하는 행동으로 왕조정부로부 터 혹심한 탄압을 받았고, 개신교 역시 예외는 아니었다. 한국인의 반서 양·반기독교적인 인식이 바뀌게 된 것은 청일전쟁을 기점으로 한다고 한다. 동아시아의 화이론적華夷論的 지배질서 체계는 청나라가 일본에 패배함으로써 무너지게 되었고, 서양문물에 대한 새로운 인식의 변화가 일어났다.[6]

천주교가 조선에 전파된 것은 17세기경이었다. 천주교는 중국으로 사신갔던 사람들을 통하여 한역漢譯 서학서西學書들이 유입되면서 일부 지식인층 사이에서 종교가 아닌 학문적 관심의 대상으로 탐구되기 시작하였다. 18세기 후반에 이르러 서학에 대한 관심은 과학 기술 뿐만 아니라 신앙의 영역으로까지 확대되었다.[7] 개항 직후부터 유입되기 시작한 개신교는 1887년에 새문안교회가 설립됨으로서 선교활동을 묵인 받기에 이르렀다.[8] 개신교 세력은 선교학교와 병원을 설립하여 운영함으로써 포교활동에 힘쓰고 있었다. 당시 사회에서 선교학교와 병원은 선교사들의 중요한 활동거점이었으며, 의료혜택을 받을 수 없었던 가난한 이들은 돈을 내지 않거나 적은 비용으로 치료를 받을 수 있는 선교병원으로 줄지어 찾아들었다.[9]

그러나 조선 사람들이 교육과 의료혜택을 받았다고 해서 당장 기독교인으로 개종한 것은 아니었다. 조선에서 기독교인들이 늘어난 것은 청일전쟁 이후부터 러일전쟁 직후인 1905년 사이에 일이라고 한다. 그 원인은 두 차례의 전쟁을 통하여 분명하게 적으로 인식된 일본으로부터 국권을 수호하려면 서양 문물을 수용해야한다는 생각이 확산된 때문이었다고 한다.[10] 그렇기 때문에 서양문물의 밑바닥에는 기독교가 있다고 생각하는 사람들이 늘어났다. 외교권 박탈과 군대해산 등 조선에서 일본 세

---

6) 유영렬·윤정란 2004.3, 지음, 『19세기말 서양선교사와 한국사회』, 경인문화사, 1~2쪽.
7) 趙珖, 1988, 『朝鮮後期天主教史研究』, 고려대학교출판부, 20쪽.
8) 새문안교회역사편찬위원회, 1995, 『새문안교회100년사』, 7~15쪽.
9) 박정신, 2004, 『한국 기독교사 인식』, 혜안, 136~137쪽.
10) 박정신, 같은 책, 137~140쪽.

력 강화는 조선인들에게 좌절감과 절망감을 주었다. 조선인들은 교회를 통하여 인간의 존엄성을 자각하였고, 자립교회 정신을 통하여 책임감 있는 인간상 등을 배울 수 있었다.[11]

이렇게 기독교 세력이 확장되어 가던 시기에 불교계도 조선시대 억불정책의 영향에서 벗어나 나름대로 체제를 정비하고 교세확장에 나서고 있었다. 개화파와 연결을 가지고 일본을 왕래하였던 이동인李東仁과 탁정식卓廷埴이 활약하였으며, 개항장을 중심으로 일본 불교세력의 영향력이 점차 확산되고 있었다.[12] 대한제국 정부도 불교계에 유화적인 입장을 취하였다. 1902년에 「국내사찰현행세칙國內寺刹現行細則」 36개조를 발표하여 지금까지 방치하여왔던 불교계를 제도권으로 편입시켰다.[13] 개항과 더불어 밀려들어 온 일본 세력은 교세 확장을 위하여 포교활동에 적극적이었다. 일련종 사노 젠레이[左野前勵]의 건의에 의하여 조선왕조 정부는 1895년 도성해금都城解禁을 단행함으로써 한국 불교는 일본의 영향을 강하게 받았다. 일본 불교세력은 개항장에 포교소·별원 등을 설치하고 포교사업을 전개하였다.[14] 일본 불교 종파들은 한국의 승려들을 포섭하여 학교 설립을 종용하고, 조직적인 포교활동을 강화하였다.[15] 이들은 1906년에 「종교宗敎의 선포宣布에 관한 규칙規則」을 제정하여 이른바 '관리청원管理請願'이라는 형식으로 한국 사찰을 병합하여 한국 불교계를 일본 불교계에 예속시키려고 하였다.[16]

이러한 외래 종교의 세력 확장과 불교계 내부의 변화는 시대적 요구

---

11) 閔庚培, 1996, 『韓國基督敎會史』, 연세대학교출판부, 27~281쪽.
12) 韓晳曦, 1988, 『日本の朝鮮支配と宗敎政策』, 東京: 未來社, 23~28쪽.
13) 김순석, 2003, 『일제시기 조선총독부의 불교정책과 불교계의 대응』, 경인문화사, 17쪽~18쪽.
14) 김순석, 앞의 책, 19~20쪽.
15) 김순석, 2003, 「統監府 시기 佛敎界의 明進學校 설립과 운영」 『한국독립운동사연구』, 137~143쪽.
16) 徐景洙, 1988, 「日帝의 불교정책」 『近代韓國佛敎史論』, 民族社, 106~112쪽.

에 부응하는 새로운 변화를 요구하였고, 선구적인 승려들은 불교계의 개혁을 주장하였다. 한용운과 백용성은 그 대표적인 승려이다. 한용운은 1905년 무렵부터 중국의 근대 지식인이었던 양계초梁啓超의 『음빙실문집飮氷室文集』을 통하여 사회진화론을 수용[17]하여 『조선불교유신론』을 발표하였다. 그는 이 책에서 불교계가 구습을 일소하고 근대적인 모습으로 다시 태어나야 한다고 하였다. 그러나 『조선불교유신론』에 나타난 개혁론은 시대인식에 어두웠던 불교계를 설득하기에는 너무나 급진적이었다. 특히나 승려취처론僧侶娶妻論은 불교계 내부에서도 많은 문제를 일으키기에 충분하였고, 100여년이 지난 아직까지도 논란의 대상이 되고 있다. 백용성은 불교가 개혁되어야 한다는 점에서는 한용운과 의견을 같이하였지만 그 실천 방법론에서는 노선을 달리하였다. 그의 개혁 노선은 근본적이고, 대중 친화적이었다.

두 승려의 개혁론은 당대에는 큰 호응을 얻지 못하였다. 그 까닭은 두 승려의 개혁론이 승려들의 의식 개혁과 불교계의 제도 등 근본적인 개혁을 주장하였기 때문이며 당시 불교계에서는 이들의 개혁을 수용할 만한 여건을 갖추지 못하였다.

3. 한용운의 사회진화론 인식과 『조선불교유신론』

한용운은 양계초의 『음빙실문집』을 읽고 사회진화론을 수용하여 불교계의 현실 진단에 적용하여 『조선불교유신론』에서 혁신적인 개혁론을 전개하였다. 그가 『음빙실문집』을 읽고 그 영향을 강하게 받았다는 것은 다음과 같은 사실에서 알 수 있다. "벌써 근 30년전의 회상이다. 『음빙실

---

17) 김광식, 앞의 논문, 「白龍城의 禪農佛敎」, 20~21쪽.

문집』에서 얻은 기억의 한 토막이다. 지나支那의 양계초가 무술정변戊戌政
變에 실패하고 미국에 망명하였을 때에 미국의 조야 인사를 방문하였는
데 …"[18] 30년전에 읽었던 양계초의 『음빙실문집』의 내용을 기억하는 것
으로 보아서 그 책이 그에게 얼마나 많은 영향을 미쳤는지 알 수 있다.
뿐만 아니라 그의 『조선불교유신론』 속에 『음빙실문집』이 도처에서 인
용되고 있는 데서도 이러한 사실을 알 수 있다. [19] 『음빙실문집』은 개화
기에 서양 근대 문물을 소개한 책으로 그 가운데 사회진화론은 유길준·
박영효·서재필 등 우리나라의 근대 지식인들에게 많은 영향을 주었다.[20]
사회진화론에서 자연화 된 인간은 자연법칙에 복종해야만 했고, 자연도
태의 법칙에 순응해야만 했다. 또한 사회진화론은 사회적 불평등과 자본
주의의 격렬한 경쟁을 자연법칙으로 변호하였다. 따라서 성공과 부는 진
보의 표시 또는 생존경쟁에서 승리의 상징으로 평가되었다.[21] 그는 『영
환지략瀛環志略』이라는 서양의 지리와 역사를 소개한 책을 읽고 조선 이
외에 넓은 세계가 있다는 것을 알게 되었다. 1905년 무렵 그는 세계 여행
을 위해 러시아의 블라디보스톡으로 건너갔다. 그러나 이 여행에서 뜻
밖의 재난을 만나 세계 여행의 꿈을 이루지 못하고 귀국하였다.[22] 세계
여행에 대한 한용운의 집념은 1908년 4월 일본 여행으로 이어졌다. 시모
노세키[馬關]를 거쳐 도쿄[東京]로 건너 간 그는 그곳에서 조동종의 대표자
인 히로쯔 셋상[弘津說三]을 만나고 조동종 대학에 입학하여 일본어와 불
교 공부를 하기도 하였다.[23]

---

18) 卍海, 1935.11, 「最後의 五分間」 『朝光』 창간호, 朝鮮日報社1出版部, 96~97쪽.
19) 韓龍雲 著, 李元燮 譯, 1983, 『朝鮮佛敎維新論』, 民族社, 16·18·20·80쪽.
20) 전복희, 1996, 『사회진화론과 국가사상』, 한울, 114~115쪽.
21) 전복희, 같은 책. 27~28쪽.
22) 『조선일보』 1935.3.8~13일자, 韓龍雲, 「北大陸의 하룻밤」.
23) 박걸순, 1992, 『한용운의 생애와 독립운동』, 독립기념관 한국독립운동사연구소, 35~36쪽.

『조선불교유신론』은 한용운이 조선이라는 폐쇄적이고, 봉건적인 사회의 틀을 벗어나서 보다 크고 열린 세계를 경험한 이후에 저술되었기 때문에 혁신적이었다. 『조선불교유신론』의 집필은 그가 일본 여행에서 돌아온 이후에 시작되었다. 그런 까닭에 『조선불교유신론』은 일본 불교의 영향을 받았다고 할 수 있다. 그것은 이 책의 집필이 그의 일본 방문 직후에 이루어졌다는 점과 한국불교의 개혁을 주장하면서도 일본 불교의 침략성을 규탄한 점이 없다는 점이다.[24] 뿐만 아니라 그는 일본 불교계의 보편적인 현상이었던 승려의 결혼 문제를 중요하게 다루고 있다. 그는 당시 불교계의 현실 인식에 있어 반봉건적인 요소에 대해서는 일일이 열거하면서 비판하였지만 정작 일본의 침략성에 대해서는 전혀 언급하지 않고 있다. 그가 『조선불교유신론』의 집필을 완료한 시점이 1910년 12월 8일이고, 이 책이 출간된 시점은 1913년 5월 25일이었다.[25] 그런데도 일제강점기 조선불교계를 통제하였던 악법이었던 사찰령寺刹令에 대한 비판이 한 구절도 수록되어 있지 않은 점은 이 시기까지 그는 일본의 침략성을 깊이 인식하지 못하였음을 말해준다고 하겠다. 그가 임제종 설립운동을 전개하기 전까지는 일본 불교와 연대를 모색했다고 볼 수 있는 기록이 있다. 그것은 1908년 원종圓宗의 대종정이었던 이회광李晦光이 원흥사元興寺에 있던 원종종무원의 인가에 관한 문제와 흥인학교興仁學校 이전 문제로 다케다 한시[武田範之]에게 사신私信을 보냈을 때 한용운의 서명이 포함되어 있었다.[26]

한용운과 이회광이 이 시기에 일정한 연결고리가 있었다는 주장을 제

---

24) 김광식, 앞의 논문, 「韓龍雲의 民族意識과 '朝鮮佛教維新論'」, 139~141쪽.
25) 韓龍雲 著, 李元燮 譯, 앞의 책.
26) 川上善兵衛 著, 1987, 『武田範之伝』, 東京: 日本經濟評論社, 346쪽. 이 편지는 한문으로 되어있고 서명은 大韓圓宗宗務院 李晦光·金玄庵·姜大蓮·全寶輪·金皓應·韓龍雲·黃河潭·李混虛 등이 당시 원종종무원 고문이던 다케다 한시에게 한국 불교의 융성에 무엇이 중요한 가를 알아볼 필요가 있다는 내용을 전한 것이다.

기한 논문이 발표되었다. 이 논문은 한용운이 이 무렵 불교발전이라는 주제하에 원종의 인가·사원의 통일·종무원의 설립 등의 사안을 논의하기 위해서 원흥사에서 개최된 전조선불교도 대회에 참석하였을 가능성을 언급하고 있다. 더욱이 그가 개설한 명진측량강습소가 명진학교 부설이었다는 점에서도 그러한 연결고리를 찾고 있다. 당시 명진학교는 설립자이며 책임자인 홍월초가 사임하고 원종에서 관리를 담당하였는데 원종의 종정이 이회광이었기 때문에 한용운이 이회광의 노선을 지지하지 않았다면 명진측량강습소의 소장이 될 수 없었다는 것이다.[27] 물론 이러한 주장은 추론적 성격이 강하지만 한용운과 이회광이 무관한 사이는 아니었다는 것을 말해준다. 이 당시까지만 하더라도 한용운은 일본의 침략성에 대한 인식이 깊지 못하였고, 배워야할 선진국으로 인식하고 있었다. 그가 항일노선으로 돌아서는 시점은 1910년 말 이회광이 원종과 일본 조동종과의 연합맹약[28]이 체결된 사실이 알려지면서 임제종 설립운동을 시작하면서부터이다.

한용운은 『조선불교유신론』에서 승려의 교육문제·사원의 위치·번잡한 의례·승려의 결혼문제 등이 근대적으로 바뀌어야 한다고 주장하였다. 이를 위해서는 승려 교육이 급선무라고 하였다, 보통학 즉 교양학과 사범학 그리고 외국 유학을 통하여 근대 서구 문물을 받아들여야 한다고 역설하였다. 불교가 번잡한 의례절차를 통하여 기복을 추구하는 성격을 띠는 한 결코 발전할 수 없다고 단정하고 허례에 치우친 의례를 폐지할 것을 역설하였다.[29] 그는 승려 교육에 있어서 급선무를 세 가지로 들었다. 첫째, 보통학 즉 교양학의 중요성을 강조하였다. 교양학은 전문학의

---

27) 김광식, 앞의 논문, 「韓龍雲의 民族意識과 '朝鮮佛教維新論'」, 128~130쪽.
28) 원종과 일본 조동종과의 연합맹약에 대해서는 다음 논문을 참고할 수 있다. 김광식, 1996, 「1910년대 불교계 曹洞宗 盟約과 臨濟宗 운동」 『韓國近代佛教史研究』, 민족사.
29) 韓龍雲 著, 李元燮 譯, 1983, 앞의 책.

예비과정으로서 불교 전문학교에서 수학하려면 반드시 교양과정을 거치
도록 해야 한다고 주장하였다. 둘째는 사범학이다. 승려들을 교육시키기
위해서는 제대로 된 스승이 없는 현실을 개탄하였다. 셋째는 외국 유학
이다. 우선 인도에 가서 불교의 진리를 배우고, 또 우리나라에 전해지지
않은 경론經論을 구하고 그 중요한 것을 번역하여 널리 유포시켜야 한다.
뿐만 아니라 구미의 문명한 여러 나라에 유학하여 종교의 연혁과 현상
그 외 여러 가지를 배워 장점을 취해야 한다고 역설하였다.[30]

한용운은 포교문제에 있어서 조선에 들어온 외국 종교는 열심히 포교
하지 않는 종교가 없다고 하였다. 우승열패優勝劣敗와 약육강식弱肉强食을
옳은 도리라고는 할 수 없지만 현실 세계에 통용되는 이치인 까닭에 세
력이 부진한 조선불교가 유린되고 있다고 진단하였다. 그는 대안으로 신
문·잡지를 발간하고, 불경을 번역하며, 자선사업을 시행함으로써 포교를
해야 한다고 주장하였다. 그러나 조선불교의 현실은 이런 사업이 전무하
니 안타까울 따름이라고 하였다.

이 밖에도 사원의 위치는 산골에서 도회지로 나와야 하며, 불가에서
숭배하는 소회塑繪 그리고 각종 의식이 번잡·혼란하여 질서가 없고 비
열·잡박하여 끝이 없는 상태이므로 간소화해야 한다는 주장을 하였다.
그는 승려들이 놀고, 먹는 것을 인정하지 않고 노동을 해야 한다고 주장
하였다.[31] 하지만 한용운은 당시 교단에 영향력을 행사할 만한 위치에
있지 않았으며, 그의 개혁론이 담고 있는 내용은 불교계가 지향해야 할
방향을 제시한 것이었지만 당시 불교계의 지도부에서 한용운의 주장을
귀담아 듣는 사람이 없었다.[32]

---

30) 韓龍雲 著. 李元燮 譯, 같은 책 41~56쪽.
31) 韓龍雲 著. 李元燮 譯, 앞의 책, 66~116쪽.
32) 柳圓坤, 앞의 논문, 176쪽

4. 백용성의 개혁론

백용성은 1919년 3·1운동 당시 한용운과 더불어 불교계를 대표해서 민족대표 33인의 한 사람으로 참여하였다.[33] 그는 승려로서 당시 혼미하던 불교계를 개혁하고, 불교의 대중화를 위하여 헌신하였다. 그가 실천하고자 한 불교계 개혁은 역경사업譯經事業·대각교운동大覺敎運動·선禪의 대중화·대처식육금지帶妻食肉禁止·선농불교禪農佛敎의 실천 등을 들 수 있다. 그가 추진한 사업 가운데 주요한 것의 하나는 역경사업이었다. 그가 역경사업을 추진하게 된 계기는 3·1운동 당시 독립선언서에 서명한 민족대표의 일원으로 서대문 형무소에서 수감생활을 하면서였다고 한다. 다른 종교의 신자들은 모두 자기들이 신봉하는 종교의 한글로 번역된 경전을 읽으면서 기도하는데 불경은 한글로 번역된 것이 없다는 사실을 깨닫고서였다고 한다.[34]

역경사업은 불교를 대중화하는 작업이라고 할 수 있다. 1921년 출옥한 그는 주위 사람들에게 뜻을 전하고 협조를 구하였으나 후원자는 없었다. 당시 승려들은 거의가 결혼을 하여 처자식을 부양하는 대처승 이었기 때문에 경전을 번역 출판하는 일에는 관심이 없었다. 이에 그는 독자적으로 삼장학회三藏學會라는 번역단체를 조직하여 불경번역 작업에 착수하였다.[35] 이렇게 번역사업에 몰두한 끝에 1927년 11월에『조선글화엄경』12권이 출간되게 되었다. 화엄경과 같은 방대한 경전이 번역될 수 있었던 것은 많은 사람들에게 불경을 쉽게 이해할 수 있도록 해야겠다는 그의 간절한 서원의 결과였다.[36]

---

33) 김광식, 앞의 논문,「白龍城의 禪農佛敎」, 71쪽.
34) 김광식, 2002.11,「일제하의 역경」『大覺思想』제5집, 54쪽.
35)『동아일보』1921.8.28,「불교의 민중화운동」.
36) 1928.1,「三藏譯會에서 朝鮮文華嚴經刊行」『佛敎』제43호, 69쪽.

불교를 대중들에게 보급하기 위한 구체적인 방법으로 백용성은 대각교운동大覺敎運動을 전개하였다. 그는 1922년 여름에 시대사조時代思潮와 민지계발民智啓發이 예전과 같지 않아 구습舊習을 지키다가는 스스로 멸망을 자초할 형편이라 불교를 대각교라고 명칭을 고치고 깨달음을 종지로 하는 대각교를 창설하였다.[37] 그는 대각교의 교리체계를 참선參禪·염불念佛·주력呪力으로 구성[38]하여 교리를 단순화시켜 대중들의 접근을 쉽게 하고자 하였다. 이러한 그의 의도는 종로구 봉익동에 세워진 대각사에 시민선방·부인선방 등을 개설한데서도 잘 드러난다.[39] 그는 포교의 현대화에 힘을 쏟았다. 찬불가를 어린 학생들에게 보급하기 위해서 직접 오르간을 치고 학생들에게 노래를 가르쳤다.[40] 그는 '선농불교禪農佛敎'를 제창하여 승려들도 실천적인 생산활동에 참여하여야 한다고 주장하였다.[41] 그는 1926년 무렵 중국 길림성에 토지를 매입하여 자급자족을 실천하려 하였다. 1927년에는 경남 함안에 화과원華果院이라는 농장을 경영하면서 노동과 선을 함께 실천하고 인근 부락의 빈민 아동들에게 교육의 기회를 제공하는 공동체 생활을 실행하였다.[42]

백용성은 당시 불교계의 현실을 청정도량은 음굴淫窟로 바뀌었고, 주육오신酒肉五辛이 낭자하고, 사리私利에 몰두하여 불법이 자멸되었다고 개탄하였다. 그런 까닭에 조선불교의 전통을 회복하고자 백용성은 1926년 5월 함경도 석왕사 주지 이대전李大典과 해인사 주지 오회진吳會眞 등 127명의 연서로 전조선 4천의 비구 승려를 위하여, 불교의 장래를 위하여

---

37) 村山智順 著, 崔吉城·張相彦 共譯, 1991,『朝鮮의 類似宗敎』, 계명대학교출판부, 328~329쪽.

38) 村山智順 著, 崔吉城·張相彦 共譯, 같은 책, 330쪽.

39) 한보광, 앞의 논문, 「용성 선사의 불교개혁론」, 40~41쪽.

40) 한보광, 같은 논문 , 45쪽.

41) 김광식, 앞의 논문, 「白龍城의 禪農佛敎」, 83쪽.

42) 김광식, 같은 논문, 76쪽.

대처식육을 금지해 달라는 건백서를 제출하였다.[43] 승려들의 대처식육 문제는 당시 불교계에 많은 논쟁을 야기시켰다. 조선 승려들의 대처식육 풍습은 날로 늘어났다. 불교계의 현실은 그의 이러한 노력과는 무관하게 본사 주지를 대처승도 취임할 수 있도록 하는 방향으로 사법이 개정되었다.[44]

백용성은 승려들이 생산 활동을 하지 않고, 시주에 의지해서 살아가는 생활을 부정하였다. 승려들이 실천해야 할 가장 중요한 것으로 선을 일상생활에서 실천할 것과 생산 활동에 참여해야 한다는 선농일치禪農一致를 이상으로 삼았다. 이러한 사상은 대처식육이 만연하던 당시 불교계에 경종을 울리는 참신한 청신호였다. 하지만 당시 불교계는 백용성의 이러한 주장이 수용되기에는 이미 일본 불교가 너무 넓게 전파되었고, 친일파를 양성하여 불교계를 분열시키고자 했던 조선총독부의 불교정책이 주효하고 있었다. 그의 역경사업과 선농불교 그리고 대각교 설립운동은 그 취지가 모두 불교의 대중화에 있었다. 이것은 결국 불법은 만인에게 평등하며, 따라서 모든 사람에게 그 교리를 알기 쉽게 전파하는 것이 승려된 자의 의무라는 불교의 근본정신이라고 할 수 있다. 이러한 점에서 그가 추진하였던 대부분의 사업은 하나의 맥으로 통한다고 할 수 있다. 대처식육금지론은 계율을 중시하는 전통불교 정신을 회복하려는 노력의 일환이었다고 할 수 있다. 한용운과 마찬가지로 백용성 역시 식민지 치하에서 불교계의 문제를 자체적으로 해결하려고 하기 보다는 조선총독부 당국에 건의를 통해서 공권력의 힘으로 해결하려고 하는 한계를 가지고 있다. 이러한 처사는 민족문제를 도외시 한 채 불교계의 현안 사항만을 고려한 사려 깊지 못한 것이었다.

---

43) 『동아일보』 1926.5.19, 「百餘名 連名 犯戒生活 禁止 陳情」.
44) 『매일신보』 1926.11.26, 「寺刹 住持의 選擧 資格改正」.

5. 한용운과 백용성 개혁론의 차이점 비교

1) 포교론

가. 한용운의 포교론

한용운의 포교론은 기본적으로 약육강식·우승열패라는 사회진화론에 근거한 현실인식에서 비롯된다. 그는 조선불교가 유린된 원인을 세력이 부진한 탓이며, 세력 부진은 불교의 가르침이 포교되지 않은 데 있다고 보았다. 가르침이란 종교의 의무 선線과 세력의 선이 함께 나아가는 원천이다. 다른 외국 종교는 조선에 들어와 끊임없이 포교에 힘쓰고 있으니 누구든 종교의 의무가 스스로 이렇지 않다고 하랴. 본래부터 그렇다고 할 수 밖에 없다.[45] 그는 포교에 필요한 기본적인 자세로 열성·인내·자애를 중요하게 여겼다. 그리하여 포교는 불교의 흥망과 승려의 생존을 담보하는 지름길로 보았으며, 포교의 방법으로 연설·신문·잡지에 기고·역경·자선사업 등을 제시하였다.[46] 그런데 조선불교의 현실은 이러한 방법이 전혀 이루어지고 있지 않음을 개탄하였다.

포교의 중요성에 대하여 한용운은 조선불교도 해외포교에 나서야 된다고 주장하였다. 조선불교가 해외포교에 나서지 못하는 까닭은 조선시대 억불정책의 영향으로 산간에서 고폐痼廢하여 해외 진출의 엄두를 못낸 데도 원인이 있지만 보다 근본적인 것은 해외 포교 가능성의 유무를 타진하기 보다도 돌진할 용기가 없었던 데 있다고 보았다. 그는 세계 각국의 종교는 물론 조선불교를 제외하고 모두 해외 포교를 위하여 막대한 심력과 금전을 투자하고 있다는 점을 들고 있다. 그는 조선 불교의 해외

---

45) 韓龍雲 著. 李元燮 譯, 앞의 책, 67~68쪽.
46) 김광식, 앞의 논문, 「조선불교유신론과 현대 한국불교」, 406쪽.

진출이 금전과 인물로 보아서 지금 당장 시작할 수 있는 것은 아니라고 보았다. 그렇다면 점차적으로 추진할 수밖에 없는 데 어느 곳을 가장 먼저 선택할 것인가에 대하여 그는 만주·중국·하와이·미주·인도 기타 열국의 순서를 들고 있다.[47] 그는 해외 포교가 어렵지만 지속적으로 전개되어야 하는 까닭을 다음과 같이 설명하고 있다.

> 만약 조선의 승려로 하여금 외국에서 전도케 한다면 한 명의 신도도 못 얻고 몇 달이 지나면 실망해 버리고, 다시 몇 달이 지나면 일체를 포기하고 돌아오지 않는 자가 몇이나 되랴. 5년·7년·10년이 지나고도 初志를 바꾸지 않는 사람들을 내 어찌 謳歌하고 몽상하지 않으랴. 교리가 불교의 만분의 일에도 못 미치는 종교도 악착스레 활약하여 그 뜻을 펴고 있는 터에 玄妙廣大한 불교 같은 종교로서 어깨가 처지고 머리가 움츠러져 기를 펴지 못하고 있으니 누구 탓인가.[48]

한용운이 승려의 외국 유학과 해외 포교를 주장한 것은 당시 불교계가 아직 전통사회의 미몽迷夢에서 깨어나지 못하고 있던 현실에서 불교계가 근대화되기 위해서는 꼭 필요한 것이었다고 인식하였기 때문이다. 다만 아직까지 교단 조직도 없고 교세도 미약한 상황에서 해외 포교에 나선다는 것은 이상론에 지나지 않는다는 것을 알았기 때문에 점진적으로 해결해야 할 과제로 제시한 것이었다. 그는 교세의 신장은 포교에 있다고 보았으며, 교세를 신장시키기 위해서는 다양한 방법을 동원할 필요가 있음을 역설하였다. 결국 불교의 흥망은 승려의 흥망과 직결되며, 승려는 불법을 포교할 의무를 져야한다는 것이다. 불법이 널리 전파되려면 승려들의 인내와 열정이 절실히 필요하고, 그것을 기꺼이 감수할 수 있어야 한다고 하였다.

47) 韓龍雲, 1932.8, 「朝鮮佛教의 海外 發展을 要望함」『佛教』 제98호, 佛教社, 2~4쪽.
48) 韓龍雲 著. 李元燮 譯, 앞의 책, 71~72쪽.

나. 백용성의 포교론

백용성의 포교활동은 1910년 말에 일어났던 임제종 설립운동의 결과로 종로구 인사동에 설립되었던 임제종 포교당에서 한용운과 함께 활동하면서 시작되었다. 그의 포교에 대한 열정은 3·1운동 이후 본격화된다. 그는 수감생활을 하면서 옥중에서 이교도들의 경전이 대부분 한글로 된것을 보고 큰 충격을 받았다. 그는 출옥하면 불경의 한글 번역에 투신하겠다고 결심하였다. 1921년 3월 출옥한 그는 역경사업의 뜻을 주위에 전하고 동참을 구하였으나 돌아오는 것은 냉담한 반응뿐이었다.[49] 그는 독자적으로 1922년 5월경에 서울 종로구 봉익동 2번지에 대각교당을 창립하고, 불경 번역작업에 착수하여『귀원정종歸源正宗』·『심조만유론心造萬有論』·『신역대장경금강경강의新譯大藏經金剛經講義』등과 불경의 번역을 완성하였다.[50] 그는 1926년 4월 17일에『화엄경』번역을 시작하여 1927년 11월 13일에 완료하였다. 그 후 1928년 3월 28일에『화엄경』번역본 12권이 세상에 나오게 되었다.[51] 화엄경의 출간을 두고 불교계 일각에서는 조선불교을 위하여 조선사회를 위하여, 조선민족을 위하여 축하할 일이라고

---

49) 김광식, 앞의 논문, 「白龍城의 불교개혁과 대각교운동」, 271~272쪽.
50) 그 성과물을 보면 다음과 같다.
　　『歸源正宗』, 1921, 7. 재판
　　삼장역회, 1921.9,『心造萬有論』.
　　삼장역회, 1922.1,『新譯大藏經金剛經講義』.
　　삼장역회, 1922.1,『鮮漢文金剛經新譯大藏經』.
　　백용성, 1922.3,『首楞嚴經鮮漢演義』2권.
　　대각교회, 1922.12.,『覺頂心觀音正士摠持經』
　　대각교회, 1922.9,『金比羅同字威德經』.
　　삼장역회, 1922.9,『八相錄』.
　　삼장역회, 1924.6.,『大方廣圓覺經』
　　삼장역회, 1924.6,『鮮漢文譯禪門撮要』.
51)『佛敎』43호, 1928.1,「佛敎彙報」, 佛敎社, 69쪽.

하면서 제2, 제3의 백용성이 나와야 한다고 축하하였다.[52] 백용성에게 역경사업은 곧 포교사업이었다. 왜냐하면 대중들이 쉽게 읽을 수 있는 한글로 된 불경이야말로 부처의 이야기를 직접 들을 수 있는 원전이었으니 다른 사람에게 전해 듣는 것보다 효과가 훨씬 크기 때문이었다. 그는 단행본부터 12권에 달하는 『화엄경』에 이르기까지 다양한 경전을 번역하였다. 이 화엄경의 출간은 그의 생애 후반에 필사적 노력의 결정체였다.[53]

백용성의 또 다른 포교 대중화 작업은 대각교 설립운동으로 나타났다. 그는 1921년 출옥한 이후 삼장역회三藏譯會를 조직하여 역경사업을 시작하는 한편 불교의 대중화를 위하여 대각교 설립운동에 착수하였다. 그가 불교의 포교사업을 전개하면서 불교라는 용어 대신에 대각교라고 한 것은 시대사조를 따라서 민중들에게 보다 쉽게 다가가려는 의도가 내재된 것으로 보인다. 그의 개혁 노선은 전통불교의 수호라는 차원을 넘어서 시대의 흐름을 수용한 것이었다. 그의 불교개혁운동은 당시 시대상황을 충분히 검토한 위에서 전개되었다. 그 시대상황이란 개신교 세력의 활발한 포교활동에 비해서 한글로 번역된 불경이 없어서 불교가 저변으로 확대되지 못한 점에 대한 반성이 내재되어 있었다. 뿐만 아니라 현실과 타협하고, 안주하면서 기득권을 유지하려는 31본산 주지 계층의 안일함을 비판하였다. 뿐만아니라 일본 불교 세력의 확산으로 인한 조선불교의 일본화 현상 등을 문제점으로 파악[54]하고 나름대로 대안을 제시하고 실천하였다는 점에서 큰 의의가 있다. 그는 이러한 문제점들에 대한 대안으로 대각교운동을 제창하였다. 그는 중국 북간도北間島 용정시龍井市에 수천일경數千日耕의 토지를 매입하여 선농당禪農堂이라 이름짓고 자급자족

---

52) 之一生, 1928.1, 「조선글 華嚴經을 보고」 『佛敎』 43호, 佛敎社, 16~20쪽.

53) 김광식, 앞의 논문, 「白龍城의 불교개혁과 대각교운동」, 274쪽.

54) 김광식, 같은 논문, 286~287쪽.

할 수 있는 농장을 경영하였다. 아울러 경남 함양에도 화과원이라는 과수원을 운영하면서 선농일치의 생활을 실천하였다.[55] 1927년 그는 서울의 대각사를 대각교중앙본부로 명명하고 용정시와 함양 화과원에 각각 지부를 설치하고 포교사업에 박차를 가하였다.[56] 그의 포교사업은 조선불교의 전통을 수호하면서 근대성을 가미한 것이었다. 구체적으로 말하자면 대처식육을 금하면서 선농일치를 추구한 점과 역경사업을 통하여 불교의 대중화를 지향한 점을 들 수 있다.

2) 승려의 결혼관

가. 한용운의 승려 결혼 문제 인식

1920년대 불교계에 나타나는 특징 가운데 하나는 일본 불교의 대처식육帶妻食肉 풍습이 유입된 것이었다. 불교계에서 대처帶妻 문제는 1910년 전부터 논의가 있었지만 승려의 결혼문제에 관해서 본격적으로 문제를 제기한 사람은 한용운이었다. 그는 승려의 결혼문제를 승려의 인권회복과 생산문제와의 연결선상에서 파악하였다. 그는 조선시대 승려가 핍박받고, 인간으로서 대접을 제대로 받지 못한 사실에 대하여 일하지 않고 먹고, 입는 것을 하나의 원인으로 보았다. 이것을 경제학의 분리分利라는 개념으로 설명하면서 승려들이 무위도식하였기 때문에 세상 사람들이 승려들을 노예처럼 본다고 하였다.[57] 그는 1910년 3월과 9월에 승려의 결혼을 허락하여 줄 것을 충주원 의장과 조선총독에게 청원하였다.[58] 그는 불교를 부흥시킬 방법의 하나로 승려의 결혼을 주장하였다. 한용운은

55) 백용성, 1932.3, 「중앙행정에 대한 희망」 『佛敎』 제93호, 15~16쪽.
56) 釋明正 譯註, 1997, 『三笑窟 消息』, 極樂禪院, 175쪽.
57) 한용운 지음, 이원섭 옮김, 앞의 책, 108~109쪽.
58) 한용운 지음, 이원섭 옮김, 같은 책 125~130쪽.

승려의 결혼 문제를 불교의 깊고도 끝없는 대승적 진리의 차원에서 볼
때 오히려 사소한 문제에 속한다고 보았다. 그는 승려의 결혼을 금지시
킨 것은 근기가 부족하여 욕망으로 흘러 돌이키기 어려운 자들에게 필요
한 소승적 차원의 계율이라고 해석하였다.[59]

한용운이 승려들에게 결혼을 허용하여야 불교를 부흥시킬 수 있고, 그
렇게 해야 불교가 발전할 수 있다는 주장은 설득력이 부족하다고 할 수
있다. 그런데 왜 그는 식민지 시기 초기에 승려들의 결혼을 주장하였을
까? 그것은 그가 『조선불교유신론』을 집필할 시기에 이미 사회진화론의
영향을 받았다는 것은 앞에서 언급하였다. 승려의 결혼 문제에 있어서도
그러한 면모를 찾을 수 있다. 그는 『조선불교유신론』의 「불교의 장래와
승니僧尼의 결혼 문제」라는 글에서 다음과 같이 말하고 있다. "옛 사람중
지평[吉朋]·치엔머[謙模]·버꺼얼[柏格兒]는 일생 장가를 들지 않은 채 사학史
學으로 아내를 삼았고 데카르트·파스칼·스피노자·홉스·스펜서·로크·루
소·벤덤·칸트는 일생 장가를 가지 않은 채 철학으로 아내를 삼았고"[60]에
서 알 수 있듯이 스펜서의 사회진화론의 영향을 받은 것을 알 수 있다.
또 그가 1910년 3월에 쓴 「중추원中樞院 헌의서獻議書」에도 그러한 경향이
보인다. "엎드려 생각건대 인간계의 일에 있어서는 변화보다 좋은 것이
없고, 변화하지 않는 것보다 나쁜 것이 없는가 합니다. 한 번 정해진 채
조금도 변할 줄 모른다면 천지 사이에 존재하는 사람들을 오늘에 앉아
다시 볼 수는 없었을 것입니다. … 이같이 낳고 낳아 다함이 없고 잘 변
화를 계속하면 그 진화進化의 묘가 날로 변해가는 것이어서"라고 한 데서
그러한 사실을 알 수 있다. 그렇다면 사회진화론과 승려의 결혼과는 어
떤 관계가 있을까. 한용운은 시대사조가 변함에 따라서 변화에 적응하는
것이 순리라고 생각하였다. 승려의 결혼 문제에있어서 순리는 과거의 독

---

59) 한용운 지음, 이원섭 옮김, 같은 책, 118쪽.
60) 한용운 지음, 이원섭 옮김, 같은 책, 124쪽.

신 비구·비구니 보다는 결혼을 하여 처자식을 두는 것이 포교와 교육을 비롯하여 불교를 부흥시키는데 도움이 된다고 생각하였다. 그래서 그는 승려가 결혼하지 않으면 여러 가지 점에서 문제가 있다고 하였다. 즉 인간의 욕망 가운데 食色의 욕망이 가장 강렬한데 그것을 억지로 제어하면 부작용이 따른다는 것이 논점의 핵심이라고 할 수 있다.[61]

한용운이 개인적으로 불교의 근본 계율을 수정하겠다는 결정을 내리고 정치적인 힘을 빌려서 관철시키려 했다는 것은 이해하기 힘든 부분이다. 더구나 두 번째 건의서를 제출한 곳이 통감부였다는 점에서 당혹스럽다. 이는 불교의 발전만 유의하였고, 일제의 식민통치에 대해서는 일체 언급하지 않았다는 점에서 더욱 그러하다.[62] 1910년 이전의 대처식육론은 어디까지나 개인적인 담론 수준에 지나지 않는 것이었다. 일제강점기 들어와 일본 유학승들에 의해 유입된 대처식육 현상은 불교계를 큰 혼란에 빠지게 하였으며 그 후유증은 해방 이후 비구·대처승 분쟁의 원인이 되었다.

나. 백용성의 帶妻食肉禁止論

일본은 조선을 병합한 이후에 끊임없이 조일불교 교류를 장려해왔다. 불교계는 1910년 이전부터 불교시찰단을 파견하였고, 1920년대에 들어와서는 조선불교단朝鮮佛敎團이라는 외호단체를 만들어 시찰단과 유학생을 파견하였다.[63] 유학승들의 귀국은 불교계에 적지 않은 문제를 일으켰다. 학업을 마치고 귀국하는 유학승들은 일본 불교의 영향을 받아서 결혼을 하지 않은 사람이 없을 정도였다고 한다.[64] 이들이 당시 개혁세력

---

61) 한용운 지음, 이원섭 옮김, 같은 책, 120~125쪽.
62) 김광식, 앞의 논문,「韓龍雲의 民族意識과 '朝鮮佛敎維新論'」, 136~137쪽.
63) 김순석, 1995,「朝鮮佛敎團硏究」『한국독립운동사연구』제9집, 144쪽.
64) 伽倻衲子, 1926.5,「背恩忘德」『佛敎』제23호, 31쪽.

으로서 불교계의 전면에 부상하고 있던 청년 운동에 가담하면서 보수적인 주지 계층과 대립관계가 형성되었다.[65]

일본 유학승들이 본사 주지가 될 수 있는 자격이 갖추어 지는 시기에 와서 한가지 문제가 발생하였다. 그것은 사법에 본사 주지가 될 수 있는 자격이 비구승만으로 명시되어 있었기 때문이다.[66] 유학승들이 본사 주지가 되는 것을 조선총독부가 반대해야 할 이유는 없었다. 본사 주지의 지위는 대단한 것이었기 때문에 일본 유학을 다녀온 경험이 있는 이들이 본사 주지가 된다면 조선총독부로서도 환영할 일이었다. 그러나 불교의 근본 계율을 중시하였던 백용성은 대처식육현상이 만연되어 가는 것을 묵과할 수 없었다. 1926년 5월 범어사에 있었던 백용성은 뜻을 같이 하는 석왕사 주지 이대전李大典과 해인사 주지 오회진吳會眞 등 127명의 서명을 받아 대처식육을 금지해 달라는 제1차 건백서를 조선총독 앞으로 제출하였다.[67]

이 건백서의 주요한 내용을 간추려 보면 다음과 같다. '석가 이래로 비구의 대처식육에 관한 설說을 듣지 못하였다. 근대에 부끄러움을 모르는 무리들이 대처식육을 감행하여 청정한 사원을 마굴魔窟로 만들었다. 대처식육을 엄금하여 오로지 도업道業에 근무勤務하여 불법佛法을 수호하여 후세에 전하게 해달라'[68]는 것이었다. 백용성 등의 건백서에 대해서 조선총독부 측에서는 아무런 회신이 없었다. 이러한 상황 속에서 승려들의 대처식육 현상은 날이 갈수록 더해 가는 현상이 나타났다. 이에 백용

---

65) 김광식, 앞의 논문, 「1926년 불교계의 帶妻食肉과 白龍城의 建白書」, 179쪽.
66) 사법 가운데 본사 주지가 될 수 있는 자격제한 조항인 제 16조 2항은 '比丘戒를 具足하고 다시 菩薩戒를 수지한 자'로 되어 있었다(李能和, 1982, 『朝鮮佛教通史』 下卷, 寶蓮閣, 1139쪽).
67) 『동아일보』 1926.5.19, 「百餘名 連名 犯戒生活 禁止 陳情」.
68) 白龍城, 1926.8, 「僧侶肉喰妻帶問題に關する歎願書」 『朝鮮佛教』 제27호, 朝鮮佛教社, 33쪽.

성은 2차로 건백서를 제출하였다. 2차 건백서의 내용은 1차에 비해서 내용이 상당히 완화되는 형태로 나타났다. 만약 당국에서 승려들의 대처식육을 허용할 수 밖에 없다면 무처無妻 승려 4천여 대중들에게는 몇 개의 본산을 택정擇定하여 안주시키는 행정을 고려해달라는 대안을 제시하였다.[69]

당시 승려들의 대처현황은 1925년 교무원에서 파악한 통계에 따르면 전국의 승려 숫자는 비구가 6,324명 비구니가 864명으로 모두 7,188명으로 집계되었다.[70] 그런데 결혼을 하지 않은 승려의 수는 4천여 명으로 추정되고 있다.[71] 거의 절반에 가까운 승려가 대처승이렀다는 것을 알 수 있다. 백용성의 이러한 건백서 제출에도 불구하고 조선총독부는 1926년 11월에 사법寺法 개정 승인들 통하여 승려들에게 대처를 허용하였다.[72]

백용성을 비롯한 비구승들의 이러한 건의에 대하여 조선총독부측의 입장은 조선 승려들의 대처식육 문제는 종교의 자유와 조선불교계 내부의 문제라는 점을 강조하여 개입하지 않겠다는 입장을 취하였다.[73] 그러나 이 문제는 조선총독부 당국이 사법개정寺法改正을 승인하는 행정적 권한을 가지고 있었기 때문에 조선불교계의 자율적 판단에 맡긴다는 것은 형식 논리에 지나지 않았다. 1926년 말에 조선총독부가 사법개정을 승인하여 승려들에게 대처식육을 승인한 것은 조선불교를 일본 불교화 하려는 정책의 일환이었다. 승려들이 결혼을 하고 육식을 한다는 것은 불교

---

69) 김광식, 앞의 논문, 「1926년 불교계의 帶妻食肉論과 白龍城의 建白書」, 201~202쪽.

70) 朝鮮佛敎中央敎務院, 1928.3, 「朝鮮佛敎一覽表」『寺刹僧尼數』, 56쪽.

71) 具萬化, 1926.8, 「その罪三千大千世界に唾棄する處無し」『朝鮮佛敎』28집, 朝鮮佛敎社, 19쪽.

72) 『매일신보』 1926.11.26, 「寺刹 住持의 選擧資格改正」.

73) 兪萬兼, 1926.8, 「宗務行政の立場から」『朝鮮佛敎』 제27호, 朝鮮佛敎社, 31쪽.

의 근본 계율을 저버리는 처사이다. 이것은 조선 전통 불교의 맥을 단절 시키고, 일본 불교에 동화된다는 것을 의미하는 것이다. 이러한 현상은 해방 이후 불교계의 비구·대처승 분쟁으로 나타났다. 비구·대처승 분쟁 과정에서 숱한 물리적인 충돌이 발생하였다. 이 분쟁은 법정소송으로 비 화되어 결국은 원만한 해결을 보지 못하고 1970년에 들어와서 분종사태 分宗事態를 초래하였다. 대처승 측이 태고종太古宗을 창설함으로써 막을 내렸다. 하지만 불교계는 아직까지도 그 후유증으로 시달리고 있다.

6. 맺음말

한용운은 젊은 시절 양계초梁啓超의 『음빙실문집飮氷室文集』과 J.S.Mill 의 『자유론』 같은 책들을 읽고서 천부인권사상과 사회계약설 등과 같은 서구의 근대 사상을 흡수하였다. 그리고 블라디보스톡·만주 등지를 여 행하였고, 일본을 방문하여 근대사회의 모습을 보았다. 이러한 그가 주 장한 불교계의 개혁은 교육을 통하여 승려들의 의식을 근대적으로 전환 시키는 것이었고, 그것을 통하여 불교계가 근대적인 모습으로 탈바꿈해 야 한다고 주장하였다. 그의 불교개혁론은 『조선불교유신론』에 잘 나타 나 있다. 그는 승려의 교육문제·사원의 위치·번잡한 의례·승려의 결혼 문제 등이 개혁되어야 한다고 주장하였다. 그는 불교계가 개혁되려면 먼 저 승려들의 의식이 근대적으로 바뀌어야 한다고 주장하였다. 이를 위해 서는 승려 교육이 급선무라고 하였다, 보통학 즉 교양학과 사범학 그리 고 외국 유학을 통하여 근대 서구 문물을 받아들여야 한다고 역설하였 다. 뿐만 아니라 조선불교가 해외포교에 나서야 한다고 주장함으로써 국 제사회가 급변하고 있는 현실을 직시하고 있었다. 그는 불교가 번잡한 의례절차를 통하여 기복을 추구하는 성격을 띠는 한 결코 발전할 수 없 다고 단정하고 허례에 치우친 의례를 폐지할 것을 역설하였다. 포교 문제에 있어서는 그는 외국 종교의 발달된 포교 방식을 배워야 한다고 하였다. 신문과 잡지를 발간하고, 불경을 번역 간행하여야 한다. 뿐만 아니라 자선사업을 행하여 민심을 교화는 것이 중요하다고 하였다. 사원의 위치는 궁벽한 산골에 치우쳐 있어서 포교에 어려움이 많으니 도심 속으로 들어가야 한다고 하였다. 불가에서 숭배하는 소회素繪는 석가모니상으로 통일하여 봉안하는 것이 좋다고 하였다. 절에서 행하는 각종 의식은 번잡하여 질서가 없으므로 각 사원에서는 하루에 한 번씩 불당에 가서 향을 사르고 삼정례와 찬불가를 부르는 것으로 족하다고 하였다. 승려의 결혼 문제에 대해서는 정부에서 법령으로 승려들의 결혼을 하도록 보장해 줄 것을 통감부에 건의하였다. 이러한 사실은 그가 식민지 통치권력의 본질을 이해하지 못하고, 그 힘을 빌려서 불교계의 모순을 해결하려는 오류를 범하였다는 비난을 면하기 힘들다. 한용운의 개혁론은 불교계의 전반적인 사항에 대해서 문제점과 대안을 제시한 혁신적이라 할 만 것이었다. 따라서 이 개혁론은 불교계에 수용되기에는 너무도 진보적이었다. 그렇지만 당시 불교계가 지향해야 할 방향을 제시하였다는 점에서 의의가 크다.

백용성은 1919년 3·1운동 당시 한용운과 더불어 불교계를 대표해서 민족대표로 참가하였다는 죄목으로 3년간 감옥생활을 하였다. 감옥 안에서 그는 다른 종교인들은 모두 한글로 번역된 그들 종교의 경전을 읽고 있는데 불교도들은 읽을 경전이 없다는 것을 보고 출옥 후 한문으로 된 경전을 한글로 번역하는 사업을 전개해야겠다고 결심하였다. 출옥 후 그는 삼장역회라는 단체를 조직하여 번역사업에 착수하였다. 이러한 그의 노력으로 『금강경』·『원각경』·『화엄경』 등 수많은 경전이 번역되었다. 또 그는 불교를 대중들에게 보급하기 위하여 실천운동에 앞장섰다. 대각교 설립운동을 통하여 대중들에게 불교를 포교하고자 하였다. 대각교 설립운동은 참선·염불·주력 3가지로 교리를 단순화하여 대중들이 쉽게 접근할 수 있도록 하였다. 서울 시내에 시민선방·부인선방 등을 개설하여 남여 누구나가 불교의 진리에 쉽게 접할 수 있게 하였다. 어린 학생들에게 찬불가를 보급하기 위하여 손수 오르간을 연주할 정도로 그는 포교에 열정적이었다. 선농불교운동을 통하여 생산에 종사하면서 수행하는 승려상을 실천하고자 하였다. 중국 길림성에 농지를 매입하여 승려들이 노동에 종사하게 하였고, 경남 함안에 화과원이라는 농장을 경영하여 공동체 생활을 실천하였다. 승려의 결혼 문제에 대하여 그는 전통불교의 계율을 수호해야 한다는 입장이었다. 당시 일본 유학에서 돌아온 승려들 거의가 대처승화 하는 시점에서 그는 전통불교의 맥을 잇고자 승려들이 대처식육을 하게 되면 사리私利에 몰두하게 되어 불법은 자멸하고 말 것이라고 탄식하였다. 1926년 그는 2차례에 걸쳐 승려들의 연서를 받아서 「대처식육금지건백서帶妻食肉禁止建白書」를 조선총독부에 제출하였다. 그 역시 한용운과 마찬가지로 반봉건 의식은 투철하였으나 반제국주의 의식은 철저하지 못하였던 것 같다. 그러나 그의 이러한 노력에도 불구하고 식민지 불교계의 현실은 그가 원했던 과는 반대 방향으로 진행되어 이 무렵부터 종래 비구승만이 취임할 수 있었던 본사 주지를 대처승에게도 허용하는 방향으로 사법이 개정되었다. 백용성이 주장한 불교 개혁은 정법正法을 많은 사람들에게 바르게 알려야 한다는 것이었다. 이렇듯 두 승려의 개혁 노선은 일정한 차이를 보이고 있다. 두 노선의 개혁은 당시 불교계가 해결해야 했던 절실한 과제였다. 이러한 과제들이 제대로 해결되지 못하고 식민지라는 외형적인 조건하에서 탄압을 받아 성공을 거두지 못하였다.

한용운과 백용성이 주장한 개혁론은 당시 불교계가 직면하고 있던 문제점들을 지적하고 나름대로 대안을 제시하였고, 또 그것을 실천하려 하였다는 점에서 큰 의의가 있다. 그러나 이 두 승려의 개혁론이 가지는 한계는 이렇게 훌륭한 개혁안을 불교계 내부에서 자정운동으로 승화시

키지 못했다는 점이다. 물론 당시 불교계의 지도부라고 할 수 있는 30본
산 주지들의 임면권이 조선총독에게 있었다는 점에서 이 개혁안이 실천
되기에는 구조적인 한계가 있었다고 할 수 있다. 그렇다고 하더라도 불
교계의 현안 사항들 가운데 주요한 부분을 침략의 원흉이었던 조선총독
에게 제출하여 문제를 해결하려 하였다는 점에서 제국주의의 침략성 인
식이라는 점이 문제가 된다. 다시 말하자면 이들의 개혁안은 불교계의
반봉건성을 척결하는 데는 뛰어난 탁견이라고 할 수 있지만 그것을 실천
하는 방법에 있어서는 침략세력의 공권력을 빌리려 하였다는 것은 이 시
기 두 승려가 가지는 의식의 한계였다고 할 수 있다. 한용운의 이러한
한계는 1910년대가 지나고 3·1운동기가 되면 해소되지만 백용성은 1920
년대 후반까지 제국주의 인식에 있어 문제점을 노정하였다. 그러나 백용
성의 개혁노선은 불교의 대중화를 지향하는 것이었고, 일본 불교의 확산
에 맞서 전통을 수호하려는 근본주의적인 입장을 취하고 있었다는 점에
서 큰 의의가 있다고 할 것이다.

제3장
한용운의 정교분리론 연구

1. 머리말

한용운은 일제 시기를 살았던 승려이면서 시인·문학가·독립운동가·사회문화·여성·농민운동가로서 다양한 편력을 지닌 인물이다. 그의 편력이 다양한 만큼 그에 대한 연구성과도 1,000여 편이 넘는다고 한다.[1] 그의 다양한 편력 가운데서 승려로서 불교개혁운동에 앞장섰던 부분은 한국 근대불교사에 있어서 중요한 의미를 지닌다. 그가 1913년에 간행한 『조선불교유신론朝鮮佛教維新論』[2]의 내용은 그 실행 여부를 떠나서 불교계의 현실 타파와 새로운 각성을 요구했다는 점에서 기념비적인 것이다. 『조선불교유신론』은 그가 일본 여행에서 돌아온 직후부터 서술되었기 때문에 사회진화론적 인식 기반 위에서 서구 문명을 동경하고 상대적으로 낙후된 조선불교계를 개혁하려는 의지가 강하게 담겨있다.[3] 『조선불교유신론』에는 승려의 교육·참선·염불당의 폐지·포교·사원의 위치·불가의 소회塑繪 문제·각종 의식儀式·승려의 결혼 문제 등 당시 불교계가 안고 있던 제반 문제들이 망라되어있다. 그는 이러한 문제들에 대해서

---

1) 김광식, 2011, 『한용운 연구』, 동국대학교출판부, 5쪽.
2) 한용운, 1913, 『朝鮮佛教維新論』, 佛教書館.
3) 김순석, 2005, 「한용운과 백용성의 근대불교개혁론 연구」『한국근현대사연구』 제35집.

가히 혁신적이라 할 만큼 놀라운 대안을 내놓았다. 이 가운데 승려의 결혼 문제는 94년 세월이 지난 지금까지도 논란의 여지를 남기고 있다.

그런데 한용운은 이러한 개혁을 불교계 내부에서 토론과 협의를 거쳐 실행하기에는 불교계의 현실이 너무 낙후되어 있다고 판단하고, 관권을 빌려서 실현하고자 하였다. 그는 자신이 제시한 불교개혁안 가운데 승려의 결혼 문제를 1910년 3월 「중추원헌의서」와 그 해 9월 통감부에 「통감부건백서」를 제출함으로써 해결하고자 하였다.[4] 학계에서는 그의 이러한 행동을 제국주의 인식의 미성숙으로 치부하거나 당시 불교계가 지닌 한계로 지적한다.[5] 이후 일제강점기 그의 행적을 보자면 달리 해석할 마땅한 방도가 없는 것도 사실이다. 필자는 이 무렵까지 그의 일본 인식은 적대적이라기 보다는 선진화된 문명국으로 인식하고 배워야 할 대상으로 이해하였다고 본다.[6] 그의 일본에 대한 감정 변화는 나라가 망한 이후부터 나타난다. 1914년부터 사찰령을 거부하는 면모가 신문 지상에 나타나고 있으며[7] 1919년 3·1운동 당시 이른바 민족대표 33인 가운데 한 사람으로 참여하여 옥중에서 집필한 「조선독립의 서」 단계에 가면 일본에 대한 적대감과 독립의 당위성을 논리적으로 제시한다. 1920년대 후반 민족통일전선 형성의 흐름이 신간회 창립으로 나타나자 1927년 그는 발기인으로 참여하여 중앙집행위원으로 피선된다.[8] 1930년대 초반 신간회가 해소되고 사회주의 계열에서 반종교운동을 전개하자 그 허구성을 비판하였다.[9]

---

4) 한용운 저·이원섭 역, 1983, 『조선불교유신론』, 만해사상연구회, 63~66쪽.
5) 박걸순, 1992, 『한용운의 생애와 독립운동』, 독립기념관 한국독립운동사연구소, 48쪽.
   최병헌, 1993, 「日帝佛教의 浸透와 韓龍雲의 『朝鮮佛教維新論』」, 『진산 한기두 박사화갑기념 한국종교사상의 재조명』, 논문집간행위원회, 453~458쪽.
6) 김순석, 앞의 논문, 76~77쪽.
7) 『매일신보』 1914.8.15, 「佛教會의 歸寂」.
8) 이균영, 1996, 『신간회 연구』, 역사비평사, 101쪽.

1931년 한용운은 정교분리에 관한 논설을 통하여 불교계의 각성을 촉구한다.[10] 그의 정교분리론에 관한 연구는 아직까지 희소하다. 지금까지 두 편의 논문이 발표되었다.[11] 기존의 연구는 한용운의 정교분리론이 불교계를 통제하는 악법이었던 사찰령에 대한 반발에서 사찰령 폐지 요구를 담고 있다고 한다.[12] 또 다른 연구성과는 사찰령 폐지와 함께 31본사를 통합 관리할 수 있는 최고기관인 총본산을 설립하려는 의도가 있었다고 한다.[13] 이러한 연구성과는 한용운의 정교분리론이 담고 있는 내용 분석에 충실하였다고 할 수 있다. 그러나 1910년 관권의 힘을 빌려 불교계 개혁을 실현하고자 하였던 그가 1930년 초반에 가서 왜 정교분리를 주장하였는지 그간의 사상 변화 과정에 대해서는 해명하지 못하고 있다. 뿐만 아니라 그의 정교분리론이 어떠한 배경에서 제기되었는지 당시의 사회 상황과 불교계의 변화에 대한 언급없이 정교분리론에만 매몰된 한계를 보이고 있다.

본고는 이러한 점에 착안하여 한용운이 정교분리론을 제기하기까지의 사상적인 변화 과정을 살펴보고 당시 정교분리론이 가지는 의미를 살펴보고자 한다. 필자는 그가 정교분리론을 주장하게 된 불교계 외적인 배경으로 1920년대 후반 민족협동전선의 일환으로 성립되었던 신간회가 1930년대 초반에 해소된 것과 무관하지 않다고 본다. 이 시기 사회주의 계열의 영향력이 확대되면서 제기되었던 반종교운동에 대한 대응적인 측면이 강하였다는 점에 주목하고자 한다. 불교계 내부의 원인으로는 무엇보다도 사찰령에 명시된 조선총독부의 불교계 간섭과 31본사 주지들

---

9) 韓龍雲, 1933.6, 「新露西亞의 宗敎運動」 『佛敎』 제107호.
10) 한용운, 1931.9, 「政敎를 分立하라」 『佛敎』 제87집.
11) 서경수, 1985, 「韓龍雲의 政敎分離論에 對하여」 『佛敎學報』 제22집.
　　장석만, 2001, 「만해 한용운과 정교분리원칙」 『불교평론』 통권8호.
12) 서경수, 1985, 앞의 논문.
13) 장석만, 2001, 「만해 한용운과 정교분리원칙」 『불교평론』 통권8호, 가을.

의 전횡이 주요한 원인이었다. 뿐만 아니라 당시 불교계에서 논의되고 있던 총본산 설립운동을 관철시키기 위한 이론적 토대 제공의 측면도 있었다고 본다.

2. 정교분리론에 대한 인식 변화

한용운은 1905년 무렵 양계초의 『음빙실문집』과 서계여徐啓畬의 『영환지략瀛環志略』을 읽고 사회진화론을 수용하였으며, 세계 여행의 꿈을 안고 러시아의 블라디보스톡으로 갔다가 뜻밖의 재난을 만나 귀국한다.[14] 이후 그는 1908년 일본으로 건너가 조동종의 총무 히로츠 셋상[弘津說三]과 교류하고 그의 주선으로 조동종 대학에 입학하여 일본어와 불교를 공부하고자 한 적이 있었다.[15] 그는 일본 여행에서 돌아와 『조선불교유신론』을 집필하였다. 이 책에는 1910년대 초반 그의 현실인식이 잘 나타나있다. 그는 사회 각 분야에서 유신을 부르짖는 소리가 가득한 데도 불교계만은 유신에 대한 기미가 보이지 않고, 개혁에 뜻을 둔 인물도 찾을 수 없다고 개탄하고 불교도들의 각성을 촉구한다는 의미에서 『조선불교유신론』을 저술하였다. 그 내용의 요지는 대략 이러하다. 그는 기존의 불교계가 시대의 변화를 수용하지 못하고 구습에 젖어 있는 까닭에 혁신적인 개혁이 필요하다고 역설하였다. 승려들의 교육 방법을 개혁하여 사회개혁의 주체자가 되도록 하여야 하며, 염불당을 없애고 참선법을

---

14) 불교문화연구원, 2006, 「北大陸의 하룻밤」 『韓龍雲全集』 1, 243~250쪽(이후 『전집』이라고 약칭함).
   한용운은 세계 여행을 꿈을 안고 러시아 블라디보스토으로 건너갔으나 그곳에 사는 한국 교민들이 조선인 가운 머리를 깎은 사람들은 일진회원으로 간주하여 살해하였다. 한용운은 승려 신분이었으므로 삭발을 한 상태여서 위기를 만났으나 구사일생으로 위기를 모면하고 귀국한 사실을 말한다.
15) 박걸순, 1992, 『한용운의 생애와 독립운동』, 독립기념관 한국독립운동사연구소, 35~36쪽

진흥시켜야 한다고 하였다. 포교에 힘쓰기 위해서 산 속에 있는 사원은 도시로 내려와야 하며, 석가모니상을 제외한 모든 불상과 불화는 없애야 한다. 번잡한 불교 의식을 폐지하고 간소화해야 하며, 승려들도 생산 활동에 참여해야 한다. 불교가 사회·역사 발전에 기여하기 위해서는 승려의 결혼을 허용해야 한다고 주장하고, 권위주의·관습주의를 배격하고 사원의 권익과 발전에 기여할 수 있는 유능한 인사가 대중의 선거에 의해서 선출되어야 한다고 주장한다. 그리고 사원의 재산을 일률적으로 통괄하는 조직과 기구가 마련되어야 한다는 것이 주요 내용이다. 그의 이러한 주장은 불교계의 혁신을 단행하여 민중이 불교를 통해 주체성을 회복할 수 있어야 한다는 것으로 이어진다.[16] 당시 불교계는 그의 이러한 혁신적인 개혁론을 수용할 만한 여건도 형성되지 못하였고, 귀를 기울이는 사람조차 드물었다. 그렇지만 그가 주장한 개혁안들은 90여년의 세월이 지난 지금 승려의 결혼 문제를 제외하고 대부분이 현실로 나타났다.

한용운은 이러한 개혁의 실현이 불교계 내부의 토론과 협의를 통해 점진적인 방법으로는 이루어지기가 어렵다고 판단하고, 권력의 힘을 빌려 이루고자 하였다. 그런 까닭에 1910년 3월에 중추원으로 헌의서를 제출하였다.[17] 국권이 상실되어가는 상황에서 중추원은 이 개혁안에 대한 답을 줄 수가 없었다. 이에 그는 국권상실 직후인 1910년 9월에 통감부로 다시 건백서를 제출한다.[18] 『조선불교유신론』의 내용 가운데 정교분리에 관한 내용은 보이지 않는다. 이 시기까지 그는 일본 제국주의의 본질을 파악하지 못하였다고 할 수 있다. 이러한 그의 인식은 1911년 사찰령[19]과 사찰령시행규칙[20]이 시행되고 나서 바뀌기 시작한다. 사찰령과

---

16) 한용운 저·이원섭 역, 앞의 책, 『조선불교유신론』.
17) 『전집』 제1권, 「중추원 헌의서」, 87~88쪽.
18) 『전집』 제1권, 「통감부 건백서」, 88~89쪽.
19) 『朝鮮總督府官報』 제227호, 제령 7호, 1911.6.3.
20) 『朝鮮總督府官報』 제257호, 1911.7.8.

사찰령시행규칙의 주요 내용은 이렇다. 사찰을 병합·이전·폐지하고자 할 때와 재산을 처분하고자 할 때는 사전에 조선 총독의 허가를 받아야 한다는 것과 전국의 사찰 가운데 거찰 30개를 본사로 설정하고 나머지 사찰은 본사에 배속시킨 것이었다. 그리고 30본사 주지의 임면은 조선 총독의 승인을 받아야 했고, 말사 주지는 지방 장관의 승인을 받도록 하였다. 조선총독부는 사법에 "정치에 관한 담론을 하거나 또는 정사政社에 가입하여 승려의 본분을 실추시킨 자"는 승적을 박탈하는 체탈도첩褫奪度牒이라는 승단에서 가장 무거운 중징계를 가할 수 있도록 하여 불교계의 정치 개입을 봉쇄하였다.[21] 조선총독부는 조선의 승려와 사찰을 통제하는 악법을 시행함으로써 불교계의 정치 참여를 봉쇄하는 한편 자의적으로 통제를 가할 수 있도록 함으로써 정치권의 종교 간섭을 합법화 해 놓았다.

이러한 법령이 시행되자 한용운은 이에 저항하는 움직임을 보였다. 이러한 움직임은 1914년 조선불교회 창립으로 나타났다. 조선불교회는 1914년에 사찰령시행규칙에 명시된 30본사에 속하지 않고 독자적으로 불교 확장을 위해 그가 조직한 단체이다.[22] 그는 1910년 이회광이 원종과 일본 조동종과 연합책동을 벌이자 박한영·진진응·김종래 등과 함께 임제종 설립운동을 전개하여 이 책동을 무산시켰다. 그후 원종과 임제종은 조선총독부의 압력으로 해산되었다.[23] 한용운은 임제종 해산 이후 임제종 사무소를 선종포교당禪宗布教堂이라는 이름으로 운영하던 범어사 포교당의 포교사로 있었다. 이 때 한용운·문탁·김호응 등은 30본사 주지들의 영향력에서 벗어나 독자적으로 운영하고자 하는 목적에서 조선불교회를 조직하였다. 그러나 이러한 노력은 일본 경찰에 의해서 저지되었

21) 李能和, 1982, 『朝鮮佛教通史』, 寶蓮閣, 1156쪽.
22) 『매일신보』 1914.8.15 기사.
23) 『朝鮮佛教月報』 제6호, 1912.7, 「雜報」, '門牌撤去', 78쪽.

다.[24] 그러자 한용운은 조선불교회를 불교동맹회라는 이름으로 바꾸고 전국에 있는 청년 승려들을 상경하라는 통문을 보내어 뜻을 관철시키고자 하였으나 이 역시 일본 경찰의 압력으로 성사시키지 못하였다.[25] 한용운의 이러한 노력은 사찰령이 불교계를 억압하는 법이므로 사찰령 체제하의 30본사 이외의 조직을 통하여 불교계의 자주권을 확보하고자 하는 노력이었으므로 이 때부터 그의 사찰령을 철폐하려는 움직임의 단서를 찾을 수 있다.

한용운의 정교분리에 대한 인식 전환은 1919년 3·1운동 이후 감옥에서 쓴 「조선독립의 서」 단계에 가면 확실한 인식의 전환이 이루어졌음을 알 수 있다. 「조선독립의 서」는 1919년 7월 10일 경성지방법원 검사에 대한 답변으로 작성되었는데 「조선독립이유서」, 「조선독립에 대한 감상」, 「조선독립에 대한 감상의 대요」, 「심문에 대한 답변서」 등으로 불린다.[26] 이 논설은 작은 글씨로 휴지에 적은 다음 여러 겹으로 말아 종이 노끈인 것처럼 위장하여 형무소로부터 차출되는 옷갈피에 넣어 밖으로 내보냈다고 한다. 이후 어떤 경로인지는 분명치 않으나 상해 임시정부에 전달되어 1919년 11월 4일자 독립신문에 「조선독립에 대한 감상의 대요」라는 제목으로 게재되었다.[27] 이 글은 200자 원고지 60여매 분량으로 5장으로 구성되어 있는데 각 장절의 제목을 소개하면 다음과 같다.[28]

1. 개론
2. 조선독립선언의 동기
   1) 조선민족의 실력

---

24) 『매일신보』 1914.8.15, 「佛敎會의 歸寂」.
25) 『매일신보』 1914.9.12, 「佛敎會 又爲退却」.
26) 고명수, 2001, 「'조선독립에 대한 감상의 대요'에 나타난 만해의 독립사상」 『불교평론』 통권 8호, 135쪽.
27) 『독립신문』 1919.11.4, 「조선독립에 대한 감상의 대요」.
28) 『전집』 1, 354~360쪽.

이 가운데 제4장 '조선총독 정치에 대하여'에 나오는 다음과 같은 구절에서 정교분리에 대한 한용운의 인식을 읽을 수 있다.

조선을 합방한 후 조선에 대한 일본의 시정 방침은 무력 압박이라는 넉자로 충분히 대표된다. 전후의 총독 寺內와 長谷川으로 말하면 정치적 학식이 없는 한낱 군인에 지나지 않아 조선의 총독 정치는 한마디로 말해 헌병정치였다 … 또한 종교와 교육은 인류생활에 있어 특별히 중요한 일로서 어느 나라도 종교의 자유를 인정하지 않는 나라가 없거늘 조선에 대해서만은 유독 종교령을 발포하여 신앙의 자유를 구속하고 있다.[29]

한용운은 총독 정치가 무력을 사용하여 헌병정치를 실시함으로써 조선인의 자유를 억압하므로 조선 민족이 타도해야 될 궁극적인 대상을 일제로 보았다. 그는 사찰령 시행을 신앙의 자유를 억압할 뿐 아니라 세계의 대세를 역행하는 어리석은 처사라고 규정한 데서 정치와 종교가 분리되어야 하는 당위성을 읽을 수 있다. 그는 30본사 제도를 타파하지 않으면 조선불교계의 미래는 발전할 날이 요원하므로 한시 바삐 현제도를 타파해야 한다고 주장하였다.[30] 그리고 청년 승려들이 중심이 되어 창립된

29)『전집』1,「조선독립의 서」, 352쪽.
30) 한용운, 1923.1,「現制度를 打破하라」『東明』제2권 제2호.

불교유신회에서 전개한 사찰령 철폐운동과 정교분리 주장을 높이 평가
하였다.[31] 후술하게 될 1930년대 초반 반종교운동이 전개될 무렵 한용운
은 정교분리가 이루어지기 위해서 불교계가 취해야 할 대안으로써 총본
산의 수립을 제시하였다.

1910년대 초반 『조선불교유신론』이 출간될 당시 한용운은 정교분리
에 대한 개념이 정립되지 못하였다. 그러나 사찰령이 시행되고 나서부터
한용운은 인식의 변화를 경험하였으며 3·1운동 이후에는 확실한 인식의
전환을 이루게 된다. 1930년대 반종교운동이 전개될 무렵 그는 반종교운
동의 한계를 지적하고, 불교계가 취해야 할 대안으로써 전교계를 일원적
으로 통제할 수 있는 총본산의 설립을 주장하였다.

3. 정교분리론 제기 배경

정교분리론은 근대사회로 전환되는 과정에서 종교계와 세속의 정치권
력이 몇 차례의 종교전쟁을 겪으면서 성립되었다.[32] 동아시아에는 19세
기 말에 계몽사상가들에 의해 수용되었다고 한다. 한국은 한말에 일본과
미국을 다녀온 유길준이 『서유견문』에 정교분리론을 소개하였다.[33]

그는 이 책에서 정부의 위세로 인민을 협박하여 네가 좋아하는 것을
버리고 우리의 명을 따르라 하면 백성의 자유를 구속하게 된다. 그렇게
되면 정부는 개인의 종교 신봉 자유를 간섭을 하게 된다. 이것은 정부가
해서는 안되는 일이라고 하면서 정교가 분리되어야 하는 까닭을 설명하
였다.[34] 유길준이 소개한 정교분리론은 서구의 선교사를 만나 기독교로

---

31) 萬海, 1938.2, 「佛敎靑年運動을 復活하라」 『佛敎』 新제10호, 2~4쪽.
32) 장석만, 앞의 논문, 93~95쪽.
33) 장석만, 1990, 「19세기 말~20세기 초 한·중·일 삼국의 정교분리담론」 『역사와
    현실』 4, 194~213쪽
34) 유길준, 1978, 『西遊見聞』, 대양서적, 410쪽.

입교한 최병헌崔炳憲으로 이어졌다. 그는 1906년 황성기독교청년회에서 개최한 '종교와 정치의 관계'라는 제목으로 강연을 하였다. 그 내용은 『대한매일신보』에 4회나 연재되었다.[35)]

정교분리론이 불교계에서 본격적으로 거론되기 시작한 것은 3·1운동 이후 사찰령 철폐운동이 전개되면서였다.[36)] 1931년 한용운이 정교분리론을 재론하게 된 배경은 불교계 외적인 요인과 내적인 요인으로 나누어 볼 수 있다. 외적인 요인으로는 1920년대 후반 민족협동전선의 일환으로 성립하였던 신간회가 해소되고 사회주의 세력에서 전개한 반종교운동을 들 수 있다. 김광식은 불교계의 반종교 운동을 고찰하면서 당시 불교계의 최대 문제였던 자율적 통제의 부재로 야기된 민중과의 관계 미흡을 반종교운동에서 기인한다고 보았다. 그는 반종교운동이 불교개혁운동으로 귀결되었다고 하였다.[37)]

한용운이 정교분리론을 주장하게 된 외적 요인인 반종교운동과 그에 대응한 불교계의 반응을 살펴보자. 반종교운동이란 사회주의에서 종교를 미신으로 규정하고 무산대중 해방에 장애가 되므로 배척운동을 전개하는 것을 말한다. 1920년대에 전반기 민족운동세력이 분열되어 있는 상황에서 좌파민족주의자들과 사회주의자들이 서로 다른 민족적 혹은 계급적 관점을 유보하고 민족해방을 위해 협동해야 한다는 협동전선 노선

"或이 曰ᄒ되 人民이 宗敎에 歸依한 則 信心이 深篤ᄒ며 情義가 厚生ᄒ야 世間의 風化를 善美ᄒ게 홈으로 相愛ᄒᄂ 德을 被ᄒ 則 治國하ᄂ 道에 大關係가 有ᄒ니 其 扶持ᄒ기를 爲ᄒ야 全國의 賦稅를 課收홈이 可ᄒ다 ᄒ거늘 又 或 曰ᄒ되 不然ᄒ니 天下의 宗敎가 一門에 不止ᄒ고 人의 信依ᄒᄂ 바ᄂ 各 其 好ᄒᄂ 者를 從한 則 政府의 威勢로 人民을 脅迫ᄒ야 爾의 所好ᄂ 捨ᄒ고 我의 所令을 從ᄒ라 홈이 百姓의 自由ᄒᄂ 道理에 拘碍ᄒ야 極難ᄒ지라. 然ᄒ 故로 政府ᄂ 關涉을 其間에 勿掛ᄒ고 人民으로 ᄒ여금 各其信依ᄒᄂ 宗敎 歸ᄒ게 홈이 可ᄒ니"

35) 『대한매일신보』 1906.10.5, 「잡보」.
36) 萬海, 1938.2, 「佛敎靑年運動을 復活하라」 『佛敎』 新 제10호, 3쪽.
37) 김광식, 2000, 「1930년대 불교계의 반종교운동」 『근현대 불교의 재조명』, 민족사.

을 구축하였다.[38] 사회주의 세력은 독립운동을 사회주의 혁명의 한 단계로 보고 투쟁 노선 구축에 있어 종교단체와 제휴하는 노선을 취하였다. 이르크츠크파 고려공산당은 1921년 당대회에서 종교단체를 해방운동의 일시적인 동맹자로 보고 '진정한 혁명적인 민족단체'와 정치적 제휴를 인정하였다. 진정한 민족혁명 단체란 일본 제국주의에 반대하는 적극적이고, 실질적인 투쟁기관에 한정되는 것이었다. 그러나 이 제휴는 어디까지나 일시적인 것으로 한정하였다.[39] 상해파 공산당 측은 종교는 기본적으로 사회 해방의 장애물로 규정하였다. 따라서 종교를 미신의 굴레로 파악하고 미신으로부터 인간을 해방시키기 위해 과학적 문화운동과 종교배척운동을 실행할 것을 주장하였다. 그러나 "신자의 신앙심을 모욕하는 행동은 일체 회피"해야 한다고 한다. 이 단서 조항은 신자들의 종교적 맹신을 오히려 독실하게 자극시킬 우려가 있다는 판단 때문이었다.[40] 사회주의 세력의 이같은 노선 전환에 따라 신간회가 활동을 하던 기간에 반종교운동은 잠시 소강상태를 유지하였으나 신간회가 해소될 무렵에 재론되기 시작하였다. 이러한 반종교운동은 종교계에 심각한 문제를 일으켰다.

천도교 측은 기관지 『개벽開闢』 제63호에 '종교·반종교'라는 장을 설정하여 기독교인과 비기독교인의 반기독교관에 대한 글을 실었다. 사회주의자인 배성룡은 다음과 같이 종교를 비판한다. 종교는 현실 생명운동을 떠나서 미래 세계를 동경하고 영생의 천당을 갈망하는 일종의 공상이자 환영이다. 동시에 현실 사회문제에 대해서는 차라리 도피적 태도를 취하는 반면 권력계급과 세력가의 이용물이 되는 이상 그것이 사회의 진보와 인간의 발전에 장애물이 되는 것은 어찌 할 수 없는 현상이라고 종

---

38) 이균영, 1996, 『신간회연구』, 역사비평사, 35쪽.
39) 임경석, 2003, 『한국사회주의의 기원』, 역사비평사, 442~453쪽.
40) 朝鮮總督府 警務局, 『大正11年朝鮮治安狀況』, 405쪽.

교의 해악을 역설한다.[41] 박헌영은 기독교는 강자의 편리한 무기인 것이 과거와 현재의 역사상 사실로 명백히 증명된다. 그는 종교를 인간의 육체를 정복하는 대포나 독가스보다 정신적 정복을 위한 무기로는 가장 정예한 무기라고 지적한다.[42] 천도교단은 『신인간新人間』 제3호를 반종교운동反宗敎運動 특집호로 발간하여 반종교운동의 확산에 대한 우려를 표명하였다.[43] 현초玄礎는 권두언에서 반종교운동이 전 세계적으로 일어났다. 그 이유는 종교가 현실 세계를 떠나 미래 세계를 동경하고 영생의 천당을 꿈꾸는 동시에 특권 계층의 이용물利用物이 되어 사회 진로와 인간 발전에 장애물이 되므로 기성 종교가 그대로 있어서는 인간 해방을 방해 한다고 하였다. 그런 까닭에 시대의 변천에 따라 종교가 변화해야 한다고 종교계의 변화를 촉구한다.[44] 대체로 『신인간』의 논조는 반종교운동이 아무리 종교를 박멸한다고 하더라도 인간이 존재하는 한 종교는 근절될 수 없다는 것이었다. 하지만 종교도 시대의 흐름을 수용하여 과학적이고 합리적인 방향으로 바뀌어야 한다는 것이었다.[45]

불교계의 지성인들도 반종교운동에 반박하는 논설들을 발표하였다.[46] 이들의 논조는 대체로 다음과 같다. 김법린金法麟은 정교분리의 필요성에 대하여 정치는 외적 질서를 유지하는 것이요, 종교는 내적 생명을 향상시키는 것이라고 정의하였다. 정교분리는 세계의 대세인 까닭에 보장하

---

41) 裵成龍, 1925.6, 「反宗敎運動의 意義」 『開闢』 63호, 59쪽.
42) 朴憲永, 1925.6, 「歷史上으로 본 基督敎의 內面」 『開闢』 63호, 68쪽.
43) 天道敎中央總部 新人間社, 1926.7, 『新人間』 제3호.
44) 玄超, 1926.7, 「反宗敎運動에 對한 나의 生覺」 『新人間』 제3호, 13쪽.
45) 위의 잡지, 『新人間』 제3호.
46) 雪岳山人, 1931.7, 「反宗敎運動에 對하여」 『佛敎』 제84·85합집.
　　韓龍雲, 1931.9, 「政敎를 分立하라」 『佛敎』 제87집.
　　萬海, 1938.3, 「共産主義와 反宗敎理想」 『佛敎』신 제11호.
　　卍海, 1938.5, 「나치스 獨逸의 宗敎」 『佛敎』신 제12호.
　　金法麟, 1932.10, 「政敎分立에 對해서」 『佛敎』 제100호.
　　許永鎬, 1932.10, 「反宗敎運動의 根據와 그 誤謬」 『佛敎』 제100호.

여야 하고 그 내용은 교단의 자치권을 인정하는 것이어야 한다. 그는 사찰령 체제하에서 조선불교가 당면한 문제를 크게 세 가지로 들었다. 첫째, 주지의 임면을 관官에서 장악하고 있는 점이다. 주지들은 오로지 관의 눈치만 볼 뿐 그 외의 사안에 대해서는 독단적인 전횡을 하고 있다고 비판한다. 둘째, 사찰 조직에 관한 폐단으로 31본사 제도를 들었다. 1929년 조선불교선교양종승려대회朝鮮佛敎禪敎兩宗僧侶大會[47] 결과로 선교양종 중앙교무원이라는 통일기관이 탄생하였지만 불교계가 31조각으로 분산되어있기 때문에 기능을 발휘치 못한다. 셋째, 사유재산寺有財産 처분에 관한 문제로 사찰의 재산은 역대 선사先師들이 남긴 정재淨財이므로 그 관리권이 사찰에 있어야 함에도 불구하고 관에서 허가를 받아야 한다. 그런 까닭에 갑작스럽게 수재水災·한재旱災·병란兵亂과 같은 상황을 만나면 사찰은 방대한 재산을 가지고 있으면서도 운영 방법상의 문제 때문에 구호활동을 전개할 수 없다. 사찰령은 신성한 교직敎職을 속화俗化시켰고, 교정 통일을 저해하며, 교화재원敎化財源의 운용을 어렵게 하므로 현대적 정교관계와 배치背馳된다. 그러므로 정교분리는 조선불교의 사활을 재단하는 중대 문제이다라고 그 중요성을 지적하였다.[48] 그가 제시한 3가지 문제점은 당시 불교계가 당면하고 있던 현안 과제였지만 사찰령 체제하에서는 개선의 여지가 보이지 않았기 때문에 정교분리론을 주장함으로써 돌파구를 찾으려 한 것으로 보인다.

허영호許永鎬는 '신은 존재하지 않는다', '종교는 아편이다'는 말이 반종교운동의 명분이 될 수 없다. 이러한 주장을 하는 이들의 지식은 너무나 협소하고, 경험은 새로운 생활 현상을 해석하기에 너무나 빈약하다고 한

---

47) 1929년에 개최된 조선불교선교양종승려대회에 관해서는 다음 논문을 참조할 수 있다. 김광식, 1996, 「조선불교선교양종승려대회의 개최와 성격」『한국근대불교 사연구』, 민족사.
48) 金法麟, 앞의 글, 「政敎分立에 對해서」, 16~22쪽.

다. 그는 사회주의자들이 종교를 프롤레타리아 계급의 투쟁의식을 마비시키는 일종의 마약과 같은 것이라는 주장에 대하여 다음과 같이 반박한다. 종교는 인간 생활에 정신적 위안과 안정을 줌으로 그 가치가 숭고한 것이다. 종교는 인류의 문화를 과거로부터 새롭게 다시 창조하는 과정에서 발생하였다. 그런 까닭에 반종교 이론가들은 원시종교를 검토하여 발달된 현대 종교에 적용시켜서는 안된다. 그렇게 하는 것은 종족種族과 민족 생활을 토대하고 그 시대를 배경으로 해서 발생된 종교를 일률적인 잣대로 재단하는 것에 지나지 않는다. 그것은 인류 생활의 역사적 발전 과정을 무시하고 인류 문화의 공간적 차이를 고려하지 않은 데서 빚어진 오류 이상 아무 것도 아니다.[49] 그의 이러한 반론은 종교 발생 배경에서부터 목적과 효용성을 언급한 것이며, 반종교운동가들이 개별 종교의 특수성을 인정하지 않고 모든 종교를 민중 해방의 장애물로 평가한 것을 비판하였다. 이러한 논리는 1920년대까지 독립운동선상에서 종교계가 중심이 되어 전개한 독립운동의 성과를 인정하지 않겠다는 것이다. 사회주의 계열은 당시 새로운 투쟁 노선을 정비하는 과정에서 반종교론을 제기한 만큼 이 부분은 새로운 조명이 필요하다고 본다.

한용운은 일련의 논설에서 반종교운동의 논리가 허구임을 논박하였다.[50] 그는 반종교운동가들의 비현실성을 폭로시켜 새로운 인생관과 세계관으로 체계 있는 사회적 관계와 역사적 동인의 필연성을 명료히 지적하여 종교적 신앙심의 소멸을 꾀한다고 하였다.[51] 그는 인류 사회에서 종교가 결코 소멸될 수 없다는 것을 다음과 같이 설명한다. 소련 당국이 여러 가지 이유로 종교를 탄압하고 있으나 오히려 더욱 발흥하는 사실이

---

49) 許永鎬, 앞의 글, 「反宗敎運動의 根據와 그 誤謬」, 38~39쪽.
50) 韓龍雲, 1933.6, 「新露西亞의宗敎運動」『佛敎』제107호 ; 1938.12, 「나의 感想과 希望」『비판』.
　　 萬海, 「共產主義的 反宗敎 理想은 實現될 것인가」『佛敎』신11집.
51) 「반종교운동에 대하여」『전집』2. 279쪽.

이를 증명하지 않는가. 소련인의 신앙은 20년간 공산당 탄압에 의하여 시련을 받은 결과 비로소 불퇴전에 이른 것이다. 인간의 종교심은 삶과 더불어 함께 존재하는 것이라서 거의 본능적으로 되어 있으니 어떤 때는 종교심이 생활욕보다도 강한 것이다. 당시 불교계의 대표적인 지성인들은 한결같이 반종교운동의 논리가 지나치게 유물론에 함몰되어 종교를 탄압하고 있지만 그럼에도 불구하고 인간의 종교에 대한 신앙심은 막으면 막을수록 더욱 번성한다고 하였다. 반종교운동의 논리를 편협하고, 식견이 좁다고 비판한다. 그런 까닭에 그는 정치가 종교를 간섭하게 되면 많은 저항과 분쟁이 발생하므로 종교계에서 자치적으로 문제를 해결할 수 있도록 자치권을 부여해야 한다고 하였다.

이제 정교분리론이 제기되게 된 불교계 내부의 원인을 살펴보자. 1899년 2월 11일에 제정된 일본의 메이지[明治] 헌법 제28조에는 "일본 신민은 안녕 질서를 방해하지 않고, 또 의무에 어긋나지 않는 한에서 신교[信敎]의 자유를 갖는다."라고 하여 제한적인 면이 있기는 하지만 종교의 자유를 보장하고 있다.[52] 그리고 조선총독은 시정연설에서 표면적으로는 늘 종교의 자유를 보장한다고 하고 있다. 1910년 10월 테라우치 총독의 시정 연설문에는 종교의 자유에 대하여 다음과 같이 언급하였다.

> 信敎의 자유는 예나 지금이나 조금도 다름이 없고 또 장차로도 이러한 취지에 벗어나지 않을 것이나 그러나 금후 조선이 일본의 통치에 들어감에 있어 정치의 기강이 문란했던 시대와는 그 취지를 달리 하지 않을 수 없을 것이다. 즉 정치상으로 필요한 取締는 어쩔 수 없이 하게 될 것이다. … 이에 대하여 불필요한 논의는 하지 않도록 주의하기 바란다.[53]

기본적으로 종교의 자유는 보장하되 정치상 필요하면 언제든지 간섭

---

52) 朝鮮總督府 編, 1922, 『朝鮮法令集覽』 上卷, 京城地方行政學會 朝鮮本部, 15쪽.
53) 釋尾春芿, 1926, 『朝鮮併合史』, 721쪽.

하겠다는 의지를 천명한 것이다. 조선총독부는 조선의 법률보다 상위에
있는 일본 헌법에 보장된 종교의 자유를 유린하면서 종교계를 통제하였
다. 1868년 메이지유신을 단행한 일본은 조선 통치에 일본 헌법을 적용
해야만 했다. 일본 헌법을 조선에 적용할 경우 조선인의 권리와 의무를
모두 법률로 규정하여야만 했다. 이렇게 되면 식민지 조선의 수탈 정책
은 제대로 시행될 수가 없었다. 그런 까닭에 일본 각의閣議에서는 조선을
헌법 적용 범위에서 제외하고 새로운 법을 제정하여 시행하기로 결의하였
다.[54] 이 결의에 의해서 조선총독부는 불교계를 통제하는 법으로 사찰령
을 제정하여 인사권과 재정권을 장악하고 모든 사항을 관장하였다. 사찰
령과 사찰령시행규칙에 명시된 조선총독부의 불교계 간섭이 불교계 발
전에 가장 큰 장애 요인이었다. 사찰령에 따르면 사찰을 병합·이전할 때
사전에 조선총독의 허가를 받도록 명시하였다. 사찰령과 사찰령시행규
칙은 불교계의 인사권과 재정권에 관한 주요 사항을 통제하는 사항을 명
문화해 놓고, 정치권이 종교계를 장악하는 것을 공식적으로 인정한 법령
인 셈이다. 그런 까닭에 1920년대부터 청년 승려들이 중심이 되어 지속
적으로 사찰령 철폐운동을 전개한다.[55]

불교계를 말살하려는 이러한 악법에 대하여 저항운동이 일어난 것은
당연한 일이었다. 보다 큰 문제는 조선총독부의 인가를 받아서 취임하도
록 되어있는 31본산 주지들이 관권과 타협하여 전횡을 부리는 것이었다.
이러한 사실에 대하여 한용운은 다음과 같은 문제를 지적한다.[56]

> 원래 조선불교의 부패 타락한 결과 오늘과 같은 쇠퇴의 길을 가져온 원인
> 은 결코 한둘에 그칠 것이 아니나 나의 관찰에 의하면 관권과 결탁된 것은
> 확실히 주요한 원인의 하나가 되는 것을 인정하느니 … 또 조선총독이 불교

---

54)「寺內正毅文書」, 일본 국회도서관 소장 마이크로필림 NO. 439-26.
55) 김순석, 앞의 책, 113~120쪽.
56) 萬海, 1938.3,「佛敎靑年運動을 復活하라」『佛敎』新 제10호.

에 대하여 어떠한 신념이 있으며, 학무국장이 불교에 대하여 어떤 조예가 있
는가. 나는 확신하노라 조선불교의 혁신·발달·확대·향상은 순연히 조선불교
의 각성에 있는 것을.

한용운은 조선총독부의 불교 탄압에 저항하여 불교계가 자율권을 확
보하는 방법은 전 불교도가 일치 단결하는 길 밖에 없다고 불교도들의
각성을 촉구하였다. 그는 조선불교가 침체된 원인을 조선총독부의 지나
친 간섭과 아울러 관권과 타협하여 일신의 안일을 도모하는 본사 주지
계층에 있는 것으로 진단한다. 사찰령이 존속하는 한 조선불교는 발전할
수 없다. 그런 까닭에 사찰령은 철폐되어야 한다는 것이다.

불교계에서 정교분리론이 대두되게 된 또 다른 요인으로는 1930년 5
월에 조직된 불교계의 비밀결사 단체인 만당卍黨의 결성을 들 수 있다.
3·1운동 이후 불교계에는 청년운동이 활발하게 전개되어 청년 승려들이
차지하는 위상이 높아졌다. 만당은 불교계의 敎政 확립과 대중불교를 실
천하기 위해서 성립하였다.[57] 만당은 다음과 같은 강령을 내걸고 출범하
였다고 한다.[58]

1. 政敎分立
2. 敎政確立
3. 佛敎大衆化

만당은 불교 청년운동의 부진을 극복하고 위의 강령을 실천하기 위해
서 순교殉敎의 정신을 가진 청년들로 구성되었다. 주요 구성원은 3차례의
결사를 걸쳐 결성되었다고 한다. 1차 결사에는 조학유曹學乳·김상호金尙昊

---

57) 김광식, 1996, 「朝鮮佛敎靑年同盟과 卍黨」 『한국 근대불교사 연구』, 민족사,
262~263쪽.
58) 李龍祚, 1964.8.30, 「韓國佛敎抗日鬪爭回顧錄 - 내가 아는 卍字黨 事件-」 『대한
불교』 제55호.

·김법린金法麟·이용조李龍祚 등이 참가하였고, 2차 결사에는 조은택趙殷澤·박창두朴昌斗·강재호姜在浩·최봉수崔鳳守 등이 참여하였으며, 3차에 박영희朴英熙·박윤진朴允進·강유문姜裕文·박근섭朴根燮·한성훈韓性勳·김해윤金海潤 등을 초기 구성원으로 하여 출범하였다. 만당은 후에 구성원이 80여 명으로 증가하였다고 한다.[59] 이들은 당수로 한용운을 추대하였지만 나중에 조직이 발각되었을 때 미칠 화를 생각하여 본인에게 그 사실을 알리지 않았다고 한다.[60] 그러나 한용운이 만당의 결성 사실을 알고, 모르고를 떠나서 당시 청년 승려들은 중대 사안이 있을 때마다 한용운을 만나서 협의하고 지도를 받았다.[61] 뿐만 아니라 한용운은 항상 청년 운동에 관심을 가지고 젊은 승려들을 격려하고, 향후의 방향 설정에 대하여 조언을 아끼지 않았다.[62] 이러한 상황에서 그가 청년 승려들이 정교분리 운동을 진행하고 있었다는 사실 자체를 몰랐다고 하기는 어렵다고 본다.

불교계 내부에서 정교분리운동이 전개된 또 다른 배경으로는 1930대 초반에 대두된 敎政統一 문제였다. 당시 불교계의 지성인들은 현상황에서 가장 시급한 것은 교정통일 문제로 인식하였다.[63] 교정통일이란 불교계 내부에서 불교계를 통솔할 수 있는 총본산을 설립해야 한다는 것을 뜻한다. 이러한 움직임은 1920년대부터 있었으며 1929년에 조선불교선교양종승려대회가 개최되어 통일된 집행기관으로 조선불교선교양종중앙교무원과 의회 기능을 가진 종회를 탄생시켰다.[64] 그러나 이들 기관은 이름만 존재하였을 뿐 실질적인 권한을 행사하지 못하였다. 왜냐하면 조선총독부에서 그 실체를 인정하지 않았기 때문이다. 조선총독부에서 인가

59) 김광식, 앞의 논문, 「朝鮮佛敎靑年同盟과 卍黨」, 260~267쪽.
60) 위와 같음.
61) 『국제신문』 1975.3.22, 최범술, 「청춘은 아름다워라」.
62) 萬海, 1931.8, 「佛敎靑年同盟에 對하야」 『佛敎』 제86호.
63) 金法麟, 앞의 글, 「政敎分立에 對해서」, 16쪽.
64) 김광식, 앞의 책, 『한국근대불교사연구』, 332~334쪽.

하지 않은 대표기구에 31본사 주지들이 참여할 수는 없었다. 그런 까닭에 중앙집행기구로서 역할을 수행할 수 없었다.

4. 정교분리론의 내용

한용운은 불교계가 정교분리를 실현하는 것은 어려운 일이 아니라고 한다. 그것은 모든 불교도가 합심할 때 가능하다고 하였다. 그는 조선불교청년대회가 경성에서 개최된 이후 불교계의 세력 결집의 중심에 청년들이 서 줄 것을 다음과 같이 당부하였다.[65] 불청동맹佛靑同盟의 사명은 광의적으로 보면 물론 여러가지 목표가 있을 것이다. 현실에 있어서 가장 적절 긴요한 몇 가지를 말하고자 한다. 정교분립政敎分立의 기성既成이니 여기에서 정교분립이라 함은 정치와 종교의 원리적 비판으로부터 일반의 정치와 일반의 종교의 엄격한 분립을 말함이 아니요. 조선불교에만 한하여 있는 특수한 정치적 간섭 즉 조선 사찰령에 대하여 말하는 것이다. 이러한 협의적 의미의 정교분립은 결코 불가능한 일이 아니다. 정교의 분립을 실현하기 위해서는 일반 승려의 자각적 혁신과 교정 당국자의 맹성猛惺적 활동이 필요한 것인 즉 일반 승려에 대한 정신적 지도와 교정 당국자에 대한 편달鞭撻과 위정자의 각성을 일으켜서 교정의 분립을 실현하는 것이 불청동맹 사명의 중요한 점이 될 것이다.[66]

한용운은 정치와 종교가 각자의 영역을 지키면서 서로가 간섭을 하지 않는 그런 원칙적인 정교분리를 주장한 것이 아니었다. 그는 세계 어느 곳에도 없고 조선 불교계를 억압하는 사찰령이라는 악법은 불교를 종교로 인정하는 것이 아니라 정치의 시녀로 인식하고 있다고 주장한다. 이러한 상황에서 불교 발전은 기대할 수가 없다. 이 현실을 타개하기 위해

---

65) 萬海, 앞의 글, 「佛敎靑年同盟에 對하야」, 2~8쪽.
66) 위와 같음.

서는 불교도가 단결해야 하고, 교단에서 책임을 맡은 교역자들이 열심히 노력해야 하며 일본 당국의 협조가 있어야 한다. 그는 정교가 분리되어야 하는 까닭을 다음과 같이 설명한다. 종교는 성질에 있어서 시간과 공간을 초월하여 전인류의 정신계를 영도하나니 지엽적이요, 단명적인 인위적 제도 즉 정치로써 종교를 간섭한다는 것은 훈유薰蕕[67)의 동기同器와 같아서 도저히 조화를 얻을 수 없을 뿐만 아니라 도리어 사람에게 불행을 줄 뿐이다. 종교성은 만유통유萬有通有의 존재요 종교의식의 행사는 표현 동작의 필연적 현상이니 이것이 어찌 인위적 제도로써 좌우할 바리오. 정치와 종교는 근본적으로 그 성질이 다른 것이니 종교는 정치를 간섭하지 않고 정치는 종교를 간섭하지 못하는 것이니 정교분립政敎分立의 의미에서 각국의 헌법은 종교의 자유를 보장하였다.[68) 그는 정치와 종교는 각기 관장하는 영역이 다른 까닭에 그 독자적인 영역을 존중하고 보장해 주어야 한다는 것이다. 정치와 종교가 충돌하게 될 경우 상방간에 엄청난 희생이 따른다는 것은 고금의 역사적 사실에서 볼 수 있다. 그러므로 세계 각국의 헌법에는 정교분리 원칙을 명시하고 있다. 그는 각국 헌법의 조문과 구체적인 내용을 일일이 명시하고 있는데 열거한 나라를 살펴보면 다음과 같다. 미국美國, 프랑스[佛國], 스웨덴[西典], 노르웨이[若威], 벨기에[比利時], 이탈리아[伊太利], 멕시코[墨西哥], 오스트리아[奧太利], 스위스[西瑞], 스페인[西班牙], 네델란드[和蘭], 일본日本, 페르시아[波斯], 덴마아크[丁抹], 러시아[蘇聯], 핀란드[芬蘭], 독일獨逸, 체코슬로바키아, 에스토니아[愛沙尼亞], 단찌히[但澤], 폴란드[波蘭], 터어키[土耳其], 코코서스[巨哥斯立夫], 중화민국中華民國 등의 나라에서 종교의 자유를 보장한 조문을 일일이 열거하였다.[69) 그는 이들 나라 가운데 노르웨이나 이탈리아, 터어키와 같은 국가

---

67) 薰蕕는 향기를 풍기는 풀과 악취가 나는 풀로 전하여 선과 악, 미와 추. 성현과 소인을 비유한다.

68) 한용운, 앞의 글, 「政敎를 分立하라」, 2~13쪽.

와 몇몇 이슬람 국가에서는 국교를 명시함으로 정치와 종교가 분리되지 않은 사례도 들고 있다. 그렇지만 대체적으로는 어느 나라 헌법이든지 종교의 자유를 허락하고 있다. 뿐만 아니라 종교의 부산물인 종교적 의식·교역敎役·포교·재산의 자유까지를 보장하고 있다고 한다. 일본과 폴란드 등 몇몇 국가에서는 공공질서와 선량한 풍속을 해치지 않는 범위 내에서라는 단서를 부기함으로써 헌법으로서 미숙한 형태를 갖추고 있는 나라의 실례를 들기도 하였다.[70]

다음으로 한용운은 정교분리를 주장하는 논설에서 사찰령과 사찰령시행규칙의 전문을 소개하고 있다. 그것은 일본 헌법에는 종교의 자유를 명시하였지만 사찰령과 사찰령시행규칙은 이론에 있어 헌법을 무시하고 있으므로 존속될 필요가 없다는 논리를 전개하기 위한 것이다. 그는 이러한 현상을 배후에 서구의 세력이 있는 기독교와는 또 다른 조선불교계에만 있는 현상이라고 비판한다. 그래서 다른 종교에 비해서 의혹을 받고, 치욕을 느낀다고 한다.[71] 그는 조선불교계가 이렇게 된 원인으로서 관권에 아부하여 직권을 남용하는 주지들을 들고 있다. 관권과 결탁한 주지들은 사찰 재산을 탕진하고 교정의 체면을 오손汚損시키고, 타종교와 일반 사회로부터 관제불교官制佛敎라는 지칭을 받을 정도로 전락하였으니 이것이 조선불교계의 큰 불행이 아니고 무엇이냐고 질책한다.[72] 상식이 부족한 주지층들 가운데는 정교분리라든지 사찰령철폐 요구를 운운하게 되면 그것을 정치적 반항운동으로 오인하여 쓸데없는 의구심을 가지고 무조건 부인하며, 평상시 이야기할 때도 거의 그 존재를 모를 만치 침묵을 지키니 가히 분반噴飯[73]을 금치 못할 일이다.[74]

---

69) 위와 같음.
70) 위와 같음.
71) 한용운, 앞의 글, 「政敎를 分立하라」, 13쪽.
72) 위와 같음.
73) 하도 우스워 입에 물었던 밥을 내뿜는다는 뜻.

한용운은 사찰령으로 인하여 피폐된 조선불교계가 회생할 수 있는 대안으로 승려와 불교도들이 단합해야 한다는 것을 강조하고, 통일기관의 설립을 주장한다. 현재 조선의 사찰 수는 약 1천에 달하고 승려의 수는 1만에 가깝다. 그럼에도 불구하고 불교의 교세가 미진한 최대의 원인은 각 사찰을 통제할 수 있는 통일기관이 없는데 있다고 인식한다. 동일한 불교기관임에도 불구하고 사찰과 사찰이 연락이 없어서 서로 관여치 아니함으로 안으로 힘을 모을 수 없고, 밖으로 적을 막을 수가 없어서 교황敎況이 날로 침쇠沈衰에 빠지게 되었다고 한다.[75] 그는 불교계의 세력 결집을 위해서 지금까지의 경험으로 보건데 강력한 권한을 가진 총본산설립이 필요하다고 보았다. 총본산은 31본사 주지를 임면할 수 있는 권한을 가져야 한다. 그러기 위해서는 31본사의 사법 개정이 선행되어야 한다고 한다. 그리고 궁극적으로는 대중들이 불교를 신봉할 수 있는 길로 가야한다는 것이다. 그 전제 조건으로 경전을 알기 쉽게 번역하는 역경사업이 이루어져야 한다. 그리고 불교의 진리를 깨달을 수 있는 참선이 널리 보급되어야 진정 대중불교를 이룰 수 있다고 한다.[76]

한용운은 통일기관의 설립이 자율적이냐 타율적이냐 하는 문제에 있어 자율적이면 더없이 좋겠지만 만일 자율적으로 이루지 못한다면 타율적인 것 마저도 수용하겠다는 입장을 보이고 있다. 그는 통일기관의 형태로 중앙기관과 총본산제를 두고 각기 장단점을 비교 분석하고 있다. 중앙기관제는 성립 자체가 이론적으로는 가능하지만 실제로는 불가능하다고 한다. 왜냐하면 중앙기관의 설립은 전불교도의 총의로 결정되는 것이 아니고 31본사 주지들의 협의로 진행될 것이기 때문이다. 31본사 주지들이 동등한 권리를 가지고 중앙기관을 설립하게 되면 그 평등권이 살

74) 한용운, 앞의 글, 「政敎를 分立하라」, 13쪽.
75) 한용운, 「朝鮮佛敎를 統一하라」 『전집』 2, 145~146쪽.
76) 한용운, 1931.10, 「朝鮮佛敎改革案」 『佛敎』 제88집, 2~10쪽.

아있는 채로 일시적인 교정 운용의 수단으로 중앙기관이 성립되기 때문에 강력한 권한을 행사할 수 없다. 총본산제는 강력한 권한을 가지는 항구적인 조직으로 정신적으로 존엄의 대상이 될 수 있어야 한다. 즉 총본산 설립방식에 있어 새로운 사찰을 창건하는 방식과 기존의 유력하고 권위있는 사찰을 선정하는 방법이 있다. 두 가지 가운데 후자가 훨씬 설득력이 있으므로 권위있는 사찰을 선정하여 총본산으로 삼아야 한다는 것이다. 한용운의 총본사 설립에 거는 이러한 기대는 1930년대 후반 조선총독부의 주관으로 학무국장이 총본산설립위원회위원장이 되어 불교계의 발전을 도모하는 것이 아니고, 조선총독부의 하수기관으로 전락하는 것을 보고 실망을 금치 못하였다.[77]

한용운의 정교분리론은 정치권과 종교계가 독자적으로 고유한 영역을 가지고 서로의 영역을 존중하며 간섭하지 않는 원론적인 것이 아니었다. 그의 주장은 세계 어느 곳에서도 유래를 찾을 수 없고, 오직 조선불교계에만 있는 악법인 사찰령을 철폐하라는 것이다. 사찰령 체제하에서 주지들은 그들의 임면권을 가진 관청의 눈치를 보지 않을 수 없고, 그들의 기득권을 유지하기 위해서 전횡으로 모든 일을 처리한다. 이러한 상황에서 조선불교의 발전적인 미래는 없다. 이 난국을 타개하기 위해서 불교도들은 단결해야 한다는 것이다.

5. 맺음말

이상에서 한용운이 정교분리론을 제기하기까지의 사상적인 변화 과정과 배경 그리고 내용과 의미를 검토하였다. 그가 1913년에 간행한 『조선불교유신론』에 담긴 개혁론은 승려의 결혼 문제를 제외하고 오늘날 대

---

77) 김순석, 앞의 책, 200~203쪽.

부분 실현되었다는 점에서 그의 안목이 탁월하다는 것을 알 수 있다. 그렇지만 그는 나라가 망한 시점에서 불교계 개혁론을 정치권의 힘을 빌려서 실현하고자 하였다는 점에서 한계를 노정한다. 『조선불교유신론』은 그가 일본 여행에서 돌아온 직후에 사회진화론을 수용한 입장에서 집필되었기 때문에 일본과 서구 세계를 동경하는 눈으로 보고 있다. 그런 까닭에 『조선불교유신론』에는 일본을 비난하는 구절을 찾을 수 없다. 오히려 사원의 위치를 도회지로 옮기고, 승려가 결혼을 해야 한다는 점은 일본 불교를 모방하려는 면모를 보이고 있다. 이 때까지 그는 제국주의의 실체를 깨닫지 못했다고 보인다.

이러한 한용운의 일본 인식은 사찰령을 시행한 이후부터 변화된다. 그는 불교계가 사찰령에 예속되는 것을 원치 않았고, 지속적으로 철폐를 주장하였다. 그는 1919년 3·1운동의 주도 세력으로 참여한 죄로 투옥되어 옥중에서 집필한 「조선독립의 서」에서 조선독립과 정교분리의 당위성을 논리적으로 전개한다. 이후 그는 1920년대에 조선민립대학기성회, 신간회 등에 참여함으로써 민족운동 참여의 폭을 넓혀 간다. 1930년대에 가서는 정교를 분리하라는 논설을 발표한다. 이 정교분리론은 짧은 분량이지만 그 속에는 그의 해박한 지식과 철학이 날카로운 관점에서 함축적으로 드러나 있다. 1930년대 정교분리론 주장은 종교계의 일반적인 현상이었다. 정교분리론이 대두되게 된 배경은 1920년대 후반에 결성되었던 민족협동전선 구축의 일환으로 성립되었던 신간회가 1930년대 초반에 해소되고 사회주의 세력이 독립운동의 주류로 등장함에 따라서 종교를 민족해방에 장애 요인으로 규정하였다. 그들은 종교를 프롤레타리아 계급의 투쟁의식을 마비시키는 장애 요인으로 작용하므로 종교 배척운동을 실행할 것을 주장한다. 사회주의자들의 반종교운동 전개에 대해서 천도교·기독교·불교계 등에서 교계의 정체성을 수호하려는 차원에서 대응하였다. 종교계의 지도자들은 반종교운동을 타성에 젖은 기성 종교계에 경종을 울리는 자극으로 인식하였다. 그들은 반종교운동을 계기로 하여 과학적이고, 합리적으로 교계를 정립하는 새로운 신종교운동을 촉진시키는 계기가 되어야 한다고 교계의 개혁을 주장하였다.

한용운은 정교분리론이 실현되기 위해서는 모든 불교도들이 단결하여야 하며, 교계의 운영을 맡은 교역자들이 헌신적으로 이 운동에 참여할 때 가능하다고 보았다. 그의 정교분리론은 불교계를 자율적이고, 일원적으로 통제할 수 있는 총본산과 같은 통일기관 설립으로 나타난다. 그는 반종교운동의 허구성을 지적하면서 사찰령과 사찰령시행규칙이라는 악법을 철폐하고 불교계의 자율권을 확보하려는 차원에서 정교분리론을 주장하였다. 그는 일본 헌법에 종교의 자유를 보장한다는 것이 명시되어 있음에도 불구하고 사찰령이 시행되는 것에 대하여 불교계가 힘이 없기 때문이라고 진단하고 불교도들의 단합을 촉구하였다. 불교계를 더욱 피폐시킨 것은 식민지 권력과 타협하여 일신의 안락을 도모한 31본사 주지 계층의 행태였다. 그들은 관권 세력과 결탁하여 사찰의 재산을 탕진하는 등 갖은 해악을 초래하지만 마땅히 대처할 방법을 찾지 못하는 현실을 개탄한다.

한용운의 정교분리론은 정치권과 종교계가 서로 간섭하지 않는 원론적인 것이 아니었다. 그는 주장은 불교계의 숨통을 조이는 사찰령의 철폐로 요약된다. 그가 이렇게 정교분리론의 범위를 축소시킨 것은 31본사 주지들이 불교계를 이끌고 있던 당시 상황에서 원칙적인 정교분리론의 실현은 관철되기가 어렵다고 보고 최소한의 주장을 한 것으로 보인다. 이러한 그의 최소한의 요구사항 마저도 관철되지 못한 것은 불교계가 31본사로 분할되어 있어 조선총독부에서 개별적으로 관리하는 구조적인 한계 때문이었다. 그럼에도 불구하고 1930년대 그가 제기한 정교분리론은 불교개혁론과 맞닿아 있으며 궁극적으로는 총본산 설립운동과 불교 대중화를 지향하고 있었다는 점에서 큰 의미가 있다.

제4장
朝鮮佛敎禪敎兩宗과 朝鮮佛敎禪宗의
종헌 비교 연구

1. 머리말

일제강점기 불교계는 조선총독부가 1911년 6월에 사찰령을 제정하고 이어 7월에 그 시행세칙인 사찰령시행규칙을 시행함으로써 이 법령의 통제를 받았다. 이 법령은 일제가 불교계를 통제하고, 식민 통치에 순응시키기 위한 목적에서 제정한 법령이다.[1] 조선총독부는 불교계를 30본사 체제로 재편하고, 인사권과 재정권을 장악하였으며, 사찰에 관한 주요 사안들에 대하여 사전에 조선총독과 각 도 장관의 인·허가를 받아야 하

---

[1] 사찰령에 관해서는 다음 논문들을 참고할 수 있다.

서경수, 1992,「日帝의 佛敎政策」『近代韓國佛敎史論』, 民族社.

정광호, 1994,「寺刹令의 公布와 植民地 佛敎」『近代韓日佛敎關係史研究』, 인하대학교출판부.

김광식, 1995,「1910년대 불교계의 진화론 수용과 사찰령」『오세창 교수 화갑기념 한국근현대사논총』.

김순석, 2002.6,「朝鮮總督府의 사찰령 공포와 30본사 체제의 성립」『韓國思想史學』제18집, 韓國思想史學會.

한동민, 2005,『'寺刹令' 體制下 本山制度 研究』, 중앙대학교 대학원 박사학위논문 ; 2006,「寺刹令 체제의 역사적 배경과 의미」『불교 근대화의 전개와 성격』, 대한불교조계종 교육원 불학연구소 편.

는 조항으로 이루어졌다.[2] 사찰령은 식민지 시기 동안 몇 차례 성격이 강화되는 방향으로 부분적인 개정은 있었지만 일본이 패망하는 순간까지 존속한 법이었다.[3] 사찰령은 이처럼 통제 일변도의 법령이었지만 그 속에서도 불교계는 끊임없이 자주권을 추구하였다.

일제강점기 종단 설립운동은 조선총독부가 30개로 나누어 놓은 불교계를 총괄 지휘할 수 있는 통일기관 수립의 일환이었다. 일제강점기에 불교도들의 총의를 수렴하여 설립된 종단으로는 1911년에 설립된 임제종臨濟宗과 1929년에 수립된 조선불교선교양종朝鮮佛敎禪敎兩宗, 1935년에 창종된 조선불교朝鮮佛敎 선종禪宗, 그리고 1941년에 탄생한 조선불교朝鮮佛敎 조계종曹溪宗을 들 수 있다. 이 가운데 임제종은 1908년에 설립된 원종의 종정 이회광李晦光이 1910년 일본 불교 조동종과 연합획책을 저지하는 차원에서 성립된 종단이다. 임제종은 자주성이 강하지만 종헌과 종회를 구성하지 못하였고, 집행부 또한 성립되지 못하였다. 뿐만 아니라 1912년 6월에 해산되어 존속 기간이 매우 짧고 영·호남 지역에 편중되었다는 평을 면하기 어렵기 때문에 종단으로서의 기능을 수행하였다고 보기 어렵다. 그리고 1941년에 탄생한 조선불교 조계종은 불교계의 총의를 수렴하여 성립되었다기 보다는 조선총독부의 지시에 의해 설립되었다고 본다.[4] 불교계의 자주권 확보라는 차원에서 성립된 종단은 1929년 조선불교선교양종과 1935년에 재단법인 조선불교선리참구원에서 전국 수좌대회를 거쳐 탄생시킨 조선불교 선종이다. 그런 까닭에 이 두 종단은 유사점이 많으면서도 차이점 또한 많다.

조선불교선교양종에 대한 연구성과[5]는 많지 않다. 김광식은 불교계가

---

2) 한동민, 위의 논문, 「寺刹令 체제의 역사적 배경과 의미」, 98쪽.
3) 김순석, 위의 논문, 501쪽.
4) 김순석, 2003, 『일제강점기 조선총독부의 불교정책과 불교계의 대응』, 경인문화사, 189~193쪽
5) 김광식, 1996, 「朝鮮佛敎禪敎兩宗 僧侶大會의 개최와 성격」『韓國近代佛敎史

사찰령으로 대변되는 가혹한 식민통치하에서 불교 발전 및 민족운동에
나서기는 지난至難한 상황이라고 진단한다. 이러한 상황에서 1929년 1월
에 개최된 조선불교선교양종 승려대회(이하 승려대회로 약칭함)의 결과
로 탄생된 조선불교선교양종의 성립을 불교계 통일운동의 기념비적인
성과로 평가한다. 승려대회에서 종헌을 제정하고 불교계의 만기萬機를
공결公決하는 종회宗會와 집행기관의 성격을 띤 중앙교무원을 성립시킨
것을 한국 불교계의 일대사一大事로 평가한다.[6] 김순석은 조선불교선교
양종이 성립될 수 있었던 배경으로 1920년대 민족주의자들과 사회주의
자들이 민족해방을 위하여 협동전선을 구축하였던 분위기를 들고 있다.
조선불교선교양종의 집행기관인 중앙교무원은 전국 31본산을 지휘할 수
있는 통일기관을 지향하였다고 평가한다. 그렇지만 그는 종명을 선교양
종으로 채택한 점과 승려대회의 핵심 구성원들이 대회 당일 행사에 불참
하는 모습 등을 한계로 지적하였다.[7]

　조선불교 선종에 대한 연구성과로는 김광식의 「조선불교선종朝鮮佛教
禪宗 종헌宗憲과 수좌首座의 현실인식」이 있다.[8] 그는 이 논문에서 조선불
교 선종의 종헌은 선학원 계열 수좌들의 현실인식을 보여 주는 것으로
종헌 소멸 그리고 일제의 사찰령 지속이라는 현실에서 그를 배척하고 한
국 불교의 전통을 수호하려는 일단의 의식의 발로라고 평가한다. 조선불

研究』, 민족사.

　김순석, 2006, 「근대 불교 종단의 성립 과정」『불교 근대화의 전개와 성격』, 대
　한불교조계종 교육원 불학연구소 편.

6) 김광식, 위의 논문, 「朝鮮佛教禪教兩宗 僧侶大會의 개최와 성격」.

7) 김순석, 위의 논문, 「근대 불교 종단의 성립 과정」.

8) 김광식, 1998, 「朝鮮佛教禪宗 宗憲과 首座의 현실인식」『한국 근대불교의 현실
　인식』, 민족사.

　김광식, 2006, 「조선불교 禪宗과 首座大會」 대한불교조계종 교육원 불학연구소
　편, 『불교 근대화의 전개와 성격』.

　김순석, 위의 논문, 「근대 불교 종단의 성립 과정」.

교선종의 종헌이 1934년 12월 30일에 제정·통과되었고 같은 날에 종정宗
正의 재가가 이루어졌으며, 1935년 1월 5일에 공포, 시행되었다.[9] 그러나
김광식의 이 논문은 기본 사료를 정밀하게 검토하지 않은 오류를 범하였
다.[10] 후술하겠지만 이 사료는 해방 이후 비구·대처승의 대립과 갈등이
격화되던 1955년 이후 비구측에서 제작한 것이었다. 그 후 김광식은
1935년에 제작된 조선불교 선종의 종헌이 실린 일련의 문서들을 발굴하
여 「조선불교 선종禪宗과 수좌대회首座大會」라는 논문을 발표한다.[11] 이
논문에서 그는 선종을 등장시킨 수좌대회가 개최되었다는 보도기사[12]는
있었지만 조선불교 선종의 성립과정에 대한 기록을 찾지 못하였다고 한
다. 최근 당시 수좌대회의 전모를 소개하는 『조선불교선종수좌대회록朝
鮮佛教禪宗首座大會錄』을 발굴하였다고 한다. 그가 새로 발굴된 자료를 분석
하여 발표한 논문이 「조선불교 선종과 수좌대회」이다. 이 논문에서 그는
선학원 수좌들의 현실인식을 사마邪魔가 극성하고 정법이 구현되지 못하
는 말세로 이해하고 선종의 정체성 구현 차원에서 선원으로서의 중요성
을 강조하였다고 평가한다.[13] 김순석은 조선불교 선종의 창종을 조선총
독부와 결탁된 30본산 주지들과는 달리 조선불교계의 독자성을 천명하
였다는 점에서 의미가 있다고 보았다.[14]

　본고는 일제강점기 조선총독부의 규제와 간섭으로 위축되었던 불교
계가 끊임없이 자주성을 확보하고자 하였던 점을 조명하고자 한다.

---

9) 김광식, 1998, 「朝鮮佛教禪宗 宗憲과 首座의 현실인식」『한국 근대불교의 현실
　　인식』, 민족사, 227쪽.
10) 필자는 이 논문에서 주 사료로 인용한 「朝鮮佛教禪宗 宗憲」을 위작이라고 지적
　　하였다(김순석, 앞의 책, 143~144쪽, 각주 41번).
11) 김광식, 2006, 「조선불교 禪宗과 首座大會」 대한불교조계종 교육원 불학연구소
　　편, 『불교 근대화의 전개와 성격』.
12) 『동아일보』 1935.3.13, 「불교수좌대회」.
13) 김광식, 앞의 논문, 「조선불교 禪宗과 首座大會」, 194~195쪽.
14) 김순석, 위의 논문, 「근대 불교 종단의 성립 과정」.

1920년 이후부터 불교도들의 여망이었던 통일기관 수립운동의 일환으로 볼 수 있는 조선불교선교양종과 조선불교 선종 종헌의 공통점과 차이점을 비교 분석하고자 한다. 이 두 종단 종헌의 비교를 통하여 당시 불교계의 당면 문제점은 무엇이었으며, 어떤 해결책을 모색하였으며, 그 과정에서 어떻게 굴절된 형태로 나타났는가를 밝히고자 한다.

2. 朝鮮佛教禪教兩宗의 성립

1) 조선불교선교양종 승려대회 개최 준비 과정

1910년대 일제의 조선 통치방식은 총칼을 앞세운 무단정치였다. 일제는 1919년 3·1운동[15]을 경험하고 나서 통치정책을 문화정치로 전환하였다. 문화정치는 조선인에게 다소간의 자유를 보장하되 감시와 경계를 강화하는 형식으로 나타났다. 문화정치가 시행됨에 따라 『동아일보』·『조선일보』 등 신문·잡지의 발행과 문화단체 설립이 허용되었다. 그러나 문화정치의 본질은 '정치선전의 강화', '친일세력의 육성·보호·이용', '참정권 문제와 지방제도의 개편', '계층분단에 따른 분할통치' 등 4대 정책이었다.[16] 일제의 통치정책이 완화되었다고 해서 드러내 놓고 독립운동을 할 수 있었던 것은 아니었다. 다만 제한적이나마 민족문제를 협의할 수 있는 자리가 마련되었을 뿐이다. 그 자리에는 언제나 일제의 감시가 따

---

15) 박은식의 『韓國獨立運動之血史』에 나타난 3·1운동의 피해상황은 다음과 같다. 1919년 3월부터 5월까지 3개월간의 독립 시위 상황은 집회 수 1,542회, 참가 인원 2,023,098명, 사망 7,509명, 부상자수 15,961명, 피체자수 46,948명이고 교회당 47, 학교 2, 민가 715채가 불태워졌다고 나타난다.(박은식, 2002.8, 『韓國獨立運動之血史』, 『白巖 朴殷植全集』 제2권, 白巖 朴殷植全集編纂委員會, 동방미디어, 167~183쪽)

16) 1990, 「朝鮮民族運動ニ 對スル 對策案」, 『齋藤實文書』 제9권, 高麗書林, 143~151쪽

랐으며, 친일파들이 참석하여 민족진영을 무력화시키는 형태로 논의가 진행되곤 하였다.

1920년대 불교계의 현안 문제는 30본산을 하나의 지휘체계 속으로 편입시켜 일원적인 통일기관을 설립하는 것이었다. 불교계의 통일기관 설립의 분위기는 1920년대 분산된 민족해방전선을 결속하고, 좌우익전선을 통일하려는 민족협동전선론[17]의 영향을 받았다고 본다. 이와 같은 좌우합작의 분위기 속에서 1928년 3월 17일에 조선불교청년회가 재기하면서 백성욱白性郁·김법린金法麟·도진호都鎭鎬 등 청년 승려 중심으로 조선불교 통일운동이 일어나게 된다. 조선불교 통일운동은 다음 해인 1929년 1월 3일 각황사覺皇寺에서 조선불교선교양종 승려대회가 개최되는 계기가 되었다.[18] 그런데 조선불교 통일운동을 주도한 세 사람은 서구에서 유학을 하거나 미국에 오랫동안 머무른 경험이 있는 승려들이었다. 백성욱과 김법린은 1919년 3·1운동 당시 중앙학림의 재학생으로서 불교계의 3·1운동을 주도한 승려이다.[19] 그 후 백성욱은 상해 임시정부를 지원하는 활동을 하다가 1922년 독일의 뷔르츠부르크대학교 철학과에 입학해 1925년 동 대학에서 철학박사학위를 받고 1925년 9월에 귀국한다.[20] 김법린 역시 백성욱과 마찬가지로 3·1운동에 참가하였다가 상해로 건너가서 1921년 프랑스로 유학을 떠났다. 그는 프랑스 파리 대학 문학부 철학과에 재학하면서 한편으로 파리에 본부를 두고 있는 피압박민족대회에서 한국 대표로 활약하였다. 1926년 철학과를 졸업하고 프랑스 유학을 마친 그는 1928년 초에 귀국하였다.[21] 도진호는 미국 하와이에 포교사업으로 고려선사高麗禪寺를 창설하였고,[22] 1930년 7월에 같은 곳에서 개최

---

17) 이균영, 1996, 『신간회 연구』, 역사비평사, 35쪽.
18) 강유문, 1932,10, 「最近百年間朝鮮佛敎槪觀」 『佛敎』 제100호, 佛敎社, 62쪽.
19) 김순석, 앞의 책, 77쪽.
20) 1925.10, 「錦還한 白博士의 略歷」 『佛敎』 제16호, 45쪽.
21) 1928,4, 「錦還할 金法允(麟)師」 『佛敎』 제34호, 84쪽.

되는 범태평양불교도대회에 참가하였다.[23] 실제로 조선불교선교양종 승
려대회 개최의 발의가 이루어진 것은 1928년 11월 11일이었다. 재경 유
지 청년 승려들은 이 날 수송동 각황교당에 모여 조선불교 중앙기관의
조직과 교헌 제정을 위하여 발기회 준비위원 11명을 구두로 호선하였는
데 호선된 위원은 다음과 같다.[24] 권상로權相老·김포광金包光·도진호都鎭
鎬·백성욱白性郁·오리산吳梨山·김상호金尙昊·김정해金晶海·조학유趙學乳·김
경홍金敬弘·김태흡金泰洽·김법린金法麟 등 이었다. 이들 가운데 오리산과
김상호를 제외하고 그 이력을 살펴보면 선승이라기 보다는 학승으로 분
류할 수 있다. 권상로는 명진학교에서 수학[25]하고, 일제강점기 혜화전문
학교 강사를 지냈으며, 해방 이후에는 동국대학교 초대 총장을 지냈다.
김포광은 1920년대 중앙학림 강사[26]를 지낸 경력이 있다. 백성욱과 김법
린은 해외에 유학하였다. 도진호·김정해·조학유·김경홍·김태흡은 일본
에 유학한 유학승들이다.[27] 11월 25일 각황사에서 개최된 발기회 준비위
원회는 소집문 발송 및 발기인 승낙·추천·위임의 상황에 대한 경과보고
를 하였고, 준비위원들의 역할 분담을 보다 명확하게 하였다.[28] 11월 30
일 승려대회 발기대회가 열리었는데 사회에 권상로, 부사회에 송종헌과
도진호, 서기에 김태흡, 사찰에 오시권과 김법룡이 피선되었다. 이어 백
성욱이 등단하여 다음과 같은 승려대회 개최 목적을 밝혔다.[29] "금번 조

---

22) 1932.12,「業鏡臺」『金剛杵』, 조선불교청년총동맹 동경동맹, 64~65쪽.
23) 도진호, 1930.9,「汎太平洋會紀」『佛教』제75호, 6~8쪽.
24) 1928.12,「朝鮮佛教僧侶大會發起會會錄」『佛教』제54호, 112쪽.
25) 1976,「同窓會」『東大七十年史』, 동국대학교 출판부, 622쪽.
26) 金法麟, 1946.3,「三一運動과 佛教」『新天地』, 서울신문사, 78~79쪽.
27) 김광식, 앞의 책,『韓國近代佛教史研究』, 340~341쪽.
28) 위와 같음. 분장된 업무는 다음과 같다. 종헌기초 준비위원 : 권상로·김포광, 교
    섭위원 : 도진호·백성욱, 접대위원 : 김태흡·도진호·김법룡, 발기회 순서작성위
    원 : 도진호·김법린(「朝鮮佛教僧侶大會發起會會錄」『佛教』제54호, 111~112쪽)
29) 1928.12,「朝鮮佛教僧侶大會發起會會錄」『불교』제54호, 佛教社, 112~113쪽

선불교승려대회발기회 개최를 말하면 종헌의 제정, 중앙교무원 헌장 및 승니僧尼법규의 제정이 근본 목적이라 하겠습니다."라고 하였다. 조선불교계의 근간이 되는 제반 법규를 제정하여 교단 운영의 기틀을 마련하는데 있다고 밝혔다. 승려대회의 발기회 준비위원들과 종헌기초위원·교섭위원 등 실무를 담당한 승려들은 모두 조선불교회의 청년회원들이 주류를 이루었다.

승려대회 발기회는 1928년 11월 30일 각황사에서 개최되었다. 참석해야 할 인원이 모두 106명이었는데 실제 참석한 회원들은 44명이었다.[30] 발기회에서는 승려대회를 앞두고 사전에 토의사항을 점검하는 자리였다. 발기회 준비위원들이 준비한 토의사항 안건은 각주와 같다.[31]

---

30) 1928.12, 「朝鮮佛敎僧侶大會發起會會錄」『불교』제54집, 佛敎社, 109~111쪽.
31) 위의 회록, 「조선불교승려대회발기회회록」, 113~114쪽.
  1. 종헌제정
  2. 중앙교무원 헌장 제정
  3. 僧尼 법규제정
  4. 교육에 대한 근본방침
   1) 修禪社와 敎學藏의 문제
   2) 조선불교 중앙도서관의 설치
   3) 불교학회의 조직과 年報의 간행
   4) 유학생의 감독방침
  5. 포교에 대한 근본책
   1) 信者 本位의 방침
   2) 포교 서적의 纂刊
   3) 중앙 교단의 확장
  6. 재정에 대한 근본책
   1) 산림에 대한 문제
   2) 僧尼 財産의 상속 문제
   3) 僧尼의 의무금에 대한 방책
  7. 사회사업에 대한 문제
   1) 농촌의 교화문제
   2) 罹災 및 貧窮의 구제
  8. 紀綱肅淸의 근본책

토의안건으로 상정된 의제는 주지의 선거 방법이라든가 횡포 등에 대한 제도적 제제 방침같은 사안이 제외되기는 하였지만 당시 불교계가 직면하고 있던 많은 문제들을 포함하고 있었다. 뿐만 아니라 불교계의 미래를 전망하면서 교육과 포교·사회사업·재정·기강숙청 등의 문제에 대해 공론을 수렴하겠다는 의지를 읽을 수 있다. 발기회는 대회 일자를 1929년 1월 3일로 확정하고 11명의 전형위원[32]을 구두로 호선하여 이들로 하여금 대회준비위원 31명을 선정하도록 위임하였다. 그리고 대회 경비는 준비위원 모두가 서명 날인하여 일금 300원을 임시 차용하여 권상로에게 위임하였다.[33] 1928년 12월 1일 발기회가 종료되자 발기회에서 구두로 호선한 전형위원들이 선임한 준비위원들은 오후 4시에 태서관太西館에서 제1회 준비위원회를 열고 소관 업무를 분장하고 작업에 착수하였다. 준비위원들에게 분장된 업무를 살펴보면 다음과 같다.[34]

위원장 : 權相老
서무부 : 吳梨山·姜在源·金法龍
제헌부 : 金包光·宋宗憲·李古鏡·都鎭鎬·白性郁·金泰洽·金法麟·李應涉
외교부 : 趙學乳·都鎭鎬·金晶海·劉二淸·金洛淳·河允實

---

1) 승적 조사에 대한 문제
2) 私設 寺院 및 布敎所에 대한 處置方針
9. 불교청년운동의 옹호책
10. 세계불교운동에 대한 태도

32) 선출된 전형위원은 다음과 같다. 白性郁·奇石虎·朴雲堤·姜性仁·李應涉·李古鏡·金泰洽·趙學乳·吳時勸·金晶海·李敬明 등이다.(「조선불교승려대회발기회회록」, 115쪽)
33) 선출된 준비위원은 다음과 같다. 權相老·都鎭鎬·宋宗憲·黃耕雲·吳梨山·李古鏡·白性郁·金晶海·劉二淸·金包光·李應涉·奇石虎·趙學乳·吳時勸·金法麟·金法龍·姜在源·朴雲堤·韓普淳·裵容荷·崔高峰·河允實·梁然翁·孫基炯·李淳弘·姜性仁·李寶潭·鄭孟逸·柳晩灝·金洛淳·金泰洽(「조선불교승려대회발기회회록」, 115~116쪽)
34) 1929.2, 「朝鮮佛敎禪敎兩宗僧侶大會會錄」『불교』제56집, 佛敎社, 124쪽.

지방선전부 : 朴雲堤·鄭孟逸·柳晩灝·黃耕雲·李古鏡·孫基炯·李淳弘·河允實·
韓普淳·吳時勸·李寶潭·崔高峰·奇石虎·裵錦峰·梁然翁

준비위원회측은 위원장 권상로의 명의로 12월 2일 승려대회 소집문을
발송하였다.[35] 준비위원회는 1929년 1월 2일까지 모두 7차례의 회의를
가지고 각종 법규 및 현안 사안에 대해서 승려대회 개최 준비를 하였다.

2) 조선불교선교양종 승려대회 개최와 주요 논점

1929년 1월 3일 오전 10부터 5일 오후 8시까지 수송동 각황사에서 승
려대회가 개최되었다.[36] 참석 회원을 점검한 결과 참석자는 107명이었
고, 불참자는 49명이었다.[37] 참석자들이 무기명 투표로 선거를 한 결과
사회에 권상로, 부사회에 송종헌이 피선되었다. 사회의 지명으로 서기는
김락순·오시권·한보순, 사찰査察은 우종면禹鍾冕, 유이청이 피선되었다.[38]
본 대회의 원활한 진행을 위하여 의안심사위원議案審査委員 7명을 선정하
자는 의견이 있어 김포광金包光·오리산吳梨山·이혼성李混惺·황경운黃耕雲·

---

35) 위의 회록, 「조선불교승려대회발기회회록」, 116쪽.

36) 1929.2, 「朝鮮佛敎禪敎兩宗僧侶大會會錄」『불교』제56집, 佛敎社, 120쪽. 승려
대회의 식순은 다음과 같다. 一. 개회, 一. 회원 점고, 一. 司會選擧及書記 査察
指定, 一. 發起會錄 朗讀, 一. 준비위원 경과보고, 一. 발기회 의결안에 대한 토
의 1. 종헌제정(선서식), 2. 교무원 원칙 제정, 3. 교정회법 제정, 5. 법규위원회
법 제정, 6. 승니 법규제정 7. 교육에 대한 근본책, 8. 포교에 대한 근본책, 9.
재정에 대한 근본책, 10. 사회사업에 대한 문제, 11. 기강숙청에 대한 문제, 12.
불교청년운동에 대한 옹호책, 13. 세계불교운동에 대한 태도, 一. 직원 선거, 一.
기타사항, 一. 폐회

37) 위의 「朝鮮佛敎禪敎兩宗僧侶大會會錄」, 120~123쪽. 참가 회원 수에 대해서는
韓龍雲은 157명으로 파악하였다(1933.1, 「佛敎事業의 旣成方針을 實行하라」『불
교』제103호, 2쪽). 다카하시 토오루(高橋亨)는 102명으로 기록하고 있다(『李朝
佛敎』, 943쪽).

38) 위의 「朝鮮佛敎禪敎兩宗僧侶大會會錄」, 124쪽.

이고경李古鏡·이종욱李鍾郁·김해은金海隱 등이 선임되었다. 이어 김태흡이
발기회 회록을 낭독하였고, 김법린이 준비위원회 경과보고를 하였다. 다
음으로 준비위원 백성욱의 승려대회 개최에 대한 취지 설명이 있었는데
그 내용은 이러하다.[39]

> 금번 대회의 근본 목적으로 말하면 종헌, 기타 법규를 제정하야 支離散漫
> 한 현하 교계를 통일쇄신하야 其 將來 발전을 획책하려 함이외다. 종래로 조
> 선승려에게 도덕적 규율이 업섯든 것은 아니나 신시대에 적응할만한 조직적
> 헌장이 업섯스며 국가의 公財 보관상 사찰에 대한 법령은 잇섯스나 승려 자
> 체를 대동결속할 내규가 업섯슴으로 조선불교의 유신을 절규한 지 임의 오래
> 임니다마는 아즉 其 遠大한 이상을 실현치 못한 것인줄 생각합니다. 이러한
> 의미하에서 금번 대회의 사명과 의의가 가장 중대하고 심각한 줄을 늣김니다.
> 이 조선불교의 대정신을 발휘하겠다는 佛前 서약이라 하겠습니다.

승려대회의 개최 취지를 설명하는 이 글에는 이 대회의 목적이 종헌
과 승려들의 생활을 규율하는 제반법규를 제정하여 교계의 통일을 기하
고, 쇄신하여 발전을 도모하는데 있다고 밝히고 있다. 조선총독부에서
제정한 사찰령에 사찰 재산처분에 관한 규제 사항은 명시되어있지만 승
려들의 결속을 다질 수 있는 지휘기관이 없으므로 교계의 유신을 단행하
는 통일기관을 수립하겠다는 의지를 담고 있다. 이처럼 청년 승려들은
종단도 없고, 종헌도 없으며, 집행기구도 없고, 승려들의 행동 양식을 규
율할 수 있는 법령도 없는 불교계의 현실을 개선하지 않고는 미래가 없
다고 진단한 것이다. 이제 이들은 이러한 것들을 제도적으로 보완하고,
지켜나가겠다는 서약을 한 것이다. 이들은 약속한 대로 종헌과 종회법
그리고 교정회 규약을 제정하고, 법규위원회를 만들어 필요한 법을 입법
할 수 있는 제도적 장치를 마련하였다. 3일째 되는 날 교정 선거가 있었

---

39) 위의 '趣旨說明', 「朝鮮佛教禪教兩宗僧侶大會會錄」, 125~126쪽.

는데 교정에 선출된 승려는 김환응金幻應·서담해徐曇海·방한암方漢岩·김경
운金擎雲·박한영朴漢永·이용허李龍虛· 김동선金東宣 등이다. 불교계가 교정
은 선출하고 종회를 구성하여, 제반 법규를 정비하였다는 것은 불교계를
자주적으로 운영하겠다는 의지의 표현이다. 감시와 통제가 삼엄한 식민
통치하에서 이러한 자주권의 확보는 불가능한 것이었다. 그렇지만 청년
승려들은 식민통치 정책의 완화에 힘입어 불교계의 자주권을 확보하려
는 의지를 표명하였다.

승려대회에서 불교계의 공의를 수렴하는 방식과 대표성에 대하여 이
의를 제기한 승려들도 있었다. 특히 일본 유학생들 가운데는 승려대회에
서 종헌제정과 교무원법규, 승니법규제정과 같이 중차대한 문제를 논의
하면서 참여 범위를 불교도로 하지 않고 국내에 있는 승려들로 한정시킨
데 대하여 강한 불만을 표시하는 승려들이 있었다. 동경 유학생 가운데
금강자金剛子라는 필명을 쓰는 승려는 다음과 같은 불만을 토로하였다.[40]

평화의 불교를 更設하려면 그래도 상당한 시일의 역사와 전국적 禮論이
충분히 잇슨 연후에 대회를 열되 대회의 강령순서와 토의내용을 신문·잡지에
물론 멋번이나 광고하여야 될 것이며 전국사찰교당은 물론이요 개인으로도
有志者와 其外 조선불교의 색채를 띄는 단체에는 다 通寄하야 의견을 들어야
될 것이 아닌가? … 불교에 대한 모든 권리는 승려의게만 잇다고 하면 불교는
언제나 승려 전유물이 될 뿐이며 술은 독으로 먹으면서 금주 선전자와 갓흔
것이 안인가? … 조선불교의 교도수가 적어도 백만인을 될 것이니 그러면 萬
人은 되어야 될 것 안인가! 이럿케는 못된다 하면 千分之一 즉 千名은 되어야
할 것이 안인가. 적어도 조선불교 대세를 운전한다면 七十名 議員이란 것은
넘우 적은 것이 안인가 … 왜 하필 조선불교승려대회라 하엿는야 말이다. 범
위가 좀 더 크고 廣大하게 조선불교도대회를 열지 못하고…

40) 金剛子, 1929.5, 「僧侶大會에 對한 各觀」『金剛杵』 제17호, 28~30쪽.

『금강저』를 발행하는 동경 유학생들은 조선불교 청년총동맹 동경지부의 구성원들이다. 이들은 고국에서 자신들에게는 연락도 없이 조선불교계의 중차대한 현안 사항을 논의한 것이 못마땅 하였던 것이다. 이 글은 승려대회의 공고기간이 너무 짧았다는 점과 참석자를 불교도가 아니라 승려로 한정시킨 점 그리고 참석자가 조선불교계를 대표하기에는 너무 적다는 점 등을 들었다. 이들은 두 달 남짓한 준비기간으로 이 많은 문제를 원만하게 해결하기에는 역부족이라는 사실 또한 밝혔다. 뿐만 아니라 조선불교계의 현안 문제 가운데 가장 고질적인 병폐인 주지 선거방식에 대해서 논의하지 못한 점 또한 한계로 지적하였다.[41]

사찰령 체제하에서 불교계가 전국 승려대회 소집을 통하여 종헌을 제정한다는 것 자체가 어려운 일이었다. 그렇게 어렵게 제정된 종헌인지라 그 실행은 원만하게 이루어지지 못하였다. 그 까닭은 본사 주지들의 비협조와 종헌을 실행하려는 측과 이를 저지하려는 측의 갈등이 있었기 때문이다. 종헌 제정 이후 제반 교정을 고의적으로 저지하려는 암묵적 존재가 불교계 내부에 있었다고 한다. 종헌 실행을 저지하려는 세력은 종헌이 일제로부터 인가를 받지 못하였다는데 기인하고 있었다.[42] 그런 까닭에 종회에서 의결된 당시 불교계가 직면하고 있던 각종 주요 현안, 즉 재단법인 조선불교중앙교무원의 증자, 중앙교당 건축, 각 사찰의 매년 수지총액 및 재산목록 제출의 의무화 등은 실행되지 못하였다.[43]

이러한 한계가 있었음에도 불구하고 조선불교선교양종 승려대회는 식민지 상황에서 불교계의 자주적으로 공의公議를 수렴하는 자리였다. 식민지 치하에서 자주적으로 통일기관을 만들려는 승려대회에 참석한다는

---

41) 夢庭生, 1929.5, 「僧侶大會를 듯고」『金剛杵』제17호, 31~34쪽.
42) 김광식, 1996, 「1930년대 佛教界의 宗憲 실행문제」『韓國近代佛教史研究』, 민족사, 367~380쪽.
43) 위와 같음.

자체가 현실 생활에 불이익이 주어질 수도 있는 상황이었다는 점을 감안한다면 이 대회에서 얻어진 종헌의 제정과 종회의 탄생 그리고 중앙집행기관인 중앙교무원의 성립 등은 결코 작은 성과가 아니다. 조선불교는 일보일보一步一步 한만閑漫에서 자각自覺으로 침체沈滯에서 발전發展으로 나아가는 것이다. 저간這間에 반동적 사실이 있었다면 그것은 무교육無敎育이 낳은 무지無知와 인식부족認識不足이 낳은 착각錯覺의 소치였던 것이다.[44]

3. 朝鮮佛敎 禪宗의 창종

조선불교 선종에 관한 실체가 밝혀진 것은 그리 오래되지 않는다. 2006년 대한불교 조계종 불학연구소 워크샵에서 김광식이 「조선불교 선종禪宗과 수좌대회首座大會」를 발표하면서 세상에 알려지기 시작하였다. 그는 일제강점기 선종이 창종되었다는 보도기사[45]는 있었지만 구체적인 자료를 찾아낼 수가 없었다고 한다. 그는 이미 1997년에 「조선불교朝鮮佛敎 선종禪宗 종헌宗憲과 수좌首座의 현실인식」이라는 논문을 발표하였다.[46] 하지만 그가 이 논문에 인용한 주 자료인 『조선불교朝鮮佛敎 선종禪宗 종헌宗憲』은 해방 이후 비구·대처승의 대립과 갈등이 격화되어가던 시기인 1955년 이후 비구측에 의해서 조작된 문건이었다. 이 종헌은 1996년 민족사에서 간행한 『한국근현대불교자료전집』 총 69권 가운데 제65권 『근대불교기타자료(3)』에 실려 있다. 그런데 이 자료의 표지에 "1963년 12월 26일 대한불교 조계종 총무원 총무과장 김규열金圭烈에게서 입수

---

44) 강유문, 앞의 글, 63쪽.
45) 『每日申報』1935.3.12, 「朝鮮佛敎禪宗 復興策 大會」.
　　『東亞日報』1935.3.13, 「佛敎首座大會」.
46) 김광식, 1997, 「朝鮮佛敎禪宗 宗憲과 首座의 현실인식」 『건대사학』 제9집.

入手하였는데, 차此는 단기檀紀 4288년(1955) 8월 12일 전국승려대회에서 대한불교 조계종 종헌을 제정 공포한 이후에 위작僞作한 것이니 제1조, 제2조 및 제6조 중 특히 제2조는 그 명증明證이다"는 문구가 적혀있다.[47] 이 종헌은 고故 이재열이 조계종 총무과장이었던 김규열로부터 1963년 12월 26일에 입수하여 보관하다가 그 유족이 1989년 동국대학교 중앙도서관에 기증하였다고 한다.[48]

김광식이 인용하고 있는 『조선불교 선종 종헌』의 제1조는 "조선불교는 선종禪宗이라 칭함. 본종本宗은 신라 도의국사道義國師가 창수創樹가 가지산문迦智山門에서 기원起源되어 고려 보조국사普照國師의 중창을 거쳐서 태고보우국사太古普雨國師의 제종諸宗 포섭包攝으로서 선종이라 공칭公稱하여 이후 그 종맥宗脈이 면면부절綿綿不絶하여 왔음"이라고 되어있다. 이 조문 가운데 종조 문제에 있어 지금까지 크게 언급된 적이 없는 '보조 지눌의 중천을 거쳐'라는 표현으로 보아 위작임을 알 수 있다는 것이다. 제2조는 "본종의 종지는 석가세존釋迦世尊의 자각타自覺他하신 각행원만覺行圓滿의 근본 종지를 봉체奉體하여 정법안장政法眼藏을 호지護持하며 직지인심直指人心 견성성불見性成佛 전법도생傳法度生을 주취主趣로 함"이라고 되어있다. 이 조문은 일제강점기까지 선교양종 체제를 지켜왔는데 교종에 관한 부분이 언급되지 않고 오로지 선종의 종지만을 언급한 점으로 미루어 조작되었다는 것을 입증한다고 보는 듯하다. 제6조는 '본종은 신라 선덕왕宣德王 5년에 조계曹溪 혜능慧能 조사祖師의 증법손 서당지장西堂智藏 선사에게서 심인心印을 받은 도의국사를 종조로 하고 고려의 보우국사를 중흥조中興祖로 하였고 이하 청허淸虛와 부휴浮休의 양법맥兩法脈을 계계승승繼繼承承함"이라고 되어있다. 이 조문은 종래 종조宗祖와 법맥 전승에 있어서는 여러 가지 문제가 많고 다양한 학설이 있지만 대체로 중국의 법맥

---

47) 1996, 「朝鮮佛敎禪宗宗憲」 『近代佛敎其他資料(3)』, 민족사, 493쪽
48) 김광식, 앞의 논문, 「朝鮮佛敎禪宗 宗憲과 首座의 현실인식」, 216~217쪽, 각주 2.

은 임제 선사의 적통을 이어받은 석옥石玉 청공淸珙의 법을 이은 태고 보
우법통설이 주류를 이루고 있었다.[49] 그런데 이 자료에서는 지금까지 논
의의 중심에서 벗어나있던 서당지장의 법맥을 전수한 도의국사를 종조
로 하고, 보조지눌의 중천 문제를 언급하였다는 점을 들어 위작이라고
주장한 듯하다.

　김광식은 선종 종헌이 한 때 이재열의 필적에 의해 비구·대처승간의
갈등과정에서 나온 비구 계통의 위작으로 이해된 바도 있었다고 한다.
그러나 그는 이 종헌의 내용을 세밀히 분석해 보면 1934년 12월 선학원
이 재단법인 선리참구원으로 전환된 직후 제정·공포된 것이 사실임을
알 수 있다고 한다. 그 근거로서 1935년 3월 13일자『동아일보』의 기사
내용에 "조선불교 선종 종무원 원규를 비롯하여 6종의 규약을 통과한 후
아래와 같이 임원 선거를 하였다고 한다"는 사실을 들고 있다.[50] 그러나
이 사실만으로는 이 종헌이 1935년에 제정된 종헌이라고 입증하기는 어
렵다. 왜냐하면 이 종헌 제5조를 보면 "본종은 석가모니불釋迦牟尼佛의 기
원紀元을 1307년으로서 기산起算함. 단기檀紀 4288년· 불기佛紀 2982년은
을미년乙未年이다. 또한 불교가 우리 조선에 수입된 기원은 고구려 소수
림왕小獸林王 2년으로서 기산起算한다"라고 되어있다.[51] 여기서 단기 4288
년은 1955년이고 을미년 역시 1955년이다. 그렇다면 이 문건은 적어도
1955년 이후에 만들어졌다고 볼 수 있다. 필자는 이러한 사실을 들어서

---

49) 김영태, 1985,「朝鮮禪家의 法統考 - 西山 法統의 究明」『佛敎學報』22, 동국대
　　학교 불교문화연구원 ; 1998,「태고법통 확정의 사적 고찰」『태고보우국사』, 대
　　륜불교문화연구원.
　　고익진, 1985,「碧松智嚴의 新資料와 법통문제」『佛敎學報』22, 동국대학교 불
　　교문화연구원.
　　최병헌, 1988,「조선시대 불교법통설의 문제」『한국사론』19, 서울대학교 국사
　　학과.
50) 김광식, 앞의 논문,「朝鮮佛敎禪宗 宗憲과 首座의 현실인식」, 241쪽.
51) 앞의 책,「朝鮮佛敎禪宗宗憲」『近代佛敎其他資料(3)』, 499쪽.

김광식이 논문에서 인용한 사료가 위작임을 지적한 바 있다.[52]

이러한 의혹은 김광식이 「조선불교 선종과 수좌대회」[53]을 발표하면서 해소된다. 그는 이 논문에서 조선불교 선종의 창종 의의를 다음과 같이 평가한다. 1921년 비구승들이 중심이 되어 창건된 선학원은 이후 비구승들의 자치 조직인 선우공제회를 결성하여 자립을 도모하지만 재정난으로 침체기에 빠지게 된다. 선학원은 1931년 김적음金寂音이라는 한의학에 능한 승려를 만나게 되면서 재건된다. 김적음은 한의학에 능통한 승려로서 선학원을 찾아오는 많은 사람들에게 의료 시술을 하여 주었다. 그 덕분에 선학원은 이전에 비해서 재정적으로 다소간의 여유를 가지게 되었지만 보다 안정적인 재정기반을 확보하고 선禪을 대중화하기 위해서 1934년 12월 5일 재단법인 조선불교선리참구원朝鮮佛敎禪理參究院으로 전환된다.[54] 선종 창종의 단서는 1934년 12월 23일 오전 10시에 법인사무소에서 개최된 제5회 이사회에서 선종의 근본적 독립발전과 宗規 기타 제반법규를 기획·제정하자고 논의한데서 찾아진다.[55] 1935년 3월 3일 오후 1시 중앙선원내에서 제1회 준비위원회가 개최되어 다음과 같은 업무 분장이 이루어졌다.[56]

위원장 : 奇石虎
서 기 : 金俊極
대회순서 작성위원 : 李兀然·河龍鳳
종규·종정회 규칙·종무원 규칙·선회 규칙·선의원회 규칙 기초위원 : 河龍鳳·

52) 김순석, 2003, 『일제강점기 조선총독무의 불교정책과 불교계의 대응』, 경인문화사, 143~144쪽, 각주 41.
53) 김광식, 2006, 「선불교 선종과 수좌대회」, 대한불교조계종 교육원 불학연구소 편, 『불교 근대화의 전개와 성격』.
54) 한국불교선리연구원, 2007, 「財團法人認可」 『選佛場』, 144쪽.
55) 위의 책, 145쪽.
56) 한국불교선리연구원, 2007, 「朝鮮佛敎禪宗首座大會會錄」 『選佛場』, 145~146쪽.

奇石虎·李兀然

　회원 심사위원 : 黃龍吟·李春城

　대회회장 정리위원 : 玄圓悟·宋雨電·盧碩俊·金宗協

　이들은 정해진 업무분장에 따라 의안 심사위원을 선거[57]하고, 선종禪宗 종규宗規·종정회宗正會 규칙規則·종무원宗務院 회칙會則·선의원회禪議員會 규칙規則·선회禪會 법칙法則·선원禪院 규칙을 낭독 토의하여 통과시켰다. 1935년 3월 7일과 8일에 걸쳐 선학원에서 수좌대회가 열리고 이 자리에서 조선불교 선종禪宗 종규宗規·종정회宗正會 규칙·선의원회禪議員會 규칙·조선불교 선종 선회법禪會法·조선불교 선종 종무원칙宗務院則·선원禪院 규칙 등이 제정되고, 조선불교 선종은 창종되었다. 선종의 창종은 1935년 3월 7일 오전 10시부터 8일 오후 4시까지 경성부 안국동 40번지 중앙선원 법당에서 개최된 조선불교 선종 수좌대회에서 이루어진다.[58] 선종의 창종 목적은 송만공이 등단하여 밝힌 개회사에 잘 드러난다.[59]

　　嫡子가 孼子로 易位되어 正法이 窒息되고 誤喧되는 此際 선종수좌대회를 개최케 됨은 意義 深遠且大합니다. … 조선불교가 현황과 갓치 萎靡不振의 상태에 방황케 된 근본 원인이 불법의 眞髓를 直示한 禪法이 極側 沈滯됨에

---

57) 선출된 심사위원은 다음과 같다. 李兀然·鄭雲峰·朴大治·河龍鳳·金寂音(「朝鮮佛敎禪宗首座大會會錄」, 147쪽)

58) 수좌대회의 개최순서는 이러하다. 一. 개회, 一. 開會辭, 一. 會員點考, 一. 임시집행부선거, 一. 선서문 봉독, 一. 준비위원회(참구원경과)보고, 一. 의안사정위원선거, 一. 준비위원회 제안에 대한 토의 1. 선종종헌규정, 2. 종정회규칙제정, 3. 종정원원칙제정, 4. 선의원회규칙제정, 5. 선회법규제정, 6. 선원규칙제정, 7. 승려법규제정, 8. 포교법규제정, 9. 신도규칙제정, 10. 참구원정관수정 및 시행세칙제정, 11. 재단확장기성회 조직의 건, 12. 중앙에 모범선원 설치문제, 13. 衣製 및 儀式에 대한 문제, 14. 기관지 창간에 관한 문제, 一. 임원 선거, 一. 기타사항, 一. 폐회(한국불교선리연구원, 2007, 「朝鮮佛敎禪宗首座大會會錄」『選佛場』, 136~137쪽)

59) 한국불교선리연구원, 2007, 「開會辭」『選佛場』, 138쪽.

있으니 진실한 의미에서 불교의 부흥을 圖하고 瞿曇의 대도를 宣揚할나면 형해만 존재한 선종을 盛興케 함에있다고 간주하고 …

이 개회사는 식민지 시대 대처승들이 늘어나서 비구승들의 처지가 날로 악화되는 상황에서 비구승과 대처승의 위치가 바뀌고 비구승들이 홀대받는 상황에 이르게 된 것은 선법이 침체된 데 그 원인이 있다고 밝혔다. 이러한 때 불법을 부흥시키려는 목적을 가지고 선종을 창종한다고 밝혔다. 회원 점고 결과 75명이 참석하여 임시집행부를 선임[60]하고 수좌대회를 진행하였다. 전형위원으로 선임된 7명은 김적음金寂音·황용음黃龍吟·정운봉鄭雲峰·이올연李兀然·박대치朴大治·하용봉河龍鳳·이백우李白牛이며, 종정으로 피선된 승려는 신혜월申慧月·송만공宋滿空·방한암方漢岩이었으며, 원장은 오성월吳惺月이었다.[61] 수좌대회의 준비위원들과 피선된 임원들을 살펴보면 대부분 강원을 수료하였거나 선禪 수행에 전념한 독신비구 수좌들임을 알 수 있다. 이들은 식민지 치하에서 비구승으로 생활해 온 승려들이다.

4. 朝鮮佛教禪教兩宗과 朝鮮佛教 禪宗의 종헌 비교

조선불교선교양종朝鮮佛教禪教兩宗과 조선불교 선종禪宗은 일제강점기 불교계의 통일기관 설립운동의 일환으로 창종된 종단이라고 할 수 있다. 두 종단은 승려들의 공의를 모아 출범한 종단이라는 점에서도 공통점을 가진다. 뿐만 아니라 두 종단 존립의 근간을 이루는 종헌 체제도 비슷하

---

60) 선임된 임시집행부원은 다음과 같다. 朴大治·鄭雲峰·奇石虎(한국불교선리연구원, 2007, 『選佛場』, 141쪽)
61) 한국불교선리연구원, 2007, 「任員選擧」『選佛場』, 149쪽.

다. 이것은 뒤에 성립된 조선불교 선종 측이 종헌인 종규를 제정하면서 조선불교선교양종의 종헌을 그대로 모방하였기 때문이다. 종헌의 체제는 비슷하지만 담고 있는 내용에 있어 조선불교선교양종은 교종과 선종을 통합한 것 같지만 종헌의 내용을 살펴보면 교종적 색채가 강함을 알 수 있다. 조선불교선교양종의 교정으로 선출된 승려들 가운데는 선승이라는 평가를 받는 승려들도 있다. 하지만 조선불교선교양종의 설립을 주도한 청년 승려들 가운데 일본 유학승과 중앙학림 등을 졸업한 학승들이 많은 것이 원인이지 않을까 생각된다. 두 종단의 종헌 비교를 통하여 공통점과 차이점을 살펴보고, 그 의미를 집어보자.

조선불교선교양종 종헌과 조선불교선종 종헌의 주요 조문 비교[62]

朝鮮佛敎禪敎兩宗 宗憲		朝鮮佛敎 禪宗 宗規	
제1장 제1조 宗名	朝鮮佛敎는 禪敎兩宗이라 함	제1장 제1조 宗名	本宗은 禪宗이라 함
제2장 제2조 宗旨	본 양종은 佛祖正傳의 心法(禪)과 敎理(敎)로써 宗旨라 함	제2장 제2조 宗旨	본종은 佛祖正傳의 心法을 宗旨라 함
제7장 제11조 제12조 宗會	본 양종은 宗門의 萬機를 公決하기 위하야 종회를 設함 종회의 조직은 법규에 의함	제7장 제11조 제12조 宗會	본종은 宗門의 萬機를 公決하기 위하야 禪會를 設함 禪會의 조직은 소정 법규에 의함
제8장 제15조 敎務院	본 양종은 敎務와 諸般事業을 通辯하기 위하야 31본산의 單一機關으로 중앙교무원을 설함	제8장 제15조 宗務院	본종은 宗務와 諸般事業을 通理하기 위하야 全鮮禪院의 單一機關으로 중앙종무원을 설함
제9장 제17조 제18조	본 양종은 중요한 교무를 裁正하기 위하야 敎正을 置함 교정은 본 양종 재적 승려중으로부터 行解가 구족하야 불교에 공	제9장 제17조 제18조	본종은 正法을 宣揚 宗門 중요 사항을 裁正하며 종무를 통관하기 위하야 宗正을 추대함 종정은 본종 승려로서 宗眼이 明徹하며 行解와 덕망이 유하

62) 1929.2, 「朝鮮佛敎禪敎兩宗僧侶大會會錄」『불교』제56집, 佛敎社, 131~133쪽.
한국불교선리연구원, 2007, 「朝鮮佛敎禪宗首座大會會錄」『選佛場』, 154~157쪽.

	헌이 있는 자로 함			고 法臘 二十歲 이상 年齡 五十歲 이상된 대선사로 함
제19조	敎正은 人數와 任期를 定치 아니하고 교무원 각 부장 및 此와 동수의 宗務銓衡員으로부터 차를 전형하야 종회의 협찬을 要함		제19조	宗正은 人數와 任期를 定치 아니하고 종무원 임원(理事 및 院長副院長) 및 此와 同數의 禪會銓衡員으로 붙어 此를 銓選하야 禪會의 협찬을 要함
제20조	敎正은 규정에 의하야 敎正會를 조직함		제20조	宗正은 규정에 의하야 종정회를 조직함
제21조 敎 正	敎正會는 종회로부터 본 양종에 危害를 及할 만한 虞가 잇다고 認할 時 는 본양종을 대표하야 종회를 停會 又는 해산케 함을 得함		제21조 宗 正	宗正會는 禪會로 붙어 본종에 위해를 及할 만한 議案을 議決할 虞가 잇다고 認할 時난 본종을 대표하야 禪會를 停會 又는 해산케 함을 得함
제10장 제22조	본 양종은 제반 법규를 제정하며 종문의 일체를 審理하기 위하야 법규위원회를 置함		제10장 제22조	본종은 제반법규를 제정하며 특별권한에 속하지 안은 宗門의 일제 사항을 의결하기 위하야 禪議員會를 置함
제23조 법규위 원회	제반 법규는 교정회에서 반포하되 단 중요한 법규는 종회의 협찬을 經함		제23조	제반법규는 종정회에서 此를 頒布하되 단 중요한 법규는 禪會의 協贊을 경함
제11장 제26조 財 政	각 본말사의 소유인 일체 재산을 조선불교선교양종 소유 재산이라 함		제11장 제26조 財 政	각 禪院의소유인 일체 재산을 조선불교선종 소유재산이라 함
제12장 제27조 제29조 補 則	본 종헌은 교정회 및 법규위원회의 제안에 의하야 종회에 통과를 經하야 차를 개정함을 得함 본 종헌은 반포일로 此를 시행함		제12장 제27조 제29조 補 則	본 종규는 종정회 및 선의원회의 제안에 의하야 선회에 통과를 經하야 此를 개정함을 得함 본 종규는 반포일로부터 此를 시행함

　　먼저 종명을 살펴보면 조선불교선교양종의 선교양종이라는 표현은 선과 교를 아우른다는 뜻이 있다고 하더라도 엄밀하게 이야기하자면 교종과 선종을 포괄하는 개념이므로 색채가 분명하지 않다. 선교양종禪敎兩宗이라는 종명은 1421년(세종 6)에 선종과 교종이 통폐합되면서 사용되었고, 36개 지정 사찰 외에 대다수의 사찰 경제 기반은 축소되었다. 성종대

까지는 강도 높은 억불정책이 시행되었고, 연산군燕山君, 중종中宗대에는 법제法制가 사문화되고, 공식적인 폐불이 단행되었다. 이후 16세기 중반 명종대에 일시적으로 선교양종이 복립되었다.[63]

선교양종이라는 명칭은 조선시대부터 사용되었고 일제강점기에 들어와서 최초의 30본사 주지회의에서 원종圓宗과 임제종臨濟宗이 양립되었을 때 어느 한쪽을 폐할 수 없으므로 종지를 선교양종으로 한다는 결정이 내려진 이후 묵수적으로 사용해온 명칭이다.[64] 그런데 종지를 선종과 교종을 겸한다고 표현한 것은 정상적인 종단의 명칭으로 볼 수 없다. 선교양종이 세속 권력의 강압에 의해 결정된 것이든 불교계 내부 사정으로 그러한 표현을 사용한 것이든 적절치 못한 용어임은 틀림없다. 반면에 비구 선승들이 중심이 되어 1935년에 창종하는 종단의 이름을 선종이라고 명시한 것은 조선불교의 정통이 선에 있었고, 그것을 계승한다는 의미가 담겨있다고 할 것이다. 선교양종 종헌 제2조는 불조정전佛祖正傳의 심법心法(禪)과 교리敎理(敎)로써 종지宗旨라 하여 선을 교에 앞세우고 있지만 선종은 심법心法을 종지宗旨을 종지로 한다는 것을 밝히고 있다. 선교양종과 선종 모두 제8조에 '31본산의 단일기관單一機關으로 중앙교무원을 둔다'는 조항은 선교양종의 창종이 통일기관 설립운동의 일환임을 보여준다. 제11조에 종단의 법규를 공결公決하는 기관으로 선교양종은 종회를, 선종은 선회禪會를 두고 있다. 제17조에 종단을 대표하는 승려의 명칭이 선교양종은 교정이고, 선종은 종정인데 선교양종은 법랍과 나이 제한을 두지 않고 있으나 선종은 법랍 20세 이상 연령 50세 이상으로 규정하고 있다. 종정을 추대하는 자격 요건으로 법랍과 세수가 중요한가 하는 논의는 별도로 한다고 하더라도 종단을 대표하는 종정의 피선거권의

---

63) 金龍泰, 2008.8, 『朝鮮後期 佛敎의 臨濟法統과 敎學傳統』, 서울대학교 대학원 박사학위 논문, 11~16쪽.

64) 『朝鮮佛敎月報』 제6호, 1912.7, 「會議院會議顚末」 58쪽.

기본 요건을 갖춘다는 점에서 본다면 조선불교선교양종은 최고 지도자의 위상에 대한 고려가 부족하였다고 보인다. 제26조는 종단에 소속된 사찰의 모든 재산은 종단 소유로 한다고 규정함으로써 사찰 재산의 개인적인 유용을 금하고 있다. 그렇지만 실제 선교양종의 경우 대부분이 대처승이었으므로 사찰 재산은 주지들이 개인적인 용도로 유용하는 것이 현실이었다. 이러한 사실은 다음 글에 잘 나타난다.[65]

> 住持의 罪惡은 擧半 제도적 불합리에서 나오는 것이다. 특출한 善知識이 아닌 凡僧은 누구나 이 住持位에만 오르면   이 妖鬼의게 홀닌 것처럼 자연 타락의 길노 끌여 들어가고마는 것이다. 주지는 실로 惡役이다. 이 악역에 한 번 걸니기만 하면 講伯도 俗化하고 禪師도 庸夫되고 만다. … 帶妻生活은 필연적으로 자본을 要하기된다. 종래 一衣一鉢이면 生涯是足이든 法徒는 數衣數鉢에다가 사유재산이 없으면 생활할 수 없게 되었다.

조선불교선교양종승려대회는 31본사 대표자가 참석하여 진행되었지만 49명의 참석 예정자가 불참하였고, 사회·부사회·서기 등 핵심 멤버들이 유고有故·병고病故 등의 이유로 중도에 탈락하였으며, 일반 승려 20여 명도 이탈하는 모습을 보였다. 이들은 당시 교계의 주류였으며 대처승들이 많았고, 비구승에 비해서 경제적으로 나은 생활을 영위하고 있었다.

반면에 조선불교 선종은 75명의 선승들이 시종여일하게 승려대회를 진행하였다. 선승들의 생활은 매우 곤궁한 처지에 빠져 있었다.[66]

> 독신으로 지내는 몸이 되고 본 즉 세속생활과 다름업는 在家寺院에 드러가서는 발부칠 곳이 업스며 金錢이 업자한 즉 無人空庵 같은 데 가서는 먹고 공부할 수가 업다. 그럼으로 할 수 업시 불완전한 禪室이나마 차저가면 한 三

---

65) 夢庭生, 1932.12,「위기에 직면한 조선불교의 원인 고찰」『佛教』, 101·102합호, 26쪽.
66) 김태흡, 1932.2,「護禪論」『禪苑』 제2호, 6쪽.

겨울을 지내기가 무섭게 廢止宣言을 듯고 逐出을 당하며 또는 설사 폐지까지는
안이 이른다 할지라도 우리 禪院은 糧食이 업슴으로 인원을 제한하기 때문에
한 사람이라도 더 방부를 받을 수가 업다고 거절을 당하고 만다.

조선불교선교양종과 조선불교선종은 대처승과 비구승의 처지로 대변
된다. 교세와 숫적으로는 선교양종이 주류 집단을 이루었지만 교리와 계
율면에서는 조선불교 선종이 정통성을 가졌다. 그렇지만 정통성을 가진
이 재야 세력도 1937년 중일전쟁 이후 총동원체제가 구축되고 나서는 일
제에 협력하는 모습을 보이게 된다.[67] 그러한 현상이 일어나는 것은 절
대 독재에 항거한다는 것은 곧 죽음을 뜻하는 것이었기 때문이다.

조선불교선교양종과 조선불교 선종 종헌의 공통점과 차이점

	조선불교선교양종 종헌	조선불교 선종 종규
공통점	자주적인 종단 건설 지향	
	통일기관 지향	
	종헌·종회 등 제반법규 제정으로 종단 운영의 기틀 마련	
	청년 승려들이 주도	
	불교도 참여가 배제된 승려 중심	
차이점	1929년 창종	1935년 창종
	107명 참가(2박 3일)	75명 참가(1박 2일)
	선교양종	선종
	해외 유학파 및 청년 학승 중심	국내 청년 선승
	대처승 중심	비구승 중심
	대회주도자 다수 이탈	대회주도자가 시종일관 대회 주도
	주류를 이룬 다수 집단	소수의 선승 집단

---

67) 『佛敎時報』 제75호, 1941.10.15, 「禪學院의 皇軍慰問金 獻納」.

5. 맺음말

이상에서 일제강점기 불교계에서 자주적인 노력에 의해서 창종된 조선불교선교양종과 조선불교 선종의 종헌을 비교해 보았다. 이 두 종단의 설립은 조선총독부가 1920년부터 실시한 문화정치로 인하여 문화단체 설립이 허용됨에 따라 시작된 불교계의 통일기관 설립운동과 맞닿아 있다. 두 종단 모두 설립의 주체 세력은 청년 승려들이었다. 청년 승려들은 불교계의 현실이 종단도 없고, 종헌도 없으며, 집행기구도 없을 뿐만 아니라 승려들의 행동 양식을 규율할 수 있는 법령도 없는 상황에서 이러한 제도와 법규를 제정하지 않고는 불교계의 미래가 없다는 생각에서 승려대회를 발의하게 되었다. 1929년 1월 3일부터 5일까지 개최된 조선불교선교양종 승려대회는 약 두 달간의 준비기간을 거쳐 불교계의 근간을 이루는 종헌을 제정하고, 입법기관인 종회를 설치하고 중앙집행기관인 중앙교무원을 성립시켰다.

승려대회를 발기한 청년 승려들은 대부분 외국 유학을 하였거나 중앙학림의 강사를 지낸 학승들이었으며, 대처승들이 많았다. 그런 까닭에 선교양종을 표방하였지만 내용적인 측면에서는 교종의 성격이 강하였다. 승려대회 주최 측은 일제강점기 조선불교계의 가장 고질적인 병폐였던 주지의 선출방식과 주지의 횡포에 대해서는 침묵하는 태도를 보이고 있다. 이 문제를 거론하기 보다는 오히려 본사 주지들의 의견을 듣겠다는 의사 표명을 보임으로써 한계를 노정하였다. 뿐만 아니라 교육·포교·재정에 관한 근본적인 대책을 수립하여 교단 운영의 기틀을 다지겠다는 의지를 가지고 출발하였다. 승려대회는 조선불교단에서 1929년 10월 11일부터 13일까지 개최될 예정이었던 조일불교朝日佛教 교류 행사인 조선불교대회 개최를 염두에 두고 그보다 서둘러 개최되었다. 승려대회 주요한 참석자였던 본사 주지들과 대회를 준비하였던 청년 승려들 가운데 일부는 조선불교단에서 개최한 조선불교대회에 참석하는 모습을 보임으로서 한계를 노정하기도 하였다. 청년 승려들이 승려대회를 너무 짧은 시간에 서둘러 준비하였기 때문에 다양한 계층의 폭넓은 의견을 수렴하지 못한 한계가 있었다. 논의의 대상을 승려로 국한시켰기 때문에 불교도들이 참여하여 의견을 개진할 통로는 차단되었다. 그리고 100여명이 참여하여 결정된 사항을 전불교도의 뜻이라고 하기에는 대표성에도 문제가 있었다. 이렇게 성립된 조선불교선교양종의 종헌은 사찰령 체제하에서 조선총독부로부터 인가를 받을 수 없었고 그 때문에 실행되는데 있어 많은 어려움이 따르게 되었다.

조선불교 선종 창종에 주도적인 역할을 하였던 승려들은 선학원을 중심으로 활동하던 비구승들이다. 이들은 일본 불교의 유입으로 대처승들이 늘어가는 현실에서 계율을 지키고, 선 수행을 통하여 정법을 널리 전파하고자 하였으며, 이들은 조선불교선교양종의 주류를 이루던 대처승과는 차별성을 가지는 집단이었다. 이들은 전통 강원에서 수학하였거나 선방에서 선 수행에 전념하였던 선승들이었다. 이들 가운데는 해방 이후 이른바 정화운동에 주역들이 많았으며, 종정을 지낸 승려들도 있다. 비구승들은 날로 처지가 궁색해져서 나름대로 활로를 모색하지 않을 수 없었는데 이러한 움직임은 선우공제회라는 자치조직의 결성으로 나타난다. 그러나 비구승들의 자치조직 또한 경제적인 위기에 봉착하여 유명무실하게 된다. 다행히도 1931년에 김적음이라는 의술에 능한 선승의 활약으로 선학원은 소생의 기운을 차리지만 경제적인 궁핍은 여전하여 1934년 재단법인 조선불교선리참구원으로 전환된다. 이후 비구승들은 당시 주류이기는 하지만 정법에서 벗어난 대처승들과 차별성을 선언하기 위해서 조선불교 선종을 창종한다.

조선불교 선종의 종헌은 조선불교선교양종의 종헌을 거의 모방하면서 필요한 부분에만 선종의 색채를 분명히 하였다. 조선불교선교양종은 당

시로서는 31본산을 포함하였으므로 숫적으로 다수를 점하는 주류 세력
이었다. 여기에 비해서 비구승들이 창종한 선종은 재정적으로도 열악하
였고 뿐만 아니라, 숫적으로 열세였지만 교리나 계율면에서는 정통성을
띠는 종단이었다. 조선불교 선교양종의 교정과 조선불교 선종의 종정으
로 선출된 승려 가운데 방한암과 같은 승려는 두 종단에서 모두 최고 지
도자로 추대되기도 하였다. 이러한 점은 두 종단 모두 식민지 상황에서
자주권을 획득하려는 모습을 보이고 있다고 하겠다. 하지만 조선불교선
교양종은 현실적으로 움직이면서 교단을 수호하려는 움직임이 강하였
고, 조선불교 선종은 보다 원칙적인 입장에서 정법을 구현하려고 하였다
는 차이점이 있다고 하겠다.

제5장
해방공간 불교계의 과제와 만암 송종헌의 '불교계 정화인식'

1. 머리말

만암曼庵 송종헌宋宗憲(1876~1956)은 근현대를 살다간 불교계의 고승이다. 그의 속명은 잘 알 수가 없고 법명은 종헌이며, 만암은 법호이다. 전북 고창군 고창읍 중거리에서 태어났으며 부친은 의환義煥이고, 모친은 김해 김씨이다.[1] 그는 국운이 기울어 가던 1876년에 태어나 일제강점기를 거쳐 1956년에 입적하였다. 그는 일제강점기에 전북 본사 가운데 하나인 백양사의 주지를 7번이나 역임[2]하였고, 해방 이후에는 조선불교 제3대 교정과 조계종 초대 종정을 지냈다.[3] 해방공간에서 불교계는 해결해야 할 많은 과제들이 있었다. 그 가운데 중요한 것들은 첫째, 일제강점기 불교계와 조선 민중들에게 많은 고통을 주었던 친일 승려 척결 문제이다. 둘째, 식민지시대 불교계를 제약하였던 사찰령 철폐이다. 셋째, 농지 개혁 정책 시행에 따른 사찰농지와 적산재산 처리 문제이다. 넷째, 비구

---

1) 김상일, 1997, 「송만암 대종사」『曼庵文集』, 曼庵大宗師文集刊行會, 400쪽.
2) 김상영, 2011.10.28, 「만암 종헌의 생애와 沙門像」『만암 대종사의 생애와 사상』 발표집(조계종 총무원 국제회의장), 26쪽.
3) 『曼庵文集』, 1997, 曼庵大宗師文集刊行會, 334~335쪽.

승 중심의 교단 정비 등 이었다. 불교계는 이러한 문제들을 원만하게 처리하지 못하였기 때문에 오늘날까지도 그 후유증에 시달리고 있다. 불교계가 이 숙제들을 해결하지 못한 까닭은 문제를 해결하는데 있어 일정한 원칙이 없었기 때문이다. 이러한 문제들을 평화적인 방법으로 해결할 수 있는 방안을 제시한 승려가 만암 송종헌이었다.

만암은 1910년부터 전개된 임제종 설립운동에 참여하였다. 임제종 설립운동은 근대 불교계에 최초로 성립된 원종의 종정이었던 이회광이 원종과 일본 불교 조동종과 연합을 획책하자 이를 저지하기 위해 시작되었다. 임제종은 박한영·송종헌·한용운·진진응·김종래·김학산 등이 한국 불교의 정통성 회복을 위하여 설립된 근대 최초의 종단이다.[4] 만암은 1910년 국권을 상실한 이후 백양사의 말사인 청류암清流庵에 내외전內外典을 가르치는 광성의숙廣成義塾을 설립하여 젊은 인재들을 양성하였다.[5] 그는 동국대학교의 전신인 중앙불교전문학교의 초대 교장을 지내기도 하였으며, 해방 이후에는 광주에 정광중·고등학교를 설립하여 8년간 교장직을 역임하기도 하였다.[6] 뿐만 아니라 그는 1929년에 개최된 조선불교선교양종 승려대회에서 종헌 제정을 담당하는 제정위원을 역임하였다. 그는 이 대회에서 부사회로 선임되었지만 유고有故로 역할을 수행하지는 못하였다.[7] 해방 이후 만암은 불교계를 대표하는 교정과 종정을 역임하였다.

이와같이 다양한 만암의 행적에 비하여 그에 대한 연구성과[8]는 미미

---

4) 김광식, 1996, 「1910년대 불교계의 曹洞宗 맹약과 臨濟宗 운동」『한국근대불교사연구』, 민족사.
5) 앞의 책, 『曼庵文集』, 334~335쪽.
6) 위의 책, 『曼庵文集』, 346~347쪽.
7) 김광식, 1996, 「조선불교선교양종 승려대회의 개최와 성격」『한국근대불교사연구』, 민족사.
8) 김광식, 2006, 「고불총림과 불교정화」『한국 현대불교사 연구』, 불교시대사.
   김상영, 2008, 「정화운동시대의 종조 갈등 문제와 그 역사적 의의」『불교정화운

한 실정이다. 2009년에 석사학위 논문 한 편[9] 나왔고, 그 밖에 잡지나 신문에 소개된 글[10]들이 있는 정도이다. 그의 행적을 전하는 자료로는 『만암문집曼庵文集』이 두 차례 발간된 바 있다. 초판은 국판 159쪽의 형태로 1967년 백양사에서 발간되었고, 1997년 4·6배판형으로 내용이 보완되어 467쪽으로 재간되었다. 재간본은 만암의 제자이자 대한불교 조계종 제5대 종정을 지낸 이서옹李西翁을 편찬간행위원장으로 하는 만암대종사문집간행회에서 출간되었다. 만암에 대한 연구가 부진한 것을 안타깝게 여긴 그의 출가 본사인 백양사의 문도들은 2011년『만암 대종사 생애와 사상』이라는 학술대회를 개최하였다.[11]

동의 재조명』, 대한불교조계종 교육원 불학연구소 편.

9) 박애숙, 2009, 『曼庵 宗憲 研究』, 동국대학교 석사학위 논문.

10) 이종복, 1957.8, 「曼庵老師를 告別하면서」『佛教世界』 2, 불교세계사.

현대불교편집부, 1960.1, 「불교유신의 선각자 만암 송종헌대종사의 생애」『현대불교』 2, 현대불교사.

김상일, 1992.11, 「송만암스님 – 슬프고 아픈 이승의 생활」『금호문화』 89, 금호문화재단.

『법보신문』 1994.2.7, 「큰 스님을 찾아서 – 수산 대종사 – 영광 불갑사 조실」.

임혜봉, 1997.5, 「만암 종헌(1876-1957) – 고불총림을 세운 '이뭣고' 스님」『불일회보』 197호.

능혜, 1999.4, 「마지막 입는 옷에는 주머니가 없네」『운문』 69호.

박기영, 2003, 「해우소에서 만난 큰스님」『고요아침』.

이희재, 2003.1, 「만암스님의 뜻이 서린 백양사 팔층석탑에서」『선문화』 30.

이희재, 2004.4, 「백양사의 만암 대종사」『선문화』 43.

『불교신문』 2004.4.16, 「고불총림 새 방장 지종 스님」.

『현대불교신문』 2004.4.28, 「인터뷰, 고불총림 방장 추대 수산스님」.

월간 선원 편집실, 2006. 2, 「나의 불교관 – 만암 종헌 선사」『禪苑』 128, 선학원.

11) 『만암 대종사의 생애와 사상』 (발표집, 2011.10.28, 조계종 총무원 국제회의장).

이 발표집에 수록된 발표문은 아래와 같다.

김상영, 「만암 종헌의 생애와 沙門像」.

김용태, 「백양사 강학의 계승과 만암의 전통 인식」.

김광식, 「만암의 禪農一致 사상」.

한동민, 「근대 불교계와 만암 송종헌의 교육활동」.

암 도, 「내가 들은 만암스님」.

만암 송종헌에 대한 연구성과는 대략 다음과 같다. 김상영은 만암의 종조인식에 관한 연구를 1954년부터 전개된 이른바 '정화운동'(이후부터 정화운동 또는 정화라는 단어에 따옴표 생략)과 관련하여 검토하였다. 동년 9월 비구승 중심으로 진행된 전국비구승대회에서 비구승들은 조계종의 종조를 태고 보우에서 보조 지눌로 바꾸었다. 이에 대하여 만암은 환부역조換父易祖라고 비판하고 자신이 종정으로 몸담았던 조계종과 절연을 선언하였다. 이 때부터 일반 언론에서는 '비구측 -보조파' '대처측 -태고파'라는 식으로 구분하는 표현이 사용되기 시작하였고 그는 대처측 인사로 분류되기도 하였다. 만암은 비구·대처의 구분을 엄격히 하면서도 대처승을 사찰에서 내치는 정화방법에 찬동하지 않았다.[12] 이 연구는 일제말기와 해방 직후 불교계에서 진행되었던 조계종의 종조문제에 관한 논의를 정리하였다는 데 의미가 있지만 문제의 성격상 명확한 결론을 내리기 어려웠다는 점은 아쉬운 부분이다.

해방공간 백양사에서 결성된 고불총림에 관한 연구는 만암을 식민지 불교 극복에 앞장선 승려로 평가한다. 만암은 당시 불교계의 종맥 계승의식 부재, 식민지 체제에 안주, 미약한 교단 정화, 현실을 부정한 정화의 방향 등을 바로 잡고자 하였다. 그런 까닭에 그는 독자적인 교단의 정화를 선언하고 고불총림을 결성하였다. 고불총림은 백양사에서 결성되었는데 그 내용은 석가와 조사의 정신에 의거하여 불교의 기본을 재정비하는 것이었다. 만암은 비구승에게 교단을 운영하게 하되 교육과 포교는 대처승에게 분담하게 해 줄 것을 제안하였다. 그는 현실을 인정하고, 점진적으로 단계적으로 교단을 정비해야한다고 주장하였다. 비구승들이 자신의 제안을 수용하지 못하고 과격한 방법으로 소위 정화운동을 시작하자 그는 종정직을 사퇴하고 백양사로 돌아가 고불총림을 결성하고 선

---

12) 김상영, 앞의 논문, 「정화운동시대의 종조 갈등 문제와 그 역사적 의의」.

농일치를 실천하였다. [13)

  본고는 이러한 연구성과를 바탕으로 해방 공간 불교계가 직면한 과제들을 점검하고 만암의 정화에 대한 해법을 고찰하고자 한다. 지금까지 만암에 대한 연구는 그의 종조인식을 다루었거나 고불총림 결성과 의의를 평가하였다. 그렇지만 식민지 불교 극복을 위한 대안 제시라는 측면에서 그의 정화인식을 검토한 논문은 없었다. 이러한 점에 착안하여 본고에서는 그의 정화에 대한 해법을 조명하고자 한다. 그가 제시한 원론적인 해법은 당시 불교계의 급진 비구승들에게 수용될 수 없었다. 그 결과 불교계 정화운동은 물리적인 방법에 의존하였고, 외형적으로는 성공을 거두었을지 모르지만 많은 문제들을 남겼다. 오늘날 만암의 정화 해법을 다시 검토하는 것은 그가 제시한 방법이 평화적이었다는 것이다. 현대 불교사에서 정화운동에 대한 논의는 자유롭지 못한 실정이다. 왜냐하면 정화라는 개념부터 대한불교 조계종과 한국불교 태고종은 판이하게 다르다. [14) 뿐만 아니라 정화운동의 일선에서 활약하였던 승려들 가운데 아직 생존해 있는 승려들이 있는 까닭에 그들의 공과에 대한 평가는 제대로 진행될 수 없었다. 하지만 언젠가는 정화운동에 대한 엄정한 평가가 진행될 것이고, 그 때 만암이 제시한 대안은 재론될 것이며, 그에 대한 평가 또한 새롭게 이루어질 것이다.

---

13) 김광식, 앞의 논문, 「고불총림과 불교정화」.
14) 정화의 개념에 대해서는 다음 논문을 참조할 수 있다.
  강인철, 2000, 「해방후 불교와 국가 : 1945~1960」『사회와 역사』 57.
  김광식, 2000, 「불교 '정화'의 성찰과 재인식」『근현대불교의 재조명』, 민족사 ; 2002, 「정화운동의 전개와 성격」『새불교운동의 전개』, 도피안사.
  김상영, 2008, 「'정화운동' 시대의 宗祖 갈등 문제와 그 역사적 의의」『불교정화운동의 재조명』, 조계종출판사.
  김순석, 2008, 「대한불교 조계종과 한국불교 태고종의 성립과정」『순천향인문과학논총』 제22집.

2. 해방 공간 불교계의 당면 과제

해방을 맞이한 불교계는 여러 가지 식민지 유제를 청산해야 할 과제에 직면하였다. 그 과제들 가운데 중요한 것들은 친일승려 척결, 사찰령 철폐, 사찰소유 농지처리, 적산재산 처리문제 등이었다. 그 가운데 가장 큰 것은 일제강점기 불교계의 친일 승려들을 척결하는 것이었다. 그러나 불교계의 친일승려에 대한 단죄는 일제 말기 조계종 종무총장을 지냈던 이종욱李鍾郁에게 승권정지 3년 처분을 내리는 것으로 마감하였다.[15] 불교계의 친일파 청산은 이처럼 유야무야로 끝이 났다.

다음으로는 식민지 기간 동안 불교계를 제약하였던 사찰령을 철폐하는 것이었다. 사찰령의 주요 내용은 전국의 불교계를 31본사 체제로 재편하고 본사 주지의 임면권을 조선총독이 장악하고, 사찰 재산을 처분할 때는 사전에 관청의 허가를 받도록 하는 것이었다.[16] 1920년대 초부터 불교계는 사찰령을 폐지하고자 지속적으로 철폐운동을 전개[17]하였지만 끝내 관철시킬 수 없었다. 해방 공간에서 불교계는 재경 유지 승려들의 발의로 일제강점기 총본사 간부들의 동의하에 1945년 8월 17일 교단 집행부의 일괄 퇴진과 함께 새로운 집행부를 탄생시킬 준비를 하였다. 재경 유지 승려 35명은 8월 20일 태고사(현 조계사)에서 회합을 가지고 조선불교혁신준비위원회를 구성하고 총본사 간부들로부터 조계종 종무원의 업무에 대한 인수·인계 작업에 착수하였다.[18]

---

15) 임혜봉, 2005, 『친일승려 108인』, 청년사, 637쪽.
16) 『朝鮮總督府 官報』 제227호, 1911.6.3, 制令 제7호 「寺刹令」.
   『朝鮮總督府 官報』 제257호, 1911.7.8, 朝鮮總督府令 제83호, 「寺刹令施行規則」.
17) 「사찰령」과 「사찰령시행규칙」의 성격에 대해서는 다음 논문을 참고할 수 있다.
   정광호, 1988, 「일제의 종교정책과 식민지불교」 『근대한국불교사론』, 민족사.
   김광식, 1996, 「1910년대 불교계의 진화론 수용과 사찰령」 『한국근대불교사연구』, 민족사.
18) 1946.4, 「교무일지」 『신생』 제2집, 9쪽.

조선불교혁신준비위원회는 1945년 9월 22일과 23일 태고사에서 전국
승려대회를 개최할 것을 결의하고 준비작업에 착수하였다. 전국승려대
회는 38선 때문에 북한 승려들이 참석하지 못한 가운데 남한 승려 60명
으로 진행되었다. 전국승려대회에서 결정된 사항은 다음과 같다. 첫째,
조계종이라는 종명을 폐지한다. 조선불교조계종은 사찰령 체제하에서
성립되었다는 인식에서 해방 이후 조계종을 폐지하고 조선불교라고 표
기하기로 하였다. 둘째, 사찰령을 폐지하고 조선불교총본산태고사법과
31본말사법을 폐지한다. 서울에 중앙총무원을 집행부로 하여 불교계를
총괄하게 하고, 지방은 13개의 교구로 나누어 각 교구에 교무원을 두어
해당 지역의 사찰을 관할하게 한다. 입법부는 교구대의원으로 구성된 중
앙교무회를 두고 감찰부로서 중앙감찰원을 두었다. 그리고 교정에는 박
한영, 중앙총무원장에는 김법린, 감찰원장에는 박영희를 선출하였다. 셋
째는 혜화전문학교 문제와 전국 불교재산통합 건, 모범총림 창설 건, 광
복사업 협조 건, 교헌기초 건 등을 토의하였다.[19]

이 승려대회는 사찰령 철폐와 새로운 교단의 집행부 구성, 교헌 제정
등을 통하여 식민지 체제에서 벗어나 교단의 모습을 새롭게 정비하고자
하였다. 그리고 교헌을 새롭게 제정하기로 결의하여 교헌 기초위원을 선
정하였고, 기초위원들은 법규위원회에서 심의한 교헌의 초안을 작성하
였다. 보다 완비된 교단의 모습은 1946년 3월 태고사에서 개최된 제1회
중앙교무회에서 교헌을 통과시킴으로서 갖추어지게 된다.[20] 이 승려대
회는 식민지 시대 대처승 중심의 교단 운영조직을 비구승 중심으로 전환
시키려하였다는 점에서 큰 의미가 있다.

전국승려대회의 결정에 따라 중앙총무원은 1946년 7월 27일과 8월 22

---

19) 『佛敎新報』 4·5합호, 1946.9.1, 「(사설)해방후1년의 敎界片片」.
20) 김광식, 1998, 「8·15解放과 불교계의 동향」『한국근대불교의 현실인식』, 민족사,
259쪽.

일 미군정청 장관에게 사찰령과 사찰령시행규칙 등의 철폐를 신청하였
다.[21] 그러나 미군정청은 이 신청을 받아들이지 않았다. 총무원장 김법
린은 원세훈 외 25명 의원들의 연서를 얻어 사찰령과 포교규칙 등 4개
법령을 폐지할 것과 '사찰재산임시보호법'을 입법의원에 제출하였으며
이 법안은 1947년 8월 8일 통과되었다.[22] 미군정청 당국은 이 법의 인준
을 보류하였다. 그 까닭은 '사찰재산'이라는 개념에는 일본 불교계의 막
대한 적산재산이 조선불교라는 일개 종교단체로 귀속될 수 있다는 우려
때문이었다고 한다.[23]

1945년 10월 9일에 발표된 '미군정청 법령' 제11호는 "치안유지법을
비롯한 일제 치하의 제악법의 폐지를 선언함"이라고 하여 일제와 단절을
선언하였다.[24] 같은 해 11월 2일에 발표된 '미군정청 법령' 제21호는 "모
든 법률 또한 조선 구정부가 포고하고 법률적 효력을 가지는 규칙·명령·
고시 기타 문서로서 1945년 8월 9일까지 실시 중인 것은 그간에 폐지된
것을 제외하고 조선 구정부의 특수 명령으로 이를 폐지할 때까지 완전한
효력으로 그를 존속함"이라고 하였다.[25] 이 법령에 따라 일제강점기의
'사찰령'과 '포교규칙'은 여전히 효력을 유지하였다.

다음으로 해방 이후 농지개혁법 시행에 따른 불교계의 대응 방안을
살펴보기로 하자. 해방 이후 농지개혁은 1948년 미군정에서 귀속농지 매
각령을 공포하면서 시작되었다. 귀속농지는 유상매수·유상몰수의 방법
으로 전답 2정보를 상한으로 소작농에게 분배되었다. 이 때 농지 가격은
1년 생산량의 3배로 책정되었으며 상환 기한은 15년이었다. 미군정의 농

---

21) 『한성일보』 1947.3.5, 「사찰령철폐 입법에 제안」.
22) 『동아일보』 1947.3.5, 「사찰령포교규칙 등 철폐 불교총무원서 입의에 제안」.
23) 이재헌, 2008, 「미군정의 종교정책과 불교계의 분열」 『불교정화운동의 재조명』,
    대한불교조계종 교육원 불학연구소 편, 25쪽.
24) 한국법제연구회 편, 1971, 『미군정법령총람』, 1쪽.
25) 한국법제연구회 편, 위의 책, 139쪽.

지개혁은 개인 소유 농지에 국한되어 기관이나 단체 소유 농지는 제외되었다. 5·10선거로 출범한 이승만 정부의 과제는 헌법에 명시된 농지개혁을 실시하는 것이었다. 농지개혁법은 1949년 4월 27일 국회를 통과하여 6월 21일 전문 6장 29조로 공포되었다. 그러나 지가문제, 소유상한, 자경自耕과 자영自營의 해석 차이, 농지개혁임시조치법 등을 둘러싼 대립으로 농지개혁법은 1950년 6월 23일이 되어서야 완성되었다. 공포 직후에 6·25 한국전쟁이 발발하여 시행되지 못하다가 10월 19일 '농지개혁 실시 및 임시조치의 건'에 의해 실시될 수 있었다.[26]

농지개혁은 사찰경제에 큰 영향을 미칠 것이었기 때문에 불교계로서는 중대한 사안이었다. 불교계는 사찰농지가 매수 제외 규정에 포함될 것이라는 언론보도가 있었기 때문에 자경농지를 보유할 수 있고 특별보상을 받을 것으로 예상하였다. 이러한 불교계의 예상과는 달리 사찰농지는 매수 제외 농지에서 빠지게 되었고 대부분 소작농들에게 분배되었다.[27]

당시 총무원장이면서 국회의원이었던 이종욱과 지난날 승려로서 정치권에 진출하였던 인물[28]들의 노력으로 1953년 이승만 대통령은 '사찰농지를 반환하라'는 담화문을 발표하였다.[29] 이승만의 이러한 지시에 따라 동년 5월 20일 「사찰자경농지사정요령寺刹自耕農地査定要領」이 제정·공포되었다.[30] 그런데 문제는 소작농들의 포기 승낙서가 있어야만 자경농지

---

26) 김순미, 2007, 「농지개혁과 사찰농지 변동」『불교정화운동의 재조명』, 대한불교 조계종 교육원 불학연구소 편, 321쪽.
27) 김순미, 위의 논문, 325쪽.
28) 승려 출신으로 국회의원을 지낸 사람은 전진한, 유성갑, 최범술 등은 초대 의원을 지냈고, 이종욱, 허영호, 박성하는 2대 국회의원을 지냈다. 장관을 지낸 승려로는 전진한이 국회의원이면서 초대 사회부 장관, 백성욱은 내무부 장관, 김법린은 문교부 장관을 지냈다.(김광식, 2000, 『우리가 살아온 한국불교 백년』, 민족사, 109쪽).
29) 『동아일보』 1953.5.4, 「사찰을 보호유지하자!」.

로 확인된다는 것이었다. 당시 농촌에 살고 있던 농민들의 도장은 이장
집에 보관되어있었고 이장은 본인의 의사를 확인하지도 않고 권리 포기
증서에 도장을 찍어 주었다. 소작농의 도장이 보관되어 있지 않은 경우
에는 이장이 경찰이나 다른 힘있는 유력자와 동행하여 도장을 찍으라고
설득하였다. 당시 소작농들 가운데는 상황을 정확하게 인식하지 못하고
날인을 한 경우가 많았다고 한다. 그 결과 1954년 6월에는 소작농에게
분배되었던 사찰농지의 47% 정도가 사찰로 반환되었다.[31]

사찰 농지문제와 더불어 또 한가지 중요한 것은 일제강점기 일본인들
이 남기고 간 적산재산 처리 문제였다. 일본인들이 세운 사찰과 그 부속
재산의 처리 권한은 미군정의 지시에 의하여 중앙총무원이 접수할 수 있
는 자격을 가지고 있었다. 중앙총무원은 적산자산 접수를 시작하여 1946
년 3월 이후 서울 시내 적산 사찰 43개를 접수하여 관리하였다.[32] 그러
나 적산자산의 처리 상황은 현존하는 자료가 없어 구체적인 내용은 확인
하기 어려운 실정이다. 해방 이후 불교계는 해결해야 할 문제들이 산적
해 있었지만 그 어느 것 하나 원만하게 해결을 보지 못하였다. 그 가운데
서도 비구·대처승 문제는 당시 압도적 다수였던 대처승들과 수적으로
얼마 되지 않던 비구승들 사이에서 빚어진 갈등이다. 그 과정에서 비구
승 측은 종조를 보조 지눌로 바꾸는 모습을 보였다. 비구승 측이 제시한
보조 지눌 종조설에 대하여 만암은 전종전파轉宗轉派하는 환부역조라고
비난하고 종정직 사퇴를 단행하였다.[33] 만암은 누구를 왜 종조로 세워야
하는가에 대하여 전거를 가지고 연원을 밝힌 글을 쓴 것 같지는 않다.
『만암문집』 가운데 태고 보우를 당위론적으로 종조로 인정하는 글들이

---

30) 한국농촌경제연구원, 1984, 『농지개혁관계자료집』 제1편, 177쪽.
31) 김순미, 앞의 논문, 330~342쪽.
32) 김광식, 앞의 논문, 「8·15解放과 불교계의 동향」, 261~262쪽.
33) 김상영, 앞의 논문, 「정화운동시대의 종조 갈등 문제와 그 역사적 의의」, 158쪽.

몇 편 전하므로 이러한 글들에서 그의 종조관을 살펴보고자 한다.

3. 송종헌의 종조인식

만암은 조계종의 종조를 태고 보우로 인식하였다. 그의 종조관을 이해하기 위해서는 먼저 일제강점기 이루어진 종조에 대한 논의를 검토할 필요가 있다. 근대 한국 불교계에서 최초로 성립된 종단은 원종圓宗이다.[34] 1908년 3월 6일 전국 사찰 대표자 52명이 원홍사에 모여 원종이라는 종단을 설립하고, 이회광李晦光을 종정으로 추대하였다. 원종의 종명과 종지에 대해서는 『조선불교통사』에 다음과 같은 기록이 전한다.[35]

어떤 식견있는 사람이 사사롭게 서로 상의하여 말하기를 만약 어떤 사람이 원종의 출처를 묻는다면 무엇이라고 대답합니까라고 하니까. 혹자가 말하기를 고려 대각국사의 원종으로 대답할 수 있습니다라고 운운하였다.

위에서 보이는 바와 같이 원종이 세워진 처음에는 종조에 대해서 근거할 것이 없었다. 뿐만 아니라 원종의 종정인 이회광이 일본 조동종과 연합을 책동하자 불교계는 이러한 사실을 매종賣宗으로 규정하였다.[36] 이회광의 매종행위에 대하여 박한영·송종헌·한용운·김종래·도진호 등 불교계의 의식 있는 승려들은 1911년 임제종 설립운동을 전개하였다. 임제종 설립 주체들은 이회광의 원종 운영이 친일 성향을 띠게 되자 이에 대한 저항의 움직임으로 추진되어 당시 불교계의 흐름을 주도하겠다는

34) 김순석, 2003, 『일제강점기 조선총독부의 불교정책과 불교계의 대응』, 경인문화사, 18쪽.
35) 이능화, 1982, 『조선불교통사』 하, 보련각, 937쪽.
36) 김광식, 1996, 「1910년대 불교계의 조동종 맹약과 임제종 운동」 『한국근대불교사연구』, 민족사, 65쪽.

의지를 보였다. 그런 까닭에 임제종 설립운동은 한국 불교의 정체성을 회복하려는 노력의 일환으로 중요한 의의를 지닌다. 이들은 종명을 임제종이라고 표방함으로써 선종임을 밝혔고, 태고 법통 계승의식을 표방하였다. 그러나 임제종은 일제의 탄압으로 1912년 6월에 해산되었기 때문에 법통 논의는 지속될 수 없었다.[37]

1911년 6월 사찰령이 시행되자 불교계는 종명에 대하여 심도있는 논의를 진행하지 못하고 '조선불교선교양종'이라는 조선시대 불교계를 지칭하는 명칭으로 되돌아가고 말았다. '조선불교선교양종'은 조선시대부터 사용되어온 명칭이지만 종명이 될 수는 없다. 일제 강점기는 종조에 관해서 논의조차 자유롭지 못한 상황이었다.[38] 이러한 상황에서 불교계는 1929년 1월 각황사에서 조선불교선교양종승려대회를 개최하였다. 이 승려대회는 식민지 치하에서 불교계의 통일기관 설립이라는 과제를 안고 시작되었다. 그 목적은 불교계의 종헌제정과 중앙교무원의 헌장 및 승니법규 제정 등에 있었다.[39] 31본사 대표 107명이 참석하여 개최된 이 대회에서는 종헌이 통과되고 불전 선서식이 거행되었는데 그 선서문은 다음과 같이 시작한다. "우러러 생각건대 우리의 스승이신(仰惟我本師) 석가모니 세존과 종조 태고 국사 위수爲首하사 시방삼세 일체 여래와 …"라고 되어있다.[40]

이 승려대회는 새로운 종명을 채택하고, 종정을 추대하여 불교계의 면모를 일신하지는 못하였다. 뿐만 아니라 일본 불교의 종제宗制를 모방한 종헌을 채택하는 한계를 노정하였다. 하지만 이 승려대회는 식민지 치하

---

37) 김순석, 앞의 책, 40쪽.

38) 김상영, 앞의 논문, 「일제강점기 불교계의 종명 변화와 종조·법통의식」, 243~245쪽.

39) 김광식, 1996, 「조선불교선교양종 승려대회의 개최와 성격」『한국근대불교사연구』, 민족사, 320쪽.

40) 1929.2, 「조선불교선교양종승려대회회록」『불교』제56호, 불교사, 130~131쪽.

에서 불교계가 자주적으로 통일기관을 수립하고, 종헌을 제정하였다는 점에서 그 의의가 적지 않다. 이 때 제정된 종헌에 명시된 종명과 종지 및 종조를 살펴보면 다음과 같다.[41]

> 제1장 종명
> 재1조 조선불교는 선교양종이라 함.
> 제2장 종지
> 제2조 본양종은 佛祖正傳의 心法(禪)과 敎理(敎)로써 종지라 함.
> 제3장 본존
> 제3조 본양종은 석가모니를 본존으로 하고 태고[普愚] 국사를 종조라 함.

이 승려대회의 결과로「조선불교선교양종 종헌」의 제3장 3조에 '본양종은 석가모니를 본존으로 하고 태고 보우 국사를 종조라 함'이라고 하였다. 이러한 사실은 근대 불교계에서 태고 보우를 종조로 처음 언급하였다는데 의의가 있다.

근대 불교계의 종조 논쟁은 중일전쟁 시기인 1937년에 시작된 총본사 건설운동과 맞물려서 진행된다. 일제는 1931년 만주사변 이후 소위 15년 전쟁을 수행하면서 전시체제하에서 후방의 일사불란한 지원체제 구축을 필요로 하였다. 총본사 건설은 조선불교 조계종 인가로 귀결되었고 이후 총본사인 태고사는 일제의 전쟁협력 요구를 수용하지 않을 수 없었다.[42] 이 당시 조계종 종조론은 김영수의 태고종조설과 권상로의 도의종조설 그리고 이종익과 이재열의 보조종조설이 대립하였다. 그 가운데 도의종조론과 태고종조론은 태고 보우의 법통설을 중시하는 것으로 거의 유사한 조계종 사관을 형성하고 있었다.[43]

---

41) 위의 대회록, 131쪽.
42) 김순석, 앞의 책, 185~187쪽.
43) 김상영, 앞의 논문, 「일제강점기 불교계의 종명 변화와 종조·법통의식」, 265쪽.

김영수는 실상사, 법주사 주지 등을 역임하다가 1918년부터 중앙불교 전문학교 교수로 부임하였다. 그 후 그는 태고종조론을 1922년 4월 1일 부터 3일까지 3회에 걸쳐 『매일신보』에 「조선불교종명에 대하야」라는 제목으로 견해를 피력하였는데 그 요지는 이렇다. '여하한 명칭으로 조선불교의 종명을 작作하는 것이 아직 진정한 단안이 무無함으로 혹자는 선교를 겸숭兼崇하므로 선교양종이라든지, 원종이라 칭할 것이라 하며, 혹자는 말하되 조선불교는 순일한 임제의 법손이므로 임제종이라든지 선종이라 칭할 것이라 하며, 혹자는 말하되 조선불교는 태고의 개종開宗 에 계係한 것이므로 태고파라 할 것이라 하여 이론이 분분함을 면하기 어렵다. 그러나 조선불교는 천년 이상의 역사가 있는 종교라. … 지금 적 당한 종명을 세우고자 한다면 반드시 전일에 시행하다가 중간에 쓰지 않 게 된 본 종명을 다시 찾아서 표방하는 외에 다른 방법이 없을 것이다. … 제일 적당한 종명을 취取하고자 할진대 반드시 조계종이라 하는 외에 갱무更無하다 단언하노라'[44]라고 하였다. 김영수는 이와 같이 조선불교의 연원을 조계종이라고 주장하였으며 태고 보우를 종조로 삼아야 한다고 한결같이 주장하였다. 조선불교 조계종은 이러한 김영수의 주장을 수용 하여 태고사법 제4조에 본종은 태고 보우 국사를 종조로 한다'고 명시하 였다.[45]

권상로는 도의국사를 종조로 하여야 한다고 주장하였는데 그 논거로 세 가지를 들었다. 첫째, 도의 국사의 득법得法이 가장 먼저라는 점을 들 고 있다. 가지산 보림사 보조국사명普照國師銘에 '처음에 도의 대사가 서 당지장에게 심인心印을 받아 귀국한 후에 선리禪理를 설하였으나 당시 사 람들이 불경과 존신지법存神之法의 습관을 숭상한 까닭에 숭신崇信되지 못

---

44) 김영수, 「조선불교종명에 대하야(1)」 『매일신보』 1922.4.1.
45) 1996, 「조선불교조계종총본사태고사법」 『조선불교각종회록(2)』(한국근현대불교 자료전집67), 민족사, 199쪽.

하였으니 달마가 양 무제에게 대접받지 못하였던 것과 같다. 둘째, 당시
부터 종조로 추대하였다. 보림사 보조국사탑명에 달마는 1조—祖가 되고,
우리나라는 도의대사가 제1조第—祖가 된다. 셋째, 태고는 도의 국사의
19세손이요, 오늘의 우리들은 태고의 문손들이다. 권상로는 이와 같은
사실을 들어 도의 국사 종조설을 역설하였다.[46]

보조종조설은 이능화가 먼저 『조선불교통사』에서 제기[47]하였지만 이
종익과 이재열이 적극적인 주장을 펼쳤다. 이재열은 보조 종조설에 대하
여 상당량의 글을 발표하면서 조계종조설의 당위성을 입증해 나갔는데,
방대한 자료 설렵은 이 시기 어느 학자에 비해서도 결코 손색이 없을 정
도였다. 그의 보조 종조론에 의하면 도의 국사는 조계종이 성립되기 4백
여 년 전에 살았던 사람이며 태고는 조계종이 성립되고 2백년이 지나 등
장한 인물이라는 것이다. 그의 이러한 주장은 『조선불교사지연구朝鮮佛教
史之硏究』[48]에 잘 나타나있다.

만암의 종조 인식을 살펴보자면 그는 태고종조론에 대한 입장을 체계
화하여 입론으로 정리한 것 같지는 않다. 왜냐하면 『만암문집』 그 어디
에도 태고 보우가 왜 조계종의 종조가 되어야 하는가에 대하여 문헌을 인
용하여 논거를 들어서 설명해 놓은 글이 보이지 않기 때문이다. 다만 그가
남긴 단편적인 글들 가운데 태고 보우가 조계종의 종조가 되어야하는 것
을 당위론적으로 언급한 것들을 살필 수 있다. 그가 1947년 12월 8일에
전남 장성 백양사에서 결성한 고불총림 결성 성명서를 살펴보자.[49]

惟푬 조선이 이조말 秕政(악정)으로 인하여 왜구가 입국하여 필경 同朝를
멸하고 나라를 병탄하여 渠國化 할 萬般術策中에 … 왜구가 패망한 후 강토

46) 권상로, 1946.6, 「조계종지」『불교』 신49, 11~12쪽.
47) 이능화, 1982, 『조선불교통사』, 보련각, 336~342쪽.
48) 이재열, 1946, 『朝鮮佛教寺之硏究』, 동계문화연양사, 174쪽.
49) 앞의 책, 『만암문집』, 244쪽.

를 회복하여 건국의 기운이 농후하여 가는 중에 한갓 불교는 尙수 迷雲이 澁
滯(일이 잘 진행되지 않고 늦어짐)하여 서광을 보지 못함으로 공적 사적으로
충고를 盡하였으며 소위 현교단은 하등의 반성이 없으니 若此而止則 조선불
교가 可謂 轉宗轉派에 換父易祖의 경우에 달하므로 부득이 현교단과 절연을
성명하고 … 좌기의 약간 동지를 규합하여 舊臘月 팔일 불타성도일을 기하여
고불총림 결성식을 거행하고 同名題下에 新發足을 서원하는 바이다.

위의 인용문은 만암이 고불총림을 결성한 까닭을 밝힌 것으로 그 의
미는 다음과 같이 설명할 수 있다. 일제의 침략으로 국권을 상실한 이후
조선 불교계에는 일본의 영향으로 결혼하여 처자식을 둔 대처승들이 많
아졌다. 해방 이후 만암은 공식적으로 또는 개인적으로 여러 차례 종조
에 관하여 비구승들에게 충고를 하였지만 현 교단은 이런 점에 대하여
반성의 빛을 보이지 않았다. 만암은 종조를 바꾸려고 하는 이들과의 인
연을 끊을 수 밖에 없고, 뜻을 같이 하는 동지들과 고불총림을 결성한다
고 밝혔다. 만암은 일본 불교의 영향으로 태고법통을 상실하게 된 것으
로 이해하였던 것 같다. 이 보다 조금 앞선 시기인 1947년 5월 8일부터
개최되었던 전국승려대회에서 만암은 혁신세력에 의해 설립되었던 조선
불교 총본원의 총본원장으로 추대되었다.[50] 이 무렵부터 대처승과 대립
하는 비구승들 가운데서 종조를 보조 지눌로 삼으려는 움직임이 있었다.
비구승들이 보조 지눌을 종조로 천명하자 만암은 이러한 처사를 환부역
조라고 비난하였다.[51]

만암의 종조론을 엿볼 수 있는 또 다른 자료는 백양사에서 고불총림
을 결성한 해에 「백양총림 청규」를 제정하였는데 가운데 다음과 같은 귀
절이 보인다.[52]

---

50) 『大韓佛敎』 1968.8.18, 「光復 20年 韓國佛敎史」.
51) 김광식, 앞의 논문, 「고불총림과 불교정화」, 108쪽.
52) 앞의 책, 『만암문집』, 187쪽.

　　종맥의 承統에 吾宗은 임제 문손으로 태고 보우 조사의 전통을 계승하며
卽心卽佛이 哲理를 철저적 悟得하며 철저적 선양하여 본종 가풍에 遺漏가 無
키를 周圖함.

　위의 글에서 고불총림은 중국 선종의 대표적인 종파인 임제종을 계승
하여 참선을 통하여 깨달음을 성취하는 것을 최상의 목표로 한다는 것을
천명하였다. 뿐만 아니라 태고 보우의 법맥을 계승한다는 것을 분명히
하고 있다. 고불총림이 결성될 당시 송종헌은 백양사에서 정광고등학교
를 설립하고 교장으로서 학생들을 지도할 때 였다. 그로부터 1년 뒤인
1948년에 그는 조선불교 제3대 교정으로 취임한다. 불교계를 대표하는
교정으로 취임하기 전부터 그는 태고 보우를 종조로 인식하고 있었다는
것이 확인된다.

4. 송종헌의 '불교계 정화인식'

　해방 이후 1954년부터 시작된 이른바 불교계 정화운동은 현대불교사
에 커다란 상처를 남겼다. 불교계 정화운동은 일본 불교가 유입됨으로써
생겨난 대처승과 계율을 중시하는 비구승 사이에서 교계의 주도권을 두
고 두 세력 간에 발생한 갈등을 말한다. 이 갈등은 물리적인 충돌로 이어
졌으며 그 과정에서 많은 사상자가 발생하는 불행을 겪었다. 이 갈등은
1962년에 통합종단이 출범함으로써 일시적으로 봉합되는 듯 하였지만
1970년 대처승들이 한국불교 태고종이라는 새로운 종단을 창설하여 분
리될 때까지 지속되었다.[53] 비구승 중심의 불교계 정화운동은 외형적으
로는 성공하였지만 내부적으로는 숱한 상처와 후유증을 남겼다. 정화운
동이 평화적으로 진행될 없었을까 하는 의문에 대한 해답은 만암의 정화

---

53) 김순석, 앞의 논문, 「대한불교 조계종과 한국불교 태고종의 성립과정」, 146쪽.

인식에서 찾아진다.[54)]

해방 당시 전체 승려 수는 7,000여 명으로 추산되는데 그 가운데 비구승은 300~600여 명 정도였다고 한다.[55)] 비구승들은 수행할 만한 변변한 사찰도 없었을 뿐만 아니라 의식衣食마저도 제대로 해결하기 힘든 상황이었다. 불교계 정화운동의 시작은 1952년 봄 선학원 승려였던 이대의가 당시 교정이었던 만암에게 다만 몇 개의 사찰이라도 좋으니 비구승들이 수행하기에 적당한 사찰을 골라 수좌들에게 제공해 달라는 건의서를 제출한 데서 비롯된다. 이에 만암은 이 건의를 수용하는 것에 머무르지 않고 자신이 평소에 염두에 두었던 교단정화 방안도 검토하여 반영할 것을 제시하였다.[56)] 만암이 평소에 생각하던 교단정화 방안이란 승려들을 독신 비구승과 처자식을 거느린 대처승으로 구분하여 승단을 운영하는 것이었다. 만암의 주장은 비구승(이판·정법중)은 승단과 사찰 관리를 하게 하고, 대처승(사판·호법중)은 교육과 포교에 종사하게 하는 것이었다.[57)] 이 같은 종정의 제의는 1952년 11월 통도사에서 개최된 제11회 정기중앙교무회에서 논의되고 긍정적으로 수용되었다.[58)] 이 중앙교무회의 결정은 만암 종정의 제안이 주로 사찰 경영과 유지에 한정되고 있다는 점을 지적하고 교리연구의 필요성을 강조하였다. 이 회의에서는 교정의 지시를 실행할 수 있는 구체적인 이행방법과 법적인 뒷받침은 별도로 검토하여 실행한다는 원칙이 수립되었다.[59)]

만암은 제12회 중앙교무회가 개회될 무렵에 유시를 내려 세 가지 사

---

54) 김광식, 앞의 논문, 「고불총림과 불교정화」, 79쪽.
55) 김광식, 2000, 「불교 '정화'의 성찰과 재인식」『근현대불교사의 재조명』, 384쪽.
56) 대한불교조계종 교육원, 2001, 『조계종사』, 조계종출판사, 195쪽.
57) 고불총림 백양사, 1996, 『고불총림 백양사』, 16~18쪽.
58) 김광식, 2000, 「전국비구승대표자대회의 시말」『근현대불교사의 재조명』, 민족사, 434쪽.
59) 위와 같음.

항을 당부하였다. 첫째는 도시 포교를 위해서 포교인재를 양성해야 한
다. 둘째는 계명戒命의 존속이 유지될 수 있도록 조치를 취하여 달라. 셋
째는 불교계가 6·25 한국전쟁으로 입은 피해를 어떻게 하면 단 시일에
복구할 수 있을까에 대한 대책을 마련해야 한다는 것이었다.

여기서 눈여겨 보아야 할 것은 둘째 계명의 존속에 관한 것이다. 만암
은 일제강점기 계율이 무너져서 법신法身이 반신불수가 되었다고 보았
다. 다행히 작년에 중앙교무회의 용단으로 법체의 원만을 얻게 된 것은
실로 이 나라에 불일佛日의 재휘再輝라 이르지 아니할 수 없습니다[60]라고
치하하였다. 이 유시는 19952년 중앙교무회에서 비구승들이 수행할 수 있
는 공간을 할애해 주기로 결정하여 준 사실에 감사의 뜻을 전한 것이다.

이대의의 건의를 수용한 만암 종정이 중앙교무회에 수행 비구승들에
게 사찰을 할애하는 방안을 검토하라는 지시는 긍정적인 결론이 났지만
즉시 시행되지 않았다. 중앙교무회에서는 원칙적인 합의만 도출되었을
뿐 구체적인 사찰을 거론하지 않았기 때문이다. 이 논의는 이듬해 4월
불국사에서 개최된 법규위원회에서 다시 진행되었다. 법규위원회에서는
동화사(대구)·내원사(양산)·직지사(김천)·보문사(강화)·신륵사(여주) 등
18개 사찰[61]을 이판사찰로 지정하였다. 그런데 대처승들은 종정의 제안

---

60) 「유시」, 앞의 책, 『만암문집』, 222쪽.
61) 비구승들에게 할애하기로 한 18개 사찰에 대해서는 48개라는 설이 있다. 48개라
는 설은 비구승들에게 수행할 수 있는 공간을 할애해 달라고 요청하였던 이대의
가 1973년 3월 18일 『대한불교』신문에 인터뷰를 한 기사 「人心佛心 세상에 한
마디」에서 법규위원회에서 난 결론은 48개 사찰이었다는 것이다. 이대의는 그
48개 사찰이 모두 형편이 없는 사찰이었다고 한다. 그런 까닭에 동산·효봉·청담
등 당대 불교계 지도자들을 규합해서 관철시키고자 하였는데 때마침 1954년 5월
20일 이승만의 제1차 담화문이 발표되어 불교계 정화운동이 시작되었다고 한다.
비구승에게 할애하기로 한 사찰 18개 설과 48개 설에 대하여 김광식은 당시 1차
기록이 없어 단정하기는 어렵다고 하면서 당시 정황과 박경훈이 당시 수좌들이
할애를 요청한 사찰은 불과 3개였다는 증언을 토대로 18개 설을 따른다고 하면
서 48개 또는 50개 사찰설은 1954년 6월 20일 제13차 정기중앙교무회의 전후에

을 검토만 하였을 뿐 실행할 의지가 없었다. 비구승들은 기회가 있을 때
마다 이 계획의 실천을 요구하였으나 별다른 반응 없이 해를 넘기고 말
았다.[62]

다음 해인 1954년 5월 20일 대통령 이승만의 '대처승은 사찰에서 물러
나라'는 요지의 담화문 발표는 불만에 차 있던 비구승들에게 정화운동을
촉발시키는 불씨가 되었다.[63] 이 담화문이 발표되고 나서 동년 6월 20일
에서 21일 사이에 태고사에서 개최된 제13차 중앙교무회에 종정은 다음
과 같은 요지의 선시宣示를 내렸다. 첫째, 일제의 탄압으로 종파가 없어
졌으니 종명을 복원하고 교정을 종헌으로 개정한 헌장憲章을 통과시키고,
이사판리事判이 동조병행同調竝行 할 수 있는 조치를 의결하여 달라. 둘째,
한국전쟁과 농지개혁으로 사원 경제가 어려워졌으니 승단이 화합하여
의무금 제도가 시행될 수 있도록 하여 달라. 셋째, 계명이 면면히 이어지
도록 특히 진력하여 달라. 넷째, 사부 대중이 단결할 수 있는 분위기를
만들어 달라는 것이었다. 만암 종정은 셋째 항목에서 계명이 면면히 이
어질 수 있도록 진력하여 달라고 당부하였다.[64] 이 말은 계율을 지키는
비구승들이 마음 놓고 수행할 수 있는 사찰을 할애하여 주라는 뜻이다.
이러한 종정의 선시는 비구승들에게 수행할 수 있는 공간을 배려하여 한
국 불교의 전통이 계승되게 하여야 한다는 뜻이 담겨있었다고 보아야 할
것이다.

이러한 당부에 따라 중앙교무회는 종헌을 제정하여 이 날 회의에서
통과시켰고 7월 6일에는 종정의 재가를 얻었다. 이 때 제정된 종헌에 명

서 나온 것으로 이해한다고 하였다.
62) 강석주·박경훈 공저, 2002, 『불교근세백년』, 민족사, 206~207쪽.
63) 1996, 「대처승은 사찰에서 물러나라, 사찰토지를 반환하라」 『불교정화분쟁자료』
    (한국근현대불교자료전집 68), 민족사, 13쪽.
    공보실, 1956, 『대통령이승만박사담화집』 제2집, 240쪽.
64) 앞의 책, 『만암문집』, 224~225쪽.

시된 종명과 종조 및 종지를 살펴보면 다음과 같다.[65]

조계종 종헌
제1장 종명 및 종지
제1조 본종은 조계종이라 칭한다.
본종은 신라 도의국사가 創樹한 가지산문에서 기원되어 고려 보조국사의 重
闡을 거쳐 태고 보우 국사의 제종 포섭으로써 조계종이라 공칭하여 이후
그 종맥이 면면부절한 것이다.
제2조 본종의 종지는 석가세존의 自覺他覺하신 각행원만의 근본 종지를 奉體
하여 보조 국사의 정혜쌍수와 원효성사의 대승행원과의 高範에 의한 直旨
人心 見性成佛 傳法度生을 주로 한다.
제3조 본종의 소의경전은 金剛經으로 한다. 단 기타 경전의 持誦과 연구는 제
한치 않는다.

이승만의 담화문이 발표되고, 종정의 선시가 내려지자 소구산蘇九山 이
의·김조명金照明·송상근宋常根·채동일蔡東日·민도광閔道光·김지영金智榮·하
지선河智善 등 일부 비구승들은 제13차 중앙교무회에 참석하여 회의내용
을 방청하였다. 이들은 그 회의에서 동화사·직지사 등 빈한한 사찰 48개
를 비구승들에게 할애한다는 이야기를 듣고 격분하여 퇴장하였다.[66] 이
들을 중심으로 한 비구승들은 6월 21일 선학원에서 정화운동발기위원회
를 개최하고 위원장에 정금오鄭金烏를 선출하고 이어서 24일에 불교교단
정화대책위원회를 출범시켰다.[67] 불교교단정화대책위원회는 정화의 방
향과 노선에 관한 제반 문제를 토의하기 위해서 8월 25~26일 선학원에서
전국비구승대표자 대회를 개최하기로 하였다. 8월 25일과 26일 양일에
걸쳐 개최된 전국비구승대표자 대회에서는 기존 총무원 측과 타협하여

65) 「불교조계종헌」, 앞의 책, 『불교정화분쟁자료』, 127~145쪽.
66) 민도광 편, 1995, 『한국불교승단정화사』, 한국불교승단정화사편찬위원회, 39쪽.
67) 대한불교조계종 교육원, 2001, 앞의 책, 『조계종사』, 197쪽.

수행공간을 확보하자는 온건론과 비구승 주도의 교단을 재건하자는 강경론이 대립하였으나 강경론이 우세하였다.[68] 대처승과는 구별되는 비구 승단을 새롭게 구성하기로 한 이 대회에서 결정된 사항은 다음과 같다.[69]

一. 비구와 비구니는 동거하지 말 것(일체 거래를 말 것, 위반시는 제적할 것).
一. 승적을 새로이 할 것.
一. 師僧 환속시는 다시 求師할 것.
一. 가정 정리가 未了한 분은 속히 정리할 것.

전국비구승대표자대회는 대처승들과 단절을 선언하고 독자적인 비구 승단을 구성하겠다는 의지를 확인하는 장이었다. 비구승들은 위와 같이 대처승과의 차별성을 천명하였으며, 그 차별성을 구체화하기 위해서 대처승단과는 구별되는 새로운 종헌을 제정하기 위해서 전형위원 7인을 선출하여 제헌위원 9인을 선정하게 하였다.[70] 이 대회는 9월 28일부터 30일까지 개최된 전국비구승대회로 이어진다. 전국비구승대회는 전국비구승대표자대회에서 제정하기로 한 종헌 정을 검토하고 확인하는 자리였다. 전국비구승대회는 선학원에서 개최되었으며 146명의 비구승들이 참여하였고 만암 종정도 참석하였다.[71] 이 승려대회에서 종헌을 통과시키고, 정화를 추진하기 위해 교단정리, 도제양성 등을 토의하였고 새로 통

---

68) 위위 책, 447쪽.
69) 「전국비구승대표자대회회록」, 앞의 책, 『불교정화분쟁자료』, 355쪽.
70) 위의 책, 352쪽. 전형위원은 월하·구산·순호·대흥·대의·향곡·월산 등이었고, 제헌위원은 효봉·동산·금오·순호·인곡·성철·석호·향곡·월하 등 이었다.
71) 앞의 책, 『한국불교승단정화사』, 65~67쪽.
『자유신문』 1954.9.29, 「불교계 공전의 파동」.
『연합신문』 1954.9.29, 「대처승을 제적하라」.

과된 종헌에 의거하여 종회의원 50명이 선출되었다.[72] 9월 30일 임시종회를 개최하여 종단 임원을 선출하였는데 그 명단은 다음과 같다.[73]

종　　정　　송만암
부　종　정　　하동산
도　총　섭　　이청담
아　사　리　　김자운
총무부장　　윤월하
교무부장　　박인곡
재무부장　　이법홍

　그런데 문제는 전국비구승대회에서 종조가 보조 지눌로 바뀌었다는 점이다. 현재 이 당시에 제정된 종헌을 열람할 수 있는 자료는 아직까지 발견되지 않고 있다. 다만 전하는 글들에 의하면 종조가 보조국사로 표기되어있다고 한다.[74] 이재열·이종익 등의 주장을 수용한 효봉·동산·청담 등은 보조 종조설을 들고 나왔다. 이들의 주장은 조계종조는 고려의 보조국사 지눌이며 태고국사 보우의 법통은 조선중기 중관中觀 해안海眼에 의해 위조되었다는 것이다. 이들의 주장은 이제 사찰 몇 개를 할애받거나 대처승들을 사찰에서 물러나라는 차원을 넘어서 잘못된 종통을 바로 잡아야 한다는 것으로 비화되었다.[75] 이들은 대처측이 종조를 태고로 한 데 반해서 보조를 종조로 정함으로써 차별화를 꾀하고자 하였다.[76]

---

72) 『평화신문』1954.9.29, 「사찰을 우리에게」.
73) 앞의 책, 『한국불교승단정화사』, 71쪽.
74) 김상영, 앞의 논문, 「정화운동시대의 종조 갈등 문제와 그 역사적 의의」, 168~171쪽.
　　이철교, 2003, 「불화 이재열」, 노규현 외 지음, 『세속에 핀 연꽃 - 한국불교를 빛낸 25인의 재가열전 - 』, 대한불교진흥원, 332~333.
75) 현대사연구회, 「송만암 대종사의 사상」, 앞의 책, 『만암문집』, 425~425쪽.
76) 대한불교조계종 교육원, 앞의 책, 『조계종사』, 198~199쪽.

사태가 이렇게 되자 만암은 비구측에서 종헌을 발표한 이후에 강한 반대 의사를 표명하였다. 비구측 입장에서 교단의 정화를 적극적으로 찬동하였던 그는 10월 15일 "비구측이 보조국사 종조설을 지지하는 것은 환부역조"라고 반발하면서 "정화의 원칙에는 찬동하나 그 방법은 반대한다"는 성명을 발표하고 백양사로 내려갔다.[77] 만암 종정의 사퇴의사 표시가 있자 비구승 측은 11월 3일 선학원에서 임시종회를 개최하고 종정에 하동산, 부종정에 정금오, 아사리에 김자운을 선출하였다. 만암의 원론적인 정화방법을 무시하고 급진 비구승들에 의해 전개된 이후의 정화운동은 갈등과 대립, 폭력과 소송으로 얼룩진 물리적인 실력행사로 전개되었고 그 후유증은 오늘날까지도 남게 되었다.

5. 맺음말

이상에서 해방공간 불교계의 과제와 만암 송종헌의 종조인식과 정화인식을 살펴보았다. 송종헌은 한말에 태어나서 일제강점기를 거쳐 해방 이후까지 격동의 세월을 살다간 고승이었다. 그는 1910년 국권을 상실한 이후 원종의 종정이던 이회광이 일본 조동종과 매종책동을 벌이자 한국 불교계의 정통성을 수호하고자 전개된 임제종 설립운동에 참가하였다. 그는 일찍부터 교육의 중요성을 깨닫고 교육사업에 헌신하고자 하였다. 1910년에는 백양사의 말사인 청류암에 불교 교리인 내전과 일반 학문인 외전을 함께 가르치는 광성의숙을 설립하여 인재들을 양성하였다. 1928년 불교전수학교 교장으로 취임하여 동교가 1930년 중앙불교전문학교로 승격되자 초대 교장을 지내기도 하였다.

송종헌은 일제강점기 전남 장성에 있는 본사인 백양사 주지를 7번이

---

77) 현대사연구회, 「송만암 대종사의 사상」, 앞의 책, 『만암문집』, 425쪽.

나 역임하였다. 그는 1929년 조선불교선교양종승려대회가 개최되었을 때는 부사회의 직책을 맡았으나 사회를 맡았던 권상로의 유고로 사회가 되었으나 그 역시 유고로 진행을 하지는 못하였다. 해방 이후 1948년 그는 조선불교 제3대 교정으로 추대되어 불교계의 상징적인 존재가 되기도 하였다. 1954년 조계종 초대 종정으로 취임하였으니 때마침 이승만의 정화담화가 발표되어 불교계는 독신 비구승과 처자식을 둔 대처승으로 양분되어 큰 혼란에 휩싸이게 되었다. 그는 불교계를 비구승들이 중심이 되어 운영하되 비구승과 대처승의 역할분담을 분명하게 하여 서로의 영역을 존중하여야 한다고 하였다. 그리고 대처승은 상좌를 두지 않게 함으로써 자연소멸을 기다리자는 것이었다. 송종헌이 제시한 대안은 당시로서는 무리가 없는 최선의 대안이었다. 하지만 당시 불교계 흐름을 주도하고 있던 대처승들은 비구승들에게 수행할 수 있는 몇 개의 사찰도 할애하는 것에 인색하였다. 비구승들은 이에 불만을 표출하였고, 이 불만은 때마침 발표된 이승만 대통령의 담화문으로 인해 불교계 정화운동으로 나타났다. 불교계 정화운동은 비구승 중심의 승단을 건설하고 대처승을 몰아내는 형태로 전개되었다. 비구승과 대처승이 사찰 점유를 둘러싸고 물리적인 충돌 양상이 벌어지자 불교계는 혼란에 휩싸였다. 이러한 혼란은 법정 소송으로 비화되었고 불교계는 공권력의 조정과 결정을 받아들이지 않을 수 없었다. 그리고 그 후유증은 현재까지 완전히 치유되지 못하고 있다. 만암이 제시한 정화방안은 불교적이고, 현실적이며, 평화적인 것이었다. 이 정화방안이 언젠가는 제대로 평가될 것이며, 당시로서는 최선의 방법이었다. 하지만 성급한 비구승들은 원칙을 무시하고 비불교적인 방법을 동원하여 정화를 진행함으로써 현대불교사는 상처로 얼룩지게 되었다.

만암은 일본 불교의 영향으로 생겨난 대처승들을 물리적인 방법으로 교단에서 축출하는 것은 또 다른 혼선을 초래할 수 있다고 보았다. 그는 불법의 정통성은 비구승들에게 있다고 보았기 때문에 정화운동의 원칙에 찬성하였다. 그는 비구승들이 대처승과 차별성을 가지기 위해 보조종조설을 천명하자 목적 달성을 위해 방법을 가리지 않는 것으로 보고 비구승들과 절연을 선언하였다. 만암은 정화의 원칙에는 찬성하지만 환부역조하는 무리들과는 함께 할 수 없다는 말을 남기고 백양사로 돌아간다. 백양사에서 그는 고불총림을 결성하고 백양총림 청규를 제정하고 선농일치를 실천하고 후학들을 지도하는 일에 전념하였다. 고불총림은 철저하게 석가와 조사의 정신에 입각하여 승려로서 수행을 중시하였다. 만암의 이러한 수행승으로서 원칙론적인 처신은 후일 새로운 평가를 받게 될 것이다.

제3부
불교와 민족문제

제1장
한국 근대 불교계의 민족인식

1. 머리말

역사학계에서 근대라는 말은 대체로 봉건사회의 근간인 신분제가 해체되고 농업경제 체제로부터 산업경제 체제로의 전환을 의미한다. 무력을 앞세운 일본의 강압에 의해 문호를 개방한 우리의 근대는 반외세·반봉건으로 대변된다. 1894년 봉건사회의 모순으로 인하여 폭발된 동학농민전쟁은 반외세·반봉건을 기치로 내걸었다. 1894년 농민전쟁은 조선사회로 하여금 외세에 대한 경각심을 고취시켰고, 내부적으로는 제도 개선을 단행하는 계기를 만들었다.[1] 그런 까닭에 역사학계에서 근대의 기점은 동학농민 전쟁 발발의 계기를 제공한 개항으로 보는 시각이 지배적이다. 근대사회 최대의 과제는 근대 민족국가를 수립하는 것이었지만 이 과제는 외세의 침략으로 좌절되고 말았다.[2] 민족의 개념을 규정한다는 것은 어려운 일이지만 대체로 공통의 언어, 혈통을 가지고 일정한 거주 범위를 가지며 경제생활과 역사적 기억을 공유하는 인간집단으로 본

---

1) 이영호, 1994, 「1894년 농민전쟁의 사회경제적 배경과 변혁주체의 성장」『1894
   년 농민전쟁연구』 1, 역사비평사.
2) 서중석, 1995, 「한국에서 민족문제와 국가」『근대 국민국가와 민족문제』, 지식산
   업사, 111~117쪽.

다.[3] 인간은 제 고장의 특징을 자랑스럽게 여기고, 그 우월성을 쉽사리 믿어 버린다. 이러한 정의는 민족의 범위가 광범위하고, 실제로 이러한 조건을 만족시키는 집단이 존재하기 어려우므로 민족을 규정하는 충분 조건은 되지 못한다. 민족은 살아있는 힘의 산물이고, 그렇기 때문에 항상 변동하는 것이며, 결코 고정되어있지 않다.[4] 민족이란 용어는 Nation 이라는 단어를 일본에서 한자로 번역하여 '민족'·'국민'이라는 뜻으로 사용되었다. 1890년대 중반 갑오개혁 시기에 이르러 조선에 전해졌다고 한다. 계몽운동기 지식인들은 국민을 통합하기 위한 필요성에 의해서 교과서와 신문·학회지·잡지 등에서 '민족'이란 용어를 사용하였다.[5] 민족이 단결하여 독자성을 수호하고 내 것을 아끼고, 확장시키려는 이념을 민족주의라고 할 수 있다. 우리 나라에서 민족주의는 일본 제국주의와 맞서 싸우는 과정에서 형성되고, 강화되었다. 그렇기 때문에 민족주의는 근대 서구 문물의 산물이기는 하지만 제국주의의 억압과 수탈에 대한 저항이라는 의미가 담겨있다. 민족주의는 소속 집단의 부강을 축적하기 위해서 우리 것에 대한 집착이므로 제국주의는 민족주의가 확장된 것이라고 볼 수도 있다. 이러한 의미에서 민족주의는 감소되어야 한다[6]는 주장은 타당성을 가진다.

불교와 민족주의는 조화를 이룰 수 있을까, 교리로만 해석한다면 아니라고 본다. 불교는 원융무애圓融無礙[7]와 제법무아諸法無我[8]를 추구하는 보

---

3) 김혜승, 1997, 『한국 민족주의』, 비봉출판사, 12~15쪽.
4) Hans Kohn, 「The Idea of Nationalism」(백낙청 엮음, 1981, 『민족주의란 무엇인가』, 창작과비평사, 19~29쪽).
5) 김소령, 2008.9. 「한말 계몽운동기 敎科書 속의 '國民' 인식」『대동문화연구』 제63집, 대동문화연구원, 266~269쪽.
6) 허우성, 2007.12, 「내셔널리즘의 감소를 위한 조건」『일본사상』 제13호, 한국일본사상사학회, 44쪽.
7) 圓融無礙: 편벽됨이 없이 가득하고 만족스러우며 완전히 일제가 되어 서로 융합하여 걸림이 없는 것을 말한다(1991, 『불교학대사전』, 弘法院, 1163쪽).

편적인 종교이다. 민족주의는 우리와 타자를 구별하며, 우리의 이익을
수호하기 위하여 타자의 간섭을 배제한다. 그렇다면 불교계의 민족인식
은 어떻게 이해되어져야 할 것인가. 불교와 민족주의의 결합은 교리적으
로는 어울리지 않지만 민족의 생존권을 위협하는 외세의 침략 앞에서 국
민들의 생존권을 지키기 위한 방편으로 이루어졌다. 불교계의 민족주의
에 관한 논의는 몇 편의 논문[9]을 들 수 있으며, 2006년『불교평론』에서
특집으로 다룬 바 있다. 근대 불교계의 민족운동에 관한 논저[10]들은 상

---

8) 諸法無我 : 萬有의 모든 법은 인연으로 생긴 것이어서 실다운 자아의 실체가 없
   다는 것(1991,『불교학대사전』, 弘法院, 1416쪽).
9) 이성택, 1988.12,「민족주의와 원불교사상」,『원불교사상』12집, 원불교사상연구
   원.
   김광식, 2003.6,「한용운의 민족의식과 '조선불교유신론」,『한국민족운동사연구』
   35, 한국민족운동사학회 ; 2007.11,『민족불교의 이상과 현실』, 도피안사.
   최연식, 2006.12,「특집 프롤로그」,『불교평론』28・29, 현대불교신문사.
   박노자, 2006.12,「한국 근대 민족주의와 불교」,『불교평론』28・29, 현대불교신
   문사.
   서재영, 2006.12,「민족불교와 불교적 보편주의」,『불교평론』28・29, 현대불교신
   문사.
10) 대표적인 논저들을 살펴보면 다음과 같다.
   안계현, 1969,「3・1운동과 불교계」, 동아일보사.
   정광호, 1994.3,『한일불교관계사연구』, 인하대출판부 ; 2001.3,『일본 침략시기
   의 한・일 불교관계사』, 아름다운 세상.
   김상현, 1991,「3・1운동에서 한용운의 역할」,『동국사학』제19・20합집, 동국사학
   회.
   김창수, 1991,「일제하 불교계의 항일민족운동」, 가산 이지관스님 회갑기념논총
   『한국불교문화사상사』하권, 가산이지관스님회갑기념논총간행위원회.
   김소진, 1995,「대한승려연합회선언서와 불교계의 독립운동」,『원우논총』, 숙명
   여자대학교대학원 총학생회.
   김순석, 2003,『일제강점기 조선총독부의 불교정책과 불교계의 대응』, 경인문화
   사.
   김광식, 1996,『한국근대불교사연구』, 민족사.
   ＿＿＿, 1998,『한국근대불교의 현실인식』, 민족사.
   ＿＿＿, 2000,『근현대불교의 재조명』, 민족사, 2000.

당수 배출되었지만 민족주의 형성과 성격에 관한 연구는 아직까지 초기 단계이다.

근대 불교계의 민족주의의 개념 형성과 성격에 관한 그간의 연구성과를 정리해 보면 다음과 같다. 김광식은 『조선불교유신론』에 나타난 한용운의 민족의식을 검토한 논문에서 다음과 같은 견해를 피력하였다. 한용운이 당시 사회에서 승려 결혼의 자유를 주장한 것은 승려들이 결혼을 통하여 국가정신의 고양과 민족주의 진흥에 나서야 한다는 것으로 이해하였다. 한용운은 나라가 망한 지 한 달도 되지 않은 시기에 일제의 통치자에게 승려 결혼의 자유를 요청하였다는 점을 들어 1910년 9월까지는 한용운의 민족의식이 투철하지 못하였다고 평가되기도 한다고 하였다.[11] 최연식은 불교가 민족을 초월하는 인류 보편주의적인 사상이라고 여기면서 불교가 민족주의적인 것을 당연하게 여기거나 민족주의적인 것이 되어야한다고 하는 것에 대한 문제를 해결하지 못하였다. 그것은 불교와 민족주의가 어떤 방향으로 관계 맺어야 하는 지에 대해서 충분히 검토하고 반성하지 못하였기 때문이라고 하였다. 그는 불교계가 민족주의를 받아들이는 계기가 무엇이었으며, 민족주의를 받아들인 결과 내부적으로 어떤 변화를 겪게 되었는지 또 외부적으로는 어떤 변화가 초래되었는지가 종합적으로 검토되어져야 한다는 문제를 제기하였다.[12] 박노자는 불교를 연기緣起와 공空의 관점에서 본다면 개별적 주체의 존립이 불가능한 보편주의적 가르침이라고 전제하고, 불교가 민족주의를 수용하는데 여러 방면으로 이용되었다고 한다. 그는 한국 불교가 근대적 민족·국민주의의 정신적 지주가 되지 못하였다고 해서 근대적인 전개를

김광식, 2002, 『새불교운동의 전개』, 도피안사, 2002.
──────, 2007, 『민족불교의 이상과 현실』, 도피안사.
11) 김광식, 위의 논문, 「한용운의 민족의식과 '조선불교유신론」.
12) 최연식, 위의 논문, 「특집 프롤로그」, 9~10쪽.

실패로 규정할 수 없다고 한다. 그 원인은 한국 불교는 일찌감치 일본 불교에 포섭된 데서 찾고 있다.[13] 서재영은 가해자의 민족주의와 피해자의 민족주의는 다르다고 한다. 민족불교는 외적의 침탈에 맞서 도탄에 빠진 민중들을 구하고자 했던 자비정신의 발현으로 평가할 수 있다. 하지만 그것이 한국 불교의 본질 내지는 전부라고 평가하기는 곤란하다고 한다.[14] 이러한 평가는 원론적으로는 옳다고 보지만 인간의 생존 본능이라는 문제에 부딪칠 때 딜레마에 빠지게 된다. 일제강점기 독립을 쟁취하기 위한 그 어떤 수단도 식민 모국 실정법에 저촉되지 않는다는 것이다. 한민족에게 식민지 시기를 독립을 쟁취하기 위한 독립전쟁기였다고 한다면 전시상황과 평화시기의 법률 적용은 달라야 한다. 김종만은 호국불교의 성격을 국가 권력이 전쟁 상황에서 '죽음'과 '살인'을 합법적으로 강요하는 본질적인 살생을 강요하고 있다고 보았다. 이렇게 가장假裝된 합법에 모든 생명을 존중해야 한다는 종교계가 합세하고 나선다면 전쟁은 더 비참해지고 피해는 확산된다는 사실을 동서양의 전쟁사가 잘 보여주고 있다.[15] 지금 당장 중생들이 외부의 흉폭한 침략자들에게 총검으로 살상되고 짓밟히고 있는데 살생을 금하는 불교라고 해서 방관할 것인가. 중생 구제의 원력을 세운 보살들은 파사현정의 의지로 중생을 섭수하고 삿된 무리들을 절복시켜야 한다고 하였다.[16] 전시상황에서 민족불교의 성격이 민족의 자주권을 수호한다는 측면에서 긍정적이라고 한다면 살생을 금하는 교리와 어떻게 조화를 이룰 것인가 하는 문제는 불교와 민족문제에 있어서 풀리지 않는 숙제이다.

본고에서는 기존의 논의들을 바탕으로 불교계에 민족이라는 개념은

---

13) 박노자, 위의 논문, 「한국 근대 민족주의와 불교」.
14) 서재영, 위의 논문, 「민족불교와 불교적 보편주의」.
15) 김종만, 위의 논문, 193쪽.
16) 김종만, 2000, 「호국불교의 반성적 고찰」 『불교평론』 제2권 제2호, 불교평론사, 197쪽.

언제 형성되었으며, 어떤 사람들에 의해서 어떻게 표현되었을까를 검토
하고자 한다. 검토 대상 시기는 개항 직후부터 1919년까지로 하였다. 검
토 대상 시기의 하한을 1919년으로 설정한 까닭은 이 시기에 오면 불교
계의 민족의식이 확연하게 드러나기 때문이다. 1919년 이후에도 불교계
의 민족운동은 지속적으로 전개되지만 본고에서 검토하고자 하는 것은
불교계의 민족운동이 아니고 민족의식이 언제 형성되었으며 그 성격이
어떠한가 하는 문제이기 때문이다. 필자는 불교계의 민족인식 형성을 2
기로 나누어 검토하고 민족의식이 확연하게 드러나는 3·1운동기에 발표
된 「대한승려연합회선언서」와 한용운의 「조선독립에 대한 감상」에서 민
족주의를 넘어서 세계평화주의를 지향하고 있었다는 사실을 검토하고자
한다. 시기 구분은 수용기(1877~1904), 형성기(1905~1912)로 설정하였다.
형성기를 1912년까지로 잡은 것은 태동하고 있던 불교계의 민족의식을
결집하는 계기가 된 임제종 설립운동 결과로 탄생한 임제종이 1912년 6
월에 해산되기 때문이다. 수용기는 불교계가 개항을 맞이하여 서구 문물
을 접하게 됨에 따라서 서구 문물을 동경하는 시기이다. 일본 불교 종파
의 포교사들과 개화승들의 도일渡日을 통하여 민족의식을 접하는 때이다.
형성기는 러일전쟁 이후 한국 사회가 일본의 위협을 절박하게 느끼게 됨
으로써 민족의식이 성숙되는 시기이다. 1910년 말부터 시작된 임제종 설
립운동과 한용운의 『조선불교유신론』에서 민족의식이 형성되었다는 것
을 찾을 수 있다. 불교계의 민족인식은 3·1운동이라는 최대의 항일운동
을 겪게 됨으로써 분명하게 드러난다. 1919년 11월 중국 상해에서 발표된
「대한승려연합회선언서」는 불교계 12명의 중견·원로급 승려들이 불교계
의 자주 독립을 선언하였다는 점에서 불교계의 민족인식이 어떠하였는가
를 확인할 수 있는 문건이다. 무엇보다도 같은 해 7월 한용운이 옥중에서
집필한 「조선독립에 대한 감상」에는 민족주의를 넘어서 세계평화주의를
지향하는 모습이 나타난다. 이러한 작업이 근대 불교계의 민족의식이 궁

극적으로 무엇을 지향하였는가와 그것이 불교와 어떻게 연결되는가 하
는 문제의 해결책을 찾고자 하는 노력에 보탬이 되었으면 한다.

2. 불교계의 민족인식 형성 과정

1) 수용기(1877~1905)

근대 사회에서 민족이라는 용어는 서구와 접촉이 시작되던 1870년대
후반부터 사용되기시작하여 국권을 상실하는 것을 막기 위한 방편으로
활용된 측면이 강하다. 서구의 Nation이라는 단어를 일본에서 '민족' 또
는 '국민'이라는 말로 번역된 것을 당시 지식인들이 신문·학회지 그리고
의병의 격문류와 같은 인쇄 매체를 통하여 전파시켰다.[17] 한말 지식인들
은 '민족'이라는 용어를 교과서와 각종 저술을 통하여 국민을 계몽하고
민족운동의 역량을 결집하기 위해서 사용하였다. 이 시기 사회공론과 민
족의식을 높이는 데 기여한 것은 독립협회였다. 독립협회는 토론회를 개
최하여 정치·사회적 현안 문제들 뿐만 아니라 충군애국 정신을 넘어서
시민의식이 형성되어야 함을 강조하였다.[18] '민족'과 '국민'이라는 용어
는 1894년 갑오개혁 이후에 등장한다. 갑오개혁은 신분제를 타파하고 근
대 사회에서 요구되는 평등 구조를 확립하기 위해서 화이론적 사고를 일
소하고 평등한 시민으로서 자기 정체성을 확립할 필요성에서 단행되었
다.[19] 1895년에 발표된 「한성사범학교관제」에 "존왕애국尊王愛國의 지기
志氣에 부부富함은 교원자敎員者의 중요한 바라. 고故로 학원學員으로 하야곰
평소에 충효忠孝의 대의大義에 명明하며 국민國民의 지조志操를 진기振起함

---

17) 김소령, 앞의 논문, 265~266쪽.
18) 장규식, 2001, 『일제하 한국 기독교민족주의 연구』, 혜안, 55~56쪽.
19) 김현숙, 2006, 「한말 '민족'의 탄생과 민족주의 담론의 창출 : 민족주의 역사서술
    을 중심으로」 『동양정치사상사』 제5권 1호, 한국·동양정치사상사학회, 127쪽.

을 요함[20]"이라는 문구가 보인다. 여기에 사용된 '국민'이라는 단어는 국민주권 국가로서 시민적 권리를 가지는 국민이 아닌 황제의 피지배자로서의 성격을 지닌 '신민적臣民的 국민'이라는 뜻이다. 시민의 권리를 가지는 '국민'과 한반도에 거주하는 사람이라는 의미의 '민족'은 러일전쟁 이후에 사용되었다고 한다.[21]

이와 같은 사회 전반적인 분위기에 따라서 불교계의 민족인식은 일본을 드나들던 이동인李東仁과 탁정식卓廷埴 같은 개화승들이 먼저 접하였으리라고 생각되지만 구체적으로 그 흔적을 찾아낼 수 있는 자료가 없는 실정이다. 다만 『조선국포교일지朝鮮國布教日誌』[22]와 『조선개교오십년지朝鮮開教五十年誌』[23]에 나타나는 편린들을 살펴보면 개화승들은 일본 불교와 교단의 관리 체계를 발달된 선진 문화로 이해하고 동경하는 모습을 보이고 있다. 개항 직후인 1877년 일본 정토淨土 진종眞宗 대곡파大谷派 동본원사東本願寺에서는 조선에 포교사를 파견하였다.[24] 동본원사의 포교사인 오꾸무라 엔싱[奧村圓心]은 『조선국포교일지』에서 "국가와 불법을 위해 목숨을 걸고 진력한다[25]"는 의지를 보임으로써 강한 민족의식을 표출하고 있다. 이러한 의식을 가지고 포교에 임하는 일본 포교사들의 설교에 일본 사찰의 별원이나 포교소를 출입하던 조선의 승려를 비롯한 많은 사람들이 일본 불교에 호감을 가졌다고 볼 수 있다. 더구나 『조선개교오십

20) 송병기 외 편저, 1972, 『한말근대법령자료집』 1, 「한성사범학교관제」, 고려대학교 아세아문제연구소, 519~527쪽.
21) 백동현, 2001, 「러일전쟁 전후 '民族' 용어의 등장과 민족인식」, 『한국사학보』 10, 고려사학회.
22) 1975, 「朝鮮國布教日誌」 『眞宗史料集成』 제11권(이 일지는 국민대학교에 재직하였던 조동걸이 입수하여 1985년 『韓國學論叢』 제7집에 수록하였다. 본고에서는 이 자료를 이용하였다.)
23) 大谷派本願寺 朝鮮開教監督部 編, 1927, 『朝鮮開教五十年誌』.
24) 김순석, 앞의 책, 23쪽.
25) 앞의 책, 「朝鮮國布教日誌」, 明治 三十年(1897) 6월 21일자.

년지』에는 일본 교단의 지원을 받아서 개항장과 인근 지역에 소학교와
유치원을 설립하고 조선 어린이들에게 근대 교육을 실행하였다는 것을
알 수 있다.[26] 실업 교육은 여성들을 중심으로 양잠養蠶과 차 만드는 법,
채소 재배 등을 가르쳤다. 뿐만 아니라 빈민구제 사업과 행려병자 구호
사업 등을 전개하기도 하였다. 가해자의 민족주의는 침략의 의도를 가지
고 피해자가 의식하지 못하는 상황에서 자선과 봉사를 가장하여 진행되
기 때문에 잘 드러나지 않는다. 보다 문제가 되는 것은 피해자가 그것을
모르고 오히려 가해자에게 감사의 정을 느낀다는 것이다. 이동인이 1880
년 5월 15일 주일 영국 공사관 2등 서기관 Enerst Satow를 만나서 "한국
이 수 년 내에 외국과 관계를 맺을 것이지만 그러기 위해서는 현정부를
전복할 필요가 있을 것이다"[27]라고 하였다. 그는 전 영의정領議政이었던
이유원李裕元, 홍문관弘文館 교리校理 김옥균金玉均, 이조판서吏曹判書 조성하
趙成夏, 역관譯官 오경석吳慶錫, 금릉위錦陵尉 박영효朴泳孝·강위姜瑋·유홍기
劉鴻基 등 당시 정계의 주요 인물들의 약력과 성향을 일본 공사인 하나부
사 요시모토[花房義質]에게 전해주었다.[28] 그는 외교 협상에 있어서 중요
한 단서가 될 수 있는 정보들을 상대국 책임자급의 인물에게 제공하였
다. 결국 그의 이러한 경솔한 행동은 주위의 미움을 받아 행방불명되는
비운을 맞게 된다. 수용기의 특징은 불교계 인사들이 민족의식을 가지지
못하고 일본 불교를 동경하는 모습을 보여 주고 있다. 당시 일본은 조선
에 비해 선진국으로 문물이 발달한 나라였다. 선진국의 발달된 문물을
수용하는 것은 당연한 것이다. 그러나 수용하는 방법은 주체적으로 소화
할 수 있는 방향으로 진행되어야지 반민족적인 행위를 해서는 안된다.

---

26) 앞의 책, 『朝鮮開敎五十年誌』, 148~170쪽.
27) 동아일보사, 1981.5, 「개화승 이동인의 재일 활동」『신동아』, 241쪽.
28) 이광린, 1985, 「개화승 이동인에 관한 새자료」『동아연구』 6집, 서강대 동아시아
    연구소, 476~478쪽.

당시 불교계 인사들의 반민족적인 행위는 반발을 초래하였고 따라서 모처럼 성립된 종단이 양분되는 등 많은 부작용을 낳았다. 이러한 모습은 하루 빨리 개화를 달성하려는 성급함에서 나온 것이라고 할 수 있다.

2) 형성기(1905~1912)

러일전쟁을 기점으로 민족의식의 형성은 전환기를 맞이한다. 1905년 이전까지의 신문잡지·역사서 등의 출판물에서 주요하게 다루었던 기사 내용은 국권상실의 위기 상황과 시민의식의 성숙을 고취시키는 것이었다. '민족'이라는 개념은 1904년 러일전쟁 이전 시기까지는 '동포'라는 용어와 혼용되다가 러일전쟁 이후에 가면 한반도에 거주하는 주민집단을 상징하는 용어로 사용되었다고 한다.[29] 이러한 경향은 러일전쟁에서 일본이 승리함으로써 동양사회의 새로운 강자로서 일본의 위협을 느끼고 공동운명체로서 한민족을 인식한 듯하다. 『대한매일신보』는 논설을 통하여 '민족'과 '국민'이라는 용어를 구별하였다. 이 논설에 따르면 '민족'은 같은 조상의 자손이며 공통의 종교, 언어, 영토 그리고 공통의 역사 경험을 함께 하는 집단이라고 하였다. 따라서 '민족'은 '국민'의 원형이 될 수는 있지만 '민족'이 곧 '국민'이 될 수는 없다고 하였다.[30] 러일전쟁에서 승리한 일본은 1905년 11월 을사5조약을 체결하고 조선에 통감부를 설치하여 조선을 보호국으로 만들고 정치·경제·문화 등 사회 전반의 모든 사항을 관할하였다. 통감부는 1906년 11월 17일자로 종교宗教의 선포宣布에 관한 규칙規則을 발표하였다. 이 규칙은 일본의 종교 세력이 조선에서 포교를 하고자 할 때는 통감의 승인을 받아야 한다는 것을 명시하고 있다. 이 규칙의 발표로 이른바 관리청원管理請願이라는 것이 가능

---

29) 백동현, 앞의 논문, 165~166쪽.
30) 『대한매일신보』 1908.7.30, 「민족과 국민의 구별」.

하게 되었다. 관리청원은 조선의 사찰이 일본 불교 모某 종파와 연합 또
는 말사 가입을 의미하는 일본식 표현이다.[31] 그 결과 1911년 경에 전국
의 사찰 가운데 약 120개 사찰이 관리청원을 신청한 것으로 드러났다.[32]
조선의 사찰이 관리청원을 신청한 것은 의병세력들이 근거지를 대부분
산중에 두었기 때문에 사찰이 의병들의 은신처가 되었고 이로 인하여 사
찰이 입는 피해가 적지 않았다는 데 있었다고 한다.[33] 이러한 사실은 당
시 불교계의 민족의식이 희박하였음을 알 수 있는 단서가 된다고 할 수
있다.

일제는 1910년 8월 조선을 강제로 병합하고 이듬해 제령 제7호로「사
찰령寺刹令」[34]을 공포하였다.「사찰령」은 본사 주지를 임면할 때는 조선

---

31) 정광호, 앞의 책,『한일불교관계사연구』, 89쪽.
32) 대곡파본원사 조선개교감독부 편, 앞의 책, 195~196쪽, 관리청원을 제출하여 통
    감부로부터 승인을 받은 사찰 가운데는 金泉 直指寺·鐵原 四神庵·博川 深源寺·
    果川 戀主庵 등 많은 사찰이 있었다. 관리청원을 신청하였으나 통감부로부터 승
    인을 얻지 못한 사찰로는 陜川 海印寺·東萊 梵魚寺·求禮 華嚴寺·河東 雙溪寺
    와 같은 거찰들도 포함되어 있었다.
33) 高橋亨, 1929,『李朝佛敎』, 京城: 寶文館, 919쪽.
34)『朝鮮總督府官報』제227호, 1911.6.3, 制令 7호.
    「寺刹令」의 내용은 제1조 사찰을 병합 이전거나 또는 폐지고자 하는 때는
    조선총독의 허가를 받아야한다. 제2조 사찰의 기지 및 伽藍은 지방장관의 허가
    를 받지 않으면 傳法·布敎·法要執行 및 僧尼 止住의 목적 이외에 사용하거나
    또는 사용하게 할 수 없다는 등의 것으로 사찰에 관한 제반 사항을 규제하고 있
    다. 기타『朝鮮總督府官報』제257호, 참조. 사찰령에 대해서는 다음의 논문들을
    참조할 수 있다.
    柳炳德, 1975,「日帝時代의 佛敎」, 崇山朴吉眞博士華甲紀念『韓國佛敎思想史』,
    원광대학교출판부.
    鄭珖鎬, 1980,「日帝의 宗敎政策과 植民地 佛敎」『한국사학』3, 정신문화연구
    원.
    徐景洙, 1982,「日帝의 佛敎政策」『佛敎學報』19, 불교학회.
    韓晳曦, 1988,『日本の朝鮮支配と宗敎政策』, 東京:未來社.
    金光植, 1996,「1910년대 불교계의 進化論 수용과 寺刹令」『韓國近代佛敎史硏
    究』, 민족사.

282 제3부 불교와 민족문제

총독의 인가를 받아야 하며, 사찰 재산을 매각할 때는 사전에 관할 관청
의 허가를 받아야 한다는 것을 명시하였다. 이 사찰령이 발표되자 불교
계는 강하게 반발하였지만 모든 언론이 통제를 받던 상황이어서 저항의
실상은 잘 드러나지 않는다. 그렇지만 사찰령을 시행하면서 정무총감이
9월 18일자로 각 도 장관에게 발송한 관통첩의 내용 가운데 다음과 같은
대목에서 승려들의 저항의식을 읽을 수 있다. 정무총감은 "사찰령이 조
선 사찰의 권리를 빼앗아 승려를 박멸하려 한다고 하여 조선 승려로 하
여금 의구심을 야기시키는 자도 있다. 사찰령 시행에 장애가 있으면 이
는 조선의 승려들이 이 법령의 취지를 충분히 이해하지 못한데서 기인하
는 것이므로 각 사찰에 머무는 승려들에게 사찰령 시행의 취지를 잘 설
명하라."고 지시하였다. '사찰령이 조선 승려를 박멸하려 한다'라는 말이
유포될 정도로 불교계 내부의 반발이 강하게 제기되고 있음을 짐작하게
한다. 사찰령 시행을 반대하는 글이 활자로 출간되기 어려웠을 것이므로
당시의 자세한 정황은 알 수가 없다. 다만 한용운이 30본사 체제에 편입
되지 않는 조선불교회를 창립하고자 하였다[35]는 대목에서 사찰령에 반
대하는 움직임이 있었다는 사실을 엿볼 수 있다. 사찰령은 불교계의 반
감을 사기도 하였지만 대체적인 분위기는 찬양[36]하고 호응하는 것으로
나타났다고 한다.[37] 식민통치의 편의를 위하여 조선총독부에서 불교계

金淳碩, 2002, 「朝鮮總督府의 「寺刹令」 공포와 30본사 체제의 성립」 『한국사상
사학』 제18집, 한국사상사학회.
韓東旻, 2005.12, 『「寺刹令」 體制下 本山制度 硏究』, 중앙대학교대학원 박사학위
논문.
35) 『매일신보』 1914.8.15, 「佛教會의 歸寂」.
36) 사찰령을 찬양한 대표적인 논설로는 아래와 같은 것을 들 수 있다.
　최치허, 1912.2, 「法類兄弟의게 顯祝홈」 『朝鮮佛教月報』 제1호, 京城:朝鮮佛教
月報社, 38~39쪽.
　김지순, 1912.11, 「성은으로 寺法認可」 『朝鮮佛教月報』 제10호, 京城:朝鮮佛教
月報社, 2~4쪽.
37) 한동민, 2005, 『「寺刹令」 체제하 본산제도 연구』, 중앙대학교대학원 박사학위논

를 통제하고, 관리하는 수단으로 시행된 사찰령을 찬양하였다는 것은 아직 민족의식이 형성되지 못하였다는 것을 뜻한다.

사찰령 철폐운동은 1919년 이후부터 조선불교유신회를 중심으로 본격적으로 전개[38]된다. 3·1운동 이후에 성립된 상해 임시정부는 「사찰령」이 불교계를 고사枯死시키는 악법이라고 규탄하였다. 임시정부는 일본의 조선통치가 부당하다는 사실을 국제사회에 호소하고자 국제연맹에 제출할 보고서를 만들었다.[39] 이 보고서에는 「사찰령」에 대한 인식이 네 가지로 나타나 있다. 첫째 사찰 신축의 불허不許에 관한 것이다. "세상에 어떤 물건이든지 소멸하는 것을 대신할 새로운 것의 계승을 보장하지 않으면 그 물종物種은 사라진다. 사찰령이 시행된 이후 9년 동안 폐지된 사찰은 50개가 넘지만 새로 지어진 사찰은 하나도 없다." 둘째 사찰의 재산 처분을 조선총독부가 허가하는 것은 사유재산寺有財産을 승려가 권한을 행사할 수 없는 관유재산화官有財産化 시켜 버렸다는 것, 셋째 「사찰령시행규칙」이 30본사를 분정分定함으로써 조선승려로 하여금 단결력을 발휘할 수 없게 하였다는 것, 넷째 사찰 주지 선출이 종래의 산중공의제를 무시하고 일본식 주지 선출방식인 사자상승師資相承·법류상속法類相續·초대계석招待繼席의 제도를 강행함으로써 승려들의 불평이 그치기 어렵게 되었다는 것 등이다.[40] 임시정부는 「사찰령」과 「사찰령시행규칙」이 폐

문, 67~71쪽.

38) 김광식, 1996, 「조선불교청년회의 史的 고찰」『韓國近代佛敎史研究』, 민족사.

39) 李光洙 編, 1982, 國際聯盟提出『朝日關係史料集』, 高大圖書館 影印本.
이 보고서는 후일 상해 임시정부에서 1919년 국제연맹에 제출하기 위하여 책자 형식으로 만들어졌다. 종래 韓國에 관한 보도 자료가 거의 일본 측에서 나왔으므로 사실이 잘못 전달된 부분이 많았다. 간혹 서양인의 기록 가운데 공평한 기록이 있으나 韓人의 눈으로 보면 부정확하고 상세하지 못한 부분이 있다. 국제연맹에 호소하기 위하여 만들어진 이 책자는 4부로 구성되었다. 제1부는 고대로부터 丙子修護條約에 이르기까지 한일관계이다. 제2부는 병자수호조약으로부터 '庚戌國恥'까지 한일관계이다. 제3부는 '경술국치'부터 1919년 2월까지 일본의 對韓政策이다. 제4부는 3·1운동 이후의 情形이다.

지되지 않으면 불교계의 불만은 종식되지 않을 것이라는 점을 경고한 데
서 불교계의 민족의식을 대변하였다.[41]

이렇듯 사회 일각에서는 민족의식이 투철하였지만 정작 불교계의 민
족의식이 박약하였던 사례가 있었다. 대표적인 사례는 1910년에 근대에
최초로 성립한 원종圓宗의 종정 이회광에 의해서 자행된 조일불교 연합
책동에서 찾아진다. 이회광은 일본 조동종 승려 다케다 한시[武田範之]의
사주를 받아 전국 72개 사찰의 위임장을 받아 일본으로 건너가 1910년
10월 7일 일본 조동종과 연합맹약聯合盟約 7개조를 성립시켰다.[42] 다케다
한시는 명성황후 시해사건에 관련되어 히로시마[廣島] 감옥에 투옥되었다
가 무죄로 방면 되어 이후 다시 한국으로 건너와 원종과 일본 조동종을
연합시키려고 이회광을 배후에서 움직인 인물이다.[43] 연합맹약은 말이
연합이지 조선불교 원종을 일본 조동종에 부속시킨데 지나지 않았다. 이
매종책동이 1910년 12월 경 불교계에 알려지게 되자[44] 이 소식을 들은
한용운·박한영朴漢永·진진응陳震應 등이 중심이 되어 이회광의 매종행위
를 규탄하고 나섰다. 이들은 경상도와 전라도에 있는 각 사찰에 통문通文
을 돌려 1911년 1월 15일 송광사松廣寺에서 승려대회를 열어 임제종臨濟宗
을 탄생시켰다.[45] 이회광은 해인사 주지로서 불교계의 신망을 받는 강백
이었다. 불교계의 최고 지도자였던 그는 조선불교가 발전하기 위해서는
일본 불교를 배워야 하며, 일본 불교를 배우기 위해서는 일본 불교 종파
와 연합하는 것이 상책이라고 생각하였다.[46] 불교계의 지도자 가운데 한

---

40) 李光洙 編, 앞의 책, 323~332쪽.
41) 위와 같음.
42) 李能和, 1982, 『朝鮮佛敎通史』 상권, (京城:寶蓮閣, 1982, 하권), 938쪽.
43) 韓晳曦, 1988, 『日本の朝鮮支配と宗敎政策』, 東京:未來社, 59~65쪽.
44) 高橋亨, 앞의 책, 『李朝佛敎』, 925쪽.
45) 『東亞日報』 1920.6.28, 「佛敎改宗問題(五)」 '先何心後何心'.
46) 『東亞日報』 1920.6.25, 「佛敎改宗問題(二)」.

사람이었던 그의 민족인식은 이러하였다.

이 시기 불교계는 이회광의 조일불교 연합책동이라는 반민족적인 사건을 겪으면서 민족의식이 태동하는 임제종 설립운동이 일어난다. 유구한 역사를 가진 조선불교의 전통을 저버리고 일본 불교의 발달된 모습에 현혹되어 자행된 이회광의 매종책동은 몰지각한 처사였다는 비난을 면하기 어렵다. 이 매종책동을 저지하기 위해서 규합된 임제종 설립운동은 불교계의 자존을 지키기 위해서였다는 점에서 민족적이었다고 할 수 있다. 이들은 연합맹약의 내용이 조선 사찰의 관리권과 포교권, 재산권을 모두 양도한다는 사실을 알고 분노하였다.[47] 임제종 설립운동의 주역들은 1911년 1월 6일 광주 서석산瑞石山 아래 있는 중심사에서 회합을 가지고 임제종문臨濟宗門을 확장하고 신교信敎의 자유를 확보하는 것이 신세계 종교인의 의무라고 선언하였다.[48] 이러한 사실은 임제종 설립운동을 이회광의 조일불교 연합책동에 대응하는 차원을 넘어서 종교의 자유를 확보하려는 노력이었으며, 자주적인 종단 설립의 의지를 표출한 것으로 민족의식을 엿 볼 수 있다. 이회광의 반민족적 행위에 맞서 임제종 설립운동의 주역 가운데 한 사람인 한용운은 1910년 여름부터 『조선불교유신론』을 집필하였다. 『조선불교유신론』 가운데 민족주의적인 면모는 여러 군데서 찾을 수 있다. 가령 「불교佛敎의 주의主義」에는 다음과 같은 서술을 볼 수 있다.

근세의 자유주의와 세계주의가 사실은 평등한 이 진리에서 나온 것이라 할 수 있다. 자유의 법칙을 논하는 말에 '자유란 남의 자유를 침범하지 않는 것으로써 한계를 삼는다'고 한 것이 있다. 사람은 각자 자유를 보유하여 남의 자유를 침범치 않는다면 나의 자유가 다른 사람의 자유와 동일하고, 저 사람의 자유가 이 사람의 자유와 동일해서 각자의 자유가 모두 수평처럼 될 것이

47) 한용운, 1930.5, 「나는 웨 僧이 되엇나?」 『삼천리』 제6호, 44~46쪽.
48) 『매일신보』 1911.2.2, 「佛敎一新의 機」.

며, 이리하여 각자의 자유에 사소한 차이도 없고 보면 평등의 이상이 이보다 더한 것이 무엇이 있겠는가.[49]

자유와 세계주의를 논한 이러한 논조는 세계평화를 지향하는 것이고 세계 평화는 개별 민족의 독자성을 담보로 할 때 가능하다. 세계평화는 인간의 자유를 밑바탕으로 한다는 점에서 한용운은 이 시기에 분명하지는 않았다고 하더라도 민족이라는 개념을 인식하고 있었다고 보인다. 한용운은 또 사상의 자유를 강조하였다. "사상의 자유가 어찌 사소한 장구章句의 훈고訓詁와 남과 나의 사견에 그치겠는가. 이는 학계의 사상적 자유가 승려의 그것만 못하고, 사상의 부자유가 또한 승려만한 것이 없는 것인 소이所以이다. … 사상이 일단 부자유에 빠지고 보면 아무리 지혜가 있고 박학이라 해도 다 노예 노릇을 잘하는 도구가 많아지는 것 뿐이다."[50]라고 하였다. 근대 사회의 특징 가운데 하나는 개인의 자유가 확대된 것을 들 수 있다. 사상과 학문의 자유가 보장되어야 한다는 것은 근대적 특징을 나타내는 것이며, 이 또한 민족주의 의식의 맹아로 볼 수 있다. 이 시기 한용운이 민족의식을 가질 수 있었던 것은 1905년 무렵 양계초梁啓超의 『음빙실문집飮氷室文集』과 서계여徐啓畬의 『영환지략瀛環志略』을 읽고, 세계 여행을 떠났던 것에서 찾을 수 있다. 그의 세계여행의 꿈은 러시아 블라디보스톡에서 뜻밖의 재난을 만나 좌절된다.[51] 이후 그는 1908년 일본으로 건너가 조동종의 총무 히로츠 셋상[弘津說三]과 교류하고 그의 주선으로 조동종 대학에 입학하여 일본어와 불교를 공부하고자 한

---

49) 한용운 저·이원섭 역, 1983, 『조선불교유신론』, 민족사, 29~30쪽.
50) 한용운 저·이원섭 역, 위의 책, 41쪽.
51) 2006, 「北大陸의 하룻밤」『韓龍雲全集』1, 불교문화연구원, 243~250쪽.
  한용운은 세계 여행을 꿈을 안고 러시아 블라디보스톡으로 건너갔으나 그곳에 사는 한국 교민들은 조선인 가운 머리를 깎은 사람들은 일진회원으로 간주하여 살해하였다. 한용운은 승려 신분이었으므로 삭발을 한 상태여서 위기를 만났으나 구사일생으로 위기를 모면하고 귀국하였다.

적이 있었다.[52] 그는 일본 여행에서 돌아와 『조선불교유신론』을 집필하였다. 이 책에는 1910년대 초반 그의 현실인식이 잘 나타나있다.[53] 한용운은 『조선불교유신론』에서 불교의 성질을 평등주의와 구세주의救世主義라고 단언하였다. 그러면서 그는 불교의 평등주의를 진리라고 인식하고, 서양의 근대적 사조인 자유주의, 세계주의도 평등에서 기인하였다고 하면서 불교는 세계문명에서 주역이 될 수 있다고 보았다.[54]

그렇다면 이시기 한용운은 민족을 확연하게 인식하였을까, 그렇지는 않다고 본다. 왜냐하면 그의 『조선불교유신론』의 탈고 시점은 1910년 12월 8일로 나타나며,[55] 집필한 시기는 1910년 여름이라고 한다.[56] 그런데 『조선불교유신론』에 수록된 승려에게 결혼을 허락해 달라는 '중추원헌의서'의 작성 시점이 1910년 3월이고 같은 내용을 통감부에 건의한 '통감부 건백서'를 제출한 시기는 1910년 9월이다. 임제종 설립운동이 본격화된 것이 1910년 12월부터라고 하더라도 『조선불교유신론』이 불교서관에서 발행된 것은 1913년 5월 25일이다.[57] 그가 원고를 탈고한 시점부터 출간하기까지 수정할 충분한 시간이 있었음에도 불구하고 『조선불교유신론』에 '통감부 건백서'를 수록하였다는 것은 아직까지 제국주의의 본질을 깨닫지 못하였다는 것을 뜻한다. 통감부는 조선인을 억압하고, 수탈하는 통치 기구의 본산이므로 조선인에게는 타도의 대상이지 청원서를 제출할 곳은 아니기 때문이다. 이러한 사실은 그의 민족의식이 내적

---

52) 박걸순, 1992, 『한용운의 생애와 독립운동』, 독립기념관 한국독립운동사연구소, 35~36쪽.
53) 김순석, 2007, 「한용운의 정교분리론 연구」 『한국독립운동사연구』 제28집, 독립기념관 한국독립운동사연구소, 148~149쪽.
54) 김광식, 2007, 「대한승려연합회 선언서와 민족불교론」 『민족불교의 이상과 현실』, 도피안사, 73쪽.
55) 한용운 저·이원섭 역, 앞의 책, 『조선불교유신론』, 「서문」.
56) 고은, 2000, 『한용운평전』, 고려원, 218쪽.
57) 한용운, 1913, 『조선불교유신론』, 京城:불교서관.

인 심화과정에 있었다고 할 수는 있지만 확연하게 드러나지는 않았다고 본다.[58]

형성기의 특징은 통감부가 일본 불교 세력 확장의 길을 열어준 관리 청원을 가능하게 하는 「종교의 선포에 관한 규칙」을 발표하자 관리청원을 신청하고자 한 사찰이 많았다. 이러한 사실은 불교계의 민족의식을 의심케 하는 부분이다. 뿐만 아니라 원종의 종정이었던 이회광이 일본 불교 조동종과 연합을 시도하였던 점 역시 민족의식의 부재로 볼 수 있다. 반면에 이회광의 매종책동을 분쇄하기 위해서 일어났던 임제종 설립 운동에서 민족의식의 발로를 찾을 수 있다. 이러한 점에서 불교계의 민족의식이 형성된 것으로 보고자 한다. 한용운의 『조선불교유신론』에서 민족주의적인 요소가 보이기도 하지만 승려의 결혼 문제를 통감부에 건의 한 것으로 보아 제국주의 인식이 철저하지 못하였다고 볼 수 있다. 그런 까닭에 민족주의 개념 형성되어 가는 과정이라서 착종되는 모습을 보이는 시기라고 하겠다. 이러한 불교계의 민족의식은 1919년에 가면 확연한 모습으로 드러난다.

3. 「대한승려연합회선언서」에 나타난 민족인식

「대한승려연합회선언서」는 「선언서」라는 제목으로 되어있으며 1919년 11월 15일 상해에서 발표된 불교계의 독립선언서이다. 구성은 국한문 혼용체이며 1,024字의 본문과 대한민국大韓民國 원년元年 11월 15일로 쓰인 날짜와 대한승려연합회 대표자 12명의 서명으로 이루어져 있다.[59] 원문이 「선언서」라고 되어있는 까닭에 「대한승려연합회선언서」는 「불교선언서」, 「대한승려연합회독립선언서」 등으로 불리기도 한다. 선언서의

---

58) 김광식, 앞의 논문, 「한용운의 민족의식과 '조선불교유신론'」, 141~142쪽.
59) 김소진, 1999, 『한국독립선언서연구』, 국학자료원, 274쪽.

기초자에 대해서는 신상완·이종욱·백초월로 주장하는 견해[60]가 있지만 아직까지 명쾌하게 결론이 나지 않은 상황이다,

「대한승려연합회선언서」의 요지는 이러하다. '평등과 자비는 불법의 종지宗旨이니 이것이 위반되는 것은 불법의 적이다. 일본은 불법을 숭상한다고 하면서 자주 명분없는 군대를 일으켜 인류 평화를 교란하며 불교를 전해준 나라를 침략하였다. 임진왜란 때는 여러 조사祖師와 불교도가 몸을 바쳐 국가를 수호하였다. 일본은 강포한 수단으로 한국의 역사와 민족적 전통과 문화를 무시하고 억압정책으로 전멸全滅시키려 하고 있다. 불교도들은 가혹한 법령의 속박 아래 자유를 잃고 절멸絶滅의 참경에 빠졌다. 이에 광복의 대원大願을 성취할 때까지 혈전을 선언한다.' 「대한승려연합회선언서」는 불교의 교리로 보면 있어서는 안될 살상을 자행하는 일본의 만행을 규탄하고 있다. '평등과 자비는 불법의 종지宗旨이니 … 혈전血戰할 뿐인져'라는 표현은 일본의 침략이 불법이 추구하는 세계와 상충되지만 민족의 생존권과 자주권을 수호하는 것이 모든 사람들이

---

60) 「대한승려연합회선언서」의 기초자로 김소진은 신상완, 김창수와 박희승은 이종욱, 김순석와 김광식은 백초월로 보고 있다. 김순석은 「대한승려연합회선언서」의 기초자를 백초월로 추정하였는 데 그 근거로 당시 정황을 기록한 자료에 백초월은 신상완·이종욱보다 연배가 높고, 중앙학림의 강사로 위촉된 점, 일본 경찰의 검거와 취조 기록 등을 제시하였다. 그런데 김광식도 「백초월의 삶과 독립운동」이라는 논문에서 「대한승려연합회선언서」의 기초자로 백초월로 추정하였다. 그는 당시 백초월이 머물렀던 영원사의 현재 주지인 김대일이 일제강점기 동 사찰의 주지였던 서병제가 당시 사무·초안·글씨 등은 마땅히 할 인물이 없어 백초월이 담당하였다는 증언을 토대로 백초월로 판단하고자 한다고 하였다. 하지만 이 문제는 현재로서는 새로운 자료의 발굴이나 보다 분명한 증언을 기다릴 수밖에 없는 실정이다. 김소진, 위의 책, 김창수, 1992, 「일제하 불교계의 항일민족운동」, 가산 이지관스님 화갑기념논총, 『한국불교문화사상사』 하권 ; 김순석, 2001, 「불교계의 3·1운동」 『한국민족운동사연구』 29, 한국민족운동사연구회 ; 박희승, 2002, 「일제강점기 상해 임시정부와 이종욱의 항일운동」 『대각사상』 제5집, 대각사상연구원 ; 김광식, 2007, 「백초월의 삶과 독립운동」 『민족불교의 이상과 현실』, 도피안사.

평화롭게 살 수 있는 방안이기에 최후의 수단을 강구하지 않을 수 없다는 뜻을 담고 있다. 이 선언서의 끝부분은 불교에서 금하고 있는 살생마저도 불사하고 끝까지 투쟁하겠다는 결연한 의지를 표명하고 있다. 이 부분은 어쩔 수 없는 선택이기는 하지만 남의 인명을 살상하는 무도한 침략자는 응징하지 않을 수 없다는 뜻으로 해석할 수 있다.

「대한승려연합회선언서」를 불교가 일제에 항쟁하는 원칙과 당위성을 명쾌하게 보여준다는 점에서 역사적 가치가 높다고 평가하는 학자도 있다.[61] 그는 이 선언서에 나타난 민족불교 이념을 일제하 불교 독립운동의 사상적 정수라 보고 민족불교를 다음과 같이 정의하였다. "민족불교는 첫째, 민족공동체 구성원이 믿고 수행하는 불교이며, 둘째, 국가 및 민족 공동체 그리고 공동체 구성원(중생, 민중, 대중)의 모순과 고통을 해소하기 위해 활동하는 종교이며, 셋째, 그 지향이 불교적 가치, 이념, 사상, 교리에서 부합되는 것을 핵심 요체로 본다"[62]고 하였다. 이러한 민족불교의 정의는 승려와 불교도들이 같은 민족으로 동일한 영토 안에 거주한다는 차원에서만 보고, 또 「대한승려연합회선언서」에 나타난 문구만으로 해석한다면 타당하다고 할 수 있다. 그러나 불교는 모든 생명체가 불성을 가지고 있다는 지극히 보편적인 종교이다. 사건의 인과관계를 해명하는 역사학적 관점에서 본다면 김광식이 정의한 '민족불교의 지향이 불교적 가치, 이념, 사상, 교리에서 부합되는 것'이라는 부분은 타당성을 가질지 모른다. 하지만 이 정의는 살생을 부정하고, 모든 생명은 고귀한 것이며, 자타의 구별을 부정하는 불교적인 관점에서 본다면 민족이라는 개념과 불교 사상은 일치할 수 없는 모순에 빠졌다고 할 수 있다.

---

61) 김광식, 2007, 「대한승려연합회 선언서와 민족불교론」 『민족불교의 이상과 현실』, 도피안사, 57~58쪽.
62) 김광식, 위의 논문, 71쪽.

4. 「조선독립에 대한 감상」에 나타난 세계평화주의

1910년 국권을 상실하고 나서 국내에서 독립운동은 제한적이며, 분산적으로 진행되었고, 지하로 숨어들 수 밖에 없었다. 이는 국권을 강탈당한 상황에서 운동체가 갖는 일반적인 특징이다. 반면에 한말까지 주류를 이루었던 복벽주의 운동은 종언을 고하고 국내·외에서 제기되었던 공화주의론이 독립운동의 새로운 이념으로 자리잡게 되었다.[63] 군주제가 봉건시대의 국체였다면 공화제는 근대의 국체이다. 공화제는 군주제에 비해서 자유로운 토론과 독자성이 중시되는 체제이다. 독립운동에서 추구하는 것이 민족의 독립이라면 민족주의는 독립운동의 목적을 달성하는 이념 가운데 하나이다. 일제시기를 통하여 민족인식이 최고조로 고양된 시기는 1919년 3·1운동 시기이다. 3월 1일 탑골 공원에서 낭독된 '독립선언서'에는 민족民族·이민족異民族·문화민족文化民族·양민족兩民族 등의 단어와 민족적이라는 관형어를 포함해서 총 13회가 나온다.[64] 3·1운동 단계에 가면 '민족'이라는 단어는 보편적으로 사용되었다는 것이 입증된다. 3·1운동 당시 독립선언서에 서명하고 민족운동에 가담하였던 승려는 백용성과 한용운이다. 백용성은 1910년부터 시작된 임제종이 설립되는 데 관여하였던 승려로 1912년 경성에서 임제종 포교당이 개교될 때 개교사장開敎師長으로 활약하였다.[65] 그는 독립선언서에 서명한 까닭을 묻는 신문조서에서 다음과 같은 답변을 하였다. "한용운이란 사람이 나에게 와서 금번 구주 전쟁의 결과 파리 강화회의에서 각국은 독립을 하려고 하

---

63) 윤경로, 1996, 「1910년대 독립운동의 방략과 특성」『한국독립운동사사전』 총론편, 한국독립운동사연구소, 259~261쪽.

64) 「독립선언서」, 독립기념관소장자료, 자료번호 자-431.

65) 『매일신보』 1912.5.28, 「포교당의 성황」.

였기 때문에 우리 조선도 독립을 하지 않으면 안된다고 하여 금명일 내로 선언을 하려고 하니 그대 생각은 어떠한가 하므로 그런 일이면 마땅히 찬성한다고 하였다. … 어느 때든지 통지만 하면 어느 곳이든지 가기로 약정하고 한용운은 돌아갔다"[66]라고 하였다. 그는 조선독립을 위해서라면 언제, 어디든지를 묻지 않고 찾아가겠다고 말함으로써 독립에 대한 결연한 의지를 표현하였다. 여기에서 그의 투철한 민족의식을 알 수 있다. 뿐만 아니라 그는 옥중에서 다른 종교인들이 각자 자신의 종교 서적을 구하여 읽으면서 기도를 하는데 모두 한글 경전이었다는 것이다. 불경이 한글로 번역되지 않았다는 사실을 깨닫고 출옥 이후 역경사업에 진력하여 『금강경』·『능엄경』·『원각경』·『화엄경』 등 무려 30여 종의 경전을 번역하였다. 그의 이러한 번역 작업은 민족의식의 발로였다고 볼 수 있다.[67]

백용성과 함께 불교계의 대표로 33인 대열에 참여하였던 한용운은 '독립선언서'에 서명·날인하고, 조선의 독립을 주장하였다는 죄목으로 1919년 10월 실형을 선고 받고 1921년 12월까지 약 2년 6개월 동안 영어의 몸이 된다.[68] 1919년 7월 10일 한용운은 옥중에서 경성지방법원 검사장의 요구로 아무런 참고자료도 없이 「조선독립에 대한 감상」을 작성하였다.[69] 이 「조선독립에 대한 감상」은 1919년 11월 4일자 상해 임시정부

---

66) 이병헌 편저, 1959, 『3·1운동비사』, 시사시보사출판국, 138쪽.

67) 한보광, 2002, 「백용성 스님의 역경활동과 그 의의」『대각사상』 제5집, 대각사상 연구회.

68) 김광식, 2004, 「첫키스로 만해를 만난다」, 장승, 123~129쪽.

69) 「조선독립에 대한 감상」은 「조선독립의 서」, 「조선독립의 이유서」, 조선독립에 대한 감상 대요」 등 다양한 이름으로 불리지만 여기서는 한용운이 공판 때 밝힌 「조선독립에 대한 감상」으로 쓰기로 한다. 이 부분을 다룬 논저로는 다음과 같은 것들이 있다. 박걸순, 1992, 『한용운의 생애와 독립운동』, 독립기념관 한국독립운동사연구소 ; 고명수, 2001, 「'조선독립에 대한 감상 개요'에 나타난 만해의 독립사상」『불교평론』 제3권 제3호, 불교시대사, 가을 ; 김광식, 2004, 『첫키스로 만해를 만난다』, 장승.

기관지인 『독립신문』에 게재되어 세상에 공개되었다.[70] 그동안 학계는 「조선독립에 대한 감상」을 불교 사회주의로 평가하기도 하였고, 민족주의의 발현 또는 민족자존론 등으로 이해하여 왔다. 이 글은 당시 사상계의 흐름과 한용운의 사상을 가장 잘 나타낸 것으로 그 핵심은 자유주의에 입각한 불교 사회주의 사상[71]을 담고 있다고 평가되기도 하였다. 한용운의 자유·평화·평등의 정신이 녹아있는 민족주의에 바탕한 독립사상으로 집약되어 나타났다는 평가도 있다.[72] 나아가서 이 글은 3·1운동 이후 일부 민족주의 진영에서 제기하였던 타협론을 질타하고 인류 역사는 문명과 평화를 향해 진보한다는 진보사관과 민중사관의 표현으로 평가되기도 한다.[73]

「조선독립에 대한 감상」에는 해석하기에 따라서 사회주의적인 요소도 있고, 민족주의의 발현 또는 독립사상으로 해석할 수 있는 부분이 있지만 그 행간을 자세히 읽어 보자면 민족주의를 넘어서 세계평화를 지향하고 있음을 알 수 있다. "자유는 만물의 생명이요 평화는 인생의 행복이다. … 그러므로 자유를 얻기 위해서는 생명을 터럭처럼 여기고 평화를 지키기 위해서는 희생을 달게 받는 것이다."[74] 한용운은 목숨을 바쳐서까지 자유와 평화를 얻고자 하였다. 그만큼 자유와 평화를 사랑한다는 뜻이고, 자유와 평화를 유린하는 제국주의 침략 세력과는 결코 타협할 수 없다는 것이다. 그의 이러한 논조는 다음과 같이 이어진다. "이른바 강대국 즉 침략국은 군함과 총포만 많으면 스스로의 야심과 욕망을 충족시키기 위하여 도의를 무시하고 정의를 짓밟는 쟁탈을 행한다."[75] 이 말

---

70) 『독립신문』 1919.11.4.
71) 안병직, 1970, 「만해 한용운의 독립사상」 『창작과 비평』 제5호, 창작과비평사.
72) 김광식, 앞의 책, 「첫키스로 만해를 만난다」, 118~121쪽.
73) 고명수, 앞의 논문, 142~143쪽.
74) 2006, 「조선독립의 서」 『한용운전집』 1, 불교문화연구원, 346쪽.
75) 위와 같음.

은 도의와 정의가 지켜져야 한다는 것이며. 이 도의와 정의라는 말 속에는 다음과 같은 뜻이 담겨 있다고 볼 수 있다. "각 민족의 독립자결은 자존성의 본능이요, 세계의 대세이며, 하늘이 찬동하는 바로서 전인류의 앞날에 올 행복의 근원이다. 누가 이를 억제하고 누가 이를 막을 것인가"[76] 조선이 독립하는 것은 하늘의 뜻이며 누구도 저지할 수 없다는 뜻이다. 하늘의 뜻이 어찌 조선의 독립만 정당하다고 하겠는가. 하늘은 온 인류가 평화롭고 행복하게 살 권리를 부여하였다. 이 권리는 누구도 침탈할 수 없는 소중한 것이라는 뜻이 아니겠는가. 이러한 사상은 불교의 자유와 평등 사상과 맞닿아 있으며, 승려인 그가 평소 읽고 실천하고자 한 불교 사상의 핵심이다. 필자는 「조선독립에 대한 감상」을 민족주의와 독립사상으로만 이해하는 것은 승려로서 한용운 사상의 본질에 접근하지 못하였다고 본다. 한용운은 제국주의 세력의 침탈에 맞서 독립을 추구하는 과정에서 약육강식·우승열패라는 사회진화론을 수용하여 민족주의적인 관점에서 민족자결주의에 입각한 절대 독립을 주장하였지만 궁극적으로는 그것을 넘어 서고자 하였다. 그는 시인·문학가·독립운동가 등으로 평가되지만 기본적으로는 나와 너의 구분을 넘어서는 제행무상과 제법무아를 체득한 승려였으며 세계평화주의를 지향하였다.

5. 맺음말

이상에서 근대 불교계에서 민족의식이 형성되는 과정을 두 단계로 구분하고 시기별 특징을 살펴보았다. 민족인식의 수용기는 서구 문물과 일본 불교계에서 파견된 포교사들로부터 또는 개화승들의 일본 방문을 통하여 민족을 자각하여 가는 시기지만 뚜렷하게 인식하지는 못하였다. 형

---

76) 위의 책, 348쪽.

성기에는 일본 불교계의 위장된 친절과 단계적이고 교묘한 침략 정책에 불교계가 회유되는 모습이 나타기도 하지만 민족인식이 성숙되어가는 시기이다. 조선 사찰이 자발적으로 관리청원을 신청하였다든가, 원종의 종정이 전국 사찰의 주지들로부터 위임장을 받아 일본 불교 조동종과 연합맹약을 체결한 것은 그 예라고 할 수 있다. 이 시기는 임제종 설립운동과 같은 불교계 내부에서 일종의 민족운동이 일어났던 사실에서 민족의식이 형성되었다는 것을 알 수 있다. 그리고 한용운의 「조선불교유신론」에는 민족의식을 느낄 수 있는 부분이 여러 곳에 나타나지만 그가 승려의 결혼문제를 식민통치의 본산이 통감부에 제출하였다는 사실은 아직까지 그의 민족의식이 투철하지 못하였음을 말해 준다. 1911년 「사찰령」이 시행되자 불교계는 이 법이 불교계의 자율권을 박탈하고 조선총독부 권력에 예속시키려한다는 것을 알고 저항한 승려들이 있었다. 그렇지만 이 법을 찬양하는 승려들이 저항하는 승려들 보다 많았다. 이러한 사실은 불교계가 식민통치의 본질을 깨닫지 못한 한계를 노정시켰다. 이러한 한계는 1919년 3·1운동이라는 거족적인 항일운동을 거치면서 극복된다.

3·1운동 시기에 가면 불교계의 민족의식은 선명한 모습으로 나타난다. 1919년 상해에서 발행된 「대한승려연합회선언서」는 일본의 침략 행위를 강력하게 규탄하였다. 이 선언서는 평등과 자비는 불법의 종지인데 불법을 무시하고 남의 나라를 침략하여 무고한 인명을 살상하고, 수탈을 일삼는 일본을 적으로 규정하였다. 나아가서 불법과 민족의 생존권을 수호하기 위해서 혈전을 선언하였다. 불교계의 이러한 혈전 선포는 불법에 어긋나지만 만인의 자유가 곧 세계평화의 근간이라는 의식이 내재된 것으로 보인다. 3·1운동 당시 백용성은 독립선언서에 서명하였을 뿐만 아니라 출옥 후에 많은 불경 한글로 번역하여 불교의 대중화에 기여하였다. 이러한 그의 노력은 민족의식의 발로에서 나온 것으로 보아도 좋을 것이다. 백용성과 함께 독립선언서에 서명하고 조선의 독립을 주장하였

다는 죄목으로 투옥된 한용운은 옥중에서 「조선독립에 대한 감상」이라는 명논설을 집필한다. 이 논설에는 일본의 침략 행위는 도의와 정의에 위반된다 점을 지적하였다. 조선이 독립하는 것은 하늘의 뜻이며 그것은 세계평화를 유지하기 위한 전제 조건임을 천명하였다. 이러한 사상은 민족주의의 틀을 넘어서 세계평화를 지향하는 것이다. 그는 시인이요, 문학가이자, 독립운동가로 불리지만 그의 신분은 승려였다. 그가 승려였기 때문에 민족주의를 넘어서 세계평화라는 차원 높은 이상론을 제기할 수 있었다고 본다. 이러한 그의 사상과 주장은 인재의 부재로 허덕이던 당시 불교계의 위상을 지켜낼 수 있는 버팀목이었다. 불교계는 다른 사회에 비해서 민족의식 수용과 형성에 있어 다소 늦은 감이 있다. 하지만 한용운이 불교사상에 기반한 민족주의에 머무르지 않고 세계평화를 주장함으로써 불교계의 위상을 한 차원 높여 주었다. 그가 이러한 주장을 할 수 있었던 것은 '나와 남은 본래 없다'는 불교의 가르침을 체인體認하였기 때문이다.

민족이란 말은 세계평화라는 단어 앞에는 무력해진다. 다만 개별적인 주체성을 가지고, 전체적인 조화를 이룬다는 측면에서 제한적인 의미를 가질 뿐이다. 결국 민족주의는 불교적 관점에서 보자면 극복되어야 할 과제이다. 이러한 단초는 한용운의 「조선독립에 대한 감상」에서 찾아진다. 종래 학자들은 「조선독립에 대한 감상」을 민족주의 인식의 표상으로 주장하여왔다. 한용운의 이 논설은 민족주의를 넘어선 세계평화를 추구하는 면모를 드러낸다. 불교계의 민족주의 인식은 개항 직후 민족이라는 인식이 부재하였던 단계에서 사회전반의 인식 고양에 힘입어 차츰 민족이라는 것을 인식하게 되지만 그 와중에서 조선 사찰 관리권을 일본에 양도하는 관리청원과 조일불교 연합책동과 같은 반민족적인 처사를 경험하기도 한다. 하지만 1919년 3·1운동 단계를 지나면서 한용운이 「조선독립에 대한 감상」을 집필하는 단계에 가면 독립을 주장하되 그 방법으로는 비폭력을 주장하였다. 한용운이 주장한 비폭력을 통한 민족독립의 달성은 모든 생명을 존중하고 자유를 존귀하게 여기는 불교정신에 바탕한 것이었다고 할 수 있다.

제2장
일제의 불교정책과 친일문제 검토

1. 머리말

식민지 시기 일제가 표면적으로 드러낸 불교정책은 보호·육성책이었다. 일제는 조선시대 이래로 빈사상태에 빠진 조선 불교를 희생시킨다는 명분을 내세웠지만, 실제로는 철저한 감시와 회유를 통한 탄압책으로 일관하였다. 이러한 통제책은 시기별로 양상을 달리하면서 전개되었다. 일제의 불교정책은 일본의 국내 사정, 그리고 식민지 지배정책과 긴밀한 관련성을 가지고 전개되었다.

식민지 시기를 일관되게 불교계를 통제한 법령은 「사찰령」과 「사찰령시행규칙」이었다. 일제는 사찰령을 통하여 종래 조선불교의 전통적인 의사 결정 방법이었던 산중공의제山中公議制를 무시하고 불교계를 30본사 체제로 재편하였다.

일제는 불교계를 30본사 체제로 개편하고 30본사 주지의 임면은 조선총독의 승인을 받게 하고, 사찰재산 처분에 있어도 사전에 조선총독부의 허가를 받게 함으로써 인사권과 재정권을 장악하였다. 일제는 조선 불교계를 관리하던 「사찰령」과 「사찰령시행규칙」에 사찰 신설 조항을 두지 않음으로써 식민지 시기를 통하여 새롭게 건축된 사찰을 찾아볼 수가 없는 실정이다.

일제는 1919년 3·1운동이라는 엄청난 조선 민중의 항일운동을 경험하고 나서 1920년대에 들어서는 친일파 양성책에 주력하였다. 그 결과 1924년에 비교적 민족주의적인 성향이 강하였던 총무원이 와해되고, 재단법인 조선불교중앙교무원이 탄생하였다. 재단법인 조선불교중앙교무원은 재단법인이었지만 당시로는 불교계를 대표하는 단체였다.

일제는 1931년 만주사변 이후로 전시체제에 돌입하였다. 일제는 조선 불교계도 전쟁 수행을 협력할 것을 강요하였다. 조선불교계는 일제의 이러한 요청을 거부할 수 없었고, 태평양 전쟁 말기에는 불구佛具와 범종마저 전쟁 수행을 위해 헌납하는 지경에 이르렀다.

이러한 상황에서 30본사 주지들은 친일세력화 될 수밖에 없었다. 불교계의 친일양상도 일제의 식민지 지배정책 변화에 따라서 변모되는 양상을 보이고 있다. 해방 이후 한국 사회는 출발선상에서부터 친일파 문제를 선명하게 처리하지 못함으로써 가치관의 혼란이 초래되었다.

한국 사회에서 친일파 문제는 이승만과 친일세력에 의해 반민족행위특별조사위원회(이하 반민특위로 약칭)가 1949년 8월에 와해됨으로써 정권차원에서 분명한 해결을 보지 못하였다. 그 후 1990년대에 들어서 민간차원에서 친일파의 행적이 조명되고, 현재는 친일파 인명사전이 기획되고 있는 단계에 이르렀다고 한다. 이러한 문제를 조명하는 데는 민족문제연구소라는 민간단체의 역할을 컸다고 할 수 있다.

불교계의 친일문제 역시 명쾌한 해결을 보지 못한 채, 베일에 싸여진 채 지내 왔다. 1993년 임혜봉 스님이 『친일불교론』이라는 책을 내면서 불교계 인사들의 친일행적이 세상에 알려지기 시작했고, 본격적인 논의가 이루어지기 시작하였다.

불교계의 친일파 문제는 1954년부터 시작되는 이른바 '정화불사'운동과 더불어 오늘날까지 한국불교의 현실을 제약하는 요인이 되고 있다. 친일파 문제는 해방 이후 70년 세월이 가까워 오는 현시점에서 직접적으로 친일행위를 하였던 당사자들 대부분이 세상을 떠난 시점에서조차도 논의가 자연스럽지 못한 상황이라고 하겠다.

2. 일제 종교정책의 시기별 특성

1) 1910년대 사찰령의 공포와 30본사 체제의 성립

조선왕조 성립 이후부터 개항기에 이르기까지 불교는 숭유억불정책의 영향으로 승려들은 무리한 공물의 상납에 시달렸으며, 축성과 산성 수비 그리고 각종 토목공사에 동원되는 등 온갖 잡역에 시달려야 했으며, 양반과 이속배吏屬輩들로부터 갖은 멸시와 수모를 당하여야만 하였다.[1]

1876년 외세의 강압에 의하여 문호가 개방되자 조선왕조 정부가 외세와 함께 들어온 개신교의 포교를 묵인할 수밖에 없었으며, 이와 더불어 불교의 탄압책도 완화되었다. 1895년 일본 일련종의 승려인 사노 젠레이[佐野前勵]는 조선에서 일련종을 포교할 목적[2]으로 조선승려들의 '도성해금'을 김홍집 내각에 건의하여 승려들의 도성출입이 허가되게 되었다.[3]

그러나 그 당시 사회적인 분위기는 승려들의 도성해금이 해제될 상황에 놓여 있었다. 1880년대 천주교의 선교활동을 묵인하는 입장을 취해놓고, 1885년에는 미국인 선교사 언더우드와 아펜젤러가 입국하여 1887년에 새문안교회를 창립하여 선교활동을 하고 있었다.[4]

1894년에 발발한 동학농민전쟁에서 농민군들의 요구사항이었던 폐정개혁안 12개조 가운데 신분제 철폐에 관한 조항[5]이 들어 있었다. 동학농

---

1) 김갑주, 1983,『조선시대 사원 경제연구』, 동화출판공사, 116~126쪽.
2) 다카하시 토오루(高橋亨),『李朝佛敎』, 894~896쪽.
3)『일성록』고종 32년 을미 3월 29일 경자조.
4) 새문안교회역사편찬위원회, 1995,『새문안교회100년사』, 27쪽.
5) 오지영, 1987,『동학사』, 대광문화사, 136쪽.

민전쟁의 영향으로 성립한 군국기무처에서 입안한 개혁의안 가운데 승려의 도성출입금지 조항을 폐지한다는 내용이 포함되어 있었다.[6]

대한제국 정부는 '도성해금'을 단행한 이후 전국에 있는 사찰들을 총괄할 수 있는 기관의 필요성을 느껴 1899년 동대문 밖에 원흥사를 세우고, 1902년에는 원흥사 내에 궁내부 소속의 사사관리서寺社管理署를 설치하여 육군 참령 권중석權重奭을 관리자로 임명하여, 국내사찰현행세칙 36조를 공포하여 원흥사를 대법산인 수사찰 즉 한국불교의 총종무소로 삼고, 각 도에 중법산 16개소를 두어 사찰 사무를 통괄하게 하였다.[7]

대한제국 정부는 500여 년 동안 방치해 왔던 불교계에 사사관리서를 설치하고 관리자를 임명하여 각 도의 사찰을 조사·정리하여 총괄해서 관리하게 함으로써 더 이상 사찰이 황폐되지 않도록 한다는 내용이다.

대한제국이 반포한 국내사찰현행세칙에는 좌교정으로 하여금 불교계를 총괄적으로 지휘·감독할 수 있는 권한을 주었다. 그리고 사소한 승려들의 범죄행위는 국법에 의존하기보다는 승단 내에서 해결하도록 하는 자율권도 부여하였다. 뿐만 아니라 학교를 세워 뛰어난 인재를 선발하여 교육을 시켜 불교발전을 도모할 것을 권장하는 조문도 명시되어 있다.[8]

대한제국의 불교정책은 탄압책으로 일관하던 조선왕조 정부의 불교정책과는 달리 승단의 자율권을 보장하고 내재적인 발전을 지향하도록 장려한 정책이었다고 할 수 있다. 그러나 이러한 대한제국의 불교정책은 1910년 일본의 강제병합이 이루어지면서 좌절되었다.

일제는 조선을 강제로 병합한 이후 불교계를 장악하기 위해서 1911년 6월 3일 제령 제 7호로 「사찰령」을 공포하여 전국의 사찰을 30본사 체제로 재편성하였다. 30본사 체제는 1924년 11월 20일자로 「사찰령시행규

6) 황현, 1955,『매천야록』, 국사편찬위원회, 149쪽.
7) 삼보학회,『한국근세불교백년사』제4권 '각종법령', 민족사, 2~9쪽.
8) 앞의 책, 4권, 14장 「각종법령」, 2~9쪽.

칙」 2조 개정하여 전남 구례 화엄사를 본사로 승격시킴으로써 이후는 31
본사 체제가 되었다.

조선총독부는 「사찰령」을 통하여 조선불교의 괴멸을 구할 수 있었으
며,[9] 사찰의 재산을 보호할 수 있었다고 하였다. 그러나 「사찰령」과 「사
찰령시행규칙」에 사찰 창립에 따른 규정을 두지 않음으로써 사찰의 신
규창립은 이들 법령이 개정되지 아니하는 이상에는 불가능할 일이었다.

필자는 「사찰령」과 일본 문부성에서 1898년 제14회 제국의회에 제출
한 종교법안[10]을 비교 검토한 결과 사찰령이 종교법안을 참조하여 만들
어졌을 가능성이 크다는 결론을 내리게 되었다.

종교법안은 메이지유신[明治維新] 이후에 천황제와 국가신도의 위상을
강화하는 과정에서 불교를 비롯한 여타 종교를 규제하기 위하여 입안되
어 제14회 제국의회에 상정되었으나 통과되지 못하였다.

종교법안은 이후에도 1927년 52회, 그리고 1929년 56회에는 종교단체
법이라는 이름으로 상정되었으나 번번히 헌법정신에 위배되고, 국가의
종교간섭은 시대착오라는 반론에 부딪혀 통과를 보지 못하다가 중일전
쟁이 발발하고 전시체제로 돌입하여 국가총동원 체제가 가동될 무렵인
1939년 제74회 제국의회를 통과함으로써 본격적인 국가의 종교간섭이
본격화되었다.[11]

종교법안은 5장 53개조로 구성되어 있다.[12] 제1장 총칙, 제2장 교회
및 사찰, 제3장 교회 및 종파, 제4장 교사, 제5장 벌칙 그리고 부칙 7조로
이루어져 있다. 대체적인 내용은 종교단체는 가능한 법인으로 등록케 한
다는 것과 종교단체는 주무관청의 감독을 받아야 한다는 것이다.

9) 조선총독부, 1940, 『시정삼십년사』, 84쪽
10) 도무라 마사히로[戸村政博], 1976, 『神社問題とキリスト教』, 新教出版社, 397~400
   쪽
11) 한국기독교역사연구소, 1998, 『한국기독교의 역사』Ⅱ, 278쪽.
12) 도무라 마사히로, 앞의 책, 397~400쪽.

구체적인 감독사항은 지면 관계상 세세하게 언급할 수가 없지만 주무 관청은 사무의 보고를 요구할 수 있고, 그 상황을 검사하고 기타 감독상 필요한 명령을 발하고 처분을 명할 수 있다고 되어 있다.

요컨대 주무관청은 종교단체의 신앙행위가 신민된 자의 의무를 충실히 이행하지 않거나 공공의 안녕에 위배된다고 판단될 때는 종교단체를 등록을 취소할 수 있는 권한을 가지고 있었다.

「사찰령시행규칙」에는 30본사의 주지를 선출하는 방법과 임기 그리고 30본사 주지의 취임은 조선총독의 인가를 받아야 하며, 말사 주지는 지방장관의 인가를 받을 것을 명시하는 등 사찰령을 시행하는 구체적인 세칙들로 구성되어 있다.

그러나 「사찰령시행규칙」은 종래 대한제국 조선불교계에서 수사찰로 지정하였던 원흥사를 부정하였고, 경성에는 하나의 본사도 두지 않았다. 그리고 조선총독부에서 지정한 30본사는 조선의 전통 사격寺格을 정밀하게 고려하지 않은 점이 있었다. 조선총독부가 30본사를 지정하여 발표하자 경남 하동의 쌍계사에서는 쌍계사가 해인사의 말사로 편입된 데 불복하여 1911년부터 조선총독부에 본사 승인 요청을 하였다.

쌍계사가 해인사의 말사에 편입된 데 불복한 사유는 지리산 일대의 사찰 즉 쌍계사·화엄사·대원사 등의 사찰에는 조선후기 벽암 문손들이 서산 문도보다 많은데 법류가 다른 해인사의 말사에 편제시킨 데 대한 불만의 표시였다.[13] 「사찰령」은 조선의 전통 사격을 정밀하게 검토하지도 않았다는 것이다.

30본사 제도가 조선의 전통 사격을 엄밀하게 고려하지 않고 이루어진 예는 1924년 11월에 선암사 말사에서 본사로 승격된 화엄사에서 찾을 수 있다. 화엄사의 본사인 선암사에서는 1921년 광주 무등산 약사암 주지

---

13) 다카하시 토오루, 앞의 책, 761쪽.

김학산을 화엄사 주지로 임명하였다.

김학산이 2월 2일 화엄사로 부임하려 하자 화엄사 승려들은 선암사에서 임명한 주지는 수용할 수 없다는 태도로 거부하였다. 김학산은 7일까지 세 차례에 걸쳐 화엄사에 들어가려 하였으나 선암사의 승려 20여 명이 김학산을 구타하여 동월 9일에 절명하는 사태가 발생하였다.[14] 사태가 이렇게 전개되자 조선총독부 측에서는 진상조사단을 파견하고 「사찰령시행규칙」 제2조 본말사 주지 임면 조항을 수정하여 1924년 11월 20일자로 화엄사를 본사로 승격시켰다.[15]

이 밖에도 김제의 금산사는 1902년 사사관리서에서 사찰을 통괄하던 시기 원흥사를 수사찰로 하고, 전국에 16개의 중법산으로 편입되었던 금산사가 중법산에 들지 못했던 전주의 위봉사의 말사로 편입되어 본말이 바뀐 경우도 있었다. 이 밖에도 사격이 맞지 않아서 본산 승격을 신청한 사찰이 많이 있지만 이들의 요구는 모두 묵살되어졌다.[16]

요컨대 「사찰령」과 「사찰령시행규칙」의 주요한 내용은 30본사의 주지 임면권을 조선총독이 장악한다는 것과 재산을 매각할 때 역시 조선총독의 승인을 받아야 한다는 점이다. 이것은 조선불교계의 인사권과 재정권을 조선총독이 장악한다는 것이다. 조선총독은 불교계의 주지들을 장악함과 동시에 그 주지들에게 큰 권한을 줌으로써 조선불교계 전체를 장악하였다.

「사찰령」과 「사찰령시행규칙」의 시행으로 30본산 체제가 성립하였다. 그리고 30본사에서 각기 사법을 제정하여야만 하였다. 사법 역시 조선총독부 내무국 지방과의 촉탁으로 있던 와타나베가 일본 승정僧政의 예를 참작하여 식민통치에 편리하도록 초안을 만들어 놓고 각 본산으로

---

14) 『매일신보』 1921.2.17.
15) 『조선총독부관보』 1924.11.20.
16) 김광식, 2000, 「일제하 금산사의 사격」『근현대불교의 재조명』, 민족사, 114쪽.

하여금 작성케 하는 형식을 취함으로써 표면상으로는 30개의 사법이 있었지만 그 내용은 하나라고 할 수 있다.

30본사 체제는 전국에 30개의 거찰을 본사로 지정하고 본사가 되지 못한 나머지 사찰들을 본사에 배속시켜 말사로 삼았다 말사는 주지의 임면에서부터 제반 모든 행정사항을 본사의 지시를 따라야 하는 상명하달의 체제가 형성되었다. 30본사 체제는 중앙에서 30본사들을 통괄할 수 있는 중앙기관의 부재로 말미암아 30조각으로 분할되어 오직 조선총독부만이 본사들을 통제할 수 있을 뿐이었다.

조선총독부측은 조선불교계를 잘 통제하자면 30본사 주지들을 장악하는 것이 무엇보다도 중요한 일이었다. 조선총독부측은 본사 주지들의 위상을 높여 줄 필요가 있었다. 본사 주지들은 조선불교계를 대표하는 지위로서 주임관의 대우를 하였으며, 매년 정월에 총독 관저에서 열리는 신년하례회에 초청을 받았고, 공식연회에 종교계의 요인으로 초대하여 우대를 받았다.

조선총독부에서는 30본사 주지들에게 막강한 권한을 부여하였다. 사법 제11의 징계조항을 살펴보면, 세속의 법으로 치명 사형에 해당하는 체탈도첩褫奪度牒에 해당하는 7가지 조문 가운데 제2항은 본사 주지를 모욕하고 승풍을 문란한 자, 제3항은 종의에 패한 이설을 주장하고 본사 주지의 교유에 부종한 자, 제5항은 정치에 관한 담론을 하거나 또는 정사에 가입하여 승려의 본분을 실추한 자는 체탈도첩을 시킬 수 있도록 되어 있었다. 즉 승려의 신분을 박탈하는 중형에 처하게 되어 있다. 체탈도첩은 세속법으로 사형에 해당되기 때문에 일단 징계가 확정되면 감형이나 복권은 있을 수 없는 극형이다.

2) 1920년대 친일파 양성책

1920년대에 일제가 실시한 문화정치의 특징은 분할통치였다.[17] 분할

통치란 식민지 내부의 종족적·계층적·종교적 대립을 이용하여 식민지 피압박 민족의 국민적 통일과 민족운동의 발전을 가로막기 위한 분열정책이라고 규정하고, 열강들이 모두 식민지에 의회를 설치하고 그것을 통해서 식민지 민족자본가를 분열시켜 그 상층부에 대한 회유와 포섭을 꾀했던 것이 그 단적인 현상이라고 하였다.[18]

일본은 1910년에 조선을 강제로 병합한 이래 무단통치를 통해서 지배해 왔지만 1919년 3·1운동의 발발로 조선인의 대규모 저항에 직면하였다. 3·1운동이 종교계 지도자들에 의해서 발단이 되었음에 주목할 일제는 민족대표 33인의 종교를 분석한 결과 천도교 15명, 기독교 16명, 불교 2명으로 분석하였다.[19]

이상과 같은 분석에서 종교의 정치 관여가 조선역사의 고질적인 병폐라고 단정한 사이토 마코토[齋藤實] 총독은 학무국에 종교과를 신설하고, 외국인 선교사와 양해친화를 도모하고, 포교규칙의 개정·사립학교 규칙 개정·종교단체의 법인화 허가 등 잇따른 종교에 관한 종무방침을 시달하였다.[20]

조선총독부는 3·1운동에서 천도교·기독교·불교 등 종교단체가 대중 결집의 큰 매체로서 큰 역할을 하였고, 3·1운동 이후에도 여전히 커다란 잠재력을 가지고 있었으므로 이들 종교단체를 갈라놓고 재편성을 통해서 어용화를 꾀하면서 민족주의자를 몰아내는 방법을 썼다.[21]

3·1운동 이후 조선총독부가 조선불교에 취한 정책은 천도교나 기독교 등 여타의 종교와 마찬가지로 불교계를 분열시키는 것이었다. 1920년에 만들어진 사이토 총독의 문서 가운데 「조선의 민족운동에 대한 대책」에

---

17) 강동진, 1984, 『일제의 한국침략정책사』, 한길사, 11쪽.
18) 강동진, 앞의 책, 11쪽.
19) 김소진, 1999, 『한국독립선언서연구』, 국학자료원, 93쪽.
20) 조선총독부, 1921, 『朝鮮の統治と基督教』, 14~20쪽.
21) 강동진, 앞의 책, 388쪽.

나타난 '종교적 사회운동'을 살펴보면 다음과 같은 내용이 담겨있다. 불교계를 통제하는 방안으로 조선불교에서 일본인과 조선인의 제휴로 불교적 사회운동을 전개하는 것을 제시하고 있다.. 그 구체적인 방법은 30본사를 총괄하는 총본사를 설립하고, 그 총본사의 관장에는 친일파를 세우도록 하는 것을 주요 내용으로 하고 있다.[22]

민족적 성향이 강하였던 조선불교총무원과 친일적 성향의 조선불교교무원이 대립을 거듭하다가 1924년 4월에 재단법인 조선불교중앙교무원으로 통합 되었다.[23]

불교계 일각에서는 청년승려들이 중심이 되어 관권과 결탁된 일부 주지계층의 권위적인 행태를 시정하고, 자주적이고, 민주적이며, 민족적인 방향으로 개혁하려는 움직임이 나타나고 있었다. 이러한 움직임은 불교청년회와 불교유신회로 나타났다. 불교청년회의 탄생은 중앙학림의 청년 학생들이 중심이 되어 이루어졌다.[24] 중앙학림은 현재 동국대학교의 전신이며, 당시 불교계의 최고 교육기관이었다.

불교유신회가 창립되게 된 배경은 현실 개혁을 추구하던 불교청년회의 활동에서 실제로 전면에 나서서 실천적인 행동대원들을 필요로 한 데서 찾을 수 있다고 하겠다.

불교청년회는 전불교계의 중심이 되는 부분에 대해서 개혁을 단행하려는 포부를 가지고 있었으므로 신중하게 행동할 필요가 있었던 것이다. 그러나 당시의 객관적인 형세가 여러 가지 제약을 받지 않을 수 없었으므로 별개의 단체로 유신회가 성립되었던 것이다.[25]

불교유신회에서는 당시 불교계의 최대 장애였던 사찰령 폐지운동을

---

22) 1990, 「朝鮮民族運動ニ對スル對策案」『재등실문서』 제9권, 高麗書林, 143~151쪽.
23) 『동아일보』 1924.4.3, 「통일적 중앙기관」.
24) 『동아일보』 1920.5.24, 「불교계의 서광」.
25) 만해, 1938.2, 「불청운동을 부활하라」『불교』(신) 제10호, 2~3쪽.

전개하였다. 1922년 4월 19일자로 불교유신회원 유석규 외 2,284명의 연서로 건백서를 조선총독부에 지출하였다. 사찰령 폐지에 관한 건백서의 내용을 살펴보면 정교분리를 주장하였으며, 서문에는 "자체적 사원제도는 총림 청규의 특색이며 1,600여 년의 역사이다."로 시작하여 "하루라도 조속히 사찰령을 폐지하여 불교 자체의 통일에 일임하라."로 끝을 맺고 있다.[26]

불교유신회는 사찰령을 하루 속히 폐지하고 불교계의 자율에 맡겨야 한다고 주장하였다. 불교 유신회는 조선총독부로부터 사찰령 폐지에 관해서 아무런 회신을 받지 못하자 1923년 1월 6일에 또 다시 사찰령 폐지에 관한 건백서를 제출하고 박한영·김경홍 외에 7명, 도합 9명의 위원을 선정하여 1주일 안으로 당국에 다시 질문하기로 하였다.[27] 이후 1926년 5월 26일 불교유신회에서는 또 한 차례 조선총독부에 또 다시 사찰령 폐지를 건의하였다.[28]

조선불교총무원의 탄생은 불교청년회와 불교유신회원의 노력과 밀접한 관련이 있다. 불교유신회 회원들은 1922년 1월초 30본산 주지 총회에서 본산 주지들의 전횡을 성토하였다.[29]

재단법인 조선불교중앙교무원은 본사 주지들이 중심이 되어 '조선불교의 발전을 도모하기 위해서 종교 및 교육사업을 시행하고 조선 사찰 각 본말사의 연합을 도모한다'는 목적을 가지고 출범하였다. 당시 본사 주지들은 조선총독부 권력과 타협하지 않고는 존립이 불가능하였다.

재단법인 조선불교중앙교무원의 이사에는 해인사 주지 이회광·용주사 주지 강대련·위봉사 주지 곽법경·유점사 주지 김일운·대흥사 주지

---

26) 『한국근세불교백년사』 제3권, 「각종단체편년」, 민족사, 16~18쪽.
27) 『동아일보』 1926.1.8.
28) 『한국근세불교백년사』 제3권, 「각종단체편년」, 민족사, 21쪽.
29) 『동아일보』 1922.1.9, 「삼십본산 연합제를」.

신경허 등 5명이었다. 설립자본금은 모두 621,795원 51전이었으며 실제
불입금은 156,384원 80전이었다.[30]

조선총독부 학무국의 개입으로 성립한 교무원은 경남의 세 본산 즉,
해인사·통도사·범어사를 비롯하여 전국적으로 몇몇 본산이 참가하지 않
았으므로 모든 일이 제대로 이루어지지 않았다.

통도사의 경우 1922년 연말에 마산 포교당에서 개최된 본말사 주지총
회에는 본말사 청년 45명이 참석하였는데, 경남도청에서는 학무과장이
출석하여 재단법인 교무원에 가입하기를 권유하였다. 출석한 청년들은
몇몇 승려의 야심으로 성립한 재단법인에는 참가할 수 없다고 만장일치
로 결의하고 교무원의 재단법인 성립을 부인할 것을 결의하고 즉석에서
결의문을 발표하였다.[31] 비슷한 사례는 강원도 고성군 유점사와 함남 안
변 석왕사에서도 일어났다.[32]

이러한 사실은 재단법인 조선불교중앙교무원이 조선불교계 전체의 여
망을 수렴하여 성립한 것이 아니고 불교계를 보다 효율적으로 통제하려
는 조선총독부의 구도대로 이루어진 결과에 따른 현상이라고 하겠다. 총
무원은 조선총독부로부터 가해지는 압력과 천도교측으로부터 인수한 보
성고등보통학교의 운영난 등 중첩된 압박감에서 벗어나지 못하고 1924
년 4월 3일에 교무원과 대타협을 이루어 30본산이 재단법인 조선불교중
앙교무원으로 통합되었다.[33]

재단법인 조선불교중앙교무원으로 통합이 이루어진 직후에 총무원측
의 통도사 주지 김구하와 범어사 주지 오성월이 새로운 이사로 영입되어
모두 7명의 이사로 증원되었다.[34] 불교계의 개혁과 유신을 목적으로 출

---

30) 위와 같음.
31) 『동아일보』 1922.12.25, 「通度寺가 又脫退」.
32) 『동아일보』 1922.12.28, 「佛敎敎務院 財團法人 유뎜사에서도 반대의사를 결의」.
   정부기록보존소 문서, 『寺院·神道關係書類綴』, 1924.
33) 『동아일보』 1924.4.3, 「統一的 中央機關」

범했던 총무원은 2년 3개월 만에 문을 닫아야만 하였다.

3) 1931년 만주사변 이후 전시체제의 불교정책

일제는 1931년 만주사변을 도발하여 만주국을 건설하였고, 1932년에는 상해사변을 일으켜 국제사회에서 물의를 빚었는가 하면, 1933년에는 국제연맹에서 탈퇴하였고, 1936년은 워싱턴·런던의 해국조약이 만료되는 해로써 영국과 미국의 해군력 증강에 대하여 일본 국민들에게 경계심을 고취시키지 않을 수 없는 상황이었으며, 이러한 일련의 사태들로 인하여 국제사회에서 고립을 면치 못하였다.[35] 때마침 제기된 천황기관설은 일본 사회를 큰 충격으로 몰아 넣었다.

이러한 상황 속에서 제6대 조선총독으로 부임한 우가키 가즈시게[字垣一成]는 식민지 조선이 모국 일본을 배반하게 하여서는 안 된다는 지상과제를 수행하지 않으면 안 되었다. 우가키 총독은 경제부흥과 정신작흥이라는 두가지 문제를 해결하기 위하여 심전개발운동心田開發運動을 시행하였다.[36]

'심전'[37]이라는 말은 종래에는 불경 가운데 『잡아함경』에 나오는 것으로만 이해되었다. 그러나 유교 경전 가운데 하나인 『예기』의 「예운」편[38]에도 심전이라는 말이 나오고 있다. 뿐만 아니라 양나라 간문제簡文帝의 「상대법송표上大法頌表」에도 '심전'이라는 말이 있고, 당나라 시인 백낙천

---

34) 『동아일보』 1924.4.3.

35) 한긍희, 앞의 논문, 140쪽.

36) 최유리, 1997, 『일제 말기 식민지 지배정책연구』, 국학자료원, 19쪽.

37) 권상로, 1936, 『심전』, 심경사, 1~16쪽.

38) 『예기』 「예운」편에 "사람 다루기를 밭 다스리듯 하여 잡초가 나서 거칠어지는 일이 없도록 하는 것처럼 하면 사람들도 자기 마음을 잘 다스려서 집안에서 奧室(방의 서남쪽 귀퉁이로 가옥에서 가장 깊숙한 곳, 여기서 제사를 지내므로 가장 중심이 되는 곳을 뜻함)이 으뜸인 것처럼 만물의 영장이 될 수 있다."고 한다.

의 시에도 '심전'이라는 구절이 있다.[39]

이러한 관점에서 볼 때 심전개발운동은 불교·유교뿐만 아니라 기독교
까지도 포함해서 당시 조선인들의 정신을 사로잡을 수 있는 종교계를 중
심으로 전개되었다.

조선총독부는 심전개발운동을 전개하는 데 있어서 종교를 주요한 매
체로 이용하고자 하였다. 조선인들의 종교 가운데 사상선도와 정치적 교
화를 목적으로 특히 불교를 중흥시켜 활용하려는 계획을 수립하고 있었
다.[40] 조선총독부가 심전개발운동을 전개하는 데 있어서 불교를 선택한
이유는 첫째, 불교는 오랜 전통을 가지고 있음에도 불구하고 조선시대를
거치면서 국가로부터 가혹한 탄압을 받아서 피폐되어 있는 상황이었지
만 부녀자층을 비롯해서 많은 신도들을 가지고 있는 잠재력이 큰 종교라
는 점에 착안하였다.

둘째로는 조선총독부는 조선 승려들의 자질이 저하되어 있었기 때문
에 승려들의 지위를 상승시켜 주고, 정책적으로 불교의 부흥운동을 지원
해 준다면 심전개발운동에서 지향하고 있는 목적을 달성하는 데 가장 무
난한 종교로 인식하였다.

셋째로 불교는 일본에서 메이지유신 이전에 가장 유력한 종교였으며,
조선에서 궁극적으로 전파하고자 하는 국가신도의 조상숭배 정신과 거
리감 없이 수용될 수 있는 종교라는 점이었다. 넷째, 일본이 장차 점령하
고자 하는 중국을 비롯해서 동양이라는 견지에서 보더라도 불교는 어떠
한 사람에게도 거부감이 생기지 않을 것이라고 판단하였기 때문이라고
하였다.[41]

---

39) 안용백, 1936.7, 「心田開發指導原理の再吟味」『조선』제254호, 86~87쪽.
40) 『조선일보』1934.12.5, 「사상선도 일계로 종교통제를 계획」.
41) 오오니시 료게이[大西良慶], 1936.2, 「心田開發と佛教」『心田開發に關する講演集』,
    조선총독부 중추원, 118쪽.

1935년 7월 28일에 재경 주지들은 재단법인 조선불교중앙교무원에 모여서 불교계가 심전개발운동에 진력할 수 있도록 촉진운동발기회를 열고 심전개발사업에 대한 대강의 윤곽을 토의하였다.

조선총독부는 심전개발운동을 보다 효과적으로 추진하기 위해서 조선불교계를 총괄적으로 지도할 수 있는 총본산의 필요성을 느꼈다. 조선총독부의 이러한 바람은 조선불교계 내부의 여망과도 합치하였다.

조선총독부에서는 이러한 관제운동을 민간차원의 운동으로 전개하고자 하였으며, 조선불교계는 자발적인 형태로 심전개발에 참여하였다. 조선불교계에서는 이 두 운동이 균형을 이루어 물심일여의 경지로 발전할 수 있도록 자발적으로 노력하는 면모를 보였다.

조선불교계는 일본이 중국 대륙 진출을 눈 앞에 둔 시점에서 조선인들을 천황에게 순종하는 신민으로 만들기 위한 심전개발운동에 앞장서고 있었다. 당시 유일한 불교계의 신문이었던 『불교시보』는 심전개발운동의 선전지를 자처하고 나섰다.

재단법인 조선불교중앙교무원의 재무이사였던 황금봉은 「유일무이한 조선불교의 보도기관인 '불교시보'를 원조하라」는 글을 발표하였다. 이 글에서 근는 "불교시보 자신이 언명하는 만치 조선불교의 보도탑이요, 심전개발의 선전지라는 것을 목적하는 까닭이다."[42]라고 하여 불교시보가 심전개발의 선전지로서 역할을 자임하였음을 밝혔다.

그러나 1936년 1월 8일 『조선일보』의 「불교 중심의 심전개발은 낙제」라는 기사를 살펴보면, 불교계에서 거둔 성과는 만족스럽지 못하였던 것 같다. 그 이유인 즉 조선불교계에는 위대한 승려가 없고, 또 장차 청년 불교가를 양성하려면 오랜 시일이 필요하였다. 그렇기 때문에 조선총독부는 불교 부흥은 필요하되 심전운동의 중심으로 잡기는 어렵다고 보았다.[43]

---

42) 『불교시보』 1936.3.1, 황금봉, 「유일무이한 조선불교의 보도기관인 '불교시보'를 원조하라」.

일본은 1937년 7월에 중일전쟁을 도발하여 중국 대륙침략을 감행하였다. 일본은 이 전쟁이 예상과는 달리 장기화되어 감에 따라서 물자부족과 인력부족을 절감하였다. 일본은 모든 국민들을 전쟁 수행에 적극적으로 협력할 것을 강요하는 이른바 총력전체제로 전환하지 않을 수 없었다. 일본은 후방에 있는 모든 국민들에게 근검절약과 저축을 장려하였으며, 정신적인 면에서도 천황을 중심으로 일치단결하는 일사불란한 체제 구축을 필요로 하였다.

조선불교계에서 총본사 설립안이 논의 되기 시작한 것은 심전개발운동이 실행단계에 들어갔던 1935년 7월이었다. 당시 불교계의 대표기관이라고 할 수 있는 교무원은 재경 본산 주지들이 중심이 되어 조선총독부에서 시달한 심전개발사업 추진의 윤곽을 토의하기 위한 회합을 가졌다.[44]

총본사의 성립이 조선총독부의 개입에 의해서 이루어졌다는 보다 분명한 전말을 알 수 있는 사실은 1941년 10월에 조선불교조계종총본산 태고사의 종무총장으로 취임한 이종욱의 취임사 나타난다.

이종욱은 히로다 쇼이쿠[廣田鍾郁]라고 창씨개명한 이름으로 발표한 취임사에서 이렇게 밝혔다. 태고사의 탄생은 1937년 2월 26일 조선총독 미나미 지로[南次郎]가 31본사 주지들에게 조선불교진흥책의 자문안을 제출하라고 요구하였다. 이러한 요청을 받은 31본사 주지회의에서 전원일치하여 통제기관인 총본사를 중앙에 설치하여야 한다는 답신을 하였다. 그결과로 1941년 4월 23일자로 조선총독부로부터 태고사가 인가되고 태고사법이 공인되게 되었다고 하였다.[45]

총본사가 인가될 즈음에 '조선불교총본사설립위원회'가 조직되었는데

---

43) 『조선일보』 1936.1.8, 「심전개발운동에 불교 중심은 낙제」.
44) 『불교시보』 제2호, 1935.9.1, 「조선불교심전개발사업촉진발기회」.
45) 1941.12, 『불교』 신 31집, 불교사, 9~10쪽.

이 위원회의 설립목적은 조선불교총본사설립에 관한 사무처리를 위해서
였다. 그런데 그 위원회의 사무소가 조선총독부 학무국 사회교육과에 두
어졌다. 그리고 회장은 조선총독부 학무국장 시오바라 토키자부로[鹽原時
三郎], 2명의 부위원장 가운데 1명은 조선총독부 사회교육과장이었던 계
광순이 그리고 나머지 1명의 부위원장에는 월정사 주지였던 이종욱이었
다.[46] 그리고 고문에는 각도 내무부장과 기타 학교 경험이 있는 자 중에
서 회장이 위촉한다고 되어 있었다.[47]

조선총독부 학무국장은 총본사설립위원회 위원장의 자격으로 총본사
설립과정에서 일어나는 모든 일을 보고받았을 것이고, 조선총독부 지침
에 따라서 지시가 내려졌다는 것은 쉽게 추측할 수 있는 일이다.

총본사 태고사는 31본사를 총괄하는 최고 기관임에도 「사찰령」을 개
정하여 총본사로서의 권위를 부여하지 않았다. 다만 「사찰령시행규칙」
만을 개정하여 총본사로 인가하였다. 조선총독부가 태고사에 조선불교
계를 독자적으로 총괄할 수 있는 권한을 부여하지 않고 식민지 통치정책
에 활용하겠다는 야심을 나타내는 것이라고 하겠다.

총본사가 인가됨에 따라서 교무원은 명칭을 조계학원으로 변경하여
총본사 태고사에서 관리하게 하였다.[48] 총본사가 성립되기는 하였지만
그 운영에 있어 운영자금이 문제가 아닐 수 없었다. 이러한 자금문제를
조선총독부에서 해결해 주었다. 정무총감은 태고사가 설립된 지 약 4개
월이 지난 시점에서 각도에 통첩을 보내서 지가 1,500원 이상의 부동산
소유사찰로 하여금 지가 1할의 토지를 총본사에 무상 양여하도록 지시하
였다.[49]

---

46) 『매일신보』 1940.11.29, 「불교의 합동구체화」.
47) 『불교』 신29집, 1941.5.1, 「휘보」, 78쪽.
48) 『조선총독부관보』 제4646호, 1942.7.24, .
49) 『조선불교조계종보』 제2호, 1942.2, 「지시」, 2쪽.

1938년 3월 4일에 조선인 지원병제도를 뒷받침하기 위해서 제3차 조선교육령이 공포된 이후에 조선총독부는 모든 정책에 '황민화'라는 말이 사용하였다. 이 시기 조선총독부가 각종 단체에 시달한 모든 지시사항은 전쟁지원사업이었다.

1941년 12월에 일본은 미국을 상대로 태평양전쟁을 일으켰다. 일본은 이 전쟁에서 물자부족과 인력부족을 절감하였다. 조선총독부는 1942년 5월에 1944년부터 조선에서 징병제를 실시한다고 발표하였다.[50] 지원병제도와 징병제 실시에 대한 조선총독부 당국의 발표가 있자 조선불교계에서는 환영하는 입장을 표명하였다. 당시 불교계 학승이었던 권상로는 지원병제 실시에 대해 『임전의 조선불교』라는 책에서 설봉산 귀주사, 오대산 월정사, 내금강 장안사의 청년승려 40~50여 명이 지원병에 참여한 사실에 찬사를 보내고 있었다.[51]

3. 불교계의 친일문제와 남겨진 과제

불교계의 친일양상은 식민지 시기 초기부터 나타나고 있었다. 1910년 10월 한일강제병합이 이루어진 직후 당시 원종의 대종정이었던 이회광은 조선불교가 발전하기 위해서는 일본 불교의 포교방법을 배우지 않으면 안 된다는 생각으로 일본 조동종과 연합을 시도하였던 것은 잘 알려진 사실이다.

이회광의 이러한 망동은 박한영·진진응·한용운과 같은 민족주의 계열의 승려들이 임제종 설립운동을 전개함으로써 좌절되었다. 이회광은 1920년에도 또 한 차례 일본 임제종 묘심사에서 조선불교를 연합시키려는 책동을 벌이기도 하였다.

---

50) 『불교시보』 제97호, 1943.8.15, 「반도동포에 감격한 징병제 실시」.
51) 권상로, 1943, 『임전의 조선불교』, 만상회, 85쪽.

1930년대 심전개발운동이 전개되자 권상로·김태흡·이능화를 비롯한 불교계의 거두들이 전국을 돌면서 심전개발운동을 찬양하는 강연에 종사하였다. 중일전쟁이 발발하자 조선불교 중앙교무원은 그 직후인 1937년 7월 25일과 8월 1일에 황군의 국위선양과 무운장구를 비는 법요식을 거행하였다. 그리고 국방헌금과 출정장병의 위문금을 각각 지방군사연맹을 통하여 헌납하였다. 1937년 9월 1일자로 발행된『불교시보』에 실린 금액의 전국에서 걷힌 국방헌금 합계는 2,570원 30전이었다.[52] 승려들은 가가호호 방문을 하여 시주를 받는 탁발을 통해서도 국방헌금을 납부하기도 하였다.[53]

조선불교계는 태평양전쟁이 발발하자 두 차례에 걸쳐 승려와 모든 불교도들에게 비행기 헌납을 위한 헌금을 강요하였다. 1941년 11월 17일 총본사 태고사 대웅전에서 개최된 중앙종회에서는 군용기 헌납을 위해서 다음과 같은 사항을 결의하였다. 승려 1인당 최저 1원 이상 10원까지, 사찰의 사무직원과 부속기관 직원들은 월봉의 1할 이상, 신도들에게는 10전 이상씩을 헌납하도록 하였다. 이들로부터 징수하지 못한 부족분에 대해서는 사찰경비에서 보조하도록 하고, 각기 본사 사법에 명시된 법정지가에 비례해서 분담금을 배정하여 비행기 헌납을 강행하였다.

총본사 태고사는 이렇게 모금된 5만 3천원을 1942년 1월 31일자로 조선군사령부에 헌납하였다.[54] 1944년에도 마찬가지 방법으로 태고사가 중심이 되어 전조선사찰에서 모금한 8만원을 7월 20일 총본사 종무총장 이하 4명의 부장들이 경성부 주재 해군 무관부를 방문하여 헌납하였

---

52) 『불교시보』제26호, 1937.9.1,「교계소식」'조선사찰 31대본산본말사 각사의 선풍적 감격적성헌금'
53) 『불교시보』제51호, 1939.10.1,「홍남불교포교당의 탁발국방헌금」.
54) 1942.1.1,『불교』신 32집,「軍用飛行機獻納に關する決議案」, 49쪽.
　　『불교』신 34집, 1942. 3. 1, 합본『조선불교조계종종보』제5호, '비행기 헌납', 8쪽.

다.[55] 이 밖에 해인사, 통도사, 보현사에서 각기 독자적으로 1대씩 군용기를 헌납함으로써 조선불교계에서는 도합 5대의 전투기를 헌납하였다.[56]

중일전쟁이 장기화되고 태평양전쟁으로 비화되자 일본은 물자부족현상에 시달리게 되었다. 이러한 난국을 타개하기 위하여 모든 국민들에게 근검절약과 저축을 강조하고 군수품 헌납을 요구하였다. 조선총독부는 조선불교계에 위문단의 파견을 요청하였으며, 국방헌금을 비롯하여 여러 가지 명목의 헌금을 강요하였다.

해방 이후 친일파를 처단하려는 노력은 반민특위가 와해됨으로써 좌절되었다. 친일세력의 득세는 불교계도 예외가 아니었다. 일제강점기 종무총장을 지냈던 이종욱이 제2대 국회의원 의원을 지냈다. 수많은 친일논설을 발표하였던 권상로는 해방 이후 동국대학교 초대 총장을 역임하는 영광을 누렸다. 지면 관계상 일일이 언급할 수 없지만 많은 친일승들이 해방 이후에도 권세와 영광을 누렸다.

친일승에 관한 지금까지의 연구성과는 주로 개별 인물들을 중심으로 한 친일행각에 초점이 맞추어져 있었다고 할 수 있다. 이 분야에 관한 연구가 이제 시작 단계에 있는 만큼 사실 천착에도 더 많은 연구가 진행되어야 한다. 친일승 연구는 이제 보다 질적으로 승화되어야 할 단계에 이르렀다.

친일승에 관한 연구는 한 걸음 더 나아가서 그들의 친일 논리를 규명하여야 하고 그 허구성도 밝혀야 한다. 이러한 연구는 친일승들이 친일을 주장하였던 시대적 배경과 일본의 식민지 지배정책과 관련성을 가지

---

55) 『불교』 신 64집, 1944.9.1, 합본 『조선불교조계종보』 제32호, '愛國機獻納運動ニ 關スル件' 5쪽.
56) 『불교』 신 제60호, 1944. 5. 1, 합본 『조선불교조계종보』, '愛國機獻納運動ニ關スル件', 5쪽.

면서 검토가 이루어져야 한다. 안타까운 사실은 이들 친일승들이 살아 생전에 엄정한 자기반성이 없이 애국자로 둔갑하기도 하고, 친일행적이 미화되기도 하여 후세 사람들의 판단을 흐리게 하고 있다는 점이다.

해방으로부터 70년이라는 세월이 지났다. 우리는 아직도 친일문제로부터 자유롭지 못하다. 현 시점에서 우리가 해야 할 일은 그들의 행적을 낱낱이 밝히는 것이다. 항일과 친일의 면모가 함께 있는 사람의 경우는 공은 공대로 과는 과대로 분명히 밝혀야 한다. 평가는 독자들의 재량에 맡긴다고 하더라도 어느 한 부분이 사장된 채로 이미 고인이 된 사람의 조명이 이루어져서는 안된다.

4. 맺음말

조선총독부는 개항기부터 종단 수립을 통하여 자주적인 발전을 도모하고 있던 조선불교계를 1911년 「사찰령」이란 악법을 공포함으로써 강한 억불정책 아래서 겨우 잔명을 유지하던 조선시대의 선교양종 체제로 되돌려 놓았다.

조선총독부는 조선불교계를 30본사 체제로 개편하고 본사 주지의 임면은 조선총독의 승인을 받도록 하고, 사찰의 재산을 매각할 때 사전에 당국에 신고하여 허가를 받도록 함으로써 인사권과 경제권을 장악하였다.

30본사 주지들은 조선총독부 당국과 결탁하지 않고서는 사찰을 운영할 수가 없었다. 불교계 일각에서는 일본불교 종단과 연합을 시도하는 책동마저 일어났으나 이러한 책동은 민족주의 진영의 인사들에 의하여 무산되었다.

3·1운동이라는 거대한 한민족의 저항을 경험하고 나서 부임한 사이토 총독은 통치정책을 종래의 무단통치에서 문화통치로 전환하고 감시와 감독을 강화하면서 민족주의 세력들로 구성된 단체에 친일파를 침투시

키거나 아니면 친일파들로 하여금 새로운 어용단체를 만들어 분열을 조장시켜 민족주의 세력을 와해시키는 정책을 입안하였다.

1920년대 조선불교계는 비교적 소장파들을 중심으로 불교청년회와 불교유신회가 구성되어 자주적으로 조선불교 총무원이라는 단일기관을 설립하려는 움직임이 일어났고, 이들이 중심이 되어 사찰령 철폐운동이 일어나서 불교계의 광범위한 호응을 받기도 하였다. 그러나 총무원 세력은 조선총독부와 밀접하게 결탁된 주지들을 중심으로 성립된 교무원 측과 갈등을 겪다가 결국 조선총독부의 구도대로 교무원을 중심으로 재단법인 조선불교중앙교무원이 성립되었다.

1920년대 조선총독부가 종교단체에 재단법인을 인정한 것은 종교의 사회적 신용도를 높이는 점도 있지만, 한편으로는 조선총독부의 감독하에 편입된다는 것을 의미한다. 조선총독부는 법인의 재산 소유권을 인정함가 동시에 피감독권도 인정함으로써 매년 활동상황 및 자산변동 상황을 조선총독부에 보고하고 감독을 받아야만 하였다.

1930년대에 들어와서 국제적으로 고립된 상황에서 농업공황을 맞은 일본 사회는 극심한 경제적인 위기에 처하였다. 이러한 상황에서 제6대 조선총독으로 부임한 우카기 총독은 농업을 기간으로 한 조선의 농어촌진흥운동을 입안하였다. 농어촌진흥운동이 경제적 방면에서 갱생운동이었다면 농어촌진흥운동을 정신적인 방면에서 지원하고, 물질과 정신의 조화로운 안정을 구하는 물심일여 운동으로 실행되게 된 것이 심전개발운동이다.

조선총독부는 심전개발운동에 있어서 종교계를 활용하고자 하였다. 그것은 종교가 민중들의 정신생활에 큰 영향을 미칠 수 있을 것이라고 판단하였기 때문이었다. 조선총독부는 조선의 종교 가운데서 불교에 주목하였다. 불교는 조선에서 오랜 전통을 가진 종교이고, 조선시대를 통하여 심한 억압을 받기는 하였지만 그래도 부녀자를 비롯하여 많은 잠재적인 신도를 가지고 있다는 점과 승려들의 지위가 형편없이 저하되어 있는 실정이므로 승려들의 지위를 향상시켜 주고 정책적으로 불교의 부흥운동을 지원해 준다면 심전개발에서 지향하는 목적을 달성하는 데 무난한 종교로 인식되었던 것이다.

일본은 중일전쟁을 도발한 이후 전쟁이 장기 국면으로 접어들자 부족한 물자와 인력을 조달하기 위하여 국민정신총동원이라는 총력전 체제를 확립하였다. 조선총독부는 총력전 체제를 구축함에 따라서 조선의 사상계를 통제할 필요가 있었다. 조선총독부에서는 종래 31본산을 개별적으로 통제·관리하던 체제에서 전쟁이 확대됨에 따라서 조선총독부의 명령체계를 강력하고, 신속하게 실행할 수 있는 체제가 필요하였다. 이러한 필요성에 의하여 총본사의 설립을 조선불교계에 지시하였다. 조선총독부는 총본산 태고사의 성립과정에서부터 개입하였다. 조선총독부는 총본사로 하여금 전시체제에 협력할 것을 강요하였다.

총본사는 조선불교계의 전교도들을 총동원하여 5대에 이르는 전투기를 헌납하기도 하였다. 일제는 전쟁에서 무기류를 재생산할 수 있는 금속의 부족 현상이 발생하자 금속류 헌납운동을 전개하기에 이르렀고, 여기에 대해서 불교계에서는 일상적으로 사용하는 범종·징·바라 등과 불단에 놓여 있는 향로·촛대 등까지도 헌납하게 되었다.

친일문제는 불교계에만 국한된 문제는 아니다. 친일승들의 친일행각은 해방 이후 불교계에 수많은 분열과 대립의 단초를 제공하였다. 친일파 연구는 식민지 시기를 살면서 독립운동에 투신하여 목숨을 바친 선각자들의 행적이 연구되는 것 못지 않게 친일파들의 행적이 조명되는 것도 중요하다.

친일승들은 민족의 독립을 염원하였던 것이 아니고 일신의 안락을 위하여 불교도를 비롯한 수많은 민중들에게 말할 수 없는 시련과 고통을 가중시켰다. 친일승들의 행각은 더 이상 감춘다고 영원히 숨겨질 수 있는 일이 아니다 현시점에서 불교계에 남겨진 과제는 그들의 행적을 소상히 밝히고 겸허한 마음으로 참회하는 자세를 갖는 것이다.

제3장
일제의 불교정책과 본사 주지의 권한 연구

1. 머리말

일제의 불교정책은 「사찰령」과[1] 「사찰령시행규칙」[2] 그리고 각 본사에

<hr>

[1] 『朝鮮總督府官報』 제227호, 1911.6.3, 「寺刹令」의 내용은 다음과 같다.
  제1조 사찰을 병합 이전하거나 또는 폐지하고자 하는 때는 조선총독의 허가를 받아야함. 그 基址나 또는 명칭을 변경하고자 하는 때도 같음.
  제2조 사찰의 기지 및 伽藍은 지방장관의 허가를 받지 않으면 傳法·布敎·法要 執行 및 僧尼 止住의 목적 이외에 사용하거나 또는 사용하게 할 수 없음.
  제3조 사찰의 본말관계·승규·법식 기타의 필요한 사법은 각 본사에서 정하여 조선총독의 허가를 받아야 함.
  제4조 사찰에는 주지를 두는 것을 要함.
  제5조 사찰에 속하는 土地·森林·建物·佛像·石物·古文書·古書畵 기타의 귀중품은 조선총독의 허가를 받지 않으면 처분하지 못함.
  제6조 前條의 규정에 위반하는 자는 2년 이하의 징역이나 또는 5백만원 이하의 벌금에 처함.
  제7조 本令에 규정하는 것 외에 사찰에 관하여 필요한 사항은 조선총독이 정함.
  부칙 본령을 시행하는 기일은 조선총독이 정함.
[2] 『朝鮮總督府官報』 제257호, 1911.7.8, 「寺刹令施行規則」의 내용은 다음과 같다.
  제1조 주지를 정할 방법·주지의 교체 절차 및 그 임기 중 사망하거나 기타의 사고로 인하여 결원이 발생한 경우에 寺務 취급방법은 사법 중에 이것을 규정함.
  제2조 左에 揭한 사찰 주지의 就職에 대하여는 조선총독의 인가를 받아야 함.
   京畿道 廣州郡 奉恩寺, 水原郡 龍珠寺, 楊州郡 奉先寺, 江華郡 傳燈寺, 忠淸北道 報恩郡 法住寺, 忠淸南道 公州郡 麻谷寺, 全羅北道 全州郡 威鳳寺, 錦山郡 寶石寺, 海南郡 大興寺, 長城郡 白羊寺, 順天郡 松廣寺, 順天郡 仙巖寺,

서 마련하도록 명시한 「사법寺法」(이하 「사찰령」, 「사찰령시행세칙」, 「사법」의 「 」표 생략)으로 대변되는 통제책이었다. 일제는 이 법령들을 시행함으로써 불교계를 통제하는 한편 본사 주지들의 위상을 높여주고, 일본 시찰을 장려하는 등 끊임없는 회유책을 병행하였다.[3] 이 법령은 일본과 조선의 상황과 세계정세의 추이에 따라서 시기별로 약간의 변화가 있기는 하지만 그 골격은 해방이 되기까지 변하지 않았다.

일제는 이 법령들을 시행하는 목적을 "조선사찰의 퇴폐를 방지防止하며 그 유지존속維持存續을 보호하기 위하여"[4]라고 하였다. 이 법령이 담고 있는 주요 내용은 불교계를 지역에 따라 30개의 교구 본사(1924년 화엄사가 본사로 승격함으로써 31개 본사가 됨)로 분할하고, 전국의 사찰을

慶尙北道 大邱府 桐華寺, 永川郡 銀海寺, 義城郡 孤雲寺, 聞慶郡 金龍寺, 長髻郡 祇林寺, 慶尙南道 陜川郡 海印寺, 梁山郡 通度寺, 釜山府 梵魚寺, 黃海道 信川郡 貝葉寺, 黃州郡 成佛寺, 平安南道 平壤府 永明寺, 順安郡 法興寺, 平安北道 寧邊郡 普賢寺, 江原道 杆城郡 乾鳳寺, 高城郡 楡岾寺, 平昌郡 月精寺, 咸鏡南道 安邊郡 釋王寺, 咸興郡 歸州寺.

제3조 前條의 인가 신청서에는 주지가 될 자의 신분, 연령 및 수행이력서를 첨부하여야 함.

제4조 주지의 임기는 3년으로 함. 단, 임기가 만료된 후 재임은 무방함.

제5조 주지가 범죄 기타 부정한 행위가 있을 때나 또는 직무를 태만한 때는 그 취직의 인가를 취소할 수 있음.

제6조 전조에 의하여 인가가 취소된 자는 사법에 정하는 바에 의하여 일제 사무를 인계하고 일주간 이내에 그 사찰을 퇴거하여야 함.

제7조 주지는 사찰에 속한 토지·삼림·건물·불상·석물·고문서·고서화·범종·經卷·佛器·佛具 기타 귀중품의 목록서를 만들어 주지직에 취임한 후 5개월 이내에 조선총독에게 제출하여야 함. 제7조의 신고를 아니한 자는 오십원 이하의 벌금이나 또는 구류에 처함. 6조의 규정에 위반한 자도 같음.

부칙 본령은 사찰령을 시행하는 날로부터 시행함. 본령을 시행함. 각 본사에서는 본령을 시행한 후 5개월 이내에 사법의 인가를 신청하여야 함. 본령을 시행한 후 3개월 이내에 주지를 정하고 그 인가를 신청하여야 함.

3) 김순석, 2009.9.24, 『일제의 종교정책과 불교』, 『불교와 국가권력, 갈등과 상생』(종교평화를 위한 학술세미나 발표집), 대한불교조계종 불학연구소, 131쪽.

4) 李能和, 1982, 『朝鮮佛敎通史』, 寶蓮閣, 1129쪽.

지역에 따라 해당 본사의 말사로 배속시킨다는 것이었다. 뿐만 아니라 본사 주지의 임면은 총독의 인가를 받게 하고, 말사 주지는 지방장관의 인가를 얻도록 하였다. 그리고 사찰의 토지土地·삼림森林·건물建物·불상佛像·석물石物·고문서古文書·고서화古書畵 등과 기타 귀중품을 매각하고자 할 때는 총독의 사전 허가를 받도록 규정하였다.

일제의 불교정책에 관한 기존 연구성과는[5] 많지 않으며 이제 시작 단계에 있다. 근대불교사의 연구성과를 정리한 김광식은 근대 불교사 연구의 본격적인 시작을 1990년 초반부터라고 한다. 그는 그 이전 시기에도 이 분야에 대한 연구가 없었던 것은 아니었지만 교양적·개설적 수준이었다고 한다. 1990년대에 들어와서 근대 불교사는 역사학·불교학·종교학·철학 분야에서 연구가 시작되었으며 각종 학술행사의 주제로 다루어지기 시작되었다고 한다[6] 일제의 불교정책사를 본격적으로 연구한 것은 김순석에 의해서였다.[7] 그는 조선총독부의 불교정책과 불교계의 대응이

---

5) 일제의 불교정책에 관한 연구는 다음의 논저들을 참고할 수 있다.
  정광호, 1980.11, 「일제의 종교정책과 식민지 불교」『한국사학』 3, 한국정신문화연구원.
  정광호, 1988, 「메이지 불교의 Nationalism과 한국침략」『인문과학연구소 논문집』 14, 인하대학교.
  정광호, 1994, 「寺刹令의 공포와 식민지 불교」『近代韓日佛敎關係史硏究』, 인하대학교출판부.
  徐景洙, 1982, 「日帝의 佛敎政策」『佛敎學報』 19집.
  김순석, 2003, 『일제시기 조선총독부의 불교정책과 불교계의 대응』, 경인문화사.
  한동민, 2005.12,『'寺刹令' 體制下 本山制度 硏究』, 중앙대학교대학원 박사학위논문.
6) 김광식, 2007.11, 「근대불교사 연구의 성찰 : 회고와 전망」『민족불교의 이상과 현실』, 도피안사, 539~540쪽.
7) 김순석, 1998,『일제의 종교정책 - 불교정책을 중심으로』,『승가교육』 제2집, 대한불교조계종 교육원.
  김순석, 2002.2,『朝鮮總督府의 佛敎政策과 佛敎界의 대응』, 고려대학교대학원 박사학위 논문.
  김순석, 앞의 논문,『일제의 종교정책과 불교』.

라는 관점에서 일제의 불교정책을 검토하였다. 그의 주된 논지는 일제의
불교정책은 회유책과 통제책을 병행하였지만 그 기조는 초기부터 말기
까지 통제가 강화되는 방향으로 진행되었다고 한다. 이에 대한 불교계의
반응은 친일과 항일 양면의 모습으로 나타났다고 한다. 그의 연구는 불
교정책을 전반적인 일제의 정책속에서 검토하지 못하고 불교계 상황에
매몰되었다는 한계를 지니고 있다. 김순석에 이어 일제의 불교정책을 연
구한 한동민은 일제의 불교정책을 교단을 조직화하고 그를 통해 통제하
는 형식을 취하였다고 한다. 조선총독부는 불교계 보호라는 미명 아래
사찰령을 통한 불교계의 신민화를 강요하였다고 한다. 한동민의 연구 역
시 일제시기 전반의 불교정책을 검토하지 못하였고 사찰령을 분석하는
데 머무르는 한계를 노정하였다.[8]

　일제의 불교정책 주요 내용은 사찰령과 사찰령시행규칙 그리고 사법
에 담겨있다. 이 법령에는 본사 주지의 권한이 명시되어있다. 본사 주지
는 일본 천황이 임명하는 주임관의 대우[9]를 받으면서 관할 교구의 대표
자로서 본사 삼직三職[10]의 임면권, 도첩발급권度牒發給權 및 포상褒賞·징계
권懲戒權을 비롯하여 주요 사안에 대한 결정권을 가지고 있었다.[11] 본사
주지는 관할 교구의 제왕으로 표현될 정도로 막강한 자리였다.[12] 본사
주지는 재임중에는 무소불위의 권력자로서 전권을 행사하였지만 그로

---

8) 한동민, 앞의 논문, 『'寺刹令' 體制下 本山制度 硏究』.
9) 조선총독부의 고급 관료인 고등관은 칙임관과 주임관으로 구분된다. 고등관은 9
　등급으로 나누어지는데 1등관과 2등관은 칙임관이라 하여 천황이 직접 임명장을
　수여한다. 나머지 3등관부터 9등관까지를 주임관이라 한다. 조선 총독은 주임문
　관의 진퇴를 내각총리 대신을 거쳐 천황에게 상주하게 되어 있었다(박은경,
　1999,『일제하 조선인 관료연구』, 학민사, 24쪽).
10) 三職이란 불교계의 세 가지 敎職, 즉 住持를 돕는 監務와 監事와 法務의 소임을
　맡은 세 승려의 직책을 말함.
11) 이능화, 1982,『朝鮮佛敎通史』下, 寶簪閣, 1136~1162쪽.
12) 夢庭生, 1932.12,「危機에 直面한 朝鮮佛敎의 原因考察」續,『佛敎』제100·101
　합호, 25~26쪽.

인하여 퇴임 후에는 사방이 적진으로 변하여 환속을 하던가 그렇지 않으면 사설교당으로 물러나 앉을 수밖에 없었다. 불교계의 이러한 비리와 모순은 모두 사찰령이라는 제도적 불합리에서 비롯된 것이었다.[13] 그런 까닭에 본사 주지로 적임자를 선출하는 것은 불교계 운영에 있어 중요한 사안이었다. 조선총독부는 불교계를 총괄 지휘할 수 있는 총본사를 설치하지 않고 30개의 교구 본사를 직접 관장하였다. 조선총독부는 각종 지침을 30개의 본사로 시달하였고 개별적으로 관리하였다. 일제강점기 본사 주지는 조선총독부의 불교정책을 시행하는 실행자였다. 이처럼 본사 주지의 역할은 중요함에도 불구하고 아직까지 일제강점기 본사 주지에 관한 연구가 진행되지 못하였다. 본고는 이 점에 착안하여 사찰령과 사찰령시행규칙 그리고 사법을 중심으로 일제강점기 불교정책을 개관하고 본사 주지의 권한과 전횡의 실태를 살펴보고자 한다.

2. 일제의 불교정책과 본사 주지의 선출 방식

정치와 종교는 서로 보조하되 간섭하지 않는다는 정교분리는 중세사회에서 근대사회로 전환하면서 서구에서 선언된 이래 금기처럼 지켜오는 원칙이다. 불교계에서 정교분리 원칙을 처음 주장한 승려는 한용운으로 그는 정치와 종교가 분리되어야 하는 까닭을 다음과 같이 표현하였다.[14]

> 종교는 자체에 있어 신성할 뿐만 아니라 그 목적은 전인류의 행복과 평화를 달성함에 있는 것이다. 그러한 종교로서 국제적 침략주의의 이용물이 되야서 인류평화의 적이 되는 침략주의 현실에 보조적 전위대가 된다면 실로

---

13) 위와 같음.
14) 韓龍雲, 1931.9. 「政敎를 分立하라」『佛敎』제87호, 11쪽.

종교로서의 치욕이 이에서 더할 자 없는 것이다. … 조선불교가 조선사찰령
으로 말매암어 특수한 간섭을 받게 되는 것도 정책의 희생으로 볼 수 밖에
없는 것이다.

정치와 종교가 서로의 영역을 침범하게 되면 불행한 결과를 초래하게
된다. 하지만 일제강점기 조선의 종교계는 정치권의 간섭을 많이 받았
다. 특히 불교계는 행정기관에서 사찰 주지의 인가권을 가짐에 따라서
직접적으로 간섭을 받게 되고 그로 인하여 인선에 공정성을 상실하게 되
는 경우가 적지 않았다. 한용운은 주지 선거에 대하여 두 가지 문제점을
제시하였다. 그 하나는 파쟁의 알력이오, 다른 하나는 행정관청의 간섭
이었다. 입후보한 승려가 한 사람이 아닌 이상 다수의 선거권자들 사이
에 파벌이 생기는 것은 당연한 현상이지만 불교계는 그 정도가 심하다는
것이다. 이미 당선된 사람을 낙선시키고 다시 자파自派의 인물을 선거하
기 위하여 주지의 인가권을 가지고 있는 행정관청에 대하여 소위 진정陳
情이니, 투서投書니, 「운동運動」이니 하는 등의 비열무쌍卑劣無雙의 행동을
하는 것은 언어도단의 열악한 짓이다. 신성하여야 할 사찰의 주지 선거
에서 왕왕 이러한 일이 있는 것은 그 사찰의 불행일 뿐 아니라 전조선불
교계를 통하여 큰 치욕이요, 불행이다.[15] 행정관청의 간섭이라는 것은
조선에 사찰령이라는 특수 법령이 있은 이후로 본사 주지는 조선총독의
말사 주지는 지방장관의 인가를 받게 되었다. 법리론으로만 본다면 사찰
에서 주지를 공선하여 소관 관청의 인가를 받는 것인 즉 관청으로서 주
지 선거에 대하야 하등의 간섭이 없는 듯 하지만 실로는 그렇지 아니하
다. 소관 행정관청은 주지의 인가권만 가진 것이 아니라 불인가권도 가
지고 있으므로 가령 자격에는 적임자라 하더라도 어느 방면으로든지 관
청의 비위에 맞지 아니하면 인가를 하지 않는다는 무언의 압력이 잠재한

---

15) 한용운, 1937.6, 「住持選擧에 대하야」 『佛敎』 新 제4집, 6~8쪽.

것은 말할 것도 없는 것이다. 원래 관청에서 사찰 주지의 임면권을 가진
다는 것이 근본적으로 틀린 일이다. 한 걸음 나아가서 관청에서 왕왕 주
지의 자격자를 내시內示하는 일이 있으며 심하면 행정관 혹은 경찰관을
주지 선거에 「입회立會」시키는 일도 없지 아니하다. 입회하는 구실로는
선거의 분규를 방지하기 위해서 혹은 선거의 공정성을 위해서라고 하지
만 그것은 양두구육羊頭狗肉의 가식에 불과한 것이고, 기실은 선거의 간섭
이다. 그러한 것은 무리한 간섭인 만큼 일률적으로 그대로 되는 것은 아
니다. 그대로 되는 때에는 물론 당사當寺 승려 대다수의 의사와는 배치되
는 인물이 당선되기 쉽고, 혹은 그와 반대의 결과를 초래하여 그러한 간
섭을 불고不顧하고 선거인의 의사대로 투표를 행하여 다른 사람 곧 관청
에서 지목한 승려가 아니고 다른 승려가 당선되는 때에는 그 인가 신청
의 약점을 포착하여 여러 가지 지장支障을 내게 하여 그 사찰 주지 선거
에 대한 분쟁을 격화시켜서 종종 불상사를 내는 일도 아주 없지는 아니
하다.[16]

한용운은 주지가 관권에 아부하기 위해서 직권을 남용해서 사찰 재산
을 탕진하여 불교계의 체면을 손상시킨 자들이 발꿈치를 접하였으니 구
태여 그 사찰과 주지의 이름을 거론하지 않는다고 하였다.[17] 하지만 이
러한 현실을 전하는 자료는 곳곳에서 나타나고 있다. 1932년 10월 현재
심각한 부채난에 허덕이던 본사는 월정月精·전등傳燈·보석寶石·위봉威鳳·
해인海印·패엽貝葉·영명永明·유점사楡岾寺가 현저하였고, 그 밖에 부채가
없고, 분쟁이 없는 사찰이 없다고 할 지경이었다.[18] 월정사 부채는 1922
년 전후하여 일본으로 유학을 보낸 승려들이 귀국하여 소위 불교의 현대

16) 위와 같음.
17) 韓龍雲, 위의 글, 「政敎를 分立하라」, 13쪽.
18) 夢庭生, 1932.10, 「危機에 直面한 朝鮮佛敎의 原因 考察」『佛敎』 제100호,
   52~53쪽.

화·대중화를 부르짖으며 사중寺中의 모든 일을 좌우하였다. 이들은 강릉에 관동권업주식회사關東勸業株式會社를 설립하고 사업을 시작하였다. 그러나 아무런 성과를 얻지 못하고 사유토지寺有土地를 담보로 한 채 식산은행에 많은 부채를 남겨 놓았다. 이 부채를 상환하는 과정에서 문제가 발생하여 부채가 무려 30여만 엔에 이르렀고 이 빚을 상환하지 못하자 식산은행에서 월정사 전재산을 차압하여 경매하고자 하였다. 이 월정사 부채는 항일 승려였던 이종욱을 친일승으로 만드는 계기가 되었다고 한다.[19)]

---

19) 鄭珖鎬, 1999, 『韓國佛敎最近百年史編年』, 인하대학교출판부, 1999, 153쪽.
임혜봉, 1993, 『친일불교론』, 민족사, 136~139쪽.
강석주·박경훈 공저, 2002, 『불교근세백년』, 민족사, 155~157.
위 세 권의 책에 실린 내용을 종합해 보면 월정사 부채 문제는 이러하다. 월정사에서는 젊은 승려 몇몇을 일본으로 유학을 보냈다. 이들은 유학을 마치고 귀국한 1922년 무렵에 강릉에 關東勸業株式會社라는 회사를 설립하고 사업을 시작하였으나 실패하여 3만여 엔 달하는 많은 부채를 남겼다. 이 빚을 갚기 위해 당시 주지였던 홍보룡은 월정사 소유 立木을 아끼다니(枕谷)라는 일본인에게 매각하였다. 그런데 매매계약서에는 입목을 매각하는 것이 아니고 牛車의 수레바퀴를 만들어 납품하되, 제품의 숫자가 부족하면 안동시장에서 매매되는 우차 수레바퀴 중에서 최고품으로 배상한다는 단서 조항을 붙여 놓았다. 이 계약이 제대로 이행되지 못하자 아끼다니는 법정에 제소하였고, 소송 결과 월정사가 패소하였다. 월정사 주지는 사유 농지와 산림·건물까지 식산은행에 담보로 제공하고 11만엔을 융자받아 이 부채를 정리하였다. 월정사가 식산은행 대출금의 원금과 이자를 제때 상환하지 못하자 대출금은 자꾸 불어나서 30여만 엔에 이르렀고 마침내 식산은행은 월정사의 전재산을 차압하고 경매하려 하였다. 이 때 월정사의 승려들은 이 문제를 이종욱을 앞세워 해결하고자 하였다. 이종욱은 당시 종로경찰서에 폭탄을 투척하였던 金相玉 사건에 연루되어 옥고를 치르고 나온 지 얼마되지 않았다. 조선총독부는 이종욱을 회유하고자 강원도지사로 하여금 그를 돕게 하였고 조선총독부 안에 '월정사 사채정리위원회'를 설치하였다. 이 위원회에서 내려진 해결책은 동양척식회사로부터 11만 원을 대출받아 식산은행의 빚을 갚고 이자는 탕감하도록 하며, 동양척식회사는 11만 원에 해당하는 입목을 30년 내에 벌채하여 매각한다는 것이었다. 이 일을 계기로 이종욱은 조선총독부를 자주 출입하였고 그 과정에서 친일파로 전락하였다고 한다.

또 다른 사례로는 1924년 10월 경남 합천의 해인사의 신임 주지 김만
응金萬應은 경성으로 올라와서 전 주지 이회광李晦光을 만났다. 그 까닭은
이회광이 주지로 재직할 당시에 식산은행으로부터 6만원을 차용하였는
데 아직 그 돈을 갚지 못해 대책을 협의하기 위해서라고 한다. 또 시내
정동에 있는 해인사 불교중앙포교소 기지基址를 작년에 이왕가李王家로부
터 13만여 원에 10년 간 상환 조건으로 매입하였으나 작년분과 금년분
1만 6천 원을 아직 갚지 못하였다고 한다. 뿐만 아니라 이회광이 개인적
으로 진 부채가 수만 원에 달하는 데 전부 포교소 건물을 담보로 한 것이
었다. 그런 까닭에 해인사는 도저히 포교소를 경영할 수 없어서 이왕가
와 체결하였던 계약도 해지하고 포교소 운영도 중지한다는 결론을 내렸다
고 한다.[20] 이 밖에도 각 본사에서 안고 있던 부채가 많았다는 사실은 언
론보도와 사지寺誌, 그리고 당시에 발행되었던 잡지를 통해서 알 수 있다.

당시 승려로 추정되는 몽정생夢庭生이란 필명을 가진 작가는 당시 불
교계를 위기 상황으로 진단하고 그 원인으로 외인삼란外因三亂[21]과 내인
삼독內因三毒[22]을 들었다. 외인삼란은 경제란·사상란·법령란을 말하며,

---

20) 『東亞日報』1924.10.28, 「中央布敎所廢止 사기는 사놋코 한푼도 못 물어 게다가
   식산은행에 저당까지」.
21) 외인삼란은 경제란·사상란·법령란을 말하는 것으로, 경제란은 1929년 세계공황
   의 여파로 불경기가 지속되고 있는 것과 전쟁으로 수 많은 대중들이 생산업을
   버리고 전쟁에 참가하거나 생활에 불필요한 군수품 제작에 종사하게 된 점 등을
   들고 있다. 사상란은 1917년 러시아에서 발생한 볼세비키 혁명으로 적화사상과
   무정부주의 사상의 만연을 들고 있다. 여기에 서양문화가 유입됨으로써 동양 고
   유사상이 무너지고 물질만능주의 사조가 팽배하게 된 점을 말한다. 법령란은 사
   찰령과 사찰령시행규칙에 명시된 정치권의 불교계 간섭을 지적하였다.(夢庭生,
   1932.10, 「危機에 直面한 朝鮮佛敎의 原因 考察」, 『佛敎』 제100호).
22) 내인삼독으로는 파쟁독·주지독·대처독을 들고 있다. 파쟁독은 조선시대 당쟁이
   극심하였음을 거론하면서 불교계에도 파벌이 많이 있음을 말한다. 주지독은 주
   지의 횡포를 이야기하는데 주지 앞에는 講伯도 禪德도 老師도 없다. 이 독재권
   을 얻기 위해서 갖은 노력을 다하고 한 번 주지가 되면 독재자로 변하여 횡포를
   부린다고 한다. 대처독은 승려가 결혼을 하게 되면 부양해야 할 처자식이 있는

내인삼독은 파쟁독·주지독·대처독을 말한다. 외인삼란 가운데 법령란은
사찰령의 폐단을 말한다. 행정당국은 사찰령과 사찰령시행규칙 및 사법
제정 취지를 조선불교 보호정책에서 나왔다고 한다. 불교계의 지식인들
가운데서도 '만일 사찰령이 아니었다면 조선사찰은 이미 폐허가 되고 말
았을 것이다'라고 말하는 이도 있었다. 사찰령이 있음에도 불구하고 불
량 주지가 사찰 재산을 탕진하여 거의 파멸 지경에 이른 사찰이 비일비
재하였다. 하물며 법령까지 없어서 사찰 토지를 승려 마음대로 매매하게
되면 어떻게 되었겠느냐'고 말하는 사람도 있었다. 그러나 몽정생은 이
모든 원인을 일제가 조선을 강점하여 억압 정치를 실시한데서 있다고 보
았다.[23]

> 사찰령 이전 조선사원과 현재를 비교해 보라! 그러나 시대가 다르고 인심
> 이 다른 까닭이라 하겠지? 무슨 말인가! 李朝 五百年 참담한 정치적 압박과
> 사회적 학대를 기억하는가? 그 같은 압박, 학대하에서도 그만한 법성을 지켜
> 왔거늘 하물며 信敎自由, 행정보호 이 같은 好條件을 가진 때이랴.

조선시대 승려들은 산성 축조와 수비 그리고 한지와 미투리·산나물·
청밀 등 각종 토산물을 공납으로 바쳐야하였다. 승려들은 이처럼 무거운
노역을 지고 있었지만 법성을 지켜내었다.[24] 일제강점기는 조선시대에
비해서 승려들의 지위가 향상되었다. 뿐만 아니라 형식적이지만 종교의
자유가 보장되어있었고, 모든 사안은 법률에 따라 처리하게 되어있었다.
그런데도 사찰 경제가 피폐한 까닭은 그 운용에 문제가 있었다. 조선시
대는 사원 경제의 관리권이 산중의 대중들에게 있었다. 그런 까닭에 산

까닭에 이로 인하여 발생하는 폐단이 적지 않다는 것이다.(夢庭生, 1932.12, 「危
機에 直面한 朝鮮佛敎의 原因 考察」『佛敎』제101·102합호).

23) 夢庭生, 앞의 글, 「危機에 直面한 朝鮮佛敎의 原因 考察」, 55쪽.
24) 김순석, 2000, 「조선후기 불교사 연구의 현황과 과제」『조선후기사 연구의 현황
과 과제』, 창작과비평사, 577~590쪽.

중의 대중들이 합의를 하기 전에는 몇 명의 불량배가 있다고 하더라도
사찰의 토지를 매각할 수 없었다. 사찰령이 시행되고 나서 사찰 재정 관
리권이 주지 일개인에게 주어졌다. 그 결과 주지에게 이 같은 막강한 권
한있었기 때문에 여하한 비행이 있더라도 임기 전에는 대중들은 속수무
책이었다.[25] 몽정생은 사찰령을 5백년 동안 탄압 받았던 조선시대보다도
더 불교계를 피폐시킨 악법으로 진단하였다. 이러한 진단은 식민통치의
본질이 식민 모국의 이익추구에 있었다는 점을 간파한 탁견이다.

　본래 주지라는 명칭은 주지삼보住持三寶·주지성취문住持成就門·주지불住
持佛·광엄주지光嚴住持·불력주지佛力住持 등으로 불경에 나타나는 용어라
고 한다. 여러 문헌에 나타나는 주지라는 용어의 뜻을 간단히 말하자면
이렇다. 주지는 인격으로서 지덕智德을 겸비하고, 책무로서 모든 승려들
이 불조의 혜명慧命을 잇도록 도와주는 지위라고 할 수 있다. 따라서 어
떤 승려를 주지로 선출하느냐에 따라 그 사찰의 기쁨과 근심이 좌우되었
다. 본사 주지로 말하면 본사 이외의 다수 말사를 통할하게 되므로 본사
주지의 적임 여부는 그 교구 본말사의 모든 교정敎政에 영향을 미치는 주
요 사안이었다. 본사 주지는 그 교구 교정의 대표자이다. 나아가서 조선
불교의 모든 행정이 본산 주지회의에서 결정되므로 그들은 실로 조선불
교의 대표자이니 본사 주지의 책임이 어찌 중차대하지 않겠는가. 적임인
본사 주지를 얻게 되면 그 지역의 불교가 진흥되는 동시에 조선불교가
발전할 것이다. 본사 주지가 불량하면 그 지역의 불교가 쇠퇴할 뿐만 아
니라 전조선불교가 쇠퇴하게 될 것이다.[26] 그러면 이렇게 중차대한 권한
을 가진 본사 주지는 어떻게 선출되었을까. 사법의 초안 제16조를 보면
주지는 선거를 통하여 선출하는데 피선거권자의 자격 조건은 다음과 같
다.[27]

---

25) 夢庭生, 위의 글, 「危機에 直面한 朝鮮佛敎의 原因 考察」, 56쪽.
26) 韓龍雲, 앞의 글, 「住持選擧에 대하야」, 5~6쪽.

1. 연령이 만 40세 이상이 되는 자
2. 비구계를 구족하고 更히 보살계를 수지한 자
3. 法臘이 10夏 이상 되는 자
4. 修學이 대교과 졸업 이상 되는 자

선거권자의 자격과 당선 이후 취임 절차 등을 규정한 사법 초안의 내용은 이러하다.[28]

1. 선거인은 소속 본사와 산내 말사에 승적을 가진 비구승으로 함.
2. 선거인은 투표로써 행하여 개표점을 조사한 후에 多標를 得한 자를 당선인으로 함.
3. 후보자를 정한 時는 본인의 이력서를 添하여 취직인가 신청의 절차를 함으로 함.
4. 취직인가 신청서에는 후보자 선거의 전말을 기록한 문서를 첨부하고 개표 주무자와 개표 입회인이 서명 날인 함으로 함.

사법에는 당선된 주지 후보자는 진산식晋山式[29]을 거행하고 전임 주지로부터 사무寺務에 관한 일체 문서와 사유재산寺有財産 목록을 인계받아 취임한다고 규정하였다.[30] 후임자는 임기 만료 3개월 전에 선거를 통하여 결정해야 한다. 주지가 임기 중에 사직·해직·사망 등에 의하여 결직缺職이 생겼을 때는 사중寺中에 법랍최고자法臘最高者가 사무寺務를 대신하고, 결직된 날로부터 2개월 안에 주지 후보자 선정을 해야 한다고 규정되어있다.[31] 본사 주지의 임기는 3년이며, 재임은 무방하다고 명시되어있다.[32] 행정관청은 주지가 범죄 기타 부정한 행위가 있을 때나 또는 직무

---

27) 이능화, 앞의 책, 『朝鮮佛敎通史』하권, 1139쪽.
28) 이능화, 앞의 책, 『朝鮮佛敎通史』하권, 1140~1141쪽.
29) 절의 주지가 새로 취임할 때 거행하는 의식.
30) 이능화, 앞의 책, 『朝鮮佛敎通史』하권, 1140~1141.
31) 위와 같음

를 태만한 때는 그 취직의 인가를 취소할 수 있도록 규정하고 있다.[33]
불교계는 주지 임면에 관한 사안을 각 관장管長이 국가의 위임을 받아 집
행하는 행정 행위인 까닭에 임명의 적절성 여부를 판단하는 소송은 행정
행위의 심사를 청구할 것이지 사법재판소에서 판단할 사안이 아니라고
해석하였다.[34] 승려가 비행을 저질러 사찰에서 퇴거 처분을 받았을 때는
가옥명도소송家屋明渡訴訟의 예에 따라 집달리가 강제로 퇴거시키도록 한
다고 명시하였다.[35]

이러한 조선의 본사 주지 임면 방식은 일본의 본사 주지 임면 방식과
는 큰 차이가 있다. 일본은 각 종파마다 사법과 종규가 있어서 약간의
차이가 있기는 하지만 정토 진종 대곡파의 경우 본산 주직住職[36]은 종조
宗祖 이래로 전등상속傳燈相續의 예에 따라 그 계통으로서 세습 상속한다
고 규정하고 있다. 말사 주지의 경우는 관장이 임면한다고 규정되어있었
다.[37] 일본의 경우 종교계의 자율권을 인정하여 종단에서 정한 법에 의
해 관장과 주지를 임면하게 하였으나 조선의 경우는 행정 관청이 관할하
게 만들었다. 본사 주지가 되고자하는 승려들은 관리들의 비위 맞추기에
급급하여 비인격·몰체면적 수단 방법을 쓰기에 급급하여 승려의 자주권
을 완전히 상실하게 하였고,[38] 사찰의 부채는 오히려 증가하였다고 한
다.[39]

사찰 부채 증가의 원인 가운데 하나는 대처승제도의 유입에 있었다.
조선총독부는 조선을 강제로 병합한 이래 끊임없이 불교계에 일본 불교

---

32) 1911.7.8, 『朝鮮總督府官報』 제257호, 「寺刹令施行規則」, 제4조.
33) 『朝鮮總督府官報』 제257호, 1911.7.8, 「寺刹令施行規則」, 제5조.
34) 朝鮮佛敎中央敎務院, 1925.6, 『寺刹例規』, 108쪽.
35) 위와 같음.
36) 일본은 住持를 住職이락 표현함.
37) 국가기록원 문서, 1910, 『眞宗大谷派宗制寺法幷補則』.
38) 夢庭生, 1932.10, 「危機에 直面한 朝鮮佛敎의 原因考察」 『佛敎』 제100호, 56쪽.
39) 金法麟, 1932.10, 「政敎分立에 對해서」 『佛敎』 제100호, 21쪽.

와 교류를 장려하였다. 1920년대 초반에는 조선불교단이라는 친일파와
일본 정계·관계·경제계 등의 유력 인물들이 대거 참가한 불교 외호단체
가 결성되었다.[40] 조선불교단은 청년 승려들과 불교도들 가운데 매년 일
본 유학생을 선발하여 파견하였다. 뿐만 아니라 각 교구 본사에서도 인
재들을 선발하여 일본으로 유학생을 파견하였다. 일본 유학생들은 귀국
할 때 일본 불교의 영향을 받아 거의 모두 결혼을 한 대처승이 되어 귀국
하였다. 이들이 느낀 것은 불교계의 암담한 현실이었고, 불교계의 개혁
세력으로 전면에 부상하여 보수층과 대립하게 되었다. 대처승은 일본 유
학생뿐만 아니라 불교계의 보편적인 현상이 되어 시일이 지날수록 늘어
만 갔다. 대처승들은 본사 주지가 될 수 있는 방안을 찾기 시작하였고,
이러한 노력으로 조선총독부는 1926년 11월에 승려들에게 대처식육을
허용하고, 대처승들도 본사 주지가 될 수 있는 길을 열어 주었다.[41]

일제가 제정한 사찰령과 사찰령시행규칙 그리고 사법과 같은 법령들
은 식민통치를 효율적으로 하기 위한 하나의 방편이었다. 이러한 목적을
간파한 청년 승려들은 이 사찰령을 폐지시키기 위한 지난至難한 노력을
계속하였다. 종교는 인간이 현실 사회에서 느끼는 고통을 덜어주고 생사
문제에 해답을 주는 것이 큰 목적 가운데 하나이다. 종교계는 스스로를
규율하는 법규가 있어 세속 권력이 간섭하지 않아도 자체적으로 정화하
는 자정自淨 기능을 가지고 있다. 그런데도 조선총독부는 불교계의 인사
권을 장악하고, 불교도들이 스승으로 우러러 모시는 승려들을 집달리가
강제 퇴거를 단행하도록 규정하였다. 이것은 근대 사회에서 있을 수 없
는 만행이다.[42]

---

40) 조선불교단에 대해서는 다음 논문을 참고할 수 있다. 김순석, 1995, 「朝鮮佛敎團
     硏究」 『한국독립운동사연구』 제9집, 한국독립운동사연구소.
41) 김순석, 2003, 『일제강점기 조선총독부의 불교정책과 불교계의 대응』, 경인문화
     사, 148~153쪽.
42) 김광식, 1996, 「불교청년회의 사적 고찰」 『한국근대불교사』, 민족사, 210~214쪽.

3. 본사 주지의 권한과 전횡

조선총독부는 전국의 사찰을 30개 교구로 분할하고 각각의 교구에 본사를 지정하고 그 아래 말사를 배속시켰다. 조선 사찰에서 발생하는 모든 사항을 법으로 규정한 것이 사법이다. 이 법에 명시된 본사 주지의 권한을 살펴보자. 본사 주지는 감무監務·감사監事·법무法務 등 보직 승려의 임면권과 소속 말사 주지의 승인권을 가지고 있었다.[43] 뿐만 아니라 본사의 사찰재산 처분 신청권을 가지고 있었고, 말사의 경우 재산을 매각하기 위해서는 본사를 경유하도록 하였다. 만일 본사 주지가 말사 사유寺有재산의 매각이 부당하다고 인정할 때는 의견서를 첨부할 수 있었다. 토지나 사유림寺有林뿐만 아니라 사찰령 제5조는 사찰에 속하는 토지·삼림·건물·불상·석물·고문서·고서화 기타의 귀중품은 조선총독의 허가를 받지 않으면 처분하지 못하도록 명시하였다.[44] 만일 주지가 관청의 승인을 받지 않고 사찰의 토지 및 재산을 양도하였을 때 그 매매는 법률상 하등의 법적 효력을 발휘할 수 없었다.[45]

결국 본사 주지는 교구 본말사의 인사권과 재정권을 모두 가진 셈이다. 그러니까 본사 주지의 뜻에 반하는 사람은 말사의 주지가 될 수도 없었다. 말사 주지는 본사 주지의 동의없이는 사찰에서 긴요한 사업을 위해 재산을 매각할 수도 없었다. 본사 주지는 재직 소속 사찰 승려의 신분을 증명하는 도첩발부권과 법계수여권, 법계시험위원 선임권을 가지고 있었다. 때문에 승려의 자격과 법계 승진에 관한 전권을 가지고 있었다. 본사 주지는 교구 승려들의 포상과 징계권을 가지고 있었다. 포상[46]의 경우 본사 삼직이 평정해서 주지의 인가를 받아 포상을 행할 수

---

43) 이능화, 앞의 책, 『朝鮮佛敎通史』 하권, 1141~1142.
44) 『朝鮮總督府官報』 제227호, 1911.6.3, 「寺刹令」 제5조.
45) 朝鮮佛敎中央敎務院, 앞의 책, 『寺刹例規』, 112쪽.

있도록 하였다. 징계도 본사 삼직이 합의한 후에 주지의 인허를 받아 집
행할 수 있도록 규정하였다. 사법에 명시된 징계 조항 가운데 본사 주지
와 관련된 것들을 살펴보면 다음과 같다. 승려의 신분을 박탈하는 체탈
도첩褫奪度牒을 시킬 수 있는 7가지 죄목을 살펴보면 각주[47]와 같다. 본사
주지를 모욕侮辱하고 승풍을 문란한 자, 종의宗義에 패悖한 이설異說을 주
장하고 본사 주지의 교유敎諭에 부종不從한 자는 승려의 자격을 박탈하여
산문출송시킬 수 있었다. 사법은 징계 처분을 받은 승려가 잘못을 반성
하는 정도가 현저할 때는 그 처분을 경감하거나 면제시켜 줄 수 있었다.
그러나 체탈도첩의 경우는 감형이나 복권시킬 수 없다고 규정하고 있
다.[48] 본사 주지가 내린 명령을 무단히 행하지 않은 승려에게는 법계를
빼앗는 수탈법계收奪法階의 징계를 줄 수 있었다.[49]

---

46) 사법에 명시된 포상 대상은 아래와 같다(李能和, 1982.8, 『朝鮮佛敎通史』, 寶蓮
閣, 1154쪽).
  1. 沙彌 또는 比丘가 학업에 정진하야 他 의 모범이 되는 자
  2. 敎化上에 현저한 공로가 있는 자
  3. 伽藍의 修築에 공로가 있는 자
  4. 빈민을 救助하야 授産方法을 設한 공로가 있는 자
  5. 도로·교량의 修繕에 진력하야 公衆에 편익을 與한 자
  6. 節儉을 守하야 공익사업에 투자한 心行이 篤實한 자
  7. 산림을 애호하고 식수를 勉勵하여 造林의 모범이 되는 자
47) 아래 항목의 죄를 범하였을 때는 승려 신분을 박탈하는 褫奪度牒을 시킬 수 있
었다(李能和, 1982.8, 『朝鮮佛敎通史』, 寶蓮閣, 1155~1156쪽).
  1. 佛祖에 대하여 불경한 행위를 한 자
  2. 본사 주지를 侮辱하고 승풍을 문란한 자
  3. 宗義에 悖한 異說을 주장하고 본사 주지의 敎諭에 不從한 자
  4. 轉宗轉派를 企하야 徒黨을 한 자
  5. 정치에 관한 담론을 하거나 又는 政社에 가입하여 승려의 본분을 실추한 자
  6. 사찰령 기타의 법령에 의하야 금고 이상의 형에 처함이 된 자 또는 백원 이상
     의 벌금형에 처함이 된 자
  7. 收奪法階의 처분을 受하고도 오히려 其非行을 不改한 자
48) 이능화, 앞의 책, 『朝鮮佛敎通史』 하권, 1159쪽.
49) 이능화, 위의 책, 『朝鮮佛敎通史』 하권, 1158쪽.

본사 주지의 눈 밖에 나서는 승려 생활을 유지할 수가 없었고, 법계가
올라갈 수도 없었다. 주지의 임기는 3년으로 규정하였으나 임기 만료 후
재임하는 것은 무방하였다. 주지는 중임 제한을 정하지 않았기 때문에
재선만된다면 얼마든지 할 수 있었다. 관청의 눈 밖에 나지 않고, 재선만
되면 연임 제한을 받지 않았기 때문에 선거에 얼마나 많은 부정과 비리
가 난무하였을지는 짐작할 수 있다. 행정관청은 범죄 기타 부정 행위가
있을 때 또는 직무를 태만한 때는 주지의 취직 인가를 취소할 수 있었
다.[50] 행정관청이 주지를 임면하게 됨에 직접적으로 관권의 간섭을 받게
되고 그 때문에 인선人選의 공정성을 잃게 되는 경우가 적지 않았다. 한
번 인선의 공정성을 잃게 되어 주지가 적절치 못한 인물이 선임되게 되
면 그 폐단이 적지 않았다. 각 개 사찰의 주지는 흔히 관청의 간섭을 구
실로 소속 사찰재산을 불교단체의 행위 혹은 공공적 운용에 협조하지 않
고 사리私利 혹은 불필요한 남용을 하게 되니 이것이 어찌 적은 손실이겠
는가.[51] 이 당시 재단법인 조선불교중앙교무원은 재정적인 위기를 맞이
하여 금명간에 문을 닫을 지경에 이르렀다고 한다. 1932년 봄 평의원회
에 보고된 바에 의하면 적립금 12만 원에 부채 9만 원을 제하고 나면 3만
원이 남는다고 하였다. 지방도 상황은 마찬가지여서 부채와 분쟁없는 사
찰이 없을 지경이라 한다. 사원 경제의 몰락은 승려 신앙생활의 파멸에
서 나온 것이라고 한다.[52]

주지제의 폐단은 비단 경제적인 것에 국한되지 않는다. 주지는 파쟁
의 근본 원인을 지었고, 주지를 싸고도는 파쟁은 신성한 교단을 아수라
장으로 만들어 버렸다. 주지제를 그대로 두고는 아무리 자각운동을 부르
짖어보았자 파쟁을 근절할 수 없을 것이다. 원성많은 주지를 무슨 이유

---

50) 朝鮮佛敎中央敎務院, 앞의 책, 『寺刹例規』, 39쪽.
51) 위와 같음.
52) 夢庭生, 앞의 글, 「危機에 直面한 朝鮮佛敎의 原因 考察」, 52~53쪽.

로 본분을 잊어가면서 쟁탈하는가. 그것은 독재권 때문이다. 주지가 되기만하면 그 사찰의 제왕이다. 전재산은 자기의 소유이며, 전 승려는 자기의 시종이다. 주지는 생각만 나면 전재산을 독단으로 처리할 수 있으며, 비위가 틀리면 산중 승려 중 누구라도 축출할 수 있으며, 파종破宗시킬 수도 있다. 주지 앞에는 강백講伯도 선덕禪德도 노사老師없다. 이 독재권을 얻기 위해서는 비장한 전략도 있으려니와 한 번 당선만 되고 보면 이 자리를 지키기 위하여 수단방법을 가리지 않는다. 필요하면 거액의 사찰 재산을 뇌물로 쓸 수도 있으며, 궁하면 관계官係의 종노릇도 불사하게 된다. 주지를 두 세번 치르고 난 사람으로 덕망을 그대로 지키는 승려가 얼마나 있는가를 찾아보라. 주지 이전에 여하히 덕망 높은 선지식일지라도 한 번 주지의 지위에만 오르고 나면 모든 사람들의 노여움의 표적이 되고마는 까닭에 한 번 주지 자리를 내놓게 되면 어떤 지경에 빠질지 모른다. 잔뼈가 굵은 인연 깊은 본산은 적진의 진지로 변하는 동시에 도망하다시피 떠나가지 않을 수 없게 된다. 그들이 향하는 곳은 환속 또는 사설私設 교당敎堂 이외에는 갈 곳이 없는 것이다. 기실 주지제는 사승화제詐僧化制라 해야 옳을 것 같다. 주지제가 이대로 존속한다면 십수년 후에는 승려다운 법도法徒는 하나도 남지않고 모두 속화되고 말 것이다. 주지 자리는 실로 사기詐欺 승려를 만들어 내는 기계가 아니고 무엇이랴.[53]

주지의 죄악은 대개 제도적 불합리에서 오는 것이다. 특출한 선지식이 아닌 범승凡僧은 누구나 주지 자리에만 오르면 마치 요괴에게 홀린 것처럼 자연 타락의 길로 쓸려 들어가고 마는 것이다. 주지는 실로 악역이다. 이 악역에 한 번 걸리기만 하면 강백도 속화되고 선사도 용부庸夫가 되고 만다. 결국 이 주지제의 근본적인 원인은 대처帶妻 제도에서 비롯된

---

53) 夢庭生, 위의 글, 「危機에 直面한 朝鮮佛敎의 原因考察」續, 25~27쪽.

다. 일본 불교가 유입되고 나서 노소를 불문하고 대처생활을 시작하였다. 인간적 본능에서 나온 자연성이랄까. 종래 금욕주의 생활을 하던 승려가 대처 문제의 가부를 논할 여가도 없이 우후죽순처럼 일제히 대처생활을 하게 되었다. 대처승 제도는 실로 조선에 불교가 들어온 이래 처음 겪는 파계생활이다. 대처 생활은 가족 부양이라는 문제 때문에 필연적으로 자본을 필요로 하게 된다. 종래 일의일발一衣一鉢이면 족하였던 것이 이제는 수의수발數衣數鉢에다가 사유재산이 없으면 생활할 수 없게 되었다. 조선의 승려들은 대처생활을 시작한 그 날부터 가정의 노예가 되어 버렸다. 절에 가서는 승려 흉내를 내고 집에 돌아와서는 속세 생활의 임무를 하지 않을 수 없었다. 이 같은 이중생활은 비승비속의 중간적 기형 생활을 하지 않을 수 없었다. 본래 승려들은 경제 생활을 영위할 수 있는 기술을 배우지 못한 만큼 사원경제를 떠나서는 조금도 생산물을 얻을 수 없었다. 그러니 대처승들은 죽으나 사나 가련한 가족들의 생활비를 사원 경제에서 충당하지 않을 수 없었다. 그러니까 주지의 전제도 바로 이 대처제도에서 비롯된 것이고, 부정사건도 원인이 여기에 있는 것이다. 대처승들은 우선 먹고 살기 위해서는 장래 지옥이 문제가 아니다. 기회만 있으면, 방법만 있으면 얼마든지 사생활과 가정생활을 유지하기 위하여 사찰의 흥망을 염두에 두기 어려운 지경에 빠지게 된 것이다.[54]

　대체로 본사 주지의 이같은 전횡은 그 원인이 사법에 있었다. 사법 자체가 주지에게 이롭도록 된 것이라 주지는 오직 이것을 빙자하여 자기에게 가담하지 않는 승려의 출척黜陟을 임의로 한다. 또 가장 중론衆論을 모아야 할 주지직의 임면이 관청에서 발급하는 종이 한 장에 있는 까닭이다. 조선시대 억불정책의 멍에를 벗어난 조선불교는 다시금 사법이란 불완전한 굴레에 끼이게 되어 자유스럽게 발전해야 할 앞 길에 일대 암초

---

54) 위와 같음.

에 걸리었다. 소위 삼십본산연합사무소 당국자와 일반 주지와 청년 승려
사이에는 반목이 심하여 1922년 3월 26일 경성 각황사覺皇寺에서 주지 성
토 강연회가 열리었다. 당시 주지급에서 남달리 전횡이 심하였던 몇몇
승려 가운데 수원 용주사龍珠寺 주지 강대련姜大蓮을 조리 돌린 명고사건
鳴鼓事件[55]이 발생하였다. 이 사건은 주지의 전횡을 징치한 하나의 사례
에 지나지 않으며 주지들이 독재권은 심각한 상황이었다는 것은 다음 글
에서 엿볼 수 있다.[56]

> 寺刹令及寺刹令施行規則에 의하면 조선사찰의 대표자는 주지이오, 주지의
> 선정 방법은 사법이 규정하되 사법은 조선총독의 인가를 맡아야되며 주지의
> 임면은 조선총독 혹은 지방장관의 인가에 의하야된다. 이러케 관권에 의하야
> 선정되고 임면된 주지의 권한은 오직 관권의게만 구속을 받는다. 주지가 그
> 소관 사찰의 교무행정 일체를 전단하게 됨은 물론이오 교계 전체의 여론이라
> 고 일축할 수도 있다. 주지의 눈에는 오직 관권 뿐이다. 이에 가령 조선불교
> 계 전체에 치명적인 해독을 끼칠만한 행동을 감행하는 일개 반동 주지가 있
> 다드라도 현하의 정세론 전조선불교가 이 반동을 타도키 위하야 일치 분기할
> 수도 없거니와 설사 일치 분기하드라도 하등의 제제를 줄 실권이 없을만치
> 현조선사찰의 주지는 독재적이다.

주지의 선출은 형식적으로는 선거절차를 거치지만 본사 주지의 경우
총독이 인가권을 가지고 있고 말사 주지는 지방장관이 인가권을 가진 까
닭에 마음에 들지 않으면 인가하지 않을 수도 있는 것이다. 이처럼 관권

---

55) 『東亞日報』 1922.3.27, 「暴力化한 佛敎分爭 奇怪한 僧家의 鳴鼓事件 龍珠寺 주
지 姜大蓮씨를 반대파에서 조리를 돌녀」. 명고사건은 1921년에 조직된 조선불교
유신회의 청년 승려들이 본사 주지 가운에 전횡이 심하였던 용주사 주지 강대련
의 등에 小鼓를 지우고 '佛敎界大惡魔姜大蓮鳴鼓逐出'이라는 깃발을 들고 북을
치면서 남대문에서 종로를 지나 동대문까지 행진한 사건을 말한다. 이 사건으로
주동자였던 姜信昌·金尙昊·鄭孟逸 등은 실형을 선고받았다.

56) 金法麟, 1932.10, 「政敎分立에 對해서」 『佛敎』 제100호, 20쪽.

에 의하여 임면이 좌우되는 주지인 까닭에 오로지 관권에만 복종할 뿐 교무행정은 오로지 독단으로 처리한다는 것이다. 그렇다고 하더라도 현행 사찰령 체제 하에서는 그 주지의 임기 중에는 어찌할 방법이 없다는 것이다. 31조각으로 분할되어 관권 이외에는 하등의 구속을 받지 않는 주지에 의하여 독재되는 조선사찰의 조직은 전조선불교계의 공의를 모아서 결정된 종헌의 실행[57]을 저지하고 있었다. 그런 까닭에 사찰령은 이론에 있어서는 정교분리에 위배되고 현실에 있어서 조선불교의 장애물이 되는 것이니 존속될 필요가 없다. 상식이 부족한 승려 그 중에서도 주지층에서는 정교분리라든지 사찰령철폐를 운운하게 되면 그것을 정치적 반항운동으로 오인하여 무조건 부인하여 침묵을 지키미 웃음을 금하지 못할 일이다.[58] 이러한 상황을 고려해 보면 사찰령과 조선불교의 관계가 얼마나 시대착오적인가 알 수 있다.[59]

4. 맺음말

일제는 식민지 조선불교계에 사찰령을 시행함으로써 정교가 분리되어 종교의 독자성이 인정하는 일본 불교와는 다른 불교계를 정치권에 예속시키는 정책을 시행하였다. 사찰령은 조선불교계를 30조각으로 분할하고, 불교계의 인사권과 재정권을 행정관청에 예속시킴으로써 독자성을

---

57) 여기서 종헌이란 1929년 조선불교선교양종승려대회의 결과로 탄생된 종회에서 결정된 것을 말한다. 이 승려대회와 종헌에 관한 자세한 내용은 다음 논문을 참고할 수 있다.
김광식, 1996, 「조선불교선교양종 승려대회의 개최와 성격」; 「1930년대 불교계의 종헌 실행문제」『한국근대불고사연구』, 민족사, 1996.
김순석, 2010.8, 「朝鮮佛教禪教兩宗과 朝鮮佛教禪宗의 종헌 비교 연구」『보조사상』제34집.
58) 韓龍雲, 앞의 글, 「政教를 分立하라」, 13쪽.
59) 金法麟, 앞의 글, 「政教分立에 對해서」, 19쪽.

상실하게 만들었다. 인사 문제에 있어서 주지가 되려는 승려들은 관권의 눈치를 보지 않을 수 없었다. 일제가 조선에서 실시한 불교정책은 본국의 불교정책과는 사뭇 다른 것이었다. 일본의 불교정책은 인사권과 재정권을 불교계에서 독자적으로 운영할 수 있게 하였다. 조선시대 사찰재산은 산중공론의 결정에 따라 문제를 해결하였기 때문에 부정과 비리가 없었지만 사찰령 체제하에서는 주지 일개인에게 사원 경제권의 운용 결정권이 주어졌기 때문에 사원 경제는 파탄을 초래하게 하였다. 일본 불교의 유입으로 교리적으로 소화하지도 못한 채 도입된 대처승 제도는 불교계를 타락의 늪으로 빠지게 만들었다. 이 문제는 해방 이후 비구·대처 갈등으로 비화되어 그 앙금은 지금까지도 남아있다.

일제의 불교정책 실행자는 본사 주지였고 본사 주지의 임면권은 조선총독에게 있었다. 본사 주지는 관할 교구의 인사권·재정권·포상 및 징계권 등에 있어 전권을 행사할 수 있는 교구의 제왕으로 불릴 정도였다. 이런 권한을 가진 본사 주지를 통제할 수 있는 것은 관권뿐이었다. 본사 주지는 중임 제한이 없었기 때문에 한 번 당선되기만 하면 재임을 위해서 가능한 모든 수단과 방법을 동원하였다. 주지를 선거하는 투표장에 선거의 공정성을 기한다는 명목으로 행정관이나 경찰관을 입회시켜 관청에서 지목하는 인물의 당선을 유도하는 사례가 종종 있었다고 한다. 만일 관청에서 지목한 인물이 아닌 다른 승려가 주지로 당선되었을 경우 선거인들 사이에 투표장의 분쟁을 격화시켜 불상사가 일어나기도 하였다고 한다. 이런 선거를 통해 당선된 본사 주지는 무소불위의 권한을 남용하다가 재임에 실패하면 사방이 적진으로 변하여 환속을 하거나 사설교당으로 물러나 앉을 수 밖에 없었다고 한다. 본사 주지는 소속 교구 승려들을 징계할 수 있는 징계권이 있었다. 더구나 본사 주지를 모욕할 경우는 승려 신분을 박탈할 수도 있었다. 그렇기 때문에 본사 주지 마음에 들지 않는 승려는 더 이상 승려 생활을 하기가 어려웠다. 본사 주지는 그야말로 무소불위의 제왕이라고 불리기에 손색이 없었다.

사찰령 체제 하에서 사원 경제는 거의 파탄의 지경에 이르렀다고 한다. 조선시대 공론을 통하여 처리하였던 재정 문제의 결정권이 주지 일개인에게 주어졌고, 주지는 관청의 인가를 받아야 하는 처지였다. 주지는 관권의 아부하지 않을 수 없었고, 그 과정에서 막대한 사찰재정이 주지의 개인적인 용도로 유용되었다. 더구나 1926년 이후에는 대처승도 본사 주지가 될 수 있게 되었고, 시일이 지남에 따라 대처 주지는 늘어만 갔다. 대처승은 가족을 부양해야 하는 의무가 있었으나 별다른 경제 활동 능력은 없는 승려였다. 자연히 사찰 재산은 줄어들 수밖에 없었다.

일제가 식민지 시기 동안 불교계에 실시한 사찰령은 본사 주지를 중심으로 한 운영체제였다. 본사 주지들은 대부분 관권의 하수인이 되어 불교계를 친일화하는데 앞장섰고, 사찰재정은 파탄 지경에 이르렀다. 결국 일제가 실시한 식민지 불교정책은 조선왕조가 500백 동안 실시하였던 억불정책보다도 심하게 불교계를 망가뜨렸다.

제4부

해방 이후 불교계의 변화

제1장
이승만 정권의 불교정책

1. 머리말

이승만 정권의 불교정책은 현대 불교사에 있어서 매우 중요한 의미를 지닌다. 왜냐하면 이승만 정권은 일제 강점기에서 해방되어 미국의 군정 기간을 거쳐서 자주적으로 국민의 총의에 의해서 탄생한 제1공화국 정부의 불교정책이기 때문이다. 일제 강점기 동안 억압과 수탈에 시달렸던 불교계는 해방을 맞이하여 자유로운 공간에서 포교의 자유를 얻었으나 미군정의 종교정책은 공인교정책을 표방하였다.[1] 공인교정책이란 국가에서 공식적으로 인정하는 종교 이외에는 종교로 인정하지 않는 것을 말한다. 그런 까닭에 미군정 기간에 불교는 교세가 위축될 수 밖에 없었다. 2년간의 미군정 기간이 지나고 새롭게 탄생한 이승만 정권의 종교정책도 미군정의 공인교정책을 답습하였다. 이승만은 승려가 결혼을 하고 고기를 먹는 대처식육 현상을 일본 불교의 특징으로 보고 이것을 청산하는 것이 곧 우리 불교의 정통성을 회복하는 것이라고 생각하였다.[2]

이승만은 1875년(고종 12) 3월 26일 황해도 평산군 마산면에서 부친 경선敬善과 모친 김해 김씨 사이에서 3남 2녀 가운데 막내로 태어났다.

---

1) 강돈구, 1993.12, 「미군정의 종교정책」『종교학연구』제12집, 39쪽.
2) 공보실, 1956, 「사찰을 보존하자」『대통령이승만박사담화집』제2집, 240~242쪽.

그는 왕족인 전주 이씨 가문의 후예였으나 세종대왕의 큰 형인 양녕대군의 다섯째 아들 이흔李訢의 17대손이었기 때문에 오랫동안 벼슬길이 막혀 빈한한 집안의 자손이었다. 그에게는 형이 둘 있었으나 그가 태어나기 전에 세상을 떠났으므로 사실상 6대 독자인 셈이었다. 어려서부터 그는 엄격한 유학 가문의 자손으로 한학 교육을 받으며 자라났다. 하지만 그의 모친은 독실한 불교신자로서 생일날에는 아들을 절에 보내어 불공을 드리게 하였다고 한다. 그러던 그가 새로운 사상을 접하게 된 계기는 1877년 서울로 이사하여 1895년 배재학당에 입학하여 신학문을 배움으로써 시작되었다.[3] 그가 서울로 오게 된 까닭은 외아들을 훌륭하게 키우려는 어머니가 아버지을 설득하였기 때문이라고 한다. 이승만은 배재학당에서 서재필을 만남으로서 인적·물적으로 많은 도움을 받았다. 이후 그는 아펜젤러·헐버트·언더우드·게일과 같은 선교사들과 밀접한 관련을 가짐으로써 기독교로 개종하게 된다.[4] 기독교로 개종한 이후 이승만은 자신의 삶을 기독교에 헌신하려고 하였다. 해방이 된 이후 1948년 8월 대한민국 초대 대통령으로 취임한 이후 그의 종교정책은 기본적으로 기독교 우대 정책으로 신생 한국을 기독교 국가로 만들고자 하였다. 그는 1948년 8월 대한민국 초대 대통령에 취임한 이래 미군정의 종교정책을 그대로 답습하였고, 1954년 이후에는 종교를 자신의 권력기반을 유지하는데 이용하였다.[5]

이승만 정권의 불교정책은 기독교 국가 건설이라는 종교정책 바탕위에 전개되었다. 지금까지 이승만 정권의 불교정책에 대한 연구성과는 거의 없는 실정이다.[6] 다만 그가 재임한 12년 동안 전개된 이른바 '정화운

3) 유영익, 1996, 『이승만의 삶과 꿈』, 중앙일보사, 14~16쪽.
4) 서정민, 2000, 「이승만의 기독교 신앙과 민족운동」『믿음, 그리고 겨레사랑』, 한국기독교역사연구소, 69~77쪽.
5) 맹청재, 2003, 「이승만의 종교활동과 종교정책에 관한 연구」, 목원대학교 신학대학원 석사학위 논문, 76~78쪽.

동'에 관한 관한 연구 성과는 다수 있으나 찬반양론이 엇갈리고 있다.[7]

해방 이후 불교계는 이승만 정권이 들어서고 나서 비구승과 대처승 사이의 대립으로 큰 혼란을 겪었다. 이러한 불교계의 분규 사태는 오랫동안 해결을 보지 못하다가 군사 정권이 출범하던 1961년부터 합의점을 도출할 것을 강요받아 1962년 통합종단 출범이라는 형태로 어설프게 봉합되었다. 그렇지만 출범 당시부터 많은 문제점을 안은 채로 발족된 통합 종단은 결국 화합하지 못하고 대처측이 1970년에 태고종을 창종함으로써 갈라서고 말았다. 그런 까닭에 같은 사건이지만 보는 관점에 따라 전혀 다르게 서술되고 있다.

필자는 이러한 연구성과를 바탕으로 이승만의 불교정책을 검토하고자 한다. 이승만 정권의 불교정책에서 규명하여야 할 것은 크게 세 가지정

---

6) 김광식, 2004, 「이승만은 왜 불교계를 정비하였나」 『내일을 여는 역사』, 서해문집.

7) 지금까지 발표된 '정화운동' 관련 연구성과는 다음과 같다.

목정배, 1983, 「불교」 『서울600년사』, 서울시사편찬위원회.

김남수, 1997, 「50년대 분규 발생의 정치적 의미 분석」 『대승정론』 15호.

박희승, 2000, 「불교정화운동 연구」 『불교평론』 3호.

강인철, 2000, 「해방후 불교와 국가 : 1945~1960」 『사회와 역사』 57.

김광식, 2000, 「조지훈·이청담의 불교계 '분규' 논쟁」 ; 「불교 '정화'의 성찰과 재인식」 ; 「전국 비구승대표자 대회의 시말」 ; 「사찰정화대책위원회의 개요와 성격」 ; 「불교재건위원회의 개요와 성격」 『근현대불교의 재조명』, 민족사.

_____, 2002, 「정화운동의 전개와 성격」 『새불교운동의 전개』, 도피안사.

_____, 2002, 「이청담과 불교정화운동」 『청담대종사와 현대 한국불교』, 청담문화재단.

_____, 2003, 「김서운의 종단정화와 그 특성」 『대한불교조계종과 서운 큰 스님』, 전등사.

_____, 2006, 「고불총림과 불교」 『한국현대불교사연구』, 불교시대사.

_____, 2006, 「농지개혁과 불교계의 대응」 ; 「한국 현대불교와 정화운동」 『한국현대불교사연구』, 불교시대사.

박용모(진관), 2012, 『東山의 佛敎界淨化運動研究 – 韓國佛敎 正統性 回復을 中心으로 – 』, 중앙승가대학교 박사학위논문

도이다. 첫째, 미군정으로부터 이양받은 일본 불교계의 재산인 이른바 적산재산의 처리 문제이다. 그러나 이 문제를 밝힐 수 있는 자료가 부족하여 다음으로 미루어 둘 수 밖에 없다. 둘째, 농지개혁에 있어 초기에 경작자에게 불하되었던 사찰 농지가 법 개정을 통하여 다시 사찰로 귀속되는 과정을 밝히는 작업이다. 이 부분은 별도의 연구가 있으므로 본고에서는 제외하기로 한다. 셋째, '정화운동'에 관한 부분은 기존의 연구성과가 불교계 내부의 관점에서 진행된데 비해서 이승만 정권의 정책 변화에 불교계가 대응하는 양상을 중심으로 검토하고자 한다. 이승만은 1954년 5월 일본 불교의 잔재를 청산하고, 한국 불교의 정통성을 되찾으라는 담화문을 발표함으로써 정화운동이 시작되는 계기를 제공하였고, 그가 정권에서 하야하는 1960년 4월까지 정화는 진행중이었다. 그런 까닭에 본고는 정화운동을 중심으로 이승만 정권의 불교정책을 살펴보고자 한다.

2. 정화운동의 발발 배경

정화운동의 배경을 일제강점기부터 찾는 연구자와 해방 이후부터 보는 견해가 있다. 김광식은 정화운동의 배경을 일제강점기 1919년 중국 상해에서 발행된 '대한승려연합회선언서에 대한불교의 일본화와 절멸에서 구하기 위하여 일제와 혈전을 선언'한 데서부터 연원을 찾고 있다. 그는 대한승려연합회선언서의 정신이 1926년 백용성의 '대처식육금지건백서'로 계승되고, 1928년 '조선불교승려학인대회'와 1934년에 성립된 재단법인 '조선불교선리참구원'의 설립으로 이어지고 있다고 본다. 그는 일제강점기 이러한 움직임이 1946년 '조선불교혁신총연맹'으로 연결된 것으로 파악하였다. 또한 1947년 봉암사결사와 같은 해 시작된 백양사의 고불총림으로 이어져 1954년의 전국 승려대회로 연결된다고 보았다.[8] 목정배는 정화운동의 발단을 해방 직후 조선불교 조계종의 임원들이 사퇴하고 1945년 9월 전국승려대회준비위원회가 결성된 시점으로 보고 있다. 그는 본격적인 정화운동의 시발점은 1954년 5월 이승만의 담화문 발표에서 찾았다.[9]

정화운동의 연원을 일제강점기로 보는 견해는 앞서 언급한 일제강점기에 조선불교의 전통을 수호하려고 하였던 일련의 사안들이 일본 불교 잔재 척결을 주장하였다는 점에서 일면 타당성을 가지는 듯하다. 그러나 정화운동은 척결 대상을 일본 불교 잔재와 대처승으로 삼고 있다는 점에서 볼 때 이러한 시각은 다음과 문제점이 있다. 일제강점기에는 비구승과 대처승이 함께 조선불교의 전통 회복하는 회합에 주동자로 참여하였다. 그렇지만 정화운동 때는 서로 대립되는 측에 서게 되는 승려가 있으로써 인적 구성의 연속성이라는 점에서 일치하지 않는 문제가 있다. 따라서 정화운동 발발 배경은 해방 이후부터 보는 것이 좋지 않을까 한다.

해방 공간 불교계도 일제강점기 총본산 태고사 집행부와 간부들이 퇴진하고, 교계 쇄신을 논의할 조선불교혁신준비위원회가 조직되었다. 이 위원회는 1945년 9월 22일부터 23일까지 전국 승려대회를 개최하여 의견을 결집하였다. 그 결과 일제강점기 종명이었던 '조선불교조계종' 대신에 '조선불교'라는 명칭를 쓰기로 하였다. 그리고 '조선불교조계종총본산 태고사법'과 '31본말사법'의 폐지를 결의하고, 중앙에 총무원을 설치하여 교계를 총괄지휘하게 하였다. 나아가서 교정 심의기관과 교정 감찰기관을 신설하고 총무원 간부들을 선출하였다.[10] 이 때 선임된 집행부 임원은 교정 박한영, 중앙총무원장 김법린, 중앙감찰원장 박영희 등 이었다.

해방 공간에서 정국의 주도권은 좌익 계열이 쥐고 있었다. 좌파 계열

---

8) 위와 같음.
9) 목정배, 앞의 논문, 「불교」 『서울600년사』.
10) 김광식, 1998, 「8·15해방과 불교계의 동향」 『한국근대불교의 현실인식』, 민족사, 250~263쪽.

의 민족지도자 여운형은 일본의 패망을 예견하고 1944년부터 건국동맹
이라는 단체를 만들어 활동하였다. 건국동맹은 1945년 8·15해방과 더불
어 건국준비위원회로 개편되었다. 건국준비위원회는 후에 다시 조선인민
공화국으로 변모하면서 전국에 인민위원회를 조직하여 해방공간의 정국
을 이끌었다.[11] 불교계의 좌파인 혁신계열은 비구승이 중심이 되어 새롭
게 선임된 총무원 집행부의 노선이 온건하다는 이유를 들어 1946년 4월
25일 혁명불교동맹을 만들었다. 혁명불교동맹의 주장은 다음과 같다.[12]

- 승니와 교도를 구별하자.
- 사원은 일반에게 공개하라
- 사찰토지는 국가사업에 제공하라.
- 불건전한 교당을 숙청하라.
- 승려는 생업에 근로하라.
- 석가불을 본존으로 하라.
- 종래의 의식을 폐하고, 간소·엄숙한 새의식을 행하라.

이러한 주장들은 해방 이후 교단을 접수한 총무원의 노선이 온건하다
는데서 나온 반발이었지만 과격하고, 현실과는 맞지 않은 측면도 있어
총무원 측에서 수용하기가 어려웠다. 이 밖에도 불교청년당·조선불교혁
신회 등의 혁신단체들이 난립하여 혼란스러운 상황이 전개되고 있었다.
이 무렵 중앙총무원에서는 1946년 7월 27일과 8월 22일 미군정장관에게
사찰령과 사찰령시행규칙 등의 철폐를 신청하였다. 미군정청은 이 신청
을 받아들이지 않았다. 총무원장 김법린은 원세훈 외 25명 의원들의 연
서를 얻어 사찰령과 포교규칙 등 4개 법령을 폐지할 것과 '사찰재산임시

---

11) 이기하, 1988, 「정치·사회단체의 성격」 한국현대사연구협의회 편, 『한국현대사
    의 전개』, 탐구당, 224~227쪽.
12) 『東亞日報』 1946.4.26, 「平和社會 建設을 目標로 在京有志가 革命佛教同盟을
    設立」.

보호법'을 입법의원에 제출하여 1947년 8월 8일 통과시켰다.[13] 그렇지만 미군정 당국은 이 법의 인준을 보류하였다. 그 까닭은 '사찰재산'이라는 개념에는 일본 불교계의 막대한 적산이 조선불교라는 일개 종교단체로 귀속될 수 있다는 우려 때문이었다고 한다.[14]

비슷한 시기에 혁신계열에서는 선리참구원·불교청년당·혁명불교도동맹·불교여성총동맹·조선불교혁신회·선우부인회·재남이북승려회 등 7개 단체가 선리참구원에 모여 불교혁신총동맹이라는 연합단체를 결성하였다.[15] 불교혁신총동맹의 이념은 식민지 불교계 체제 극복·전통불교수호·불교의 대중화 지향 등 이었다. 불교혁신총동맹이 내세운 교계 쇄신의 대안은 교도제敎徒制였다. 교도제의 중심 내용은 사부대중은 모두 석가의 제자이지만 수도修道와 지계持戒의 정도에 따라 적절한 역할 구분을 해야 한다는 것인데 대처승은 신도로 전환시켜야 한다는 것이 골자이다.[16]

해방 공간에서 정화운동의 배경 가운데 빼놓을 수 있는 것은 1947년 '부처님 법대로 살아보자'는 슬로건은 내걸고 시작된 봉암사 결사이다. 이 결사는 성철性徹·청담靑潭·향곡香谷·우봉愚峯·보문普門·자운慈雲 등 20여 명의 승려들이 "일하지 않으면 먹지 않는다"는 원칙과 소작인의 소작료와 신도들의 특별 보시 등을 거부할 것 등 18개 항목을 함께 지켜야할 규약으로 삼았다. 봉암사 결사는 승가의 위의를 되찾고 인천人天의 사표로 중생을 구제하려는 근본 불교를 지향하였다.[17] 또 하나의 배경으로

13) 『조선일보』, 1947.8.9,「사찰령 폐지안 입법통과」.
14) 강돈구, 앞의 논문,「美軍政의 宗敎政策」, 28~30쪽.
15) 『朝鮮日報』1946.12.6,「佛敎革新總聯盟 七箇團體서 結成」.
16) 김광식, 2002,「정화운동의 전개와 성격」『새불교운동의 전개』, 도피안사, 318~321쪽.
17) 김광식, 2007.10.「봉암사 결사의 재조명」『봉암사 결사의 재조명과 역사적 의의』, 봉암사결사 60주년 기념학술세미나 자료집, 27~34쪽.

는 1947년 송만암이 백양사를 중심으로 전개한 고불총림古佛叢林 정신에서 찾을 수 있다. 만암은 대처승 문제 해결 방법에 있어 자연스러운 소멸을 제시하였다. 즉 대처승은 상좌를 두지 못하게 하고, 가족들은 사찰 밖에 거주하도록 하여 점진적인 해결 방안을 제시하였다.[18] 1951년 6월 제3대 교정으로 송만암이 선출되자 선학원의 승려 이대의李大義는 비구승들에게 수행 공간을 할애해 달라는 건의서를 제출한다. 이에 만암은 이 건의서를 검토하여 수행승들에게 사찰을 제공하라고 지시하였다. 종정의 지시에 따라 통도사·불국사 등에서 이 문제를 해결하기 위한 회의가 개최되었고, 그 결과 비구승들에게 동화사·내원사·직지사·신륵사 등 18개 사찰을 할애한다는 것이 결정되었다.[19] 불교계는 합리적이고, 평화적인 방법으로 승단의 전통을 회복하려는 방안을 찾아가고 있었다. 이러한 방법들은 승단 내부에서 자체적인 해결방안의 모색 결과로 도출된 것으로 그 실행에 있어 점진적이지만 후유증이 적은 것이었다. 하지만 정화운동의 촉발은 승단 내부의 합리적인 대안 모색과는 전혀 다른 방향에서 시작되었다. 정화운동의 직접적인 계기가 된 것은 1954년 5월 20일 이승만의 담화문에서 찾아져야 될 것이다. 이 담화문이 발표된 계기 역시 치밀하고, 오랜 숙고 끝에 미래를 전망하고 세워진 것이 아니고, 즉흥적이라고 할 수 있을 정도로 우연한 사건으로 시작되었다. 그러나 그 후유증은 상상을 초월하는 것이었고, 한국 불교계는 정화운동의 소용돌이에 휘말려서 지울 수 없는 상처가 남게 되었다.

3. 이승만 정권과 정화운동의 전개

이승만은 일본 불교가 대처식육을 전파시킴으로써 한국 불교의 전통

---

18) 曼庵文集刊行會, 1997, 『曼庵文集』, 민족사, 414~415쪽.
19) 김광식, 앞의 논문, 「한국 현대불교와 정화운동」, 157쪽.

을 말살하였다고 보았다. 그런 까닭에 1954년 5월 20일 첫 담화를 필두로 1955년 12월 8일까지 모두 8차례의 담화를 발표하여 불교계를 유혈의 소용돌이로 몰아 넣었다. 그는 불교계 내부에서 일본 불교의 잔재를 청산하고 한국 불교의 고유한 사상과 전통을 회복하려는 움직임이 진행되고 있는 사실을 모르고 있었다. 더구나 그는 국가의 최고 지도자로서 소관 부처의 장관에게 진상을 파악하여 적절하게 조치하라고 범범하게 지시한 것이 아니라 구체적으로 대처승을 사찰에서 축출하라는 명을 내렸다. 이렇게 됨으로써 불교계는 자정의 노력을 더 이상 진행하지 못하고 공권력의 힘을 빌려서 파행적인 해결책을 찾게 됨으로써 불교계에 지우기 힘든 상처를 남기게 되었다. 그는 일본 불교 잔재를 청산하고 한국 불교의 전통을 회복하라는 담화를 여러 차례 발표하였다. 그가 즐겨 사용한 '일본 불교 잔재 청산'은 그가 1954년 5월 20일에 발표한 제1차 담화문에서 잘 드러난다.

> 日人들이 저의 소위 불교라는 것을 한국에 전파해서 우리 불교에 하지 않는 모든 일을 행할 적에 저의 소위 사찰은 도시와 촌락에 석겨 있어서 중들이 가정을 어더 俗人들과 같이 살며 불도를 행해서 온 것인데 이 불교도 당초에 우리나라에서 배워다가 형식은 우리를 모범하고 생활제도는 우리와 절대 반대되는 것을 행해 오던 것인데 이것을 韓人들에게 施行하게 만들어 한국에 고상한 불도를 다 抹殺 식혀 놓은 것이다. … 그 중에 긴요한 것은 日人 중애 생활을 모범해서 우리나라 불도에 위반되게 行한 자는 이후부터는 親日者로 인정받을 수밖에 없으니 家庭가지고 사는 중들은 다 사찰에서 나가서 살 것이며 우리 불도를 숭상하는 중들만을 정부에서 도로 내주는 전답을 개척하여 지지해 가도록 할 것이니 이 의도를 다시 깨닫고 시행하기를 지시하는 바이다.[20]

---

20) 1996, 「李大統領第一次諭示」『佛敎淨化紛爭資料』(한국근현대불교자료전집 68), 민족사, 13쪽.

담화문의 요체는 불교가 우리나라에서 일본으로 전파되었는데 일본
승려들은 대처식육을 함으로써 교리가 변질되어 우리의 전통 불교와는
융합될 수 없다. 그런 까닭에 일본 불교의 풍습을 따라 결혼을 한 대처승
들은 친일 승려들이니 절에서 축출되어야 한다는 것이다. 담화문의 내용
은 일제 잔재 청산과 해방 이후에 국민 총의에 의해 건설된 정부의 입장
에서 볼 때 타당한 면도 있다. 대통령의 담화에 따라 비구승 들은 동년
8월 20일부터 3일간 서울 안국동에 있는 선학원에서 60여 명의 비구승들
모여 대표자 회의를 열었다. 이어서 비구측은 9월 28일과 29일 선학원에
서 비구승대회를 열고 기존의 기구와 종헌을 부정하고 새롭게 조계종헌
을 제정하고 다음 사항을 결의하였다.

- 대처승은 승적에서 제거할 것
- 대처승은 호법중으로 할 것
- 교권은 비구승에게 환원할 것[21]

이에 대하여 대처측은 회의를 열어 다음과 같이 결의하여 비구측에
통보하였다.

- 三寶 사찰인 통도사·해인사·송광사를 비구승에게 수도장으로 제공한다.
- 불교 발전을 위해 분종한다.
- 호법중은 될 수 없다.[22]

비구측의 이순호李淳浩(청담)·하동산河東山·윤월하尹月下 등은 1954년 10
월 11일 경무대를 방문하고 불교정화를 위한 강력한 담화를 다시 내려
주기를 청하였다. 그러자 이승만은 11월 4일자로 '일본식 정신과 습관을

---

21) 『朝鮮日報』 1954.11.28, 「佛敎界 紛爭의 裏面」.
22) 위와 같음.

버리고 대한불교의 빛나는 정통을 살리라'는 요지의 담화를 발표하였다.[23] 비구측의 요청을 수락하여 발표된 이승만의 담화에 힘입어 비구측은 대처측과의 물리적인 충돌을 감행하였다.

　해방 이후 일제 잔재를 청산하고 새롭게 건설된 민족국가의 체제에 걸맞는 체제와 이념을 확립하는 일은 중요하다. 그리고 일제강점기 친일 행각을 하였던 세력을 척결하는 일은 무엇보다고 중요한 일이었다. 문제는 대통령의 이 담화를 믿고서 하루 아침에 200~500여명 밖에 안되는 비구승들이 7천여 명의 대처승을 상대로 종단의 주도권을 장악하려고 무리한 방법을 동원한 데 있었다.[24] 이 당시 종교계의 문제를 관할하는 중앙부처는 문교부였으며 이승만의 담화 내용을 실제로 지휘한 제1공화국 문교부 장관을 역임한 사람과 재임기간은 다음과 같다.[25]

이승만 정권시기 문교부 장관

순 서	성 명	재임기간	종 교
제1대	안 호 상	1948년 8월- 1950년 5월	대종교
제2대	백 낙 준	1950년 5월 - 1952년 10월	기독교
제3대	김 법 린	1952년 10월 - 1954년 4월	불 교
제4대	이 선 근	1954년 4월 - 1956년 6월	불 교
제5대	최 규 남	1956년 6월 - 1957년 11월	미 상
제6대	최 재 유	1957년 11월 - 1960년 4월	미 상

　이 가운데 이승만이 정화에 관한 담화를 발표한 시기의 장관은 이선근이다. 그는 성균관대학교와 영남대학교 총장을 거쳐 1974년 7월부터 1978년 6월까지 동국대학교 총장을 역임하였다.[26] 그는 동국대학교 총

23) 『京鄕新聞』 1954.11.6, 「倭式習慣 버려라 李大統領 佛敎에 談話」.
24) 김광식, 앞의 논문, 「한국 현대불교와 정화운동」, 166쪽.
25) 교육인적자원부 홈페이지 : www.moe.go.kr 역대 부총리 장관.
26) 동국대학교 90년지 편찬위원회, 1998, 『東國大學校 九十年誌』, 491쪽.

장으로 취임하는 자리에서 '호국 불교 정신을 빛내겠으며, 불타정신을 구현하는 도량으로써 대학내에 법당 건립을 약속하였다.[27] 이러한 점으로 보아서 그는 불교도라고 보아도 큰 무리는 없을 듯하다.

이선근은 대통령의 뜻을 충실히 받들어 비구승이 종단을 수립하는데 중요한 역할을 하였다. 비구승 측은 1954년 6월 24일과 25일 불교정화추진발기회와 교단정화운동추진준비위원회를 결성하였다. 그리고 8월 24일과 25일에는 전국 비구승대표자대회를 개최하여 정화추진위원 및 대책위원을 선정하였다.[28] 이런 상황에서 정화운동에 불을 지른 것은 동년 11월 4일에 발표된 제2차 담화였다. 2차 담화의 내용 역시 1차 담화의 논지에서 크게 벗어나지 않는다. 요지를 살펴보면 다음과 같다. '지나간 일제강점기에 일본이 한인을 일본화시키기 위해 일본 중들이 와서 한인들을 일본 불교로 '부처'를 숭배케 한다고 하여 일본 풍속으로 중이 고기를 먹고, 처첩도 두고 못하는 일이 없게 만들어 놓았다.' 그가 바라는 바는 한국불교의 전통을 회복하고자 하는 승려들은 모두 궐기해서 애국심을 표명하라는 것이었다.[29] 2차 담화가 발표된 지 15일만에 이승만은 또 다시 담화를 발표하였다. 거듭되는 대통령의 담화 발표에 힘입어 비구승들은 대처승들로부터 사찰을 회수하기 위하여 유혈사태가 벌어지는 상황에 이르렀다.[30] 이승만 정권은 정화운동 초기 불교계에서 발생한 사태에 대해 비구승과 대처승 사이에 적극적인 중재를 하거나 대안을 제시하지 못하고 수수방관 하고 있었다. 뿐만 아니라 한국불교의 전통을 회복하고자 하는 승려들은 모두 궐기하라는 부분에서는 유혈사태를 조장하는 느낌을 주고 있다. 이승만은 유혈사태가 확산되는 것을 보면서 국무

---

27) 1976, 『東大學七十年史』, 동국대학교 출판부, 184~185쪽.
28) 『朝鮮日報』 1954.8.26, 「帶妻僧을 反對 比丘僧 大會」.
29) 『서울신문』 1954.11.5, 「倭式 宗教觀을 버려라」.
30) 『조선일보』 1954.11.19, 「佛像 앞에서 流血格鬪」.

회의 석상에서 "불교를 믿으려면 똑똑히 해야할 것이라"고 말하였다.[31] 국가 원수의 이러한 발언은 불교계를 무지몽매한 집단으로 폄훼하는 것으로 적절치 못한 것이라고 밖에 할 수 없다.

이 담화에 힘입어 비구승들은 1954년 12월 10일부터 13일까지 400여 명이 조계사에서 전국 비구·비구니 대회를 개최하였다. 이들은 대회를 마치고 눈이 내리는 날씨에도 불구하고 종로와 을지로를 지나 광화문을 거쳐 경무대로 향하는 가두 시위를 하였다. 이들은 경무대로 가서 대통령을 면담할 예정이었으니 경찰의 제지로 뜻을 이루지 못하고 5명의 대표가 비서실로 관저로 들어가서 대처승의 비행을 호소하고, 비서관으로부터 조속한 시일내에 해결책을 강구하겠다는 답변을 듣고 해산하였다.[32] 이승만이 대처승을 압박하는 논조는 시간이 흐름에 따라서 더욱 강하게 나타난다. 제5차 담화문에서는 대처승들에게 절에서 물러가지 않으면 용서치 않겠다는 강경한 어조로 나타난다. 그 요지는 이러하다.[33]

> 대처승들은 다 조용히 물러 앉아서 어디 가서든지 속인처럼 해 나가는대로 살 수 있는 것이니 그 방면으로 국가의 위난을 건져야 되겠다는 결심을 가지고 곤란을 만드는 것이 없어야 될 것이다. 생활난이 있으면 정부나 민간에서 혹 원조라도 해 줄 수 있겠으나 불기하고 재산을 내놓지 않겠다고 하든지 자기가 배운 일본 제도가 맞다고 고집하다가는 민중이 결단코 허락지 않을 것이니 …

대처승들에게 절을 떠나서 생활하게 된다면 생활비를 보조해 줄 수 있지만 절을 떠나지 않고 눌러 앉아 있으면 재난을 당하게 될 것이라고 하였다. 제헌 헌법 제12조는 "모든 국민은 신앙과 양심의 자유를 가진다.

---

31) 『동아일보』1955.6.11, 「새벽의 曹溪寺에 流血劇 帶妻僧, 比丘僧을 襲擊 30名살 重輕傷, 二百餘, 警官 出動으로 鎭壓」.
32) 韓國佛敎僧團淨化史編纂委員會, 1996, 『韓國佛敎僧團淨化史』, 181~182쪽.
33) 『조선일보』1955.6.17, 「帶妻僧 물러나라, 李 大統領 佛敎紛爭에 再次 談話」.

국교는 존재하지 아니하며 종교는 정치로부터 분리된다"[34]라고 명시되어있다. 헌법에 종교의 자유가 보장되어 있음에도 불구하고 헌법을 수호해야 할 대통령은 헌법을 위반하는 말을 하였다. 종교계의 문제는 종교계에서 스스로 해결책을 찾도록 해야지 정치권이 공권력을 동원해서 재단하려들게 되면 정치권과 종교계는 상방간에 치명상을 입게 된다. 물론 국가의 최고 통수권자로서 일제의 잔재를 없애고 싶겠지만 그것이 하루아침에 이루어질 수 있는 사안이 아님은 누구나 알고 있다. 그렇다면 급진적인 방법을 동원하여 많은 피를 흘리면서 사회 전체를 혼란의 도가니로 몰아 넣는 해결책이 과연 바람직한 것이었을까. 그렇지 않으면 각계각층의 의견을 듣고 보다 장기적인 계획을 세워 후유증을 최소화 하는 방향으로 진행하는 것이 옳았을까.

이승만의 이러한 행보는 제6차 담화문에서 한층 더 강하게 나타난다. 12월 4일 이 대통령이 정부 출입기자단과의 회견 석상에서 다음과 같은 발언을 하였다. "대처승이 절에서 물러나 자중치 않고 소동을 일으킨다면 그들은 장차 발붙일 데가 없을 정도로 될 것이라고 경고하였다" 이에 대하여 비구승 측에서는 대환영을 하였다. 도이에 이는 우리나라 전통 불교 교리를 도로 찾는데 큰 힘이 될 것이라고 말하고 있다.[35]

이러한 논조는 마지막 담화인 8차 담화에 가면 많이 희석된다. 이승만은 1955년 12월 8일 비서관 구본준을 시켜서 내무부 장관과 문교부 장관에게 다음과 같은 지시를 내렸다. '대처승이 사찰과 소속 재산을 내놓고 물러 간다면 정부에서 조사해서 임시로 도와줄 수 있으면 도와 주는 것이니 문교부에서는 이 의도를 받아서 원칙만을 주장해서 … 많은 사람이 곤란을 피할 수 있도록 하고 … 비구승과 대처승 간의 지나 간 갈등은 모두 잊고 서로 화동해서 지내기로 도모하는 중이다'라고 하였다.[36] 그

---

34) 『官報』 제1호, 1948.9.1, 「대한민국헌법」.
35) 『경향신문』 1955.8.6, 「微妙해진 佛教紛糾 大統領 談話에 따라 兩側서 淨化應諾」.

러나 이러한 담화문 내용과는 상관없이 이후에도 유혈사태는 이후에도
계속되었다.

4. 이승만 정권 정교분리정책의 실상

이승만 정권의 종교정책은 기본적으로 미군정의 공인교정책을 답습하
였다. 그런 까닭에 천주교·기독교 이외의 종교는 국가로부터 보호를 받
을 수 없었다. 앞서 제1공화국 헌법에 정교분리가 명시되어 있음을 살펴
보았다. 정교분리란 정치권이 종교계 문제에 개입하지 않는다는 것으로
정치권이 종교문제에 관여하였을 때 큰 부담이 될 수 있음을 알고 있는
위정자들의 이해 관계에서 발생하는 사안이다. 그러나 위정자는 마음만
먹으면 어떤 형태로든지 종교문제에 영향력을 행사할 수 있는 여지는 있
다. 종교 문제가 종교 자체의 범위 안에서만 기능할 경우에는 무방하지
만 종교의 영역을 넘어서 사회 내의 범위로 넘어올 가능성은 충분하다.
때문에 위정자는 이 같은 종교의 속성을 파악하고 있기에 정교분리는 명
분의 성격이 강하다.[37] 이승만은 누구보다도 이러한 사실을 잘 알고 있
었던 듯하다.

이승만은 1948년 8월 15일 초대 대통령으로 취임하는 선서를 기도로
서 하느님에게 호소하여 국민들을 놀라게 하였다. 그의 대통령 취임사
가운데는 "오늘 대통령 선서하는 이 자리에서 하나님과 동포 앞에서 나
의 직책을 다 하기로 한층 더 결심하며 맹서합니다"[38]라고 하였다. 이후
제1공화국 시대에 있어서 국가 의전은 기독교식으로 한다는 전례를 만들
었다.[39] 1952년 제2대 대통령 선거 때 대통령에는 이승만이 압도적인 다

---

36) 앞의 책, 『태고종사』, 353쪽.
37) 김광식, 앞의 글, 「이승만은 왜 불교계를 정비하였나」, 167~168쪽.
38) 『官報』 제1호, 1948.9.1, 「彙報」 '대통령취임사'.
39) 최종고, 1985, 「第一共和國과 韓國改新敎會」 『동방학지』, 제46·47·48합집, 665쪽.

수로 재선될 것이 확실하여 걱정할 필요가 없었지만 부통령 후보에 대해서는 낙관할 수 없었다. 총 9명의 입후보자 가운데 함태영·조병옥·이갑성·이윤영·임영신 등 5명이 기독교 신자였기 때문이다. 당시『기독공보』에는 '전국 기독교인에 고함'이라는 대대적인 광고를 실었다. 그 광고 내용 가운데 일부를 살펴보면 다음과 같다.[40]

> 우리 기독교 입후보자 중에서 어느 분이 기독교 표수 이외에 가장 많은 부동표를 획득하고 있느냐 하는 것입니다. 왜 그런고 하니 이 가장 많은 부동표 수에다 우리 전국 기독교 표수만 집중시키면 우리 기독교인 중에서 당선될 수 있는 방법이 되는 까닭입니다.

제2대 정부통령 선거는 대통령에 이승만, 부통령에 함태영의 당선으로 끝났는데, 한국 기독교연합회는 1952년 8월 19일 부산교회, 용당교회에서 수양회를 가지고 다음 사항을 결의하였다고 한다.[41]

1. 기독교인 정치협의회의 결성을 촉진하여 기독교인의 의사를 정치에 반영시킬 것
2. 기독교 일간 신문을 발행할 것
3. 예배시 교직자는 예식복을 착용할 것(일체의 구체적인 방법은 한경직·방화일 목사에게 일임키로 함)
4. 헌금 기도는 목사가 해야할 것(아무 준비없이 여럿이 하는 것은 불미함)

이 때 누가 정치와 종교의 분리를 주장한 사람이 있었다면 시대의 이단자가 되고 말았을 것이다.[42] 이승만은 정교분리가 명시된 국가의 대통령의 재직하면서 자신이 신봉하는 기독교 국가를 만들기 위해서 노력하

---

40)『기독공보』1952.8.4,「전국 기독교인에게 고함」.
41) 최종고, 위의 논문, 670쪽.
42) 최종고, 앞의 논문, 670쪽.

였던 인물이다. 이제 정화운동과 관련하여 불교계에는 정교분리 정책이
어떤 형태로 나타났는지 살펴보자. 1953년 6월 당시 제3대 교정이었던
송만암은 제13회 중앙교무원회가 개회될 즈음에 「선시宣示」를 발표하여
불교계의 현안 사안을 해결할 것을 지시하였다. 만암은 현재 조선불교
교헌敎憲을 폐하고 대한불교 조계종이라고 개정된 안을 통과시킬 것과
이사판리事判 동조병행同調並行의 미풍美風을 선양宣揚할 모든 조치를 의결
할 것을 당부하였다.[43] 대처승 측은 교단을 수행단修行團과 교화단敎化團
으로 나누어 비구승과 대처승의 공존 근거를 마련하였다.[44]

그렇지만 비구승들은 교정의 지시에 따라 점진적인 세월을 두고 교단
의 개혁을 이루어나가기보다 이승만의 담화 발표에 따라서 정화운동을
추진할 태세를 갖추었다. 불교계의 정화운동이 한창 격화되고 있던 1955
년 1월 29일 경무대에서 이승만을 만나고 돌아온 이선근李宣根 문교부 장
관은 이청담李青潭을 비롯한 4명의 승려를 장관실로 불렀다. 그는 행정부
로서는 교파나 교리에 대한 문제는 일체 노-텃취하고 다만 사찰 경내에
일본 성향이 농후한 승려나 처자를 거느리고 있는 자에 한해서 내무부를
통해 물러가게 할 것이라고 명확한 선을 그었다. 비구승 측의 원로급 승
려와 대처승 측에도 비구승들이 있다 하니 그분들과 상의해서 교단 자체
내에서 '정화'를 꾀하도록 해야할 것이라고 말하였다. 비구승 대표는 어
디까지나 한국 불교의 유구한 전통을 살리기 위해서는 '불佛'의 적자인
비구승들이 '헌장'을 확립하여 진정한 틀을 짜놓지 않고 그저 상의해서
하는 어리벙벙한 중용에는 찬동할 수 없다는 것을 이장관은 누누이 말하
였다.[45] 이 신문기사에서 행정부는 특정 교파나 교리에 관여하지 않겠다
는 입장을 밝히고, 뒤이어 비구승이 '불佛'의 적자이니 대처승을 축출하고

43) 「宣示」,『曼庵文集』, 224~226쪽.
44) 김광식, 앞의 논문, 「정화운동의 전개과정과 성격」, 329쪽.
45) 『동아일보』 1955.1.30, 「노-텃취 방침 이문교장관 비구대표에 언명」.

교단의 종헌을 확립하여 전통을 살리라고 말하고 있다. 문교부 장관의 이같은 발언은 비구승들을 전적으로 옹호하는 것이다. 정부 측의 입장이 이러하였으니 비구·대처 분규의 결과는 이미 판가름이 난 것이었다.

당시 『동아일보』 기사의 내용을 살펴보면 이렇다. '대처승은 현대 한국 교단의 종권을 의연히 장악하고 있으니 아무리 오늘날 사회가 그릇된 것이 '참'으로 위장되고 '백白'이 '흑黑'으로 만들어져 있다손 치더라고 그것이 당연지사로 보아지겠는가. 더욱이 칠천七千 대처승과 기만幾萬의 그 권속眷屬들이 지금 마구 파먹고 있는 고故로 불교재단佛敎財團이 지금 파멸의 위기에 직면하고 있을 뿐더러 국가의 지보至寶인 팔만대장경은 사장死藏되어 있고 전국 사찰은 나날이 피폐疲弊될대로 되어가는 현금에 있어서랴! 아깝게도 이 정화운동에 커다란 흠이 들어가게 되었으니 이것이 곧 관권의 개입인 것이다. 이러한 상황에서 당국은 더 이상 불교계 분쟁에 간섭하지 말고 최악의 경우 이 문제가 재판의 판결을 기다려야 할 경우 '올바른 증인'의 입장에서 역할을 하라'고 당부하였다.[46]

불교계 분쟁의 발단이 된 대통령의 유시는 헌법에 명시된 정교분리 원칙을 무시한 처사였음에도 여론은 크게 문제를 삼지 않았다. 여론의 향방이 그러하였던 것은 불교계 정화의 명분이 일제의 잔재 청산이라는 데 있었기 때문이었고, 비구승들이 불교계의 주축을 형성하는 것이 타당하다는 묵인이 있었다고 본다. 불교계의 분쟁은 격화일로를 치달아 급기야 국회 본회의에서 논의되었으나 별다른 대안을 찾지 못하였다.

5. 왜색 불교 청산과 한국 불교 전통회복 정책

이승만 정권이 당면하고 있던 과제는 친일파 청산 문제와 대한민국의 정통성 확립이었다. 이 두 가지 문제는 동전의 양면처럼 밀접한 관련을

---

46) 『東亞日報』 1955.6.21, 「佛敎淨化를 推進하는 길」.

가지는 사안이다. 식민지에서 해방되어 새로운 국가를 형성한 시점에서
식민지 시대에 일제의 앞잡이 노릇을 한 주구들을 처단하는 것은 지극히
당연한 일이었다. 그런데 이승만 정권의 물적 기반은 일제강점기 부를
축적한 한민당에 두고 있었기 때문에 친일파 청산은 애초에 실행하기 어
려운 과제였다. 부와 권력을 위해 일제와 결탁한 경제계 인물들이 이제
는 이승만 정권과 밀착되어 한국 경제를 이끌었다.[47] 이 어려운 과제는
1949년 9월 5일 중앙청 제1회의실에서 대통령 이승만, 국무총리, 국회의
장, 특위위원 등이 모여 협의한 결과 10월 4일자로 반민법을 폐지함으로
써 풀지 못하고 끝이 났다.[48] 이승만 정권 하에서 친일파들은 반공주의
자가 되어 다시 득세를 하였다. 이승만인들 왜 친일파를 청산하고 싶지
않았겠는가. 그는 오랫동안 외국에서 생활하였기 때문에 국내의 인적 기
반이 취약하였고, 정치를 하는데 필요한 정치자금을 조달하기 위해서는
자본가 계층의 도움이 절실하였다. 그런 까닭에 친일파 청산은 무위로
끝날 수 밖에 없었다.

　불교계도 예외는 아니어서 1951년 11월 이종욱이 제4대 중앙총무원장
에 취임함으로써 불교계의 친일파 청산도 무위로 끝이 난다.[49] 그는
1941년 9월에 불교계의 실질적인 최고 책임자였던 종무총장에 취임한
이래 일본이 패망하는 그 순간까지 그 자리를 지킨 승려이다.[50] 그의 친
일 시비 전말을 가리기 이전에 그가 지닌 불교계의 상징성으로 볼 때 친
일 문제 척결은 이루어졌다고 볼 수 없다. 그리고 이승만이 여러 차례
담화문에서 언급한 한국 불교의 전통을 회복하라고 한 것은 실체가 없다.
그가 알고 있는 한국 불교의 전통이란 것은 교리와 승단의 법맥 전수에

---

47) 이강수, 『반민특위연구』, 나남출판, 2003, 323쪽.
48) 이강수, 위의 책, 317쪽.
49) 임혜봉, 2005, 『친일승려 108인』, 청년사, 637쪽.
50) 임혜봉, 위의 책,, 613쪽.

대해서는 전혀 아는 것이 없고, 그저 승려는 결혼하지 않고 수도하는 독
신자 정도로 알고 있었던 듯하다. 그런 까닭에 결혼한 대처승은 왜색 불
교의 화신이므로 사찰에서 축출하라는 것이었다. 한국 불교의 전통에 대
해서 비구측이나 대처측에서도 이렇다 할 언급이 없다. 당시 상황은 양측
모두가 한국 불교의 전통에 대해서 깊이 생각할 여유가 없던 시기였다.

비구승들의 정화운동은 정부 당국과 밀접한 관계를 가지면서 진행되
었다. 행정 주무부서와는 사전에 협의를 하면서 추진하였다. 1955년 5월
23일 비구와 대처측은 각각 5명씩으로 구성된 사찰정화대책위원회를 구
성하였다. 비구측은 이효봉李曉峰·이청담李靑潭·정금오鄭金烏·최원허崔圓虛·
윤월하尹月下였고 대처측은 이화응李華應·박대륜朴大輪·김상호金祥鎬·원보
산元寶山·국묵담鞠默談으로 구성되었다. 1955년 7월 13일 문교부 차관실
에서 개최된 제1차 사찰정화대책위원회에서 이선근 문교부 장관은 다음
과 같은 인사말을 하였다. '대처 측에서 오랫동안 대표를 보내지 않다가
이처럼 대표를 보내 주신데 대해서 대단히 고맙습니다. 대원칙에 이의가
없으시다면 조속히 해결하여 주십시오. 더욱이 국가원수가 무엇을 요구
하는 지를 냉철히 판단하여 주시기를 충심으로 바랍니다.'라고 하였
다.[51] 이선근은 대통령의 뜻을 충실히 받들어 비구승 중심으로 통합을
이루어 내고 싶었으나 대처측의 완강한 저항에 부딪히자 거의 협박 수준
의 발언으로 인사말을 하고 있다.

불교계의 분쟁이 쉽게 종식되지 않자 이승만은 1955년 8월 4일 기자
단 회견 석상에서 다음과 같이 말하였다. '중이 처를 데리고 사는 그것이
큰 문제가 되는 것이 아니라 문제는 우리나라 중들의 종교적 신앙 조리
가 일본중들의 그것과는 특별히 다른 것이 몇 백년 계속되어 왔다. 일본
이 한국을 점령하여 한인들을 다 일본인화 시키려 할 때 한국에 충성하

---

51) 앞의 책, 『韓國佛敎僧團淨化史』, 605~610쪽.

려던 중과 교도들은 다 물러났고 일본에 충성하는 새 중들만이 사찰을 차지하였다. 이들 친일하던 중들은 오늘에 와서는 마땅히 물러서야 할 것임은 누구나 이론을 붙일 수 없는 것이다'[52] 그의 주장은 비구승이냐, 대처승이냐가 문제가 아니고, 일제강점기 친일 행각을 하였느냐, 아니냐가 문제라는 것이다. 그러면서 수차례 담화문을 통하여서 대처승들은 사찰에서 떠나라고 지시하였다. 결국 그의 주장대로라면 대처승은 친일 승려라는 등식이 성립된다. 과연 그런가, 해방 이전에 세상을 떠나기는 하였지만 불교계에서 항일승려의 거벽巨擘으로 꼽는다면 한용운이라는 데는 큰 이론이 없을 것이다. 한용운은 승려에게 결혼을 허용해야 한다고 주장하지 않았는가. 뿐만 아니라 1930년에 결성된 불교계 항일 비밀결사 조직인 만당의 구성원으로 파악되는 24명 가운데 15명은 일본에 유학한 승려[53]들이고, 이들은 대부분 결혼을 한 대처승이다. 이들 가운데는 해방 이후 비구·대처의 분쟁에서 대처승 집단에서 대표로 활약한 승려도 있다. 그의 주장은 앞뒤가 맞지 않는 모순을 범하고 있다.

이승만의 담화에 따라 1955년 8월 12일 조계사에서 문교·내무 양부의 관계관이 참석한 가운데 전국 승려대회를 열고, 56명의 종회의원을 선출하고, 종헌을 개정 선포하는 한편 설석우薛石友를 종정으로 추대하였다.[54] 이후 본격적으로 정화운동을 시작한 비구측은 1년여의 투쟁 끝에 많은 사찰을 확보하였다. 정작 문제는 많은 사찰을 확보한 이후에 발생하였다. 그 당시 선학원 측에서 파악한 비구승의 수는 약 800여 명이었다. 800여 명이 비구승이 7,000여 명의 대처승과 싸워서 얻은 수 백개의 사찰에 주지로 임명할 자격을 갖춘 승려의 수가 턱없이 부족하였다. 40

---

52) 『東亞日報』 1955.8.5, 「倭色僧侶는 물러가라 李大統領 佛敎問題에 言明」.
53) 김광식, 1996, 「朝鮮佛敎靑年總同盟과 卍黨」『한국근대불교사연구』, 민족사, 268~269쪽.
54) 『朝鮮日報』 1955.8.13, 「佛敎紛爭終熄段階 宗正에 比丘側 薛石友氏를 推戴」.

년간이나 대처승들에게 빼앗겼던 사찰을 찾고 보니 새주인이 될 자격을 갖춘 승려가 드물었다. 비구승들은 전국에 전통있는 623개의 사찰을 골라 주지를 내정하고 있으나 실제로 문교부에 인허를 신청한 것은 19개 사찰에 불과하였다는 것은 안타까운 현실이었다.[55] 비구승들이 당면한 문제는 식량난이었다. 쫓겨나는 대처승들이 절에 식량을 남겨 놓지 않아서 당국에 구호를 호소하는 등 일찍이 겪지 못한 현상을 경험하였다. 또 다른 문제는 사찰을 유지 재단으로 운영하는 기업체가 가동 중단의 사태에 직면하였다. 공장·극장·회사·운수업 등의 기업체는 알려진 것만 하여도 13개가 넘는데 이들 기업체의 인수는 학교운영재단과 더불어 교착상태에 빠졌다. 결국 불교정화는 대처승들은 비구승단에 빈 절간만 물려준 결과가 되었다.[56] 결국 비구측은 대처승을 포섭할 수 밖에 없었다. 대한불교 총무원은 1956년 1월 26일 대처승 포섭을 위한 문호를 개방하고 대처승의 사찰 복귀를 허용하였다. 종무원 및 주요 사찰을 제외한 일반 사찰에는 전부 대처승을 배치하고 사찰을 재단으로 해서 운영되는 각 기업체의 운영자 역시 종전 사람을 등용할 계획을 명백히 하였다.[57]

비구·대처의 분쟁은 1956년 하반기부터는 물리적 충돌에서 법률적인 소송으로 전화된다. 대처측은 1955년 8월 전국승려대회의 결의 및 불교 정화대책위원회의 결의가 무효라는 것을 확인해 달라는 소송을 제기하여 1956년 6월 15일 법원으로부터 승소 판결을 받았다. 법원은 이 결의가 헌법 제12조와 동법 9조·10조·11조·13조·18조 등을 들어 감독 관청의 간섭을 규탄하였다[58] 이에 대하여 비구측 이청담은 이 공소에 불복하고 서울 고등법원에 항고를 하였다. 서울 고등법원은 대한불교의 정통이

---

55) 『東亞日報』 1955.6.22, 「帶妻僧 包攝 不可避 禪學院側 住持人選에 腐心」.
56) 『東亞日報』 1955.11.21, 「佛敎淨化에 또 難關 比丘僧, 指導級 貧困과 財政難」.
57) 『朝鮮日報』 1956.1.28, 「帶妻僧들을 包攝 佛敎總務院서 寺刹復歸許容」
58) 『東亞日報』 1956.6.26, 「再燃된 佛敎紛爭 '風磨銅' 盜難 등 싸고 聲明戰」.

비구측에 있느냐, 대처측에 있느냐는 문제를 놓고 비구측의 손을 들어
주었다.[59] 결국 이 문제는 대법원까지 넘어갔고, 대법원은 1960년 11월
24일 대처측에 승소 판결을 내렸다. 사태가 이렇게 되자 비구측 승려들
은 법정에 난입하였고, 이 가운데 333명이 구속되는 일이 발생하였다.
이날 법정에 진입한 비구 가운데 유월탄柳月灘·김도헌金道憲·정성우鄭性
愚·문진정文眞靜·이도명李道明·문성각文性覺 대법원장 비서실에서 대법관
의 면담을 요청하면서 할복을 하는 사태가 벌어졌다.[60] 비구승들은 재판
의 결과로 정화운동의 정당성을 보장받는다고 생각하였기 때문에 그 만
큼 과격한 행동을 하였던 것이다.

　이승만이 불교계 내부 상황을 잘 알 수가 없었던 것은 지극히 당연하
다. 그렇다면 관계관들에게 불교계 문제를 해결할 수 있는 대책을 강구
하라고 지시하는 것이 상식이었다. 그런데 그는 여러 차례나 걸쳐 담화
를 발표하고 불교계를 정화하라고 직접 지시를 내렸다. 여기에는 또 다
른 의도가 있었다고 보여진다. 이러한 점에 대해서 이미 선행연구에서
지적하였다.[61] 첫째 이승만이 대처승 배제를 통하여 불교문제에 개입한
것은 그의 기독교 우선 중심의 정책에서 비롯되었다는 것이다. 해방 공
간 남한을 통치한 미군정의 종교정책이 기독교 중심의 정책이었다는 것
과 이승만의 친미노선 정책은 미군정의 정책과 큰 차별성을 갖지 않는다
는 점에서 이 주장은 설득력을 가진다.[62] 또 하나의 관점은 이승만의 불
교 문제 개입은 정치적 목적에서 나왔다는 것이다. 이 주장은 이승만이
불교계 분쟁에 적극적으로 관여한 시기가 1954년부터 1956년까지인데
이 기간 동안 그는 자신의 독재 체제를 구축하기 위해서 불교계 문제를

---

59) 『朝鮮日報』1957.9.19, 「正統派는 比丘側 서울 高等法院서 佛敎紛爭에 判決」.
60) 『朝鮮日報』, 1960. 11. 25, 「잇달은 亂動에 철추」.
61) 김광식, 앞의 글, 「이승만은 왜 불교계를 정비하였나」, 168쪽.
62) 위와 같음.

활용하였다는 것이다. 이승만의 유시가 발표된 시기가 공교롭게도 그가 정치적으로 난관에 봉착하였을 때라는 것이다. 1차 유시는 1954년 5월 20일 민의원 선거 다음날이었으며, 2·3차 유시는 중임제한을 철폐하는 개헌안에 대해서 국회에서 찬반양론이 벌어졌던 11월 4일과 19일에 있었다. 4차 유시가 발표된 12월 17일은 사사오입 개헌이 이후 야당 의원들이 호헌동지회를 결성하여 개헌 반대 투쟁을 전개하던 시기라는 것이다. 이러한 주장들은 상당한 설득력을 가지기는 하지만 입증할 만한 결정적인 자료가 없는 것이 한계이다. 그런 까닭에 추측만 가능할 따름이다. 그러나 추측이라고 하더라도 우연의 일치로 돌리기에는 석연치 않은 점들이 많으므로 향후의 과제로 남긴다.

5·16군사 쿠테타로 이승만 정권이 무너지고 수립된 국가재건최고회의는 현재 법원에 계류중인 75건에 달하는 소송을 일체 중지할 것을 지시하였고, 새로운 수습 방안을 강구하겠다는 의지를 밝혔다.[63] 이후 군사정권은 불교 분쟁 수습을 위해 불교재건위원회를 구성하되 위원회의 구성은 양측에서 추천한 자 가운데서 종교단체 심의위원회가 제청한 자 5명씩과 심의회에서 추천한 자 3명으로 구성하기로 하였다. 위원회 구성 후 1개월 내에 불교재건 비상종회를 구성하여 모든 불교 분쟁을 수습하기로 하였다.[64] 박정희 국가재건최고회의 의장은 1962년 1월 12일 불교계 분쟁을 자체 내에서 자율적으로 해결할 기회를 부여 하지만 만약에 이같은 분쟁사태가 계속된다면 단연코 묵과하지 않겠다는 강력한 경고가 담긴 담화문을 발표하였다.[65] 불교재건위원회[66]는 양파에서 15명씩

---

63) 『東亞日報』 1961.10.22, 「佛敎分爭 裁判 中止를 指示」.
64) 『朝鮮日報』 1962.1.10, 「끝없는 佛敎紛爭」.
65) 『朝鮮日報』 1962.1.13, 「收拾策 따르도록 朴議長, 佛敎紛糾에 警告談話」.
66) 1962년 1월 22일 중앙공보관에서 열린 불교재건위원회 참석한 불교재건위원 명단은 다음과 같다.

비구측 : 李靑潭·孫慶山·李行願·崔圓虛·朴秋潭

불교재건비상종회 구성에 합의하였다. 불교재건비상종회는 2월 22일까지 새 종헌을 만들기로 합의를 보았다.[67] 비상종회는 종명宗名·종지宗旨 등 제반사항은 합의를 도출하였지만 승려 자격 문제를 놓고 끝내 합의를 이루지 못하고 당국에 일임하는 사태가 벌어졌다. 문교부는 승려 자격을 실질적으로 사찰에 독신으로 상주하면서 수도와 교화에 전념하면서 가족 부양에 책임이 없는 자만을 승려로 인정하고, 그렇지 않은 자는 완전한 권한을 가질 수 없는 비정상적인 승려로 인정하였다. 비정상적인 승려는 포교사 및 주지 서리 등 직책에만 등용할 수 있고, 정상적인 승려가 가지는 권한을 행사할 수 없다고 해석하였다.[68] 결국 대처측의 동의를 얻지 못한 채 어정쩡한 상태에서 비구·대처가 함께 참여한 통합종단이 탄생하였다. 통합 종단의 종명은 대한불교 조계종이며 교지는 "신라 도의국사가 창수한 가지산문에서 기원하여 고려 보조국사의 중천을 거쳐 태고 보우국사의 제종포섭으로써 조계종이라 공칭하며 이후 종맥이 면면부절한 것이다"라고 규정하였다. 통합 종단의 임원은 다음과 같다.[69]

```
종     정 : 이효봉李曉峰(비구)
총무  원장 : 박석진林錫珍(대처)
감찰  원장 : 박문성朴汶聖(비구)
감찰부원장 : 안홍덕安興德(대처)
총무  부장 : 윤월하尹月下(비구)
사회  부장 : 이남채李南采(대처)
교육  부장 : 문정영文靜影(비구)
재무  부장 : 박기종朴琪宗(비구)
```

대처측 : 趙龍溟·朴承龍·黃成龍·安興德·李南采

67) 『東亞日報』 1962.2.13, 「22日까지 새 宗憲 만들기로 佛敎再建非常宗會」.
68) 『朝鮮日報』 1962.3.6, 「帶妻側서 再考陳情 僧侶資格, 文敎部案에 强硬 태도」.
69) 『朝鮮日報』 1962.4.7, 「佛敎 單一宗團 구성 六名의 任員을 選出」.

이로써 8년간 지속되어 왔던 험난하였던 비구·대처의 분쟁은 막을 내렸다. 그렇지만 대처승을 정규 승려로 인정하지 않은 상황이어서 불씨는 언제든지 재발할 소지를 안고 있었다. 불교정화 운동은 1970년 5월 대처승들이 태고종이라는 새로운 종단을 창종함으로써 막을 내리게 된다.

6. 맺음말

이상에서 이승만 정권의 불교정책을 살펴보았다. 이승만은 유학적인 가문에서 태어나 어려서 유학적인 분위기 속에서 성장하였다. 그의 모친이 독실한 불교신자였기 때문에 어려서는 사찰 출입도 잦았던 것 같다. 그러나 서울로 올라와 청소년기에 접어들면서 신식학교인 배재학당에 입학하면서 서구 문물을 받아 들이면서 서양 선교사들과 친하게 지내면서 기독교로 개종하였다. 미국으로 건너간 이후에 그의 기독교 신앙은 더욱 깊어졌다. 한 때 그는 일생을 기독교계에 투신할까 하는 생각을 할 정도였다.

해방 공간에서 대한민국의 통치를 담당한 것은 미군정이었다. 미군정의 종교정책은 기독교를 우선하는 정책이었다. 1945년부터 크리스마스는 공휴일이 되었고, 공영방송을 기독교의 선교활동에 이용할 수 있도록 하였으며, 일요일에는 국가의 공식적인 행사를 할 수 없도록 하였다. 이승만은 오랜 망명 생활을 끝내고 해방 이후 귀국하여 대한민국 초대 대통령이라는 영광스러운 지위에 올랐다. 당시의 사회적인 분위기로 그가 대통령이 될 수 있었던 것은 미국에서 오랜 세월을 지냈기 때문에 미국의 노선을 가장 잘 이해하는 사람이었던 점도 있었다. 이승만 정권의 종교정책은 미군정의 공인교정책을 답습한 것이었고, 기독교 우선 정책을 썼다. 그는 헌법에는 종교의 자유가 명시되어 있었고, 국교는 정해져 있지 않았지만 정책적으로는 공인교의 활동을 보장하는 공인교 정책을 표방하였다.

이승만 정권의 불교정책은 불교계를 혼란에 빠뜨리는 분열책이었다. 해방 이루 불교계 내부에서는 봉암사결사와 고불총림의 설립과 같은 자정 작업은 시간이 더디지만 후유증이 적은 방안들이었다. 이러한 결사는 불교의 근본 정신으로 돌아가자는 것으로 외세로부터 해방된 공간에서 자주적인 면모를 보이는 것으로 큰 의미를 지니는 것이었다. 그러나 이러한 자주적인 움직임은 성급하게 개혁을 성취하려는 비구승 측과 이를 정치적으로 이용한 이승만 정권의 결탁으로 빛을 잃고 말았다. 1954년 5월 20일 이승만이 절에서 어린아이 기저귀를 널고 있는 모습을 보았다던지 승려가 처와 함께 기거하는 모습을 보았다던지 하는 우연치 않은 사건들을 계기로 하여 불교정화에 관한 담화를 발표한다. 이 담화의 내용은 왜색불교를 청산하고 한국 불교의 전통을 회복하라는 것이었다. 비구승들은 이 담화를 40년 동안 대처승들로부터 설움을 받아왔던 승단의 주도권을 회복할 수 있는 계기로 받아 들였다. 비구승단의 대표들은 경무대로 이승만을 방문하여 진의를 확인한 다음 일제강점기 비구승들이 자주 모였던 선학원에서 비구승대회를 개최하여 의견을 결집하고, 대처 승들과 사찰을 둘러싸고 격돌을 벌였다. 그 결과 정권의 지지를 등에 업고 많은 사찰을 확보하였지만 적은 비구승의 숫자로는 그 많은 사찰을 관리할 수가 없었다. 결국 정통성을 확보한 비구승단은 대처승을 포섭하지 않을 수 없었다. 이러한 사실은 비구승들이 처음 정화운동을 시작할 때 미처 예측하지 못한 일이었으며, 대처측으로부터 사찰을 접수하는데는 성공하였지만 정화 본래 목적을 희석시킴으로써 비구 승단의 위상 실추를 초래하였다. 이후 비구·대처의 갈등은 법정 소송으로 비화되어 불교계의 많은 재산을 탕진하게 하였다. 이승만 정권의 불교정책이 불교계의 혼란을 가중시키자 국회는 대통령이 발표한 일련의 담화문과 행정부의 공권력 행사가 위헌의 소지가 있다고 판단하고, 문교부 장관과 내무부 장관을 출석시켜 대정부 질문을 벌이고, 중립을 지킬 것을 요구하였다. 그러나 이승만 정권은 국회의 이러한 요구를 귀담아 듣지 않았고, 언론 역시 비구승의 입장을 옹호하였다. 국민 여론 또한 묵시적으로 비구승과 대처승이 대립하는 과정에서 비구승 측이 한국 불교의 전통을 계승한 집단이었다는데 동의하였기 때문에 정화운동은 성공할 수가 있었다고 본다.

이승만 정권이 무너지고 새롭게 들어선 군사정권 아래서 강압에 못이겨 1962년 비구·대처의 통합종단이 발족한다. 그러나 이 통합종단은 승려 자격 문제를 놓고 승단 내부에서 합의를 도출하지 못하고 결국 정부 당국에 일임하여 구성되었다. 출발부터 쳐다보는 지향점이 달랐기 때문에 비구·대처간의 갈등은 1970년 대처승이 태고종이라는 종단을 창종함으로써 마감된다. 비구 승단이 정통성을 확보하였다고는 하지만 그 정통성을 확보하기 위해서 벌레 한 마리를 죽이는 것도 금하는 불법을 신봉하면서 고통 속에 헤메는 중생들을 제도해야 할 승려들이 숱한 피를 흘리는 참극을 보아야 했고, 그 현장의 주인공이 되어야 했다. 한국 현대사가 시작되는 시점에서 시작된 비구·대처간의 분규는 불교계에 많은 상처를 남겼고, 불교계의 질적 하락을 가져왔다. 이러한 사실은 목적이 아무리 숭고하다고 하더라도 그 실행 방법이 나쁘다면 종교계에서 해서는 안될 일이었다는 교훈을 남겨 두었다고 할 것이다.

제2장
대한불교 조계종과 한국불교 태고종의 성립 과정

1. 머리말

현재 한국 불교 종단은 약 120여개[1]에 이른다고 하지만 2004년 문화
관광부에 사회복지시설을 갖추고 등록한 종단은 약 25개 정도라고 한
다.[2] 그 가운데 대표적인 종단으로는 대한불교 조계종과 한국불교 태고
종을 든다. 조계종 승려 자격 조건은 결혼하지 않은 독신 비구·비구니이
고, 태고종의 승려는 대부분 결혼을 하여 처자식을 둔 대처승 종단이다.
이 두 종단은 원래 하나였지만 1954년부터 시작된 이른바 비구·대처승
분쟁을 거치면서 1970년 대처승 측이 태고종을 창종하여 분리를 선언함
으로써 두 개의 종단으로 갈라지게 된다. 그 과정에서 사찰을 차지하기
위해서 피비린내 나는 유혈극이 있었으며, 세속의 법정에서 승려들이 행
한 행위의 적법성을 심판받는 사태가 일어났다.

1954년 이승만의 담화로부터 시작된 비구·대처승 분쟁은 보는 시각에
따라서 다양하게 불린다. 조계종 측은 이 분쟁을 '정화운동' 또는 '정화불
사'라고 부르며, 조계종단이 오늘의 모습을 갖추게 된 계기가 된 것으로

---

1) 김광식, 2008, 『범어사와 불교정화운동』, 영광도서, 666쪽.
2) 이혜숙, 2000, 「불교 종단의 사회 복지 사업에 관한 小考」 『불교문화연구』 제5
  집, 불교사회문화연구원, 88쪽.

파악한다.[3] 긍정적으로 평가하는 쪽은 조계종이며, 또 조계종과 관련을 맺고 있는 학자들이다. 이들은 일제강점기 말기 전체 7,000여 명의 승려 가운데 독신인 비구승은 불과 300~600여 명 정도였다고 한다.[4] 그런 까닭에 일제강점기에 비구승들은 수행할 수 있는 변변한 사찰도 없었을 뿐 아니라 의식마저도 제대로 해결하기 힘든 상황이었다.[5] 그런데 찬성하는 측의 입장은 두 종단이 성립되는 과정에서 일제 잔재가 청산되었으며, 승단의 위상이 높아졌다고 한다. 하지만 이들도 그 과정에서 이념과 지향하는 바는 정당하였지만 실행방법에 있어서 정치권의 개입이 있었다는 사실과 폭력이 사용되었다는 점, 그리고 법정의 송사로 인하여 막대한 재산이 탕진되었으며 불교계의 위상실추를 가져왔다는 점 등은 한계로 지적한다.[6] 반면에 부정적으로 평가하는 측의 입장은 용어부터 '법난'·'승단 분규'·'정화라는 이름의 폭력' 등으로 부르고 있다. 이러한 관점은 이승만 정권의 불교정책을 일본불교 잔재 청산이라는 미명 아래 절

---

3) 박희승, 2000, 「불교정화운동 연구」『불교평론』 제3호.
　　강인철, 2000, 「해방후 불교와 국가 : 1945~1960」『사회와 역사』 57.
　　김광식, 2000, 「불교 '정화'의 성찰과 재인식」『근현대불교의 재조명』, 민족사.
　　＿＿＿, 2002, 「정화운동의 전개와 성격」『새불교운동의 전개』, 도피안사.
　　김상영, 2008, 「'정화운동' 시대의 宗祖 갈등 문제와 그 역사적 의의」『불교정화운동의 재조명』, 조계종출판사.
4) 대한불교 조계종 교육원, 2001, 『조계종사(근현대편)』, 조계종출판사.
5) 김순석, 2006, 「중일전쟁 이후 선학원의 성격 변화」『선문화연구』, 창간호, 326쪽
6) 대한불교 조계종의 성립과정을 긍정적인 입장에서 서술한 연구 성과는 다음과 같다.
　　목정배, 1983, 「불교」『서울600년사』, 서울시사편찬위원회.
　　김남수, 1997, 「50년대 분규 발생의 정치적 의미 분석」『대승정론』 15호.
　　박희승, 2000, 「불교정화운동 연구」『불교평론』 3호.
　　강인철, 2000, 「해방후 불교와 국가 : 1945~1960」『사회와 역사』 57.
　　김광식, 2000, 「불교 '정화'의 성찰과 재인식」; 「전국 비구승대표자 대회의 시말」『근현대불교의 재조명』, 민족사.
　　＿＿＿, 2006, 「한국 현대불교와 정화운동」『한국현대불교사연구』, 불교시대사.

대 권력과 결탁한 비구 승단이 폭력적인 방법을 동원하여 종권을 탈취하였으며, 여기에 언론사가 가세하여 대처 승단을 매도하였다고 본다.[7]

이 문제를 거론하자면 먼저 '정화淨化'라는 용어부터 검증하는 작업이 이루어져야 한다. 먼저 '정화'라는 말의 사전적 의미는'깨끗하지 못하며 죄로 가득찬 것 또는 바람직하지 않은 상황으로부터 보호하기 위해 사용하는 의식'[8]이라는 뜻으로 정의되어 있다. 이 사전적 용어를 한국 현대 불교계에 적용하자면 한 쪽은 '깨끗하지 못하며 죄로 가득찬 집단'이고, 다른 한 쪽은 '깨끗한 집단'이어야 한다. '정화운동'이라는 단어가 설득력을 가지려면 이 운동이 종결되고 난 이후에 '정화된 집단' 내부에서 비슷한 사례는 재발하지 않았어야 한다. 왜냐하면 '불순하거나 더러운 것'이 제거되고, 깨끗한 집단만 남았기 때문에 적어도 '정화된 집단' 내부에서는 내분이 없어야 '정화'라는 이름이 무색하지 않다. 과연 그런가. '정화된 종단'으로 자처하는 조계종 총무원은 1978년 개운사측과 조계사 측으로 양분되는 사태가 발생하였으며[9] 1988년 봉은사 주지 변밀운과 조계종 총무원장 서의현 사이의 갈등으로 종단이 양분되는 사태가 발생한다.[10] 조계종의 종권을 둘러싼 분쟁은 이른바 '정화운동' 이후에도 여러 번 계속되고 있기 때문에 '정화'라는 용어는 적합하지가 않다고 본다. 그렇다면 '정화'라는 용어를 대신할 새로운 용어가 제시되어야 하지만 아직까지 이 문제를 가지고 학계에서 진지하게 검토된 적이 없는 실정이다. 조계종 측은 종단 성립의 기초가 여기에서 비롯되기 때문에 '정화'라는 용어는 지극히 타당한 것으로 생각하고 있는 듯하다. 다만 몇 몇 학자들이 용어에 관한 문제를 제기하였을 뿐이다. 아직까지 학술적인 용어 정

---

7) 宗團史刊行委員會, 2006,『太古宗史』, 한국불교출판사.
8) 1993,『브리태니커』제19권, 한국브리태니커, 281쪽.
9)『대한불교』1976.1.15,「曹溪宗 해체 … 群小宗團 받아들여「大韓佛敎」로」.
10)『법보신문』1988.6~7.4,「奉恩寺 분규 폭력 농성 확대」.

리가 시도된 적도 없음에도 불구하고 지금까지 이 문제는 '정화'라는 이름으로 조명되어 왔으며 다소의 연구성과[11]가 있기는 하지만 몇 몇 사람에 의해서 진행된 한계가 있다. 그런 까닭에 이 문제는 보다 폭 넓은 공론의 장에서 논의 되어질 필요가 있다.

그렇다면 이 용어 문제는 어떻게 풀어져야 할까. 현재로서는 마땅한 대안이 없는 상황이다. 일제강점기에 성립된 조선불교 조계종[12]은 1945년 9월 22일부터 23일에 걸쳐 진행된 전국승려대회에서 조선불교로 바뀌게 되고 중앙총무원이란 집행 기구가 탄생한다.[13] 1962년 비구·대처 양측이 합의하여 통합종단 대한불교 조계종이 탄생[14]하지만 결국 1970

---

11) 비구·대처승 분쟁 과정을 '정화운동'으로 규정하고 지금까지 발표된 관련 주요한 연구성과는 다음과 같다.
　목정배, 1983, 「불교」『서울600년사』, 서울시사편찬위원회.
　김남수, 1997, 「50년대 분규 발생의 정치적 의미 분석」『대승정론』15호.
　박희승, 2000, 「불교정화운동 연구」『불교평론』제3호.
　강인철, 2000, 「해방후 불교와 국가 : 1945~1960」『사회와 역사』57.
　김광식, 2000, 「조지훈·이청담의 불교계 '분규' 논쟁」 ; 「불교 '정화'의 성찰과 재인식」 ; 「전국 비구승대표자 대회의 시말」 ; 「사찰정화대책위원회의 개요와 성격」 ; 「불교재건위원회의 개요와 성격」『근현대불교의 재조명』, 민족사.
　＿＿＿, 2002, 「정화운동의 전개와 성격」『새불교운동의 전개』, 도피안사.
　＿＿＿, 2002, 「이청담과 불교정화운동」『청담대종사와 현대 한국불교』, 청담문화재단.
　＿＿＿, 2003, 「김서운의 종단정화와 그 특성」『대한불교조계종과 서운 큰 스님』, 전등사.
　＿＿＿, 2006, 「고불총림과 불교」 ; 「농지개혁과 불교계의 대응」 ; 「한국 현대불교와 정화운동」『한국현대불교사연구』, 불교시대사.
　＿＿＿, 2007, 『동산 대종사와 불교정화운동』, 영광도서.
　＿＿＿, 2008, 『범어사와 불교정화운동』, 영광도서.
　대한불교조계종 교육원 불학연구소 편, 2008, 『불교정화운동의 재조명』, 조계종출판사.
12) 김순석, 2003, 『일제강점기 조선총독부의 불교정책과 불교계의 대응』, 경인문화사, 196쪽.
13) 대한불교 조계종 교육원, 2001, 『조계종사(근현대편)』, 조계종출판사, 192쪽.
14) 위의 책, 223쪽.

년 1월 15일 한국불교 태고종이 창종됨으로써 긴 분쟁은 막을 내린다.[15] 2006년에 한국불교 태고종 종단사편찬위원회는 『태고종사』를 발간하였다. 『태고종사』는 전 동국대학교 불교대학장을 지낸 김영태가 집필하였으며, 그 내용과 표현에 적지 않은 문제점이 있다고 보인다. 이 책은 첫째, 대한불교 조계종과 한국불교 태고종의 분쟁을 대처승들이 일방적으로 비구승들에게 수난을 당한 '태고종 법난사'로 규정하였다. 둘째, 조계종 승려로서 분쟁의 선두에 섰던 승려들은 종권 탈취에 혈안이 된 무뢰배로 단정하였다. 셋째, 대한불교 조계종은 현재 한국의 불교 종단이 120여개로 분열시킨 책임이 있다고 하였다. 넷째, 해방 이후 선학원을 중심으로 활동한 비구승들을 공산주의 집단으로 규정한 점 등은 언뜻 보아도 객관성을 보장 받기 어려운 부분이다. 요컨대 이 책의 논점은 한국불교의 정통성은 과거와 현재를 막론하고 태고종에 있다는 것이다. 비구승들이 1954년 이승만의 담화를 빌미로 정권의 비호를 받아 정통 종단을 유린하였다는 것이다.[16]

이 책이 발간되자 대한불교 조계종 측은 종단 차원에서 이 책의 문제점을 밝히게 하였다.[17] 그러나 이 책의 문제점을 밝힌 논고 역시 적지 않은 문제를 안고 있다. 이 논고의 요지는 『태고종사』를 서술한 학자가 이른바 '정화운동'의 순수성과 정신을 왜곡하여 자의적으로 해석했다고 하였다. 그리고 『태고종사』의 구체적인 서술을 인용하면서 『태고종사』의 필자가 악의적인 감정을 실어 비구승과 이승만 대통령의 명예를 훼손시킨 것은 몰지각한 역사인식에서 비롯되었다고 반박한다.[18] 이 논고 역시 객관적인 오류의 지적을 넘어서 감정적인 서술이 실렸다는 평을 면하기 어렵다고 본다.

---

15) 앞의 책, 『太古宗史』, 482쪽.
16) 위와 같음.
17) 김광식, 2008, 「『태고종사』의 분석과 문제」 『범어사와 불교정화운동』, 영광도서.
18) 위와 같음.

본고에서는 지금까지의 연구 성과를 바탕으로 대한불교 조계종과 한국불교태고종이 성립되는 과정을 살펴보고자 한다. 두 종단이 성립되는 과정을 검토하면서 아직까지 학술적으로 정립되지 않은 '정화'라는 명칭을 사용하기 보다는 비구·대처승의 분쟁으로 보고자 하며 그 과정과 문제점을 밝히고자 한다.

2. 대한불교 조계종과 한국불교 태고종 분립의 배경

1954년 5월부터 1970년 1월까지 한국 불교계는 유례가 드문 혼란기를 겪으면서 비구 종단과 대처 종단이 성립된다. 이 과정을 조계종 측에서 이른바 '정화운동' 또는 '정화불사'라 부르지만 대처 종단인 태고종에서는 '법난'으로 규정한다. 같은 사건을 두고 부르는 이름이 이렇게 다른 까닭은 진행과정에서 숱한 폭력과 법정 소송이 발생하여 양측 모두 지울 수 없는 상처를 입었기 때문이다. 오랜 시일이 지난 현재 상황에서도 조계종과 태고종은 이 사태를 표현하는 데 있어 공감하는 용어를 찾지 못한다. 이 사태의 직접적인 발단은 1954년 5월 20일 이승만 대통령이 발표한 '대처승은 사찰에서 물러가라'는 담화에 의해서 시작되었다.[19] 그렇지만 보다 근본적인 원인은 일제강점기 승려들이 일본 불교의 대처식육을 모방하여 처자식을 거느린 대처승들이 승단의 주류를 형성한데서 비롯된다. 개항기부터 유입되기 시작한 일본 불교의 영향으로 승려들이 결혼을 하고 고기를 먹는 현상은 날로 확산되어 일제 말기에는 7천 여명의 승려들 가운데 90%가 넘는 승려들이 대처승이었다고 한다.[20] 대처승은

---

19) 「李大統領第一次諭示」 1996, 『佛敎淨化紛爭資料』(한국근현대불교자료전집 68), 민족사.
20) 정광호, 1999, 『한국불교최근백년사』, 인하대출판부, 261~272쪽.

자녀 양육과 세속의 살림을 꾸리는데 적지 않은 비용이 소요되었으므로 상대적으로 비구승들에 대한 처우는 악화되었다. 승려들의 결혼 문제는 교단내에서 사상적으로 소화되지 못한 채 일본 불교를 모방함에 비롯되었기 때문에 해방 이후 한국 불교계는 극심한 혼란을 겪었다. 승려들의 세속화된 모습은 승단의 혼란과 비구승들에게 좌절감을 안겨 주었다.

해방 이후 한국 불교의 정통성을 회복하려는 비구승들의 노력은 1947년부터 전남 장성 백양사에서 만암曼庵 송종헌宋宗憲을 중심으로 결성된 고불총림古佛叢林으로 이어진다.[21] 만암은 일제가 물러가고 새로운 시대가 도래하였음에도 자기 혁신의 구심점을 찾지 못하는 불교계의 현실을 비판하고 참된 불법을 널리펴고 중생들을 제도하겠다는 발원에서 고불총림을 결성한다는 취지를 밝혔다.[22] 고불총림은 당시 혁신 계열에서 부정하였던 대처승의 존재를 인정하고 비구승을 정법중正法衆이라 하고, 대처승을 호법중護法衆이라 하여 포교·교육 등 수행승을 지원하는 일에 종사하게 한다. 그리고 대처승은 상좌를 두지 못하게 하여 자연스럽게 소멸될 때까지 기다리자는 대안을 제시하였다.[23] 같은 해 경북 문경 봉암사에서는 성철·청담·향곡·법전 등이 중심이 되어 실천적인 수행과 계율을 준수할 것을 서약하고 결성된 봉암사 결사는 비구·대처승 문제를 근본적으로 해결하고자 하는 노력이 있었다.[24] 오늘날 정화운동의 사상적

---

21) 고불총림에 관해서는 다음 논고를 참고할 수 있다. 김광식, 2005. 「고불총림과 불교정화」 『한국현대불교사연구』, 불교시대사.
22) 송만암, 1997, 「호남 고불총림 결성 성명」 『曼庵文集』, 백양사 고불총림, 244쪽.
23) 위의 책, 238~240.
24) 봉암사 결사에 관해서는 다음과 같은 논저를 들 수 있다.
   김광식, 2005, 「봉암사결사의 전개와 성격」 『한국현대불교사연구』, 불교시대사.
   김종인, 2006, 「1960년대 한국불교와 성철의 활동」 『봉암사결사와 해인 총림』, 백련불교논총』 16.
   대한불교조계종 교육원 불학연구소 편, 2008, 『봉암사결사와 현대 한국불교』, 조계종출판사.

인 연원을 봉암사 결사에서 찾는 것도 이 때문이다.

처자식을 거느린 대처승들이 사찰의 주지를 맡고 있는 까닭에 당시 비구승들은 옷 한 벌, 바루 1개를 보전하기가 힘든 상황이었다고 한다.[25] 뿐만 아니라 마음 놓고 방부房付[26]를 드리고 수행할 수 있는 공간을 찾기가 어려웠다. 한국전쟁이 진행중이던 1952년 선학원의 승려 이대의李大義는 당시 교정이던 송만암에게 비구승들이 안정적으로 수행할 수 있는 사찰 몇 개를 할애해달라고 건의한다. 송만암은 실무진에게 이 건의를 수용하는 방안을 검토하라고 지시하였고, 실무진들은 교정의 지시에 따라 통도사·불국사 등에서 회의를 가지고 동화사·직지사·보문사·신륵사·내원사 등 18개 사찰을 비구승들의 전용 수행공간으로 제공하기로 하였다.[27] 이 소식을 들은 비구승들은 분노하였다. 그 까닭은 통도사·해인사·송광사 등 삼보 사찰을 비롯해서 본사가 하나도 들어있지 않았기 때문이다.[28] 그나마 할애한다고 한 사찰도 즉시 양도되지 않은 상황에서 비구승들은 대책을 마련하기 위하여 고심하던 차에 1954년 5월 20일 이승만 대통령의 담화가 발표됨으로써 비구승과 대처승 사이의 분쟁은 시작된다.

그러나 이 담화문은 불교계의 미래를 전망하고, 신중한 고려 끝에 발표된 것이 아니었다. 담화문의 요지는 불교가 우리나라에서 일본으로 전파되었는데 일본 승려들은 대처식육을 함으로써 교리가 변질되어 우리의 전통 불교와는 융합될 수 없다. 그런 까닭에 일본 불교의 풍습을 따라 결혼을 한 대처승들은 친일 승려들이니 절에서 축출되어야 한다는 것이다.[29] 이승만은 일본 불교가 대처식육을 전파시킴으로써 한국 불교의 전

---

25) 김순석, 앞의 논문, 「중일전쟁 이후 선학원의 성격 변화」, 326쪽.
26) 房付란 '승려가 다른 절에 가서 잠시 머물기를 청하는 일'을 말한다.
27) 김광식, 2002, 『새불교운동의 전개』, 도피안사, 327쪽.
28) 위의 책, 327~328쪽.
29) 앞의 책, 『太古宗史』, 249쪽.

통을 말살하였다고 보았고 대처승은 친일승이라고 단정하였던 것이다.
이후 1954년 5월 20일 첫 담화[30]를 필두로 1955년 12월 8일까지 모두
8차례의 담화를 발표[31]하여 불교계를 혼란의 소용돌이로 몰아 넣었다.
정화운동은 1954년에 시작되어 1962년에 비구·대처승의 통합종단이 성
립됨으로써 일단락되지만 실질적으로는 대처 승단이 1970년 태고종이라
는 종단을 창립하여 비구 승단과 분리를 선언할 때까지 지속된다고 보아
야 할 것이다.

3. 대한불교 조계종과 한국불교 태고종 분쟁의 전개 과정

대한불교 조계종과 한국불교 태고종은 이승만이 1954년 5월 20일에
발표된 1차 담화의 요지는 이렇다. '일본은 불교를 한국에서 배워갔지만
한국 불교의 풍속과 다른 결혼하고 고기 먹는 풍속을 전파하여 우리의
고상한 불도를 말살시켰다. 일본 불교를 모방한 승려들은 친일파이니 사
찰에서 물러나라'는 것이다.[32] 이승만은 대처승은 모두 친일파라고 몰아
부쳤지만 이것은 사실과 다르다. 우리는 일제강점기 불교계의 대표적인
항일승려를 들라면 한용운을 지목하기를 주저하지 않는다. 그런데 그는
승려들도 결혼을 해야 한다고 주장[33]하였고, 실제로 1933년 유숙원과 재
혼을 하여 딸을 두기도 하였다.[34] 이승만은 대통령으로서 적절한 논거를
제시하지 못하고 속단한 한계를 노정하였다. 이 담화가 발표되자 비구승

---

30) 앞의 문건, 「李大統領第一次諭示」.
31) 앞의 책, 『太古宗史』, 352쪽.
32) 앞의 문건, 「李大統領第一次諭示」.
33) 한용운 저 이원섭 역, 1983, 「불교의 장래와 僧尼의 결혼문제」『조선불교유신론』,
　　민족사, 117~125쪽.
34) 불교문화연구원, 2006, 「한용운 연보」『한용운 전집』제6권, 388~389쪽.

측은 1954년 6월 24일과 25일 불교정화추진발기회와 교단정화운동추진 준비위원회를 결성하였다.[35] 그리고 8월 24일과 25일에는 전국 비구승 대표자대회를 개최하여 정화추진위원 및 대책위원을 선정하였다.[36] 이어서 비구측은 9월 27일부터 29일까지 선학원에서 비구승대회를 열고 기존의 기구와 종헌을 부정하고 새롭게 조계종헌을 제정하고 결의사항을 채택하였다.[37] 주요한 결의 사항은 '대처승은 승적에서 제거할 것', '대처승은 호법중으로 할 것', '교권은 비구승에게 환원할 것' 등이었다.[38] 비구승들의 이러한 결의에 대해 대처승들은 종래의 입장에서 많이 양보하였다. 대처승 측은 삼보 사찰인 통도사·해인사·송광사를 비구승에게 수도장으로 제공하며, 불교 발전을 위해 분종할 것을 천명하였지만 호법중이 될 수는 없다고 하였다.[39]

이청담·하동산·윤월하 등 비구승 대표들은 1954년 10월 11일 경무대를 방문하여 이승만에게 불교정화를 위한 강력한 담화를 다시 내려 주기를 요청하였다. 이 요청에 따라 이승만은 11월 4일자로 '왜색종교관 버리라'는 제2차 담화를 발표하였다.[40] 이 담화가 발표되자 비구측은 대처측과의 물리적인 충돌을 감행하였다. 이 담화가 발표된 지 15일만에 이승만은 또 다시 담화를 발표하였다.[41] 이에 비구승들은 1954년 12월 10부터 13일까지 전국 비구·비구니대회를 개최하였다. 이 대회를 마치고 이들은 경무대를 찾아가서 대통령을 만나고자 하였다. 하지만 경찰의 제지로 뜻을 이루지 못하고 5명의 대표가 비서실로 들어가 대처승의 비행을

35) 1996, 「한국불교정화의 투쟁경위서」 『한국근현대불교자료전집』 제68권, 민족사, 52~80쪽.
36) 『조선일보』 1954.8.26, 「帶妻僧을 反對 比丘僧 大會」.
37) 『동아일보』 1954.10.28, 「倭僧精神一掃 比丘僧大會서 決議」.
38) 『조선일보』 1954.11.28, 「佛敎界 紛爭의 裏面」.
39) 위와 같음.
40) 『경향신문』 1954.11.6, 「倭式習慣 버려라 李大統領 佛敎에 談話」.
41) 『서울신문』 1954.11.19, 「불교계 정화 희망 - 李 대통령 순리 해결을 종용」.

호소하였다.[42]

정부는 비구·대처 양측의 입장을 조율하기 위해서 1955년 2월 4일 문교부 장관실에서 비구측의 이효봉·이청담·박인곡·윤월하·손경산 등과 대처측의 권상로·임석진·송병영·김상호·이화응 등이 만나 사찰정화수습대책위원회를 개최하였다.[43] 이들은 이 자리에서 승려자격 8대 원칙이 합의하였다. 8개 조항은 1)독신자 2)삭발염의자 3)불구가 아닌 자 4)백치가 아닌 자 5)3인 이상의 단체 생활을 하는 자 6)살殺·도盜·음淫·망妄의 4대 범계犯戒를 하지 않는 자 7)술과 담배·고기를 먹지 않는 자 8)25세 이상인 자 등이다.[44] 당시 불교계를 관할하던 주무 부서인 문교부는 비구승 자격 조건을 갖춘 승려의 숫자를 1,819명이라고 발표한다.[45] 상황이 이렇게 되자 대처승들은 승려의 자격을 유지하기 위해서 20년이 넘는 세월을 함께 살아온 부인과 이혼을 하는가 하면 모 거찰에서는 160여명의 승려가 집단 이혼을 하여 언론에 보도되는 사태가 발생한다.[46] 비구승 측은 8대 원칙에 합당한 승려들로 전국 승려대회를 개최하여 그 결의사항에 따른다면 소위 '정화운동'이 순조롭게 마무리 될 것으로 전망하였다. 이러한 가운데 1955년 7월 11일 문교부가 중심이 되어 비구·대처 각각 5명으로 사찰정화대책위원회를 구성한다.[47] 이들은 7월 16일에 개최된 제3차 회의에는 대처승 대표 5명이 전원 불참하는 바람에 유회가 된

---

42) 『동아일보 1954.12.15,「紛爭解決呼訴 比丘僧들 열지어 景武臺로」.

43) 한국불교승단정화사편찬위원회, 1996,『韓國佛教僧團淨化史』, 大譜社, 283~284쪽.

44) 『동아일보』 1955.2.6,「難題는 財團歸屬 우선 僧侶資格에만 合意」.

45) 『동아일보』 1955.6.13,「比丘派 佛教教徒會結成 斷食 四일째의 僧侶들 瀕死 狀態」. 어떤 자료에는 비구승의 숫자를 1,189로 추산한 것도 있다(「佛教淨化紛爭資料」,『한국근현대불교자료전집』 68권, 84쪽).

46) 『경향신문』 1955.7.28,「僧房에 離婚 旋風 通度寺서 帶妻僧 160名이 斷行」.

47) 『조선일보』 1955.7.14,「自律的으로 連日協議키로 佛教淨化對策委, 어제 첫 會合」.

다. 그렇지만 그 전날인 15일 회의에서 5:3으로 전국 승려대회를 개최하기로 결정한다.[48] 비구측은 전국 승려대회에서 새롭게 확정한 승려 자격 8대 원칙에 입각하여 새롭게 종회를 구성하겠다는 의지를 가지고 있었다.[49] 비구승 측의 이러한 의도를 간파한 대처승 측은 표결 직전에 회의에 참석하였던 이화응·국묵담·원보산 3명의 승려가 퇴장하는 사태가 벌어진다. 비구승 측은 이미 충분한 논의가 이루어진 이후에 백지 투표지를 남기고 퇴장한 3명을 반대한 것으로 간주하고 표결을 강행하여 5:3으로 가결을 선포한다.[50] 후일 대처측에서는 이 표결의 원천 무료를 주장한다.[51] 아무튼 개표 결과에 따라 비구측은 8월 1일부터 승려대회를 개최한다.[52] 당국은 대회 첫날은 진행을 저지하였으나 이튿날부터는 진행을 방해하지는 않았다. 8월 2일에 속개된 승려대회에서는 총무원 측 종정과 간부에 대해서 불신임을 결의하고 전문 101조와 부칙으로 구성된 종헌을 통과시킨다. 이 날 선임된 총무원의 간부는 다음과 같다.[53]

> 종　정 : 하동산
> 총무원장 : 이청담
> 총무부장 : 고경덕
> 교무부장 : 김상호
> 재무부장 : 박기종
> 감찰부장 : 정금오
> 감찰부원장 : 김서운

---

48) 『조선일보』 1955.7.17, 「佛敎淨化委會 第三次는 流會」.
49) 김광식, 앞의 책, 『근현대불교의 재조명』, 476쪽.
50) 앞의 신문 기사, 「佛敎淨化委會 第三次는 流會」.
51) 『동아일보』 1956.6.22, 「比丘僧側 控訴 僧侶大會 無效判定에」.
52) 『동아일보』 1955.8.3, 「僧侶大會를 强行 集會 許可 없어서 場內 騷然.
53) 『조선일보』 1955.8.4, 「集會許可 없이 會議를 續行 僧侶大會, 第二日엔 任員 改選」.

이 승려대회에는 중요한 현안 문제들을 결정하였지만 정부로부터 인정을 받지 못하였다. 승려대회가 끝난 다음날 이승만은 '왜색승려는 물러가라'는 제7차 담화를 발표하여 비구승들의 승려대회에 힘을 실어 준다.[54] 사찰정화대책위원회는 모두 5차례의 회의를 가졌는데 중요한 것은 8월 11일 오후 3시 체신청 건물 별관 중앙교육연구소에서 개최된 제5차 회의이다. 이 회의는 후일 법정에서 승려대회의 합법성을 가늠하는 중요한 의미를 지닌다. 이 회의에서 의장인 이청담은 대처측이 지난 번에 개최된 전국 승려대회를 인정하지 않으므로 '정화'를 마무리하기 위해 전국 승려대회를 다시 개최할 것을 의제로 상정하여 7:1로 가결시켰다.[55] 이 결정이 내려지는 현장에 당시 문교부장관이었던 이선근이 입회하여 정부 당국의 입장을 확인하여 주었다. 이 회의의 결과에 따라 8월 12일부터 13일에 걸쳐 개최된 승려대회에서는 종헌을 개정하여 선포하고, 56명의 종회의원을 선출하였으며, 종정에 설석우를 추대하였다. 그리고 신임 주지 임명, 신집행부 선출 등을 단행하여 변화의 토대를 마련하였다.[56]

거듭되는 대통령의 담화 발표에 힘입어 비구승들은 대처승들로부터 사찰을 회수하기 위하여 유혈사태를 일으키기에 이른다. 이승만 정권은 정화운동 초기 불교계에서 발생한 사태에 대해 적극적으로 중재를 하거나 대안을 제시하지 못하고 수수방관 하고 있었다. 뿐만 아니라 한국불교의 전통을 회복하고자 하는 승려들은 모두 궐기하라는 부분에서는 유혈사태를 조장하는 느낌을 주고 있다. 비구측과 대처측의 유혈사태가 발생하자 국회는 대통령의 위헌 사실을 문제삼았다. 당시 언론은 비구측에 호의적인 반응을 보였지만 대통령의 위헌 사실이 문제가 되자 행정부는 중립을 지켜야 한다는 입장이었다.

---

54) 『동아일보』 1655.8.4, 「倭色僧侶는 물러가라 - 이 대통령 불교문제 언급」.
55) 『조선일보』 1955.8.13, 「佛教紛爭終熄段階에 宗正에 比丘側 薛石友氏를 推戴」.
56) 위와 같음.

불교계 사태가 이렇게 전개되자 국회에서는 대통령의 헌법 위반 사실을 문제 삼고 나섰다. 국회 본회의에서는 1955년 6월 15일 오전 이선근 문교부 장관과 김형근 내무부 장관을 출석시키고 대정부 질문에 나섰다.[57] 문종두 의원은 "지난 5월 9일자로 발표한 양장관 공동성명의 시달 사항에는 주지의 인허권을 문교부 장관이 가진다고 하였고 관제 단체인 불교정화대책위원회를 구성한다고 하였는데 이는 종교 및 신교의 자유를 보장한 헌법 제 12조를 유린하는 것이 아닌가"라고 물었다.[58] 이영희 의원은 "불교계 내의 분쟁에 대해서 행정당국이 불법적이고 편파적으로 간섭하고 있다고 보는데 어떠한가"라고 질문하였다.[59] 한희석 의원은 "장관은 대통령 유시만 있으면 아무 비판도 없이 그대로 따라가는 기계적인 존재인가. 이는 위헌 처사에 대한 비난을 대통령에게 돌리려는 것이 아니냐"라고 날카롭게 질문하였다.[60] 이러한 질문에 대해서 이선근 문교부장관의 답변 요지는 "대통령의 유시는 한국불교의 전통을 살려서 사찰이 그 본연의 모습으로 돌아가 정화되어야 한다는 것으로 생각하고 있다"는 것이었다.[61] 당시 언론은 비구승 측에 호의적이면서도 국회에서 대통령의 위헌 처사가 문제가 되자 행정부는 중립을 지켜야 한다는 입장을 밝힌다.

1955년 8월 승려대회를 기점으로 비구·대처승의 분쟁은 종권을 비롯한 전국 각 사찰의 운영권이 비구 측으로 넘어가는 유리한 국면으로 전환된다. 이로써'정화운동'은 일단락을 맺게 되고 이후에는 법정 공방으로 이어진다. 비구·대처승의 분쟁은 이렇게 해서 또 한 고비를 넘기지만 체계적인 교학과 계율 등을 수학하여 품격을 갖춘 비구승들이 숫적으로 열

---

57) 『조선일보』 1955.6.16, 「國會서 佛敎紛爭에 質疑 違憲이니 偏派니 辛辣한 論戰」
58) 위와 같음.
59) 위와 같음.
60) 위와 같음.
61) 위와 같음.

세였기 때문에 폭력 집단을 동원하여 비종교적인 방법으로 진행되었다. 비구·대처승 간의 분쟁은 8월 12일 조계사에서 문교·내무부 장관이 참석한 가운데 비구승 측은 전국 승려대회를 개최한다.[62] 승려대회에서는 종헌을 개정하고, 종정 불신임안을 결의한다. 당시 종정 송만암은 비구측에서 대처측과 차별성을 가지기 위해서 보조종조설普照宗祖說을 주장하자 이러한 처사를 환부역조換父易祖라고 비난하면서 사퇴한다.[63] 승려대회 이후 본격적으로 전국의 사찰 접수를 시작한 비구측은 1년여의 투쟁 끝에 많은 사찰을 확보하였다. 문제는 비구승들이 사찰을 확보한 이후 새로운 사찰을 관리할 만한 승려들이 없다는데 있었다. 당시 선학원 측에서 파악한 비구승의 수는 약 800여명이었는데 대처승과 싸워서 얻은 수 백개의 사찰에 주지로 임명할 수 있는 교학에 밝고 계율을 지킬 수 있는 수행력을 갖춘 비구승의 수는 턱없이 부족하였다.[64]

4. 법정 공방으로 비화

1955년 하반기부터 비구·대처의 분쟁은 물리적 충돌에서 법정공방으로 전환된다. 대처측은 1955년 8월 전국승려대회 및 불교정화대책위원회의 결의가 무효라는 것을 확인해 달라는 소송을 제기하여 1956년 6월 15일 법원으로부터 승소 판결을 받는다.[65] 법원은 이 결의가 헌법에 보장된 종교의 자유를 침해한다는 점을 들어 감독 관청의 간섭을 부당한 것으로 판결한다. 이에 대하여 비구측은 이 판결에 불복하고 서울 고등법원에 항소를 한다.[66] 서울 고등법원은 대한불교의 정통이 비구측에 있

---

62) 『경향신문』 1955.8.14, 「比丘僧側 全國 寺刹 掌握 總務院의 新幹部 選出」.
63) 앞의 책, 『曼庵文集』, 424~426쪽.
64) 『동아일보』 19558.22, 「帶妻僧 包攝 不可避 禪學院側, 住持人選에 腐心」.
65) 앞의 신문 기사, 「比丘僧側 控訴 僧侶大會 無效判定에」.
66) 위와 같음.

느냐, 대처측에 있느냐는 문제를 놓고 비구측의 손을 들어 준다.[67] 결국
이 문제는 대법원까지 넘어갔고, 대법원은 1960년 11월 24일 비구승들에
게 불리한 판결이 내리졌다. 판결이 발표되기 전 17일부터 전국에서 모
여 든 비구·비구니 약 3백여 명은 '불법에 대처승없다'는 플랭카드를 들
고 가두 시위를 하는가 하면 밤에는 조계사 법당에서 단식투쟁과 철야정
진을 하는 등 촉각을 곤두세우고 있었다.[68] 비구측은 판결이 있기 전인
21일부터 조계사에 모여 플랭카드를 들고 종로 3가, 을지로 3가, 남대문,
시청 앞을 돌면서 가두 시위를 벌인다.[69] 500여 명의 비구승들은 23일부
터 단식 투쟁에 돌입하였다. 비구승들 가운데 일부는 대법원의 판결이
대처측에 유리하게 나올 경우 순교도 불사하겠다는 결의를 한 상태에서
결과를 기다린다.[70] 대법원은 대처측에 승소 판결을 내리고 사건을 재심
하도록 고등법원으로 환송하였다.[71] 대법원이 이러한 판결을 내렸던 것
은 1960년 4·19혁명으로 이승만 정권이 무너진데 있었다. 대처측은 비구
측을 관변 단체로 규정하고 지금까지 진행된 모든 사태를 부정한다. 대
처승 측은 비구·대처승 분쟁이 이승만 정권과 결탁하여 진행되었기 때
문에 독재정권이 무너졌으므로 종단은 분쟁이 발생하기 이전으로 환원
되어야 한다고 주장하였다.[72] 대법원의 판결이 대처측의 승소로 내려지
자 비구측 승려들은 법정에 난입하였고, 이 가운데 333명이 구속되는 일
이 발생한다.[73] 이날 법정에 진입한 비구승 가운데 6명은 대법원장 비서
실에서 대법관의 면담을 요청하면서 할복을 하는 사태가 벌어졌다.[74] 불

---

67) 『조선일보』 1957.9.19, 「"正統派는 比丘側" 서울 高等法院서 佛敎紛爭에 判決」.
68) 『동아일보』 1960.11.24, 「比丘僧 데모 帶妻僧 물러가라고」.
69) 『동아일보』 1960.11.22, 「比丘僧 『데모』」.
70) 『동아일보』 1960.11.24, 「斷食시작 五백명 比丘僧」.
71) 『경향신문』 1960.11.24, 「大法院서 高法으로 還送 帶妻僧側의 「淨化委決議無效
    確認」 訴訟」.
72) 김광식, 앞의 책, 『새불교운동의 전개』, 335~336쪽.
73) 『동아일보』 1960.11.25, 「잇달은 亂動에 철추」.

교계 내부 문제가 법정 소송으로 비화되어 시비를 가리기 위하여 오랜 시간 공방이 계속되는 동안 많은 재산이 소송 비용으로 탕진되었다. 그간 물리적인 충돌로 악화되었던 양측의 감정은 법정에서 상대편을 비난함으로써 더욱 불신의 골이 깊어졌다. 4·19혁명의 여파로 정국과 불교계의 상황이 혼미한 가운데 1961년 5·16군사 쿠테타로 제2공화국 장면 정권이 무너지고 군사정권이 들어섰다.[75] 박정희를 정점으로 하는 군사정권은 국가재건최고회의를 구성하여 정국을 장악하고 불교계에서 현재 법원에 계류중인 75건에 달하는 소송을 일체 중지할 것을 지시하였다.[76] 군사정권은 불교계의 분쟁 수습을 위해 불교재건위원회를 구성하여 해결하기로 하였다. 불교재건위원회는 양측에서 추천한 자 가운데서 종교단체 심의위원회가 제청한 자 5명과 심의회에서 추천한 자 3명으로 구성하기로 하고 발족 후 1개월 내에 불교재건비상종회를 구성하여 모든 분쟁을 수습하기로 하였다.[77] 박정희 국가재건최고회의 의장은 1962년 1월 12일 불교계 분쟁을 자체 내에서 자율적으로 해결할 기회를 부여하겠지만 만약에 이같은 분쟁사태가 계속된다면 묵과하지 않겠다는 강경한 경고가 담긴 담화문을 발표하였다.[78] 불교재건위원회는 비구·대처 양측에서 각각 15명씩으로 불교재건비상종회 구성한다는 것에 합의한다. 불교재건비상종회는 2월 22일까지 새 종헌을 만들기로 합의를 보았고 종명·종지 등 제반사항은 합의를 보았지만 정작 가장 중요한 승려 자격 문제를 놓고 끝내 합의를 이루지 못하고 당국에 일임하였다.[79]

　문교부는 승려 자격을 사찰에 독신으로 상주하면서 수도와 교화에

---

74) 『조선일보』 1960.11.25, 「佛教紛爭 割腹 騷動」.
75) 정윤재·심지연·김영수, 2001, 『장면·윤보선·박정희』, 백산서당, 206~211쪽.
76) 『동아일보』 1961.10.22, 「佛教紛爭 裁判 中止를 지시」.
77) 『조선일보』 1962.1.10, 「끝없는 佛教紛爭」.
78) 『조선일보』 19621.13, 「拾策 따르도록 朴議長, 佛教紛爭에 警告談話」.
79) 『조선일보』 1953.3.1, 「宗團構成案 채택」.

전념하면서 가족 부양에 책임이 없는 자만을 승려로 인정하고, 그렇지 않은 자는 완전한 권한을 가질 수 없는 비정상적인 승려로 인정한다고 규정한다. 비정상적인 승려는 포교사 및 주지 서리 등의 직책에만 취임할 수 있고, 정상적인 승려가 가지는 권한을 행사할 수 없다고 명시한다.[80] 결국 승려 자격 문제는 대처측의 동의를 얻지 못한 채 어정쩡한 상태에서 1962년 4월 비구·대처가 함께 참여한 통합종단이 탄생한다.[81] 통합 종단의 종명은 대한불교 조계종이며, 종헌에 신라 도의국사를 개창조로 하고, 고려 보조국사를 중천조로 하며, 태고 보우국사普雨國師를 종조로 한다고 천명하였다.[82]

통합종단을 구성하기 위해서 만들어졌던 불교재건비상종회가 해산되고 새로운 종회가 구성되는 시점에서 의석 배분 문제를 놓고 비구·대처측은 또 다시 격돌한다. 중앙 종회 의석이 비구 32 : 대처 18명으로 의석 배분이 이루어지자 대처측은 격분하여 종회에 불참을 선언하고,[83] 통합 이전의 상태로 환원한다는 성명을 발표하기에 이른다.[84] 대처측은 서대문에 대한불교 조계종 총무원을 설립함으로써 종단은 또 다시 양분되었다.[85]

이 갈등은 대처측에서 1964년 8월 불교재건비상종회의 결의안이 무효라는 소송을 제기함으로써 법정에서 시비를 다투게 된다.[86] 처음에 비상종회는 비구·대처측 각각 15명씩으로 조직되었으나 양측 의원 수가 같은 관계로 종헌을 의결할 수가 없었다.[87] 문교부는 대안으로 비구 5명,

---

80) 『조선일보』 1962.3.5, 「帶妻側서 再考陳情 僧侶資格 文敎部案에 强硬태도」.
81) 『조선일보』 1962.4.7, 「佛敎 單一宗團 구성 六名의 임원을 選出」.
82) 위와 같음.
83) 『조선일보』 1962.8.24, 「佛敎紛爭 다시 불붙을 氣勢」.
84) 앞의 책, 『태고종사』, 441~444쪽.
85) 『동아일보』 1962.12.24, 「"信敎自由의 基本權 侵害" 帶妻側서 當局 解散令 拒否」.
86) 『동아일보』 1964.8.21, 「宗憲無效提訴 4名 의 帶妻僧이 比丘僧 12名 걸어」.

대처 5명, 사회인사 5명으로 의원 수를 감축하는 회칙을 개정하였다.[88]
그 후 대처측은 사태가 불리하게 전개되자 동년 3월 22일에 개최된 종회
에 불참하였다. 비구측은 사회인사 5명이 참여한 가운데 종회를 개최하
여 종헌을 제정하고, 종정에 이효봉을 추대하고, 총무원장으로 임석진을
선출하였다.[89] 이 사건을 심리한 법원은 1심에서 종회 의원을 30명에서
15명으로 감축한 것은 문교부의 일방적인 선언에 불과한 것이며, 의원도
아닌 문교부 문예국장이 참석한 점 등을 들어 원고측 승소 판결을 내렸
다.[90] 비구측은 항소를 하였고, 고등법원은 비구, 대처, 사회인사로 의원
을 감축하는 비상종회에 대처측도 참여한 이상 그 후에 대처측에서 불참
하였다고 하더라도 종회 결의는 유효하다고 판결하였다.[91] 대처측은 대
법원에 상고하였으나 대법원은 비구승의 승소 판결을 내렸다.[92]

통합종단은 불교계 분쟁을 교계 내에서 자율적으로 해결하지 못할 경
우 공권력이 법으로 해결하겠다는 위협에 못 이겨서 성립되었기 때문에
언제든지 와해될 위험이 내재되어 있었다. 더구나 법정 공방이 지속되면
서 불신의 벽이 두터워져 한 울타리 안에서 공존을 하기는 어려운 상황

---

87)『동아일보』1962.1.31,「非常宗會를 구성 佛敎再建委 兩派서 15名씩」. 재건위
원 명단은 다음과 같다.
비구측 : 이청담·박추담·손경산·이행원·문정영·채동일·이능가·최월산·오녹원·
윤월하·박문성·김서운·박범룡·김일타·김지효
대처측 : 권한경·조용명·변봉암·유동산·윤금송·송정암·이월하·최다천·안덕암·
이남허·박서봉·이용봉·윤기봉·이와운·황고봉
88)『경향신문』1962.3.22,「文敎部서 佛敎紛糾 收拾에 介入 比丘·帶妻 그저 대립」.
새로 선임된 비상종회 위원 명단은 다음과 같다.
비구측 : 이청담·박추담·이행원·윤월하·이능가
대처측 : 이남채·윤기원·윤종근·황성기·박승용.
사회인사 : 최문환·김기석·이상은·윤태림·박종홍.
89)『조선일보』1962.3.25,「佛敎紛糾의 무速한 終結을 바란다」.
90)『경향신문』1962.6.11,「대처승 勝訴 宗憲決議 무효소송」.
91)『조선일보』1966.9.8,「比丘側 勝訴 高法, 佛敎宗憲 싸움에서 1審」.
92)『동아일보』1969.10.24,「現 曹溪宗憲有效"大法 帶妻側의 改定無效訴 기각」.

이었다. 이렇게 양측 대립의 골이 깊어가자 비구·대처측은 화해와 타협의 방안을 찾기 위해서 1965년 3월 화동위원회라는 대화의 장을 마련하게 된다.

5. 和同委員會의 결렬과 분종

비구·대처승 분쟁은 힘으로 절을 뺏고, 뺏기는 물리적인 충돌기를 지나 정통성 시비를 가리는 법정 공방기를 거치면서 감정적인 대립 상황으로 치닫는다. 승려들은 세속에서 바라보는 시각이 따가움을 느꼈고, 승단 내부에서도 자성의 목소리가 터져 나왔다. 이러한 분위기 속에서 비구·대처승은 대화의 장을 마련하여, 화해를 시도한다. 화해를 위한 대화의 장이 필요하다는 인식은 이미 1956년부터 있어왔으나 법정 공방이 진행되면서 서로간에 불신의 벽이 두터워져 성사되지 못하였다.[93] 박정희 군사정권의 강압책으로 1962년 통합종단이 성립되고 불교재건위원회가 구성되고 나서 대화의 장이 마련되었다. 대화의 장이 필요하다는 공감대는 1965년 3월 16일 문교부 회의실에서 윤천주 문교부 장관과 관계관들이 모인 가운데 비구측 손경산·이행원·박서각·이석호, 대처측 신종원·한호응·최태종·이용조 등 8명이 화동단결의 원칙을 세우고 대한불교 조계종화동위원회를 탄생시킴으로써 현실화 된다.[94] 화동위원회의 구성원들은 "우리 자신이 지난 날의 모든 것을 참회하고 이 뼈저린 체험을 살려 뜻 깊은 역사를 창조하여야 한다"는 요지의 성명서를 발표하고 이어서 4개 항의 약정서에 합의하였다.[95] 약정서의 내용은 종조를 도의국사로

---

93) 김광식, 2008, 「불교정화운동과 화동위원회」 『불교정화운동의 재조명』, 조계종 출판사, 226~233쪽.
94) 『대한불교』 1965.3.21, 「통합종단 이탈인사 귀의 和同團合」.
95) 『대한불교』 1965.3.21, 「和同佛事로 우리 사명을 완수하자」.

하고 태고 보우국사의 제종 포섭을 거쳐 만암 종헌 대종사를 중흥조로
한다는 것과 대승정신에 입각하여 종회와 중앙기관을 개편한다는 것이
다. 이 작업을 위해 화동위원회는 손경산·신종원·이행원·이석호·이용조
5인을 추진위원으로 선임한다.[96] 화동위원회는 1965년 3월 25일에 개최
된 임시 중앙종회에서 종헌과 종법에 위배되지 않는 범위 내에서 화동활
동을 한다는 것을 전제로 그 존재를 추인 받는다.

 그러나 뿌리 깊은 불신의 벽을 허물고 화해를 위해 마련된 화동위원
회는 불교재산관리법[97]이 시행되면서 위기 상황을 맞게 된다. 이 법은
불교단체의 재산 및 시설의 관리운영에 관하여 필요한 사항을 규정한 것
이었다. 주요 내용은 불교단체의 종류 및 문교부 등록, 주지 또는 대표자
등록, 단체의 대표권 및 재산관리권 등을 규제하고 있다. 문제는 불교단
체가 이 법을 위반하거나 분규로 인해 이 법의 목적을 달성할 수 없다고
인정될 때는 문교부 장관이 재산관리인을 임명 또는 해임할 수 있는 권
한이 포함된 데 있었다.[98] 대처승 측은 이 법의 시행으로 큰 압박을 받았
고, 불교재건비상종회의 결의로 성립된 결의 사항이 무효라는 소송을 제
기하였다. 1965년 6월 11일 서울 민사지법으로부터 승소 판결을 받게 됨
으로써 모처럼 마련된 화해 무드는 깨져 버렸다.[99] 깨져 버린 화해 분위
기는 1966년 3월 제12회 조계종 중앙종회에서 화동추진위원인 손경산이
총무원장에 당선되고, 박서각이 재무부장으로 자리하면서 또 다시 반전
된다.[100] 같은 해 8월 임시 중앙종회에서 화동추진위원이자 총무부장이
었던 이행원의 보고를 살펴보면 양측의 입장을 알 수 있다. 교섭 내용은
대처측은 본사와 종회의원 반수를 할애해 준다면 소송을 취하하겠다는

---

96) 위와 같음.
97) 앞의 문건, 佛敎財産管理法.
98) 위와 같음.
99) 김광식, 앞의 논문, 「불교정화운동과 화동위원회」, 247~248쪽.
100) 위와 같음.

것이었다. 이행원의 답변은 반은 할애할 수 없지만 종회에 건의는 해 보
겠다는 것이었다.[101] 이행원은 소송 비용만 없다면 종단의 3대 사업을
충분히 할 수 있다고 한 것으로 보아 이 당시 법정 소송이 양측에 얼마나
큰 부담이었는 지 알 수 있다. 중앙종회에서는 종회의원 23석을 대처측
에 할애하는 안을 놓고 갑론을박하다가 표결에 부쳐 가 18표, 부 16표로
가결되었다.[102] 이 결정은 시행되지 못하다가 1967년 2월 6일 아서원이
라는 중국집에서 비구·대처 승려 40여 명과 정부의 관계관들이 모인 가
운데 협정식을 가지고 서명·날인하면서 조금 다른 형태로 진행되었
다.[103] 협정의 내용은 첫째, 1962년에 제정된 통합종단의 종헌과 종법을
준수하며, 통합종단을 유일한 합법 종단으로 재확인한다. 둘째, 중앙 종
회의 의석 수는 비구 29 : 대처 21로 한다. 셋째, 전국의 23개 본산 가운
데 비구가 15, 대처가 8개를 갖는다.[104] 화동협정서의 내용은 대처승을
종단에 등용하고, 본사의 주지로 발령하는 등 유화적인 것이었다. 비구
승 측은 이러한 양보의 댓가로 전라도 지역의 미등록 사찰의 등록을 완
료하는 등의 성과를 거두었다.[105]

그런데 대처측 승려들은 이런 합의가 이루어지자 화동위원회 전면에
나서서 일을 추진하는 승려들의 성과를 부정하였다. 대처측은 화동위원
회 대표 신종원의 대표성마저 부인하고 이 결정을 수용하지 않았다.[106]

---

101) 대한불교조계종 중앙종회, 『제1대 중앙종회 회의록』, 대한불교조계종출판사,
    444~451쪽.
102) 위의 자료, 446~450쪽.
103) 『조선일보』 1967.2.6, 「比丘·帶妻 분쟁 終熄 曹溪宗宗團 統合」.
104) 『동아일보』 1967.2.7, 「比丘·대처 10年 만에 握手 指導僧侶들 統合宗憲에 署
    名」.
105) 『대한불교』 1965.2.7, 「문교부 65년도 불교정책 천명, 미등록사찰 강력 조치키
    로」.
106) 『조선일보』 1965.2.9, 「比丘·帶妻 악수 그裏面 10年만의 和同이라지만 紛糾의
    불씨는 여전히 남아」.

대처측은 1967년 3월 3일 전국 사찰 주지 및 포교사 대회를 열고 비구승과 대처승의 분립을 선언하고 분종만이 분쟁을 수습하는 길이라고 강조하였다. 대처승들은 박정희 대통령에게 보내는 건의문에서 전국 2천 63개 사찰 가운데 1천 7백이 대처승의 것이며, 신도들도 비구승의 배에 가까운 25만(비구승의 신도는 15만으로 추정함)이라고 주장하여 대처측에 정통성이 있음을 주장한다.[107] 대처측의 이러한 입장을 감지한 비구측 종회에서도 화동협정을 인준하지 않음으로써 어렵게 이루어진 대화의 장은 어색하게 막이 내렸다.

이러한 상황에서 비구 승단 내의 정화를 주장하면서 통합종단의 총무원장과 제2대 종정을 지낸 이청담이 1969년 8월 12일자로 탈종선언을 단행하면서 일체 공직에서 물러난다.[108] 언론에 밝힌 그의 탈종 배경은 "과거 대처승과 싸울 때는 명분이나 섰지만 정화 이후 비구 승단은 권모술수와 문중파벌, 종권싸움으로 수행 풍토가 무너져 무법천지가 되었기 때문"이라고 하였다. 비구·대처승 분쟁에서 청담은 그야말로 비구측의 주역 가운데서도 핵심 인물이었다. 그런 그가 소위 '정화된 종단'의 현실이 안타깝다는 메시지를 남기고 자신이 심혈을 기울여 만들었던 그 종단에 실망감을 느껴 탈퇴를 선언한 것이다.[109] 이것은 '정화운동'의 핵심 인물이 이 운동을 실패로 규정하였기 때문에 큰 상징적인 의미를 가지는 사건이다. 그는 이 사건이 있은 지 일년 뒤에 다시 총무원장으로 복귀하지만 그의 탈종선언은 당시 '정화운동'의 현주소를 보여 주는 것이었다. 1970년 5월 대처승 측은 한국불교태고종이라는 종단을 창립하고 비구 승단인 조계종과 결별을 선언함으로써 길고도 험난했던 16년간의 이른바 비구·대처승의 분쟁은 종지부를 찍게 된다.

---

107) 『조선일보』 1967.3.28, 「朴正熙大統領閣下께 드리는 건의서」.
108) 『동아일보』 1967.8.13, 「突然한『결별 48年 』 조계종 탈퇴한 李靑潭 스님」.
109) 위와 같음.

6. 맺음말

이상에서 우리나라 불교계의 대표적인 종단인 대한불교 조계종과 한국불교태고종이 성립되는 과정을 살펴보았다. 두 종단이 분립하게 되는 원인은 나라가 망하고 일제강점기를 겪으면서 일본이 시행한 동화정책에서 찾아져야 한다. 동화정책은 한국인을 일본인화 하려는 정책으로 불교계에는 승려가 결혼하고, 고기를 먹는 대처식육 현상이 만연하게 되었다. 이러한 현상은 한국 불교의 독자성을 상실하게 만들었고, 일제 말기에는 90%가 넘는 승려가 대처승이었다. 계율을 지키면서 수행에 힘쓰던 비구승들은 수행 공간도 제대로 가지지 못하는 푸대접을 받았다. 해방이되고 나서도 교단의 주도권은 여전히 대처승 측에 있었다. 비구승들은 평화적인 방법으로 수행 풍토를 확립하는 방안으로 교단의 자정 작업을 시작하였다. 그런데 당시 대통령이던 이승만은 독실한 감리교 신자로서 불교를 잘 이해하지 못하였을 뿐만 아니라 한국 불교의 전통을 되찾으라는 담화를 무려 8차례나 발표함으로써 이미 불교계에서 진행되고 있던 평화적인 자정 작업의 흐름을 완전히 바꾸어 놓았다. 바뀌어진 방향은 숫적으로 열세였던 비구승들이 폭력 집단을 동원하여 비종교적인 방법으로 종단을 장악하는 것으로 나타났다. 1954년 5월 이승만의 첫 담화 발표가 있은 직후 비구승 대표들은 경무대로 대통령을 방문하여 지원을 약속받는다. 이후 비구승들은 전국 승려대회를 개최하여 종헌을 개정하고, 종정을 선출하는 등 구체적인 행동에 돌입한다. 그들은 '불법에 대처승 없다'는 슬로건 아래 폭력적인 방법을 동원하여 사찰을 점거하였다. 물리적인 방법으로 진행된 사찰 접수는 1955년 하반기에 일단락이 되지만 그 사찰을 운영할 수 있는 수행력을 겸비한 비구승의 수는 얼마 되지 않았다. 결국 비구승들은 대처승들과 타협하지 않을 수 없었다.

그런데 1960년 4·19혁명으로 이승만 정권이 무너지자 대처승들은 독재정권의 후원을 받아서 진행된 결과를 부정하고 법원에 소송을 제기하여 승소를 하게 됨으로써 사태는 반전되는 듯하였다. 그러나 1961년 5·16군사 쿠테타가 일어나 박정희 군사정권이 성립됨으로써 사태는 또 다른 반전을 맞게 된다. 박정희 정권은 계류 중인 일체의 소송을 중단할 것과 자체적으로 타협책을 찾으라고 지시한다. 불교계는 군사정권의 지시에 따라 불교재건위원회를 구성하고 불교재건비상종회를 통하여 문제 해결의 실마리를 잡았다. 그 과정에서 가장 중요한 사안은 승려의 자격 문제였다. 비구승들은 가족들을 부양하지 않은 독신 수행승이어야 승려로서 인정한다는 것이었고, 대처승은 여기에 동의할 수 없었다. 결국은 정부가 중재에 나서지만 결과는 비구승들의 손을 들어 주었다. 그 결과 1962년 비구·대처승들을 통합종단을 성립시키지만 근본적인 문제가 해결되지 않은 상황에서 탄생한 통합종단은 오래 가지 못하였다. 비구·대처 양측은 모두 대화의 필요성을 느끼고 있었으므로 화동위원회라는 대화의 장을 만들어 타협을 모색하였다. 법정 소송을 진행하면서 시도된 비구승과 대처승 측의 타협은 원만한 해결책을 찾지 못하였다. 타협점을 찾지 못한 대처승 측은 1970년 1월에 독자적으로 새로운 종단을 만들어 분리를 선언함으로써 이 분쟁은 막을 내린다.

현재 비구·대처측의 분쟁을 바라보는 시각은 입장에 따라 해석이 전혀 다르다. 이 문제에 대해서 해결 방안을 끌어 내리려는 노력은 그 어느 쪽에서도 하지 않고, 독자적으로 종단사를 서술하고 있다. 해방 직후에 종단의 주도권을 가지고 있었던 대처승 측은 비구승 측에서 수행할 만한 사찰 몇 개를 할애하여 달라고 한 비구측의 요청을 형식적으로 처리하는 무성의함을 보임으로써 결과적으로 큰 재앙을 자초한 셈이다. 이 분쟁이 조계종 측에서 주장하는 '정화운동'이었다고 한다면 그 운동이 진행되기 전과 이후의 상황은 형식과 내용면에서 분명한 차별성이 있어야 한다.

그렇지만 이른바 '정화운동'이 끝이 난 이후에도 종권을 둘러싼 분쟁은 끝이 나지 않은 까닭에 그 명칭은 타당하지 않다고 본다. 더구나 비구측의 이청담이 1969년 8월 '정화된 종단'의 현실에 실망감을 느끼고 탈종을 선언하면서 그들이 진행한 '정화운동'을 실패로 규정하였다. 그 까닭은 자비와 관용을 중시하는 불교의 미덕을 따르는 것이 아닌 폭력과 법정 시비로 얼룩진 반종교적인 것이었다. 더구나 사태가 마무리 된 뒤에는 '정화된 집단' 내부에서 종권을 둘러싸고 치열한 각축이 벌어졌기 때문이다. 그런 까닭에 현대 불교사에서 대한불교 조계종과 한국불교 태고종이 성립하는 과정은 비구승 측의 승리로 끝이 났지만 그야말로 상처 뿐인 영광이었다.

제3장
1994년 대한불교 조계종 개혁종단의 성립과 의의

1. 머리말

한국 현대불교사는 많은 법난을 겪었으며 그 때마다 시련을 극복하면서 발전하여왔다. 1994년에 성립된 대한불교 조계종 개혁종단은 그 해 3월 30일 중앙종회에서 의결된 서의현 총무원장의 3선 연임 기도를 좌절시키고 새롭게 출범한 종단을 말한다. 이 개혁을 주도한 세력은 범승가 종단개혁추진회(이하 범종추라고 약칭함)였다. 범종추는 당시 불교계의 젊은 학승과 수행승들로 구성된 향후 불교계를 이끌어 갈 주역들이었다. 범종추는 이 개혁을 주도하면서 그 과정에서 쏟아져 나온 불교도들의 많은 의견들을 수용하여 개혁종단의 탄생에 반영하였다는 점에서 한국불교사에서 한 획을 긋는 중요한 계기를 만들었다. 범종추는 기존의 개혁 주체들이 외부 세력을 끌어들였다거나 또는 정치권의 비호를 받아서 이루어졌던 것과는 달리 불교계 내부로부터 자성自省의 움직임에서 비롯되었다는 점에서 차별성을 가진다. 또 정치권과 대립 양상을 보이면서 결국 승리를 이끌어 냈다는 점에서 이전의 개혁노선과는 확연히 구별된다.

그럼에도 불구하고 1994년 대한불교 조계종(이하 조계종이라 약칭함) 개혁종단에 대한 연구성과는 많지 않다. 지금까지의 학술지에 발표된 연구들을 살펴보면 다음과 같다.[1] 사회학적인 관점에서 1994년 조계종 사태를 김영삼 정부와 연계를 가진 서의현 체제를 사부대중의 결집된 힘으로 무너뜨린 정치혁명으로 보는 연구가 있다.[2] 또 다른 연구는 1950년대 소위 '정화불사' 이후 누적되어온 불교계의 폐해와 불만이 1980년대 이후 사회민주화의 흐름을 타고 분출된 사건이라고 보는 연구가 있다. 이 연구는 1980년대부터 90년대까지 불교계의 개혁이라는 시각에서 접근하였기 때문에 내용이 소략하다.[3]

본고는 1994년 개혁종단의 성립을 불교계 내부에서 자생적으로 결성된 참신한 개혁 세력에 의해 주체적이며, 자주적이고, 민주적인 방식으로 탄생한 종단이라는 관점에서 그 의의를 조명해 보고자 한다. 주 자료로는 1994년 당시에 발행된 신문과 범종추와 개혁회의에서 발간한 각종 팜플렛과 보고서 등을 이용하였다.

2. 서의현 총무원장 체제의 모순과 비리

1994년 조계종 사태의 직접적인 원인은 동년 3월 30일 제112회 임시

---

1) 류승무, 1994, 「1994년 불교 조계종 사태의 원인과 전개과정」『論文集』 제3집, 중앙승가대학.
   _____, 2006, 「한국불교 조계종단의 정치혁명 - 원인과 사회적 조건을 중심으로 -」『한국 전통사회의 의사소통 체계와 마을문화』, 김무진 지음, 계명대학교출판부.
   박수호, 2005, 「사회운동으로서 조계종 종단개혁운동」『동양사회사상』 제11집.
   박희승, 2004, 「1980~90년대 한국불교 정화사 - 조계종단을 중심으로 -」『대각사상』 제7집, 대각사상연구회.
   김광식, 2012, 「민주화 운동기(1980~1994)의 불교와 국가권력」『대각사상』 제17집, 대각사상연구회.
2) 류승무, 앞의 논문, 「한국불교 조계종단의 정치혁명 - 원인과 사회적 조건을 중심으로 -」.
   박수호, 앞의 논문.
3) 김광식, 앞의 논문.
   박희승, 앞의 논문.

중앙종회에서 서의현을 3선 연임으로 제27대 조계종총무원장으로 선출한데서 비롯되었다. 1988년 5월 2일에 개정 공포된 조계종 종헌 제43조에 따르면 "총무원장의 임기는 4년으로 한다. 단, 중임할 수 있다"로 되어있다.[4] 이 조문은 일반적인 관례에 따라서 해석하면 총무원장은 한사람이 최고 8년까지 할 수 있다. 그러나 서의현은 중임을 거듭할 수 있다고 해석하고 거듭의 횟수가 구체적으로 명시되지 않은 것으로 해석하고 3선을 강행하였다.

중앙종회는 75명으로 구성되는데 각 본사에서 2명씩 직접 선출된 48명과 간선선출위원회에서 선출되는 직능대표 27명으로 이루어졌다.[5] 본사 주지 임면권을 총무원장이 가지고 있기 때문에 본사 주지들은 총무원장의 영향을 받지 않을 수 없었다. 간선선출위원회의 위원장이 총무원장이었고 더구나 투표방식이 찬성과 반대를 거수로 하였기 때문에 종회가 열리기만 하면 서의현이 총무원장으로 당선되는 것은 기정 사실이었다.[6] 교계 내부의 젊은 수행승과 학승들을 중심으로 한 혁신세력들은 서의현의 3선 기도 사실을 미리 간파하고 1994년 3월 23일 안암동 개운사안에 있는 중앙승가대 정진관에서 범종추를 결성하였다. 범종추는 동국대 석림동문회, 선우도량, 중앙승가대동문회, 동국대 동림동문회, 실천불교전국승가회, 전국승가대학학인연합, 중앙승가대학학생회, 동국대 석림회 등 8개 단체 대표들로 구성되었다. 이들은 대부분 학승과 젊은 수행승들로 다음 세대에 불교계를 이끌고 나갈 핵심 인물들이었다. 범종추는 상임공동대표로 청화靑和·시현時玄·도법道法을 선임하고 서의현의 3선 연임 저지 활동을 시작하였다.[7] 청화는 실천불교전국승가회 공동의장이었

---

4) 대한불교조계종 홈페이지 : http://www.buddhism.or.kr, 종무행정, 종법령, 종헌.
5) 범승가종단개혁추진회, 1994.4.4, 「범종추뉴스」.
6) 위와 같음.
7) 『법보신문』 1994.3.28, 「범승가 종단개혁추진회 출범」.

고, 시현은 동국대학교 석림동문회 대표였으며, 도법은 선우도량의 상임 대표였다. 3월 26일부터 범종추 상임공동대표 3인과 전승련 의장 희문 등 5명은 조계사 덕왕전에서 서의현 3선 저지를 위한 무기한 단식에 돌입하였다. 같은 날 범종추측 승려 300여 명은 조계사에서 '종단개혁을 위한 구종법회'를 개최하였다.

종단 내부에서 이러한 반대의 움직임을 파악한 서의현은 3월 28일 대한불교 조계종 총무원장 명의로 종로경찰서에 공문을 보냈다. 그 내용은 "조계사 경내에 불법 폭력사태가 발생할 경우 즉각 경찰 병력을 투입해 달라"는 것이었다. 이러한 요청을 접수한 종로경찰서는 3월 29일 오후 6시 30분경 전경 9개 중대 1천여 명을 조계사로 파견하였다. 경찰은 불교회관 안에서 농성을 벌이고 있던 승려들을 해산시키고 승려 200여 명을 연행하였다.[8] 이 과정에서 범종추측 승려들과 경찰 사이에 심한 몸싸움이 전개되면서 부상자가 속출하였다. 이 날 새벽 6시 30분 경에 서의현측이 동원한 폭력배 300여명은 농성중이던 범종추 소속 승려 50여명을 밖으로 몰아내면서 각목을 휘두르는 집단 난투극을 벌였다.[9] 이렇게 소란한 상황에서 대한불교 조계종 중앙종회는 3월 30일 10시부터 불교회관 5층에서 재적의원 75명 중에서 58명이 참석한 가운데 제112차 중앙종회를 비공개로 진행하였다. 회의 결과 찬성 56표 기권 2표로 서의현은 제27대 총무원장으로 선출되었다. 한편 이 날 종회에 참석하지 않은 정휴·중원·현호 등 종회의원 11명은 성명을 발표하고 서 원장 선출의 무효화를 선언하였다.[10] 그들은 "불행한 사태를 원만히 수습하고 종도의 여론을 수렴해 원장 선거가 이루어지기를 촉구하는 뜻에서 종회에 불참했다"라고 밝혔다. 범종추는 30일 오후 6시경 승가대학 정진관에서 기자

---

8) 『한겨레신문』 1994.3.30, 「조계사에 경찰 투입」.
9) 『동아일보』 1994.3.30, 「농성승려 2백여명 연행」.
10) 『한겨레신문』 1994.3.31, 「조계종 서원장 3선 가결」.

회견을 가지고 서 원장의 3선 무효를 선언하고 종단이 개혁될 때까지 무기한 구종법회와 농성을 계속하겠다고 선언하였다.[11]

조계종단 내부의 이러한 반대 움직임이 탄력을 받게 된 것은 서의현이 상무대 비리사건에 연루되었다는 사실이 밝혀지면서였다. 상무대 사건의 내막은 이렇다. 국방부는 광주와 김해에 있는 제병합동교육본부 및 병과학교 등 군사학교를 1991년부터 전남 장성군으로 이전하기로 하였다. 그런데 총 공사비 5천 8백억원 가운데 도로포장 사업을 청우건설이 수주 받았는데 공사비는 1천 6백억 원에 달하였다. 당시 청우건설 대표 조기현趙埼鉉 회장은 공사를 수주받는 과정에서 군 관계자들에게 뇌물을 줌으로써 공사를 따내는데 특혜를 받았다는 의혹을 받고 있었다. 조기현은 공사 선급금으로 받은 6백 58억 가운데 2백 27억을 개인적인 용도로 사용하였는데, 그것이 언론을 통하여 밝혀졌다. 조기현은 횡령 및 뇌물 공여 혐의로 구속되었다. 조기현은 80억 원을 서의현이 주지로 있던 대구 동화사 통일약사여래대불 건립기금으로 시주하였다고 검찰 조사과정에서 진술하였다. 이렇게 되자 서의현의 입지는 더욱 좁아지게 되었다.[12] 민주당은 조기현이 시주한 80억 원이 동화사 통일약사여래대불 건립에 쓰인 것이 아니라 1992년 대선 당시에 민자당의 대선 자금으로 유입되었다는 의혹을 제기하였다. 이것이 상무대 비리사건의 요지이다.

1991년 7월부터 1992년 12월까지 대구 동화사 재정국장을 지냈던 선봉은 서의현의 비리 부분에 대해서 다음과 같이 양심선언을 하였다. "서 원장은 1986년 총무원장에 취임하면서부터 주지 임명, 종회의원 간선, 불사법회, 원장 생일 등에 맞춰 연간 3~4차례씩 전국의 주지들로부터 각각 2~3백만 원씩을 거둬 들여왔다"라고 하였다. 그는 또 "서 원장은 이 자금을 1대 1로 반드시 현금으로 받아 자신이 직접 관리하였으며, 이에

---

11) 위와 같음.
12) 『동아일보』 1994.4.5, 「徐총무원장 곧 소환」.

불응할 경우 주지 자리에서 해임시키는 등 불이익 조치를 취하곤 했다"
라고 하였다. 선봉은 서의현이 "주지 임명 때는 사표를 미리 받은 상태에
서 임명장을 주었다"라고 함으로써 서의현의 인맥관리 비리를 폭로하였
다.[13)

　1994년 조계종 사태에 있어서 서의현의 가장 큰 실수는 자신의 3선
연임을 반대하는 범종추 세력과의 갈등을 폭력배를 동원해서 해결하려
한 것이었다. 3월 29일 서의현은 그의 상좌인 총무원 규정부장 보일普日
과 보일의 상좌인 무성武成을 통해서 폭력배 300여 명을 동원하여 조계사
에서 서의현의 3선 저지 농성을 하고 있던 범종추 소속 승려들에게 폭력
을 행사하였다.[14) 서 원장측의 폭력배 동원 사실을 관할 종로경찰서는
파악하고 있었으며 폭력배들의 난동 사태를 묵인 방조하였다는 것이다.
서의현은 종교계 내부의 사태에 폭력배를 끌어들임으로써 문제를 대사
회적인 문제로 비화시켰으며 여론의 비난을 면치 못하였다.

　서의현은 능란한 처세술로 본사 주지들로부터 거액의 자금을 상납받
았다. 그리고 그 자금을 정치권에 뇌물로 사용한 것이 언론에 보도됨으
로써 여론의 질타를 받았다. 정치권은 자신의 안전을 위해 서의현과의
관계를 단절할 수 밖에 없었다.

3. 범승가종단개혁추진회의 결성과 救宗佛事

1) 범승가종단개혁추진회의 결성과 활동

　범종추는 개혁을 성취하고 난 다음에는 그들의 본래 위치로 돌아가겠
다고 선언함으로써 이전의 개혁세력과 차별성을 가진다. 범종추의 결성

---

13)『한국일보』1994.4.5,「서의현원장 소환 방침」.
14)『조선일보』1994.4.2,「전국 각지서 폭력배 동원」.

은 1994년 3월에 가시적으로 드러났으나 사실은 그 이전부터 이들 단체
는 상호 교류가 있었다. 석림동문회, 선우도량, 실천불교전국승가회, 전
국승가대학인연합 등 대표자 21명은 94년 1월 4일 송현클럽에서 신년 인
사회 모임을 가지고 앞으로 지속적으로 유대관계를 가지기로 하였다. 이
들은 같은 해 2월 5일 종로구 견지동에 있는 석림동문회 사무실에서 실
무자 모임을 가지고 단체 명칭을 가칭 '종단개혁을 위한 범승가 연합 준
비회'로 정하고 서의현의 3선 저지를 결의하였다.[15]

범종추가 결성되어 불교계 개혁의 목소리를 높이자 불교계의 지식인
들은 즉각적인 반응을 보이면서 호응하였다. 3월 29일 노부호盧富鎬(서강
대)·박광서朴廣緖(서강대)·성태용成泰鏞(건국대) 등 교수들과 남지심南智尋 등
36명이 서의현의 3선 연임 반대와 불교계의 개혁을 촉구하는 선언문을
발표하였다.[16] 4월 5일에는 이각범(서울대 교수)·고은(작가) 등 불교계 지식
인 3백 명은 조계사 옆 산중다원에서 '불교의 앞날을 생각하는 불교지식
인 3백인 선언'을 발표하였다.[17] 재가불자연합在家佛子聯合 회원 5백 명도
같은 날 오후 7시 조계사 대웅전에서 '불교개혁 성취를 위한 철야기원법
회'를 갖기로 하고 불교개혁 및 서 원장 퇴진을 촉구하였다.[18] 서의현 3
선 연임 반대와 불교계 개혁을 요구하는 목소리는 각계 각층에서 쏟아져
나왔고, 이러한 여론은 범종추의 활력이 되었다.

범종추는 서의현 총무원장측의 폭력배 동원 사실의 증거 포착을 하는
데도 기민하게 대처하였다. 자칫 조계종 내부의 종권다툼으로 묻혀 버릴
뻔했던 폭력사태를 사회 전체 문제로 부각시킨 것은 다보영상을 운영하
고 있던 김인기와 승가대 학보사에 편집장이었던 지환이었다. 이들은 29

---

15) 1994.5, 「종단개혁, 그 장엄한 진행과정」『善友道場』제6호, 선우도량출판부, 56
    쪽.
16) 『법보신문편집국뉴스』 1994.4.4, 「'불교살리기' 재가불자도 나섰다」.
17) 『경향신문』 1994.4.3, 「徐원장 총무원 중대 고비에」.
18) 위와 같음.

일 상오 6시 30분께 폭력배가 난입할 것이라는 범종추측의 연락을 받고 현장으로 달려나갔다. 이들이 촬영한 폭력배들이 난무하는 장면이 담긴 영상물은 언론을 통해서 전국민들에게 생생하게 보도되었다.[19] 범종추는 4월 6일 오후 3시 조계사에서 범불교도 전국대회를 개최한다는 '사부대중 및 신도 제위님께'라는 선언서를 발표하였다.[20]

2) 전국 승려대회와 범불교도대회의 개최

승려대회란 전국 승려들이 한 곳에 모여 현안을 논의하는 토론의 장으로 오랜 불가佛家의 전통이다. 승려대회에 참가하는 승려들은 승랍僧臘(출가횟수)과 관계없이 발언과 의결권에서 모두 동등한 자격을 갖는다. 산중공사로 불리는 승려대회는 종헌·종법상 명문 규정이 있는 것은 아니지만 법통을 중시하는 불교에서는 초법적인 구속력을 가지는 것이 특징이다.[21] 또 산중공사는 만장일치로 문제를 해결하는 게 원칙이어서 어느 한 쪽도 반대하거나 이의를 제기하면 문제 해결을 할 수 없도록 하고 있다. 따라서 만장일치가 도출될 때까지 무기한 산중공사를 강행하는 것이 전통이다.

4월 5일 원로회의 부의장 혜암은 종로구 봉익동 대각사에서 원로회의를 소집하였다. 원로회의는 3월 30일 중앙종회에서 선출된 서의현 총무원장 3선 연임은 무효라고 선언하고 서 원장의 즉각 사퇴를 만장일치로 결의하였다.[22] 원로회의는 4월 10일 조계사에서 전국 승려대회를 개최하여 종단개혁과 불교도 화합 방안을 모색키로 결정하였다. 원로회의측

---

19) 『조선일보』 1994.4.6, 「조계종 개혁종단알린 "1등공신"」.
20) 『범종추뉴스』 1994.4.4, 범승가종단개혁추진회.
21) 『서울신문』 1994.4.6, 「중요사안 의결 … 초종법적 구속력」.
22) 『조선일보』 1994.4.6, 「원로회의 결정에 승려들 환호」.

은 전국 승려대회에서 과도적 비상개혁종단을 구성하고 이 비상종단을 통해 신임 총무원장을 선출할 방침이라고 밝혔다. 원로회의의 지시에 따라 범종추는 4월 8일 증명證明에 서암西庵 종정과 서옹西翁 전 종정, 대회장에 혜암 원로회의 부의장을 추대하고 전 현직 원로의원과 원로들을 중심으로 승려대회 봉행위원회를 구성하였다.[23]

승려대회를 하루 앞둔 4월 9일 오후 2시 서암 종정은 돌연히 조계사 총무원에서 원로중진연석회의를 가지고 승려대회의 개최를 금하고 수습대책위원회를 구성할 것을 골자로 하는 교시를 발표하였다. 이 교시는 서 원장의 사퇴문제에 대해서는 언급을 회피하였다.[24] 종정의 교시가 나오자 범종추측은 적지 않게 당황하였지만 승려대회의 강행을 결정하였다. 서암 종정이 승려대회 금지를 지시한 것은 종정과 일부 원로를 등에 업은 서의현 총무원장 측의 반격으로 해석된다.

승려대회는 4월 10일 오후 1시에 조계종 원로와 중진, 개혁을 열망하는 승려, 일반 불자 등 3천 여 명 넘는 사람들이 참여한 가운데 개최되었다. 범종추는 4월 10일자로 '전국 승려대회 봉행위원회' 명의로 발행한 「전국 승려대회」라는 소식지를 발간하고 그 취지문에서 다음과 같이 밝혔다.[25]

> 목숨 바친 참회와 自恣[26]의 정신으로 교단의 병폐를 치유하지 않는 한 우리 불교도는 국민대중 앞에 낯을 들 수 없는 역사의 죄인으로 남게 될 것이다. … 승려대회는 국민대중과 역사 앞에 눈물로 바치는 우리 한국 승가의 참회와 자자이며, 깨달음에 돌아가 역사와 사회, 중생에 헌신하는 불교 건설

---

23) 위와 같음.
24) 『중앙일보』 1994.4.10, 「조계종 「승려대회」 싸고 분열」.
25) 전국승려대회봉행위원회, 1994.4.10, 「전국승려대회」 팜플렛.
26) 自恣 : 夏安居의 마지막 날 舊律에서는 7월 16일, 新律에서는 8월 16일에 정진하는 대중으로 하여금 見·聞·意의 三事에 있어 자신이 범한 죄과를 비구대중들에게 고백하고 이것을 참회하는 것을 자자 또는 隨意라 한다.

을 향한 청정 승가의 치열한 자기 발원이다.

범종추는 승려대회를 개최하면서 오늘 승단의 모습에서 부끄러움을 느끼고 참회한다는 자기 반성을 먼저 하였다. 그 다음에 모든 사람들이 소망하는 청정한 승가를 건설하기 위하여 치열하게 노력하겠다는 서원을 밝혔다. 대회장 혜암은 대회사에서 이렇게 말하였다. "타락과 분열로 끝없이 표류하는 오늘의 한국 불교는 뼈를 깎는 참회로 새롭게 태어나야 하는 역사적 전환점에 서 있다. 모든 불자들은 침묵과 은둔의 벽을 허물고 용기 있게 실천하는 개혁의 깃발을 올려야 할 것"이라고 하였다.[27]

승려대회의 결의사항은 이렇다. 첫째, 서의현 총무원장의 모든 공직을 박탈한다. 둘째, 현 총무원 집행부를 불신임한다. 셋째, 서 원장쪽이 주도하는 종단개혁위원회의 해산을 결의하는 한편 앞으로 서 원장에 대해 승적을 박탈하고 불가에서 영원히 추방하는 체탈도첩의 징계를 내린다. 넷째, 종정 서암 스님에 대한 불신임 결의, 다섯째, 개혁회의 출범 결정 등 이었다.[28]

승려대회에서 출범이 결정된 개혁회의는 종단 내의 입법·사법·행정권의 3권을 모두 갖는 한시적인 최고 기구였다. 개혁회의는 앞으로 종헌과 종법의 개정, 무능, 부패 인물의 척결, 새 총무원 집행부 구성 등의 종단개혁 작업을 진행할 기구였다. 개혁회의에서 눈길을 끄는 것은 의장단의 구성이다. 의장은 통도사 방장인 월하月下, 부의장에는 설조雪照(종회의원), 종하鍾夏(중앙종회 의장) 등 이었다. 상임위원장에는 탄성呑星(공림선원장)이 선임되었다.[29] 의장인 월하는 1993년 11월 성철 입적 이후 종정 후보의 물망에 오를 만큼 종단 내에서 존경받는 인물이었다. 부의장 가운

---

27) 『한겨레신문』 1994.4.11, 「조계종 '개혁회의' 출범」.
28) 위와 같음.
29) 『한국일보』 1994.4.11, 「조계종 兩分상태」.

데 한 사람인 설조는 중앙종회 의원이었지만 3월 30일 총무원장 선출시
에 총무원장 입후보 자격에 이의를 제기하고 퇴장한 사람이다. 나머지
한 사람은 중앙종회 의장이었던 종하였다. 개혁회의는 서의현을 총무원
장으로 선출하였던 중앙종회 의장을 부의장으로 받아들인 것이다. 범종
추는 개혁세력이 종회를 해산하는 대신에 종회의원들에게 사퇴를 촉구
하고 개혁회의에 참여할 것을 권유함으로써 현 종회를 끌어 안기로 방침
을 굳힌 것을 의미한다. 그러나 서의현 총무원장의 3선 연임을 확정시켰
던 중앙종회 세력을 흡수한 것은 개혁회의의 색채를 흐리게 하였다는 점
을 부인할 수 없다.

개혁회의는 이번 사태와 관련해 비상대책회의(의장·도법)를 구성했으
며, 김영삼 대통령의 사과와 최형우 내무부 장관의 사퇴, 상무대 비리사
건의 재수사 등을 요구하였다. 개혁회의는 이 사안들이 수용되지 않을
경우 전국 주요 사찰에 현 정권 퇴진을 요구하는 현수막 게시와 함께 산
문山門을 폐쇄하여 민간인들의 출입을 금지하겠다고 밝혔다.[30] 원로회의
는 승려대회 개최와 서의현 총무원장의 사퇴를 결의하였다. 사태가 이렇
게 되자 서의현은 4월 13일 새벽 5시 종로구 봉익동 대각사에서 "이번
사태에 책임을 통감하면서 총무원장의 사직원을 포함한 원장의 모든 권
한을 서암 종정에게 올린다"며 사퇴 의사를 밝혔다.[31]

1994년 4월 승려대회는 대한불교 조계종 전체 승려 7천여 명 가운데
2천여 명과 불교도 등 3천 명이 넘게 참석하였다. 이것으로 개혁세력은
결집력을 보여주었고, 불교도들이 불교계의 개혁을 염원하고 있음이 입
증되었다. 범종추는 승단을 넘어서 불교도들의 보다 광범위한 의견을 수
렴하기 위하여 범불교도대회를 개최하였다.

범종추는 승려대회를 전후해서 두 차례의 범불교도대회를 열렸다. 범

---

30) 『중앙일보』 1994.4.11, 「曹溪宗승려 134명 연행」.
31) 『중앙일보』 1994.4.13, 「徐총무원장 전격 辭退」.

종추는 전국 승려대회 개최 전인 4월 6일과 대회 개최 직후인 4월 13일에 조계사에서 범불교도대회를 개최하였다. 두 차례에 걸친 범불교도대회는 1994년 조계종 사태가 승단만의 문제가 아니고 한국불교계 전체의 문제라는 인식을 확산시켰다. 범불교도대회는 공권력이 사찰을 유린한 법난을 규탄하고 아울러 한국불교 중흥을 위해 불교도들이 한자리에 모여서 의견을 결집하는 자리였다.

범종추는 4월 6일 '불교 바로 세우기 위한 재가불자연합'와 함께 승려와 신도 2천여 명이 참석한 가운데 '3·29법난 규탄과 종단개혁을 위한 범불교도대회'를 개최하였다. 이 대회에서 범종추 공동대표 시현은 '불교 개혁 선언문'을 통해 개혁의 필요성을 이렇게 밝혔다.[32]

> 지금 우리가 개혁을 부르짖는 것은 단순히 교단의 정화만이 아니요, 종단의 구조적인 변화만을 지향하는 것이 아니다. 우리가 부르짖는 개혁이란 바로 이 세계에 새로운 삶의 가치 새로운 삶의 질서를 제시하기 위한 몸부림이며, 이 사바세계를 청정한 수행 도량으로 만들기 위한 깨달음인 것이다.

범종추는 불교개혁의 목적을 서의현 총무원장 3선 저지를 넘어 새로운 가치질서를 고민하고 대안을 모색하는데 있다고 밝혔다. 이 말은 범종추가 지향하는 것이 그간 불교계에 누적되된 제반 문제들을 개선하는데 있다는 것이다. 제반 문제들이란 정치권으로부터 교권 수호, 종단 운영의 공개와 민주적 의사 결정 구조의 정착, 승가교육의 체계화, 전법·포교사업의 활성화, 불교문화의 활성화 토대 구축, 종무행정의 체계화와 효율화, 재정, 자산관리의 합리화와 관리행정 강화, 종단 기간 시설 건립 등이다. 이 선언문에는 훗날 개혁종단이 시행한 앞서 열거한 불교계 전반에 걸친 문제들을 개혁하겠다는 의지를 암시한 것으로 보인다.[33] 이

---

32) 대한불교조계종개혁회의, 1994.4.10, 「불교개혁의 길」.

자리에서 불교도들은 서의현 총무원장의 조건없는 즉각 사퇴와 종단 개혁을 촉구하였다. 참가자들은 이 날 다음과 같은 결의문을 채택하였다.[34]

첫째, 이번 사태에 대한 김영삼 대통령의 사과
둘째, 최형우 내무장관 해임
셋째, 서 원장의 즉각 사퇴
넷째, 전 종도들의 종단 개혁 적극 동참

범종추 대표들은 대회가 끝난 오후 5시경 서울 광화문 정부 제1종합청사를 방문하여 항의서를 전달하였다. 항의서의 내용은 조계사 경찰 투입에 대한 김영삼 대통령의 사과와 최형우 내무장관의 사퇴, 상무대 비리의 철저 수사 등 이었다.[35] 4월 6일에 거행된 불교도대회는 전국 승려대회를 앞두고 범종추측의 결집력을 점검하고, 불교도들에게 현안 문제의 심각성을 인식시키기 위해서 개최되었다. 4월 13일 범불교도대회는 서의현 총무원장의 사퇴 소식이 전해진 가운데 오후 5시에 조계사에서 승려·신도 각 2천 5백여 명 도합 5천여 명이 모인 가운데 개최되었다.[36] 이 대회는 4월 10일 승려대회 당시에 공권력을 투입하여 불교계를 유린한 책임을 김영삼 정권에 묻고, 그에 대한 대응책을 마련하기 위한 것이었다. 나아가서 전국 승려대회의 결정 사항 실천을 다짐하기 위한 목적도 있었다.

이날 범불교도대회에서 대회장인 탄성은 대회사를 통해 "우리는 이번

---

33) 대한불교조계종 총무원·교육원·포교원, 1998.5, 『개혁종단 이렇게 일하고 있습니다』.
34) 위와 같음.
35) 『동아일보』 1994.4.7, 「徐원장 出國금지 「폭력개입」본격수사」.
36) 『한겨레신문』 1994.4.14, 「'불교개혁' 환영 물결」.

공권력의 부당한 행태를 보고 현 정권이 그 동안 얼마나 위선적이었는가를 알았다"라고 하였다. 아울러 "한국불교를 감싸고 있는 모든 질곡을 끊어내고 스스로의 노력으로 불교를 일으켜야 한다"고 강조하였다.[37] 참가자들은 3·29와 4·10 두 차례 법난사태의 책임을 지고 대통령은 공개 사과할 것, 법난의 실질적인 책임자인 최형우 내무장관을 해임할 것, 중앙종회는 종회의 권한을 개혁회의에 넘길 것, 구속자를 즉각 석방할 것 등 4개항을 결의하였다. 대회를 마친 뒤 승려와 신도들 2천여 명은 조계사에서부터 세종로 네거리까지 시가 행진을 벌이며 경찰의 조계사 경내 투입을 항의였다.[38]

3) 원로회의와 중앙종회의 역할

원로회의는 중앙종회에서 추대된 원로의원들로 구성되며 승랍 40년 이상, 연령 65세 이상의 학식과 덕망이 있는 비구승 10인 이상 21인 이내로 구성되었다. 원로회는 종헌 개정 인준과 중앙종회에서 선출된 총무원장의 인준권 등의 권한을 가진 종단의 상징적인 기구이다.[39] 원로회의의 결정은 법적 구속력은 없으나 종단을 대표하는 큰 어른들의 모임인 만큼 이들의 결정은 모든 불자들이 거스를 수 없는 대세로 받아들여지고 있다.

조계종 원로회의 의장 직무대행 혜암은 4월 5일 서울 종로구 봉익동 대각사에서 원로회의를 소집하고 지난 3월 30일 중앙종회에서 결정한 서의현 총무원장의 3선 연임의 무효를 선언하고 서 원장의 즉각 사퇴를 만장일치로 가결하였다.[40] 혜암은 또 "종단이 혼란에 빠져 여러 종도와

37) 위와 같음.
38) 『법보신문편집국 뉴스』 1994.4.18, 「대통령 사과·최내무 해임 촉구」.
39) 대한불교조계종 홈페이지 : http://www.buddhism.or.kr. 종법령, 종헌, 제7장 원로회의 제24·25·26·27조 1988, 5월, 개정.
40) 『중앙일보』 1994.4.6, 「조계종 「물갈이」 본격화」.

국민들에게 놀라움과 충격을 준 데 대해서 사죄한다"라고 하였다. 그는 "오는 10일 전국 승려대회를 소집해 종단개혁의 방안을 마련한 뒤 원로회의의 추인을 받도록 하겠다"고 발표하였다.[41]

종헌 규정상 원로회의가 총무원장 임면권을 가지고 있지 않아 서 원장의 즉각 사퇴 결의가 절대적인 구속력을 갖는 것은 아니었다. 그렇지만 조계종 안의 최고 기구인 원로회의가 이 날의 결정 사항을 총무원측에 공식 통보함으로써 남은 임기와 상관없이 서 원장의 사퇴는 불가피한 상황에 이르렀다.[42]

4월 5일의 원로회의는 해방 이후 한국불교사에서 가히 '혁명적'인 사건으로 기록될 수 있다. 원로회의가 총무원장을 물러나도록 한 것은 물론이고 직접 전국 승려대회를 열도록 지시한 것은 몇몇 종권을 가진 인사들에 의해 좌우되던 지금까지의 원로들의 모습과는 판이한 것이었기 때문이다. 이와 같이 원로회의는 단호한 결정을 내리고 실무진에게 실천할 것을 지시하였다. 이같은 원로회의 처신과는 달리 양면성을 띤 중앙종회의 역할 또한 검토 대상이다.

1994년 조계종 개혁불사 가운데 가장 양면성을 지니고 있었던 집단은 중앙종회였다. 중앙종회는 다음과 같은 사안에 의결권을 가지면 세속에서 국회와 그 기능에 비슷하다. 종헌·종법 개정안, 총무원장 선출, 호계위원 선임, 총무원장 불신임 결의, 원로의원 추대권, 예산·결산안, 원유재산처분안院有財産處分案, 징계의 사면·경감 또는 복권에 관한 동의 사항, 종무기관 감사권 등이다.

종회의원들 가운데는 처음부터 서의현 총무원장 3선 연임을 반대하고 개혁세력을 지지하고 동참한 사람들이 있었다. 반면에 대세가 확정될 때까지 양쪽 세력의 눈치를 보다가 대세가 개혁세력 쪽으로 기울자 개혁회

---

41) 위와 같음.
42) 『한겨레신문』 1994.4.6, 「서원장 즉각사퇴 결의」.

의에 가담하여 새로이 면모를 일신하는 승려들도 있었다. 3월 30일 총무
원장 선출을 위한 중앙종회가 개최되기 전날인 3월 29일 오후 2시 경 영
담(경기도 부천시 석왕사 주지)·정우(서울 구룡사 주지) 등은 중앙종회의원으로
서 기자회견을 가졌다. 이들은 서의현의 3선 연임을 반대하고, 범종추의
종단개혁을 지지하는 발언을 하였다. 종회의원 가운데는 총무원장 선출
을 둘러싼 문제점에 이의를 제기하고 불참한 의원들도 있었다. 법등(직지
사 부주지)은 회의 시작 직전 종헌에 규정된 총무원장의 중임 가능 조항이
3선을 허용하는 것인지에 대한 유권 해석을 종단에 서면으로 요구하였
다. 종단 측의 답변은 "시간이 없어 처리하기가 어렵다"고 하자 거수 투
표에서 기권하였다. 또 설조(법주사 주지)는 회의 시작 직후 "총무원법상
사부대중이면 누구나 총무원장 출마가 가능한데 출마자격을 종회의원으
로 제한하는 것은 잘못"이라고 문제를 제기한 뒤 곧바로 퇴장하였다.

이러한 움직임과는 별도로 4월 6일 중앙종회의원 월주 등 29명은 종
로구 인사동 모 음식점에서 중진의원 간담회를 가졌다. 이들은 총무원장
의 사퇴와 종단개혁 방안 등을 논의할 비상중앙종회를 4월 9일 소집하기
로 결정하였다. 이 날 중진의원들은 종헌상 최고의결기구로서 종회의 정
통성을 내세우며 개혁작업에 계속 영향력을 행사할 움직임을 보여 범종
추와의 마찰이 불가피할 것으로 예상되었다. 나아가서 이들 종회 중진의
원들은 "종회는 정통성과 적법성을 가진 최고 의결 기구이므로 종단안의
모든 안건은 종회의 인준을 거쳐야 법적 효력이 있다"는 입장을 밝혔다.
이들은 "승려대회에서 과도 입법기구가 결성된다 해도 원로회의를 비롯
해서 종회의원들과 협의해 추인을 받아야 한다"라고 하였다. 이들은 또
원로회의가 발표한 종회 자숙 촉구 성명에 대해 "기본적으로 종회는 원
로회의의 결의안을 전폭 지지하지만 자숙이란 의미가 반드시 종회 해산
을 의미한다고는 볼 수 없다"는 입장을 보여 현재로서는 종회를 해산할
의사가 없음을 시사하였다.[43]

범종추는 중앙종회의 이러한 이중성에도 불구하고 이후에 벌어질 여러 가지 잡음을 고려하여 중앙종회를 끌어안을 수밖에 없다는 입장이었다. 범종추는 또 실제로 3·30일 임시중앙종회 거부파들과 일부 종회의원들을 구성원으로 수용하였다. 당시 범종추가 서의현의 3선 거부를 선언했던 종회의원들을 받아들이는 것은 가능한 일이다. 그러나 개혁세력과 서의현 측의 눈치를 살폈던 일부 종회의원들을 수용한 것은 개혁회의의 색깔을 희석시키는 일임에 분명하다. 개혁회의는 왜 이들과 손을 잡았을까? 그것은 중앙종회가 현단계에서 투표를 통하여 선출된 적법한 기구의 구성원으로서 정통성을 가지는 기구였기 때문이다. 반면에 개혁회의는 승려대회라는 초법적인 권한을 가진 승단 총의를 수렴하여 성립하기는 하였지만 급작스럽게 만들어진 조직이라 아직 종단 내에서 기반이 취약한 조직이었다. 개혁회의가 법적인 기구로서 업무를 수행하여면 중앙종회의 승인이 있어야만 하였다. 이런 까닭에 종회 의원들 가운데 비중있는 승려들을 받아들였다고 보인다. 하지만 이러한 태도는 개혁회의의 선명성을 떨어뜨리는 일이었다. 4월 9일 서 원장 사퇴와 종단개혁 문제를 논의하기 위해서 열릴 예정이었던 임시중앙종회는 8일 오전 갑자기 취소되었다. 이는 서 원장의 사퇴서 제출 여부가 불투명하고 서 원장과 범종추 양자가 첨예하게 대립한 상황에서 서둘러 중앙종회를 소집하는 것이 바람직하지 않다고 판단한 때문으로 보인다.

이런 상황에서 중앙종회는 4월 15일 조계사 대웅전에서 재적의원 74명 중에서 59명이 참석한 가운데 제113회 임시 종회를 열어 서의현 총무원장 3선 가결이라는 오점을 남긴 채 해산을 결의하였다. 이 날 종회는 13일 원로회의에서 추인한 서 원장 체탈도첩을 결의하고, 종회의원의 직선제, 규정부 폐지, 총무원장 불신임 등을 가결하고 종헌 제 122조를 개

---

43) 『한국일보』 1994.4.7, 「宗會-凡宗推 교단개혁 우리가 주도」.

정해 개혁회의에 전권을 위임하는 법안을 만장일치로 통과시켰다.[44] 이로써 개혁회의는 종권을 완전히 장악하였으며, 개혁세력으로서 정통성을 확보하였다.[45]

4. 개혁회의의 출범과 개혁활동

4월 13일 출범한 개혁회의는 18일 집행부 및 99명 의원 인사선임을 끝내고 개혁작업에 착수하였다. 개혁회의 의장에는 월하, 상임위원장 겸 총무원장에는 탄성이 선임되었다. 개혁회의의 당면한 과제는 크게 두 가지였다. 첫째, 법난사태를 해결하는 것이고, 둘째, 개혁사업을 완성하는 것이었다. 개혁회의는 이 두 가지 임무를 완수하기 위해서 4월 19일 종무회의에서 '법난대책위원회'를 인준하였다. 그리고 개혁작업을 위한 3단계를 설정하고 단계별 세부 계획을 수립하였다. 개혁회의는 차기 총무원 집행부가 구성되기까지 3권을 위임받아서 종단 개혁사업을 수행하는 한시적인 기구로 출범하였다.[46] 개혁회의는 출발 당시 첫째, 불교의 근본정신 회복 및 승단 위계질서 확립, 둘째 교단의 자주성 확립 및 불교관련 악법 철폐, 셋째, 교단의 민주적 운영과 재산공개 등 10개항의 실천공약을 내걸었다. 나아가서 정법종단의 구현, 불교자주화 구현, 종단 운영의 민주화, 청정교단의 구현, 불교의 사회역할 확대 등 5대 지표를 설정하고 세부 사업계획을 확정하였다.[47]

개혁회의는 이러한 사업을 실천하기 위해서 사업기간을 3단계로 나누고 단계별 사업계획을 수립하였다. 먼저 제1단계는 준비기로 설정하고

---

44) 『경향신문』 4.16, 「조계종 중앙종회 자진 해산」.
45) 『법보신문』 1994.4.25, 「개혁회의에 3권 완전위임」.
46) 위와 같음.
47) 위와 같음.

개혁을 위한 의견수렴을 통하여 개혁안을 수립하는 기간으로 설정하였
다. 구체적인 시행방법으로는 공청회, 세미나, 토론회 등과 자문단의 의
견을 청취하고 '열린마당'을 통해서 전화, 팩스, 컴퓨터 통신을 통하여 개
혁불사에 대한 사부대중과 국민들의 목소리를 수렴하였다. 제2단계는 추
진기로써 단일한 개혁안을 만들어 내는 시기로 잡았다. 쟁점 사항은 의
견 조정을 통하여 합의를 도출하는 단계였다. 세부시행 방침으로는 1단
계와 같이 공청회, 세미나, 토론회 등을 통하여 의견을 수렴하고 나아가
서 원로스님들의 고견을 청취해서 단일한 개혁안을 입안하고자 하였다.
제3단계는 완성기로 개혁안을 법제화하는 기간이었다. 종헌·종법의 개
정을 통하여 여러 가지 모순점들을 정비하고 나아가서 종회의원과 총무
원장을 선거를 통하여 선출함으로써 차기 집행부에 종권 이양을 준비하
는 시기였다. 개혁회의는 새 종헌과 종법을 홍보하고 승적부를 정리하여
선거관리위원회 구성을 통하여 새로운 집행부를 탄생시키고자 하였다.
또 차기 집행부가 새로운 시대를 열어갈 수 있는 활로를 열어줌으로써
개혁회의의 임무를 완수하는 것을 목표로 하였다.[48]

지금부터 개혁회의의 두 가지 과제, 즉 법난사태 해결과 종단 개혁의
완성에 대해서 필자 나름대로 시기 구분을 하고 시기별 특성을 살펴보기
로 한다. 필자는 개혁회의가 설정한 개혁의 3단계를 다음과 같이 시기
구분을 해보고자 한다. 제1단계 준비기는 개혁회의 출범부터 7월 11일
김영삼 대통령의 초청으로 월하 종정과 탄성 총무원장이 청와대를 방문
함으로써 사실상 법난사태가 마무리된 시점까지로 설정하였다. 이 시기
의 특성은 주로 법난대책위원회를 중심으로 법난사태 해결에 촛점이 모
아지고 있었다. 이 때는 각종 세미나와 공청회, 토론회를 통하여 종단
개혁에 관한 의견을 수렴하는 시기였다. 제2단계 추진기는 7월 12일부터

---

48) 위와 같음.

조계종 종헌이 개혁회의 본회의를 통과하여 원로회의의 인준을 받은 9월 29일까지로 설정하였다. 이 시기는 준비기를 통하여 모아진 의견을 토대로 구체적인 종헌·종법의 개정과 보완 작업이 진행되어진 시기였다. 제3단계 완성기는 9월 30일부터 11월 25일까지로 이 시기는 개정된 종헌과 종법에 의거하여 종회의원의 선거와 총무원장의 선출을 통하여 새로운 집행부에 종권을 이양할 준비를 갖추는 시기였다.

개혁회의는 법난사태 해결을 위하여 4월 19일 개혁회의 종무회의에서 '법난대책위원회'를 발족시켰다. 개혁회의는 승려대회 당시 단식 불사에서 입승으로 활약한 진관을 대책위원장으로 임명하였다.[49] 법난대책위원회에서는 먼저 1차로 4월 21일자로 개혁회의 상임위원장 겸 총무원장 명의로 「김영삼 대통령에게 드리는 글」이란 공개장을 통해 법난사태에 대한 진지한 답변을 4월 27일 까지 해 주기를 요청하였다. 개혁회의가 주장하는 법난사태의 해결은 김영삼 대통령이 공개 사과하고, 최형우 내무장관을 해임시키라는 것이었다. 이 공개장에 대한 답변이 없자 3·29와 4·10법난사태의 해결을 위하여 개혁회의는 종무회의를 통해 각 사찰에 법난의 책임을 묻는 현수막을 게시할 것을 결의하였다. 이 요구가 받아들여지지 않을 경우 먼저 삼보사찰의 산문을 폐쇄하고 나아가서 전국의 관광 사찰과 본사까지 산문폐쇄를 확대하겠다고 밝혔다.[50]

법난대책위원회에서는 4월 29일부터는 '시민고발운동'을 전개하였다. 최형우 내무부장관과 최기문 종로경찰서장 이외에 3·29 및 4·10법난 당시의 경찰 지휘책임자들에 대한 고발장을 서울지방검찰청에 제출하기 운동을 전개하였다. 이 운동은 1,400여 명에 달하는 불자들이 고발장을 접수시킴으로써 정부 당국자들에게 충격을 주었다.[51] 5월 28일부터는 1

---

49) 대한불교조계종 개혁회의 법난대책위원회, 1994.11, 『참불교 구현을 위한 오늘과 내일의 전망』, 163쪽.

50) 『법보신문』 1994.4.18, 「최내무 파면 정부 사과 촉구」.

백만인 서명운동 전개 발대식과 기자회견을 갖기도 하였다.[52] 아울러 국회에도 진상조사를 의뢰하고 법률적으로도 법란을 자행한 폭력승과 폭력배들을 고소하기로 하는 등 다양하게 대응책을 마련하였다.

정부의 대응은 여전히 미온적이었고 사태가 장기화되자 여론과 언론의 관심이 차츰 멀어지기 시작할 즈음인 6월 16일 최형우 내무부장관이 조계사를 방문하였다. 최형우는 '사과'가 아닌 '유감'으로 법난사태에 대한 태도를 표명하였다.[53] 총무원은 7월 7일자로 전국 교구 본사에 긴급전문을 발송하여 사찰에 게시하였던 현수막의 철거와 1백만 서명운동을 중지하라고 지시하였다. 7월 11일 종정 월하와 총무원장 탄성은 김영삼 대통령의 초청을 받아서 청와대를 방문하였다. 김대통령으로부터 조계종 사태에 대해 '유감'의 의사를 전달받음으로써 법난사태는 마무리되고 말았다.

개혁회의는 법난에 대한 처리를 김영삼 대통령과 최형우 내무부장관의 사과와 실무책임자의 처벌을 요구하였다. 그 결과는 대통령과 내무부장관의 '유감' 의사표명이었고, 책임자 처벌은 없었다. 수 많은 불교도의 성원을 받으며 출범한 개혁회의는 전국의 많은 불자들이 뉴스를 통해 지켜본 조계사 폭력사태를 이렇게 결론내고 말았다. 개혁회의는 법난사태에 대한 명확한 입장 정리를 하지 않고 어설프게 막을 내림으로써 한계를 노정하였다.

개혁준비기의 주요 활동은 서의현 체제에 대한 단죄를 통하여 과거의 비리를 척결하고 또 개혁사업의 원만한 진행을 위하여 각종 세미나, 토론회, 공청회 등을 통하여 종도들의 개혁의사를 수렴하는 시기였다. 또한 이 시기는 서의현 체제하에서 해종행위를 한 사람들을 색출하여 징계

51) 『법보신문』 1994.5.9, 「"법난책임자 처벌" 1천여명 집단 고발」.
52) 『법보신문』 1994.6.6, 「김영삼대통령 사과 최형우내무 해임 촉구 "발진"」.
53) 『법보신문』 1994.6.27, 「최내무 '유감' 표명 '사과'로 볼 수 없다」.

를 가한 인적청산이 진행된 시기였다. 개혁회의가 징계한 해종행위자는
총 143명이다. 총무원장이었던 서의현과 규정부장 정보일, 규정부 승려였
던 김무성 등 핵심인물 9명은 체탈도첩되어 산문출송을 당하였다.[54] 이로
써 개혁회의는 서의현 전총무원장 체제와 인적 청산을 마무리 지었다.

이 시기 특징 가운데 하나는 비구니들이 교계 참여를 주장하는 독자
적인 목소리를 내고 있었다는 사실이다. 비구니들은 개혁회의가 출범하
기까지 헌신적으로 구종불사에 참여하였다. 비구니들은 5월 9일 성북구
동선동 삼선포교원에서 '정혜도량' 창립법회를 가지고 회장에 계수를 선
출하였다. 그리고 종단 개혁불사에 적극 동참과 비구니들의 새로운 위상
정립이라는 두 가지 명제를 해결하기 위해서 출범하였다.[55]

정혜도량은 구종불사에 동참한 비구니들을 중심으로 비구니계의 중진
및 소장들의 공의를 수렴하여 출범하였다. 비구니들은 원로회의에 비구
니 원로들의 참가 문제와 비구니들의 교구 본사 운영, 비구니 종회의원
의 대폭 확대를 주장하고 나섰다. 비구니계에서는 자체 세미나에 개혁성
향이 강한 비구승들을 토론자로 초청하기도 하고 자체 여론 조사를 진행
하는 등 나름대로 활발한 활동을 전개하였다.[56] 비구니계의 요청에 대하
여 비구측 답변은 비구니 팔경계八敬戒라는 사문화된 계율을 거론하거나
또는 마땅한 인물이 없어서 일을 못 맡긴다는 등의 타당성도 없고 명문
도 없는 이유를 들어서 궁색한 변명을 하였다.[57] 실질적인 이유는 아직
까지 보수상이 강고한 불교교단 내에서 비구니들의 이유 있는 항변은 설
득력을 가질 수 없었다.

개혁준비기는 종단의 개혁을 위하여 각계 각층의 여론을 수렴하는 시

---

54) 대한불교조계종개혁회의, 1994, 11, 『종단개혁불사백서』, 22쪽.
55) 『법보신문』 1994.5.16, 「비구니 스님들 개혁동참 선언」.
56) 『법보신문』 1994.5.23, 「"비구니 위상정립 발관 개혁불사 이뤄낼터"」.
57) 위와 같음.

기였다. 개혁회의는 8회에 걸친 종책세미나와 대중들의 의견을 수렴하기 위하여 6회의 공청회를 개최하였다.[58] 이 시기는 불교의 자주화, 종단 권력구조, 사찰의 운영 및 재정자립, 교육문제, 포교문제 등을 주제로 활발한 토론이 진행되었다. 아울러 범종추 및 개혁회의 진행과정에 대한 평가도 아울러 진행하면서 중간 평가를 통하여 향후 진로를 결정하는 데 참고하였다.[51]

다음은 개혁추진기의 활동을 살펴보자. 개혁추진기는 새로운 종헌과 종법이 완성된 시기로 포교원과 교육원을 독자적인 기구로 격상시켜 종단의 역점 사업을 제도적으로 보완하였다. 종단 재정을 공개 운영토록 함으로써 지금까지 어떤 종단 체제에서도 시도한 적이 없는 민주적인 종단 운영체계를 확립하였다. 앞에서 언급한 내용들을 골자로 해서 종헌개정 기초위원회가 몇 차례의 회의를 거쳐 종헌 개정안을 완성하여 8월 23일 원로회의로 넘겼다. 그러나 원로회의는 종헌 인준을 거부하였다.[52] 원로회의가 종헌 인준을 거부한 이유는 총무원장 직선제는 잡음이 많아서 안 된다는 것이었다 그리고 개정된 종헌의 전문前文 가운데 종조宗祖·종지宗旨·종풍宗風에 관한 부분은 원래의 종헌대로 환원하라는 것이었다. 개혁회의는 총무원장 간선제를 포함한 원로회의의 요구를 수용해서 종헌을 수정·보완해서 전문과 부칙 및 보칙을 포함해서 24장 140조로 된 종헌 개정안을 9월 27일 제9차 개혁회의 본회의에서 통과시키고 같은 달 29일 원로회의의 인준을 받았다.[53] 처음 약속했던 6개월의 시한이 임박했으므로 다급해진 개혁회의는 10월 11일 10차 본회의에서 개혁기간을 2개월 더 연장하고 개혁작업의 마무리 작업에 들어갔다.[54]

---

58) 박수호, 앞의 논문, 82쪽.
51) 범승가종단개혁추진회, 1994.6.18, 『범종추 개혁성취 결의법회 대토론회』.
52) 『법보신문』 1994.9.5, 「개혁 종헌 개정안 '인준 거부' 확인」.
53) 『법보신문』 1994.10.3, 「개정 종헌 본회의 통과」.
54) 『법보신문』 1994.9.19, 「개혁기간 연장 필요」.

개혁추진기의 특징은 개혁회의에서 숙의하고 많은 토론 과정을 거쳐
서 완성된 종헌이 원로회의의 인준 과정에서 거부되었다는 것이다. 이것
은 개혁회의의 한계를 노정시켰거나, 그렇지 않으면 원로회의가 너무 경
직되어 있었다고 할 수밖에 없다. 간선제 총무원장 체제하에서 그토록 많
은 희생을 치렀고, 개혁회의 출범 초부터 총무원장과 종회의원 직선제가
논의되어 왔다. 그런데 정작 원로회의에서는 총무원장 직선제는 잡음이
많아서 안 된다는 이유로 부결시켰다는 것은 이해하기가 힘든 부분이다.

개혁완성기는 종헌이 개혁회의를 통과하여 원로회의의 인준을 받은
다음 날인 9월 30일부터 개정된 종헌과 종법에 의거해서 새로운 종회의
원과 총무원장을 선출하고 종권을 이양하는 시기이다. 개혁회의는 개정
된 종헌에 따라 11월 7일과 8일에 걸쳐 직선 종회의원 51명과 직능별 중
앙종회의원 20명을 선출하였다. 이어서 11월 14일에는 각 교구 본사별로
총무원장 선거인단 240명을 선출하고 11월 21일에는 송월주와 유월탄
두 승려를 놓고 총무원장 선거를 실시하였다. 그 결과 송월주 후보가 재
적 선거인단 319명 가운데 316명이 참가한 가운데 168표를 얻어 146표를
얻은 유월탄 후보를 누르고 제28대 대한불교 조계종 총무원장으로 선출
되었다.[55]

개혁회의는 11월 25일 새로 구성된 총무원 집행부에 업무를 인계함으
로써 막을 내린다. 개혁회의는 개혁작업의 진행과정을 정리하여『종단개
혁불사백서』라는 보고서를 만들었다. 『종단개혁불사백서』에는 그간에
개혁사업을 추진하면서 미진했던 부분을 '차기 집행부에 바라는 과제'란
장[56]을 설정하여 조계종이 해결해야 할 당면 과제들을 전하는 세심한 면
모를 보이기도 하였다. 이 책자에 따르면 개혁회의가 존속하는 기간 동안
에 들어온 수입은 관람료 분담금, 일반 분담금, 등 총계 2,098,956,469원

---

55)『법보신문』 1994.11.28, 「이젠 화합에 나설 때」.
56) 대한불교조계종개혁회의, 1994.11, 『종단개혁불사백서』, 46~57쪽.

이었고, 지출금은 1,838,445,199원이었음을 내역과 함께 밝히고 있다.[57]

개혁회의는 종도들의 뜨거운 열망속에서 출범한 만큼 그 성과가 결코 과소 평가될 수 없지만 한계 또한 적지 않다. 개혁회의가 지니는 한계로는 첫째, 법난사태를 명쾌하게 해결하지 못하였다는 점이다. 둘째, 개혁회의는 불교계 전반에 걸친 모순 척결이라는 명분을 내걸고 출발하였다. 하지만 21세기 한국불교계가 지향해야 할 뚜렷한 방향을 제시하지도 못하고 제도 개선에만 역점을 둔 듯한 느낌을 주었다. 셋째, 개혁회의는 이중적인 면모를 띠고 있었던 종회 세력을 끌어안음으로써 개혁의 선명성을 희석시키고 말았다. 넷째, 불교계에서 수적인 면에서 상당한 비중을 차지하고 있는 비구니 세력의 역량을 과소 평가함으로써 시대적인 흐름을 따라 잡지 못하는 한계를 노정시켰다. 93년 6월 1일 현재 대한불교 조계종 사찰은 1,694 가람과 비구승 8,563명에 비구니 4,824명으로 전체 승려 가운데 36%에 달함에도 개혁회의에 의해서 개정된 종헌에 의하면 81석의 종회의원 가운데 10석 만을 배정한 것은 비구승들의 지나친 횡포가 아닌가 한다.[58]

5. 맺음말

1994년 대한불교 조계종 개혁불사의 직접적인 원인이 된 것은 서의현의 3선 연임기도였다. 그것을 저지하는 과정에서 불교계가 안고 있던 당면 문제들이 폭발적으로 쏟아져 나옴으로써 숱한 토론의 광장에서 해결책이 논의되었다. 그러한 것들이 일정하게 교단 운영에 반영되었다는 점에서 한국 현대불교사에서 한 분수령을 이루었다.

범종추가 주축이 되어서 추진하였던 개혁불사는 승가 대중의 합일된

---

57) 위의 책, 61~67쪽.
58) 『법보신문』 1994.10.3, 「개정 종헌 본회의 통과」.

의지로 종권주의자들이 중앙 정치 무대에서 사라지도록 만들었다는 점에서 큰 의미를 지닌다. 개혁을 세력은 젊은 학승과 수행승들을 중심으로 구성된 범종추 세력이었다. 이들은 오랫동안 누적된 모순으로 가득 찬 종단을 구하고 불교를 바로 세워야 한다는 사명감에서 출범하였기 때문에 여론의 호응을 받을 수 있었고 그것이 결국 값진 승리를 얻어낸 원동력이었다. 권력과 결탁한 서의현은 자신의 총무원장 3선 연임을 폭력 세력을 동원해서 해결하려 함으로써 문제는 대사회문제로 확대되었고 그 과정에서 발전 상무대 비리 사건이 여론의 쟁점으로 부각되었다. 김영삼 정부는 출범 초기에 시행한 몇 가지 개혁정치로 얻은 명성에 도덕적인 상처를 입는 것이 두려워서 서의현과 결별을 선언하지 않을 수 없었다.

서의현의 3선 연임 기도는 애초부터 무모한 것이었음에도 불구하고 그토록 많은 희생을 치러야 하였다. 불교계 전체가 사회에 얼굴을 들 수 없는 혼탁한 상황이 연출되었다. 이러한 사실은 불교계가 겸허하게 반성해야 할 부분이다. 제28대 종단이 탄생하기까지 치러야 했던 희생은 참으로 값진 것이었다. 김영삼 정권이 더 이상 불교의 자주화를 막을 수 없다는 판단하에 조계사에서 공권력을 철수한 사실은 이 땅의 불교사에 길이 기록해 두어야 할 역사적 사실이다. 아울러 그것은 불교가 거듭나기 위해서 치러야 했던 산고産苦였다.

개혁회의는 포교원과 교육원을 독자적인 기구로 격상시켜 종단의 역점 사업을 제도적으로 보완하였다. 종단의 운영 재정을 공개함으로써 지금까지 어떤 종단 체제에서도 시도한 적이 없는 민주적인 종단 운영체계를 확립하여 사회에 기여, 회향하는 종단을 이루고자 하였다. 개혁회의는 종도들의 의견을 널리 수렴하여 제도를 개선하고 새로운 종단을 구성하여 종권을 이양하는 임무를 다하였다. 이 개혁이 성공할 수 있었던 것은 주체가 종권에 때묻지 않은 참신한 세력이었으며 무엇보다도 불교계 내외부에서 전폭적인 지지를 받았기 때문에 가능한 것이다. 이러한 점에서 몇 가지 한계가 있음에도 불구하고 개혁회의는 한국불교사에서 지금까지 볼 수 없었던 혁신적인 개혁을 성취할 수 있었다.

찾아보기

*대한민국학술원 우수학술 도서   **문화체육관광부 우수학술 도서